부르주아를 위한 인문학은 없다

부르주아를 위한

인문학은 없다

박가분 지음

인간사랑

CONTENTS

1부_ 인문독서 후기

2부_ 문화비평

3부_ 인문적 사유

4부_ 시사비평

부르주아를 위한 인문학은 없다

1

내가 기억하기로 2006년 즈음에 본인이 다니고 있는 모교에서 인문학을 가르치는 몇몇 교수들이 '인문학의 위기'라는 선정적인 선언을 발표하며 상당한 파장을 불러일으켰다. 잘 기억나지는 않지만 아마 당시 어윤대 총장 밑에서 진행되었던 신자유주의적 대학 구조조정(?) 과정에서 상대적으로 '돈'이 되지 않는 인문학이 홀대받고 있다는 불만에서 출발했던 것 같다. 그리고 그러한 불만에서 출발한 것이 어느 새 한국 전반의 '인문학 경시풍조'에 경종을 울린다는 취지의 선언으로 그 의미외연이 확장되었던 것이다. 나는 당시뿐만 아니라 지금도 한국 인문학계의 사정에 대해 문외한이기 때문에 그 선언에 대한 자세한 내막을 알지 못한다. 또한 인문학의 위기의 진짜 본질이 무엇인지, 혹은 그 진정한 원인(번역 경시풍조, 경직된 아카데미즘, 연구자

홀대, 금전적인 문제, 기타 등등)이 무엇인지에 대해 남들보다 더 예리하게 진단할 능력을 가지고 있지도 않다. 물론 이러한 '인문학의 위기' 선언은 당시에도 그랬지만 학문의 '돈줄'과 관련된 민감한 문제에 걸쳐 있었기 때문에 지금도 결코 정치적으로 중립적인 방식으로 해석될 수 없다. 다시 말해 인문학의 위기는 '정치경제적인 쟁점'이다.

그런데 이 시점에서 그 사건을 돌이켜 볼 때 당시의 '선언'은 지금도 매우 기묘하게 들린다. 왜냐하면 '인문학의 위기'라는 당시의 선언을 전후해서 오히려 '인문학'이라는 단어가 본격적으로 대중적인 담론의 레벨에서 나름대로 '범람'하기 시작했기 때문이다. 인터넷과 각종 대중매체에서 유명세를 얻은 로쟈, 강유원, 이택광을 필두로 한 저자들이 '인문적 교양'을 주제로 다룬 대중서적들을 출간하였고, 심지어 자기계발서와 경영서에서도 '인문학적 상상력'을 강조하는 모습들을 심심찮게 볼 수 있었다. 대학에서 자립한 '수유+너머'와 같은 사설 인문강좌들도 대중적인 인지도를 얻게 되었다. 말하자면 인문학의 학문적 권위가 해체되는 동시에 인문학 담론이 아카데미 바깥에서 유통되기 시작한 것이다. 나 역시 그러한 현상에 영향을 받기 시작한 세대이다.

물론 그것이 인문학의 위기에 대한 선언을 불러온 현실적 배경을 무화시키는 것은 아니다. 실제로 인문학을 전문적인 분과학문으로서 성립시키는 현실적 기반들이 아카데미 내부에서 무너져 가는 사태를 부정할 수 없다. 즉 인문학을 이루는 제반 영역들이 독립된 분과학문으로서 위상을 잃어가고 있는 것이다. 개인적 레벨에서 본다면 '전문적인 인문학 연구자'가 된다는 것 자체가 진로상으로 현실성을 잃어가고 있다고도 할 수 있다. 입발린 소리를 잘 하는 사람들은 흔히 인문학에 미래를 향한 새로운 상상력이 잠재해 있다고들 말하지만 나와 같은 20대에게 인문학의 미래는 '저임금 시간강사'이다. (물론 위기 운운하는 인문학 교수 자신들이 이런 현실적 문제를 해결하기 위해 팔 걷고 나서리라 기대할 수도 없다.) 그럼에도 오히려 역설적으로 섬세한 인문학적 교양, 왠지 있어 보이는 인문학적 상상력, 남들과 차별화시켜 주는 인문학적 아이디어 등등에 관한 아카데미 바깥의 대중적 매혹이 그러한 인문'학'의 위기와 맞물려 돌아가고 있는 것처럼 보인다. 아카데믹한 레벨에서의 인문학의 위기란 또 다른 레벨에서 인문학이 상대적으로 새롭게 각광받는 현상과 시차적으로 연결되는 것이다.

이러한 이중적 현상을 두고 나는 오히려 다음과 같은 점을 분명하게 말하고 싶다. 인문적 '사유'란 그 자체로는 결코 '위기'에 의해 관통되는 성질의 것이 아니다. 모두가 안정적인 조건 속에서 인문학을 전문적으로 연구할 수 있었던 시대는 이전에도 없었다. 게다가 정치적으로 거대한 반동에 직면해 있는 이 시대에 불안정한 조건에 처해 있는 것은 '오직' 젊은 인문학 연구자들이나 인문학도들뿐만이 아니다. 물론 부분적인 유용성이 있겠지만 유독 인문학에 대한 '특별한' 제도적·금전적 지원만으로는 아무것도 나아지지 않는다. 만일 학문적 빈곤이 특별한 사유거리가 된다면 그것은 해당 학문이 오직 현실의 빈곤을 '함께' 사유하는 한에서만 그러하다. 인문학이 처한 현실적 빈곤을 '사유하지 않고 두려워하는 것'이야말로 인문학 그 자체의 내재적인 빈곤을 구성한다. 다른 한편으로 인문적 사유는 경영서와 자기계발서 속에서 삶을 풍요롭게 만드는 장식품과도 거리가 멀다. 만일 인문학을 위기로부터 구해내는 유일한 길이 있다면 그것은 오직 앞으로의 인문적 사유가 다음과 같은 역할, 즉 미래의 스티브 잡스를 꿈꾸는 경영인들과 그들을 추종하는 소비자들을 즐겁게 해주는 역할을 단호하게 거절하는 데에만 있을 것이다. 당연한 이야기겠지만 인문학을 구해내는 것은 그것이 구성해내는 사유 그 자체의 내재적인 불온함뿐이다. 인문학에 대한 제도적 지원을 국가로부터 그럴싸한 구실로 교묘하게 타내는 것은 그 다음 다음 일이다.

인문학의 위기가 고질적이게 된 지금 시점에서 우리는 다음과 같이 '즐겁게' 선언할 수 있게 되었다. 노인을 위한 나라만 없는 게 아니라 이제 더 이상 부르주아를 위한 인문학 역시 '없다.' 인문학은 이제 기술관료들, 원로 교수들, 잘난 척하기 좋아하는 CEO들의 소관사항이 아니며, 그네들이 굳이 인문학 때문에 되지도 않는 궤변을 만들어내기 위해 골치를 썩일 필요도 없다. 인문학은 이제 더 이상 부르주아들의 생계수단이 될 수 없을 뿐만 아니라, 앞으로의 인문적 사유 역시 더 이상 비천한 부르주아적 삶에 아부하는 데에도 점점 더 부적합해질 것이다. 왜냐하면 인문적 사유의 근본은 그러한 아부와는 거리가 멀기 때문이다. 좋은 문학이란 부르주아들을 화나게 하는 문학이라고 선언한 오스카 와일드의 말을 다시 한 번 패러프레이즈하자면, 앞으로의 훌륭한 인문학은 여전히 남아 있는 사회적 연대와 변혁에의 희망을 좀먹는 부르주아들의 옹알이를 끝장낼 역할에 복무할 것이다. '좋은' 인문적 사유는 혁명에 굶주린 자들과 함께 굶주릴 것이고, 그러한 굶주림과 더불어 사유할 것이다.

2

나는 대학 신입생 때, 다시 말해 2006년 즈음에 인문학 관련 포스팅을 올리는 용도로 지금의 네이버 블로그, 즉 '붉은서재'를 시작했다. 딱히 네이버가 아니어도 상관 없었다. 이글루스도 있었고 진보넷도 있었지만 별 생각 없이 네이버로 시작했던 것이다. 그리고 블로그가 유행하던 막바지에 시류에 편승하겠다는 가벼운 마음에서 시작한 것이 어느 새 포스팅들을 출판하는 지금의 지경에 이르게 되었다.

주로 그때그때 유행하던 철학분야 서적을 읽고 난 뒤의 두서 없는 감상들을 올린 게 전부였지만 기간이 축적되어 어느 새 책 한 권으로 묶을 분량이 되었다. 블로그를 시작한 지 4년이 지난 시점에서 블로그에 올린 글들을 정리해서 갈무리하는 것이 벅찰 정도의 분량이 된 것이다. 사실 이러한 방식으로 자신의 블로그를 출판하는 경우들은 이미 흔한 루트가 되었다. 여행기 분야에서 이러한 출판 사례들의 가장 유명한 경우들도 너무 많아 손에 꼽기 힘들 정도이다. 이 부분에서도 나 역시 유행의 막바지에 편승하고 있다는 느낌이 없지 않다. 최근에 비슷한 계열이라고 할 수 있는『로쟈의 인문학 서재』와 이택광 교수의『인문좌파를 위한 이론 가이드』가 출간된 상황에서 나의 글들에 굳이 차별화가 되는 지점을 찾는다고 한다면 다만 나 자신의 상대적으로 '젊은 나이' 뿐이다. 어쩌면 세대론이 여전히 유행하고 있는 지금 시점에서 그것이 (대단하지는 않지만) 또 다른 상품가치(?)를 지닐지도 모른다.

그런 점에서 나의 독서이력에 작용한 세대적 경험을 새롭게 환기하고 싶다. 어쨌든 간에 나는 인문학 대중화의 수혜를 입은 세대에 속한다. 내가 고등학교를 막 졸업할 당시에 수유+너머를 중심으로 푸코, 들뢰즈에 관한 유행이 여전히 한창이었고, 유학길에 올랐던 젊은 연구자들이 돌아와 속속들이 현대 철학분야의 최신 번역서들을 내놓기 시작한 시점이었다. 알라딘의 서재꾼 로쟈의 도움도 매우 컸다. 의무교육 과정에서 해방된 기분 속에서 들뢰즈와 푸코를 논(?)하며 어떤 묘한 기대감과 흥분감을 느낄 수 있었던 짧은 기간을 입대하기 전에 잠깐 동안이나마 운 좋게 경험할 수 있었던 시점에 대학에 들어온 셈이다. 그러나 다른 한편으로 당시는 학생사회 내에서의 유의미한 정치적 개입이 끝나가던 시점이었다. 2006년은 고려대에서 학생운동가 몇몇에게 '출교'라는 어처구니없는 처분이 내려졌던 해이기도 하다.

지금 돌이켜보건대 내가 전공과도 무관하게 입문하게 되었던 인문학, 그 중에서도 '현대 (정치)철학'은 좀 냉정하게 말해서 당시 2000년대 초반부터 점차 전면적인 폐색에 이른 학내의 정치적 개입을 대체한 관념적 탈출구가 아니었나 생각한다. 나와 같은 20대에게 있어서 '인문학'이란 그 자체로 완결된 영역이 아니라, 바로 그러한 정치사회적 맥락과 뗄 수 없는 것이다. 그런 점에서 나는 생태주의, 포스트모던 페미니즘, 문화이론, 자율주의 등등의 특정 인문학적 유행에 편승한 인문학 키드들이 학내에서 새로운 운동을 시작하다가 결국 흐지부지되었던, 그러한 지리멸렬한 정황 속에서 독서를 시작하게 된 사람이라고 할 수도 있다. 다시 말해 나 역시 그러한 지리멸렬한 인문학 키드들 중 한 사람이다. 나 자신이 전혀 학생운동을 한 것이 아님에도 불구하고 말이다.

혹자들은 초장부터 내가 인문학이라는 주제에 대해 너무 정치과잉으로 나가는 게 아니냐는 의문을 가질지 모르겠지만, 오히려 나에게 있어서 대학시절에 경험한 '인문학'은 '학생운동'이라는 정치적 맥락을 피할 수 없다. 미안한 이야기이지만 학생운동은 젊은 인문학도들에게 우회 불가능한 주제이다. 내 또래의 몇몇 인문학도들 중에서는 '정치'와 무관한 '순수한', (즉 '정치'와 무관한 '순문학'을 하겠다는 것과 비슷한 의미에서의) 뭔가 삶에 더 근본적으로 잇닿아 있는 '순수 인문학' 내지는 '순수 철학'을 하겠다는 이야기를 하곤 하는데, 사실 그것이야말로 무사유의 극치이다. 나는 내 세대의 잔존해 있는 이런 인문학 오타쿠들이 자신의 기원을 정직하게 대면했으면 하는 바람이 있다.

학생시절에 가지게 된 인문학적 욕구의 기원은 어쨌든 간에 학생운동의 위기와 불가분의 관련을 맺는다. 예나 지금이나 20대의 자율적 주체성이 불가능한 한국 사회 속에서 캠퍼스 내에서 정치적 주체성이(혹은 주체성에 관한 표상이) 가능했던 유일한 영역이 바로 '학생운동'이었다는 사실을 고려한다면, 20대 주체들이 인문학에 관해 가지고 있는 자기 표상 역시 학생운동 내지는 그것의 위기를 피해 갈 수 없다는 점은 자명하다. 지금 우리에게 중요한 건 인문학의 위기 따위가 아니라 학생운동의 종언, 더 나아가 그것과 불가분의 관련을 맺는 20대의 주체성 자체의 위기이다.

물론 학생운동의 위기는 멀리 나가면 90년대 초의 분신정국 내지는 한총련의 '연대 사태'에서부터 시작했지만, 그것은 그 이후에도 서구에서 수입된 소위 말하는 '최신 인문학' 담론으로부터 그 정치적 상상력을 끊임없이 수혈해 왔다고 해도 좋다. 다시 말해 캠퍼스 안에서 학생들이 국가관료가 되거나 재벌기업의 준관료 혹은 직업적인 정당 정치인이 되는 경로 외의 전혀 다른 주체적 자율성의 지평이 가능하다는 '희망'을 여전히 학생운동에서 발견할 수 있었던 것이고, 그러한 희망의 소재들을 소위 말하는 '인문학적 상상력'에서 길어왔다고 할 수 있다.

일례로 2000년대 초반의 학생운동 서클 내부의 학회들만큼 최신 인문철학적 동향에 민감하게 반응했던 곳은 없었다고 감히 말하고 싶다. 일부 급진적인 중간계급 학생들은 국가(관료제)와 자본에 강하게 포섭된 한국의 시민사회 속에서도 여전히 가능한 대안적인 '사회적 연대'에 관한 희망을 인문학의 아이디어에서 얻고자 했었고, 그것이 사후적으로 인문학 그 자체에 대한 매혹을 불러일으켰던 것이다. 그러나 인문학의 논리구성 그 자체가 (캠퍼스 내부에서든 그 바깥에서든) 어떤 사상적인 힘을 가졌던 적은 단언컨대 단 한 번도 없었다고 해도 좋다. '아감벤'이든 '고진'이든 '네그리'이든 캠퍼스 내부에서 특정 인문학 저자들이 일부 학생들 사이에서 '사상적 힘'을 가졌던 것은 그것이 어디까지나 새로운 사회적 연대와 그 안에서 가능한 주체적 자율성에 관한 희망을 담지하는 한에서였다. 내가 인문학이라는 주제를 다루는 것은 어디까지나 그러한 맥락 속에서이다.

본문에 수록된 26편의 글들을 보면 알겠지만 내가 쓴 글들은 결코 정치적으로 중립적이지도 않고, 논조 자체도 시종일관 차분하고 공평무사한 시선과 거리가 멀다. 나는 전문적인 인문학 연구를 지망하는 학생도 아니고, 인문학에 관한 전문적인 교육도 받지 못했다. 그럼에도 나는 내 나름대로 인문학을 가능한 한 철저하게 '정치적인' 방식으로 읽어내고자 시도했다. 물론 인문학이 그 자체로 정치적인 주제는 아니다. 하지만 나에게 있어서 가장 흥미로운 것은 여전히 인문적 사유가 새로운 정치적 주체성을 사상적으로 '예고' 하는 방식이다. 그것이 내가 인문학, 그 중에서도 철학, 특히 정치철학에 경도된 이유였으며, 아마 그러한 사정은 다른 비슷한 성향을 지닌 내 또래들에 관해서도 마찬가지일 것이다. 만일 내가 정당민주주의 따위에 기대를 걸거나 사회민주주의 같은 추상적인 가치로서의 '진보적인 것' 일반에 관심을 두었다면 아마 인문학 내지는 철학 자체에 발을 들이지 않았을 것이다.

그런데 지금 상황에서 점차 추상적인 가치로서 상품화된 진보 담론이 보수화되고 관료화된 한국의 부르주아 시민사회와 결합하고 있는 경향은 과거에 비해 나아지기는커녕 점점 더 악화되고 있다. 지금까지 잘도 잘난 척해왔던 나 역시 내심 그러한 체제에 편입될 준비를 하고 있는지도 모르겠다. 그러나 오늘날의 경향이 지속된다면 미래에도 젊은이들은 80년대와 똑같은 질문과 똑같은 방황을 또 다른 방식으로 반복할 것이다. 그런 정황 속에서 본래 의미에서의 인문학적 사유는, 그것이 새로운 사회적 결속의 원리를 근본적으로 사고하는 것인 이상 그 어느 때보다 첨예한 정치적 주제를 다룰 수밖에 없을 것이다.

대한민국의 미래를 책임질 패기 있는 젊은이답게 발랄하고 깜찍한 이야기를 하지 못해서 대단히 미안하다. 하지만 모든 젊은이들이 김연아나 박태환이 아닌 이상 앞으로 그런 발랄함을 기대하기는 점점 더 어려워질 것이다. 그것은 나의 책임도 그리고 우리들의 책임도 아니니다. '발랄함'과 '개드립'에 대한 찬양이 유행하는 이 시대 속에서 이 책을 바로 앞으로의 젊은이들의 새로운 '반시대적인 진지함'을 위해 바친다.

2010년 10월 6일 새벽녘 학생회관에서

인문독서 후기

1. 칸트의 역사철학
2. 신자유주의는 나쁘다, 참여민주주의는 더 나쁘다
3. 진리의 주체와 알랭 바디우
4. 『젠더 트러블』
5. 헤게모니 전략과 냉소주의 전략
6. 라캉주의 정신분석과 정치
7. 들뢰즈의 사도 매저키즘
8. 법치주의를 위하여
9. 랑시에르와 민주주의

Chapter_1

칸트의 역사철학

칸트와 공화주의

정치적 혁명과 칸트적 혁명(?) 사이에서

2009년에 개정판으로 출간되었던 『칸트와 역사철학』은 오랫동안 정치적인 측면에서 오해와 무지의 베일에 싸인 칸트의 모습을 독자들에게 선보인다. 일례로 칸트는 정치철학적인 맥락에서 '자유주의자' 로서, 특히나 휴머니스트로서만 알려져 왔다. 그러나 이한구 교수에 의해 세심하게 정리되고 해설된 이번 칸트의 신간 번역본은 이와 철저하게 모순되는 지점들을 징후적인 방식으로 보여주고 있다. 가령 이 교수는 칸트를 비판하면서 그가 "역사의 목적을 도덕성의 실현으로 규정했음에도 불구하고 그것이 인류 속에서만 가능하다고 주장함으로써 개인 개인의 입장에서 보면 완전히 비도덕적일 수도 있다. 왜냐하면 그것은 개인의 희생 위에서만 실현되기 때문"이라고 언급하며, "이 때 우리는 도덕성을 위해서 도덕성을 희생시키는 자기 모순을 범하게 될 것이며, 개인의 희생을 불합리하게 강요하는 전체주의적 원리를 거부하기도 어렵게 될 것이다"라고 주장한다. 그러나 그가 자유주의적 휴머니즘의 입장에서 그러한 발언을 할 때 그는 이미 칸트에 대해 매우 정교한 요점을 말하고 있는 것이다! 말하자면 그러한 관점에서 과도하고 불합리한 주장으로 보이는 한계야말로 칸트 정치·역사철학의 가장 정합적인 핵심이 아니냐는 것이다.

이한구 교수는 칸트를 자유주의적인 입장에서 다시 수용하려고 시도한다. 그러나 칸트 자신은 암묵적인 의미에서가 아니라 매우 명시적으로 반자유주의자였던 데다가 (이후에 보겠지만) 민주주의의 한계에 대해서도 서슴없이 발언한 바 있다. 칸트는 자유주의에 걸린 문제를 거의 계보적인 관점에서 종교적인 문제와 관련시켜 매우 예리하게 간파하고 있다. 도덕영역에서의 자유주의적 입장은 근대 기독교의 정서에서 탄생했다. 그것은 이성의 도덕적 준칙이 '사랑'할 만한 가치가 있는 한에서 받아들일 수 있다는 감정이다. 예컨대 "이웃을 사랑하라"는 기독교의 도덕적 가르침은 그것이 그 자체로 지켜져야 할 원칙이기 때문이 아니라, 그러한 자신의 선한 모습이 신으로부터 사랑받을 만하기 때문에 지켜져야 한다는 감정을 수반한다.

그러나 이는 도덕적 동기에 대한 끝없는 존경심이 지닌 비인간적인 측면을 외관상 보기 좋게 중화시키는 것에 불과하다. 칸트는 다소 냉소적인 태도로 이러한 종교적 감정을 정당화한다. 칸트에 따르면 그것은 도덕적 주관의 철저함을 '사랑할 만한 것'으로 받아들이게 하는 한에서 가치가 있다. 그러나 기독교는 궁극적으로 신에 대한 상상적 사랑을 넘어서 도덕적 준칙에 관한 무조건적인 자기 단언으로까지 나아가야 한다. 그러한 한에서만 기독교는 '보편적인 세계종교'가

될 수 있다. 하지만 실제의 기독교 교회들이 그 자체로는 세계종교가 될 수 없다. 이러한 칸트의 교훈은 우리의 일상적인 자유주의적 예의에 대해서도 적용된다. 물론 우리는 윤리적인 준칙을 무조건적으로 단언할 수 없으며, 이는 다른 개인의 취향과 의견에 대한 배려와 함께 가는 한에서 보기 좋은 것으로 비쳐질 것이다. 하지만 궁극적으로 이러한 자유주의적 가치관을 넘어서지 않는다면 어떠한 정치적 · 도덕적 정의도 보장할 수 없을 것이다.

이 교수는 분명 ‘개인의 희생을 강요’하면서 ‘역사의 도덕적 목적’을 실현하려 했던 과거 20세기의 실패한 혁명적 유산을 의식하고 있으며, 그와 같은 역사적 파국과의 연루지점을 칸트 저작으로부터 제거하려 시도한다. 그러나 칸트 자신이 “마치 자연이 인간의 안녕보다는 인간의 이성적 지존에 중점을 두고 있는 것처럼 보인다”[1]라고 말할 때 그가 당대의 윤리적 지평에 돌이킬 수 없는 작용을 가했다는 사실을 외면해서는 안 된다.

20세기의 위대한 ‘정치적’ 혁명들은 바로 그러한 윤리적 영역에서 일어난 ‘칸트적 혁명’의 연장선상에 존재한다. 정치적 혁명은 칸트의 윤리적 혁명 없이는 사고될 수 없다. 물론 칸트 자신은 혁명의 공포에 대해 정치적으로 반대하는 입장이었지만, 그는 그것이 인간의 제거할 수 없는 도덕적 소질에서 나왔음을 분명히 했다. 그의 이러한

1 임마누엘 칸트, 이현구 역, 『칸트의 역사철학(개정판)』, 서광사, 2009, p. 28.

입장은 오늘날 혁명의 공포를 고발하는 온갖 반동적 자유주의적 시도들에 대해서 특히나 계몽적인 가치를 지닌다. 오늘날 해방정치를 구성하는 그러한 도덕적 소질들에게서 잠재적인 혁명적 공포를 발견하려는 시도들이 만연한 지금 상황에서 말이다.

칸트의 역사철학

비록 그의 『영구평화론』이 제외되어 있지만, 칸트의 역사철학과 정치철학적 전망이 담긴 논문들을 묶어낸 이 책에서 범용한 자유주의자들에게 '참기 힘든' 주장들을 매우 일관되게 펼치고 있는 칸트를 발견할 수 있다. 우리는 어떻게 칸트 정치철학의 '역린(逆鱗)'을 건드릴 수 있을까? 그의 철학에 있어 개념적 성좌를 형성하고 있는 기표들을 오로지 칸트 고유의 어조를 통해 읽어내는 것이 관건이다. 여기서 '자연'이라든지, '계몽'이라든지, '시민사회'라든지 하는 용어나 심지어 '공화주의'나 '평화'라는 개념조차도 칸트에 의해 완전히 새롭게 재정의되고 있음을 지적해야 한다. 칸트의 계몽주의조차도 '이성의 지존보다는 인간의 안녕에 중점을 둔' 18세기의 공리주의적인 계몽철학 일반과 완전히 다르며, 그가 말하는 시민사회는 헤겔이 당대 의회민주주의를 선취한 영국의 부르주아 시민계급을 모델 삼아 이야기했던 것과 조금도 비슷하지 않다. 평화를 논의할 때 칸트는 그것을 '비폭력주의'와 무관한 층위에서 접근하고 있으며, 기타 등등.

칸트의 역사철학은 자연철학(= 자연사)에 목적론적인 관점을 도입하면서 시작된다. 자연이 의도한 목적에 따라 인간사는 부지불식간에 그 목적에 부합하는 방향으로 나아간다. 자연이 인간사에 은밀히 도입한 목적은 자연이 인간에게 천부적으로 부여한 도덕적 소질을 남김 없이 계발하라는 지상명령이며, 그것은 다름 아닌 인간이 이성적인 존재로서 목적으로서 대우받는 최상의 정치체제, 즉 보편적인 시민사회를 건설하는 정치적 프로그램과 연결된다. 이는 계몽주의적 기획의 연장선상에서 각자가 자신의 계몽된 이성을 자유롭게 사용할 것을 요청한다. 여기서 칸트가 도입한 목적론적 관점은 역사의 배후에 인간 역사를 조종하는 정신적 실체가 있다고 주장하는 것과 거리가 멀다는 점은 말할 것도 없다. 칸트는 결코 '형이상학자'가 아니었다. 그는 우발적인 인과법칙, 마키아벨리의 표현대로라면 운수(Fortuna)가 지배하는 인간의 역사에 일관된 도덕적 목적을 상정하고 그것을 추구하는 이성적인 요청이 '가능하다'는 것만을 이야기한다.

인류는 지속적인 진보와 시민사회로 표상되는 도덕적 완성과정을 향해 경주한다는 목적론적 서사는 하나의 거대한 가정절로서 취급되어야 마땅하다. 그러한 관점은 결코 임의적인 주관성에 의해 도입된 것이 아니다. 물론 칸트의 말대로 그의 목적론적 역사관은 '세계사의 고찰을 위한 특별한 관점'에 불과하다. 그러나 그 관점은 하나의 특이한 관점에 그치는 것이 아니다. 그것은 여러 가능한 관점들 중 하나의 가능한 관점들을 소묘하는 포스트모던 상대주의의 지평에서가 아니라, 상대적 관점들을 사전에 조건짓는 불가능한 '응시(gaze)'의 지점으로 파악되어야 한다. 그러한 관점만이 실천이성의 관심사에 유일하게 부합한다. 그 이유는 그것이 당대 유럽의 정치경제적 정세 속에 잠재하는 '타자(他者)' 에 의해 도입되었기 때문이다.

가령 칸트는 근세 유럽 절대왕조들 간의 가혹한 군비경쟁(이것은 그의 표현대로라면 "문명화된 민족을 위협하는 최고의 악"이다)에 의해 기회를 박탈당하게 될 미래 후손들의 관점(응시의 지점)을 도입한다. 그것은 물론 '불가능한 관점' 이며, 단지 어떤 부조리한 느낌에 의해서만 도입된다. 그러나 그들의 관점을 통해서만 전쟁이 종식된 앞으로의 세계 시민사회를 향한 목적론적 요청이 정당화되며, 그러한 한에서만 그것은 계몽의 기획에 실제로 봉사하는 것이 된다. 왜냐하면 후손들의 관점에서 본다면 "그들은 자신들이 관심을 갖고 있는 관점에 의해서만, 즉 여러 민족이나 정부들이 세계시민적 목적에 얼마나 기여했는가 혹은 얼마만큼 손상을 입혔는가라는 관점에서 역사를 평가할"[2] 것이기 때문이다.

당대의 역사적 정황 속에 잠재해 있는 이러한 타자의 응시는 물론 오직 '현재' 의 정치경제적 난국과 관련을 맺는 한에서만 존재한다. 그의 표현대로라면 "인류에 대한 예언적 역사는 어떤 경험과 결합되어 있다."[3] 칸트의 동시대인들도 독일과 더불어 유럽 전역을 황폐화시킨 30년 전쟁의 후손들이었다. 그러한 점에서 역사에 대한 여러

2 같은 책, 「세계시민적 관점에서 본 보편사의 이념」, p. 45.
3 같은 책, 「다시 제기된 문제 : 인류는 더 나은 상태를 향해 계속적으로 진보하고 있는가?」, p. 128.

가능한 관점[4]이 존재하겠지만 거기에는 명확한 도덕적 한계가 부여되어야 한다. 역사를 자연이 부여한 시민적 덕성을 계발하라는, 그리하여 앞으로 다가올 보편적 시민사회 속에서 군비경쟁(앞으로 우리는 시민사회와 군사적 위험이 어떤 관련을 맺는지 보게 될 것이다)이 종식되게끔 하라는 요청만이 유일하게 '이성적'인 것이다.

여기서 우리는 칸트가 자신이 처해 있던 정세 속에서 당대의 정치적 기표를 어떻게 발명했는지 보게 될 것이다. 그것은 그가 지금껏 알려지지 않았던 새로운 개념들을 얼마만큼 고안했느냐가 아니라 그가 살았던 시대의 화두였던 '계몽', '공화주의', '시민사회' 등등의 기존 개념들에 어떤 새로운 역사적 의미를 부여했느냐는 관점에서 접근되어야 한다. 칸트의 말대로 이성을 '공적으로' 사용하는 것은 논의되고 있는 개념들이 특정 집단(그것이 국가적인 차원이라 해도 무방하다)에 의해 코드화된 채 읽히는 상황을 돌파해서 그것을 완전히 낯선 관점 속으로 내던지는 것이다. 칸트의 말대로 오늘날 공적 논의(국가의 경제성장)로 여겨지는 것의 대부분은 사실상 이성의 '사적 사용'에 불과하다. 이성의 사적 사용은 "그에게 맡겨진 시민적 지위나 공직에서 이성을 사용하는 것을 말한다." 설령 공식적인 법적 자격으로 이런저런 논쟁에 참가한다 하더라도 그것으로는 충분하지 않다. 오히려 특

4 칸트는 헤르더와 같은 낭만주의의 역사서술이 지닌 '포스트모던한' 상대성을 인정한다. 그러나 그는 헤르더의 논문에 대한 주석에서 그것이 도덕적 한계 안에서 독해되어야 한다는 점을 끈질기게 주장한다.

정 국가나 시민사회 내부에서 발견될 수 없는 어떤 불가능한 자리에서 완전히 낯선 동일시의 지점을 발명(그는 그것을 '세계시민적 관점'이라 부른다)하는 한에서, 그런 도약 속에서 익명의 독자대중(앞으로 도래할 후손을 포함한 인류 일반으로서의 '독자') 앞에 서야만 비로소 이성을 '공적으로' 사용할 수 있다는 것이다. 이 미친 내기 속에서 칸트는 새로운 사유를 통해 기존의 개념들을 새롭게 재발명할 수 있었던 것이다.

칸트의 공화주의

칸트는 대개 자유주의자로서, 그것도 매우 나쁜 의미에서의 자유주의자로서만 읽혀지고 있다. 가령 국제정치학에서 칸트주의란 마키아벨리즘적 현실주의와 대립되는 자유주의적 이상주의로 분류된다. 그런 관점에서 국가 간의 현실적인 이해타산에 따라 전쟁도 불사할 국가들을 규제하는 유일한 원리는 그 국가가 얼마나 의회민주주의와 시장경제를 잘 받아들이는지의 여부로 판가름난다. 즉 대개 국제정치의 영역에서 '칸트주의'적으로 사고하는 자들은 전쟁을 일으킬 위험이 있다고 낙인찍힌 국가가 얼마만큼 책임 있는 의회제도를 수용했는지, 얼마만큼 외국 자본의 투자에 의존하는지의 여부에 따라 실망하기도 하고 기뻐하기도 한다. 가령 의회제도와 대의민주제 정부를 잘 갖춘 나라일수록 첨예한 국익이 걸린 문제에 대해서도 상대적으로 덜 호전적으로 대응할 것임을 기대하는 것이다.

그러나 정작 칸트 자신에게 이와 같은 사고방식은 매우 낯설 뿐만 아니라 근거 없는 것이기까지 했다. 우선 칸트 자신은 이미 당대의 영국식 의회제도에 대한 어떤 환상도 가지고 있지 않았다. 칸트에게 있어 국제정치에서 평화를 가능하게 하는 것은 일국의 정체가 어떠한지 여부와 완전히 무관한 사항이었다. 가령 칸트에게 공화주의(共和主意) 이념이야말로 당대 유럽사회의 계몽적 관심사에 가장 잘 부합하며, 더불어 전쟁을 방지할 수 있는 가장 이상적인 원리였다. 하지만 엄밀히 말해 칸트에게 있어 그 원리는 일국의 '국가형태'에서 찾아질 수 있는 게 아니라, 그 국가의 실제적인 '통치방식'과 그러한 통치방식을 강제하는 국가 간의 협약에서 발견되는 것이다. 게다가 칸트가 거주했던 프로이센이야말로 당대 선진적인 자유주의자와 의회주의자들 입장에서 보면 위험하기 짝이 없는, 오늘날 북한이나 이란과 같은 깡패국가에 가까웠다.

그러나 칸트는 그들과 같은 방식으로 사태에 접근하지 않았다. 가령 놀랍게도 어느 나라보다 '자유민주적'인 영국에 대해 칸트는 단호하게 그것이 '절대군주정'이라고 일갈한다. 그 이유는 매우 단순하게도 영국 군주가 국민의 동의 없이 의회와의 야합 속에서 외국과 식민지 전쟁을 일삼았기 때문이다. 실제로도 오늘날 국제정치의 지평에서 가장 '호전적'인 국가들은 대개 의회제도를 갖춘 자유주의 세력이다. 다소 충격적으로 들리겠지만 칸트에게 있어 영국과 같은 나라는 사실상 입헌주의 국가도 아니며 심지어 공화정도 아니다. 칸트에게 있어 공화정체란 '전쟁을 도발하지 않는' 나라와 동의어이기 때문이다. 칸트는 다음과 같이 말한다.

> 절대군주란 무엇인가? 그는 전쟁이 필요하다고 명령하면 즉시 전쟁이 발생하게 되는 그런 명령을 내리는 자이다. 그러면 제한된 군주제란 무엇인가? 그는 미리 국민에게 전쟁을 할 것인지 아닌지를 묻고, 만일 국민이 "전쟁이 일어나서는 안 된다"고 대답하면 전쟁을 일으키지 않는 그러한 군주이다? 왜냐하면 전쟁이란 모든 정치적 권력이 국가의 최고 통치자의 처분에 맡겨지는 상황이기 때문이다. 그런데 영국의 군주는 국민의 동의를 구함이 없이 상당히 많은 전쟁을 수행했기 때문에 절대군주인 것이다. 물론 그는 헌법에 의해서는 절대군주일 수 없다. 그러나 그는 앞서 말한 바와 같은 국가권력에 의해, 즉 그 자신이 모든 행정부처를 마음대로 장악할 수 있고, 또 그가 국민의 대표들의 보장을 받을 수 있다는 사실에 의해 항상 헌법을 초월할 수 있는 것이다. 그렇지만 이와 같은 매수제도는 분명 공개되어서는 성공할 수 없다. 따라서 이 제도는 매우 불투명한 베일에 가려진 비밀로서 존재하고 있다.[5)]

거의 노엄 촘스키의 저서 한 구절을 방불케 하는 이 부분에서 칸트는 실질적으로 의회제에 의해 권력이 제한된 군주(행정권력)라 해도 그것이 의회와의 공조 속에서 헌법을 초월할 위험이 있다는 사실을 지적할 뿐만 아니라, 그러한 의회제도 자체가 월권행위에 '합의'

5 같은 책, 「다시 제기된 문제 : 인류는 더 나은 상태를 향해 계속적으로 진보하고 있는가?」, p. 137.

의 성격을 부여하는 구실을 한다는 급진적인 비판으로까지 나아간다. 물론 칸트가 치송해 마지않는 프리드리히 대왕이야말로 슐리지엔 지방을 놓고 오스트리아와 전쟁을 도발했다. 그러나 칸트의 요점은 그러한 전쟁에 대해 대다수의 국민들에게 의사를 묻지도 않고 곧바로 전쟁에 '합의'의 성격을 부여하는 '자유민주주의'의 구조적 모순에 관한 것이다. 그것은 '절대군주제'와 구조적으로 다를 게 없다.

오늘날 어느 용기 있는 '칸트주의자'들이 가령 국민의 동의 없이 의회의 묵인 속에서 수많은 나라에서 파괴공작을 일삼았던 미국을 절대군주제라고 비판하겠는가? 이런 점에서 칸트는 사실 자유민주주의나 의회제의 옹호자였다기보다는 급진적인 '공화주의자'로서 재평가되어야 한다. 그것은 무엇보다 그가 당대의 선진 해양세력으로 부상하던 자유주의적 영국이 아니라, 상대적으로 독재적인 후발국 프로이센에 거주했다는 전기적 사실과 무관하지 않다. 물론 그 자신은 프로이센 당국으로부터 검열과 탄압을 감수해야 했다. 그럼에도 불구하고 그는 막강한 상비군을 보유하고 있던 '프리히드리 대왕'이야말로 가장 탁월한 계몽군주이며, 유럽의 계몽정신을 대표하는 유일한 국왕이라고 치켜세운다. 이러한 아부에 가까운 발언들은 종종 칸트 자신의 소심한 심성 탓으로 돌려지곤 하지만, 오히려 우리는 다음과 같은 의미심장한 발언에서 칸트의 요점을 발견해야 할 것이다.

> 만일 그러한 (공화주의) 이념의 정치체제가 일단 대규모에서 승리하면 그것은 전쟁을, 다시 말해 모든 선한 것의 파괴자를 없애는 가장 좋은 정치체제가 될 것이다. 그러므로 그와 같은 정치체제를 갖추는 것이 하나의 의무이다. 그

러나 군주들이 독재적으로 통치한다 해도 공화적(민주적이 아니라)인 방식으로, 즉 자유로운 법의 정신에 알맞은 원리에 따라 국민들을 다루는 것이 잠정적으로는 군주들의 의무이다(성숙한 이성을 가진 국민이 스스로 통제하듯이). 물론 군주들이 국민들의 동의를 일일이 구하지는 않겠지만.[6]

가령 칸트에게 있어 한 국가가 그 국가형태에서 공화적이든 혹은 단지 통치방식에서만 공화적이든 그것은 중요한 사안이 아니었다. 오히려 "후자의 경우 그것은 국민이 스스로 보편적 법의 원칙에 입각해 만든 법률에 준해서 한 사람의 통치권자(군주)가 국가를 지배하도록 하는 것이다."[7] 공화주의는 대의기관에 의한 지배가 아니라 법률(헌법)에 의한 지배를 천명한다. 그런 점에서 군주제는 그 '통치방식'에서 반드시 공화제와 반대되는 것이 아니다. 국왕의 존재는 시민들이 자기입법적으로 설립한 '헌법'을 강제하는 존재로서 표상되는 한에서 긍정될 수 있다. 군주제는 말하자면 '성숙한 이성을 가진 국민이 스스로를 통제하듯' 그렇게 시민들을 법률을 통해 통제하는 한에서만 정당화된다.

여기서 군주=헌법은 시민들의 의지보다 상위에 있는 존재이다. 따라서 칸트는 과감하게 공화제가 본질적으로 민주적인 것만은

6 같은 책, 「다시 제기된 문제 : 인류는 더 나은 상태를 향해 계속적으로 진보하고 있는가?」, p. 138.
7 같은 곳, p. 133.

아니라고 단언한다. 공화제는 그 안에 있는 시민 일반이 입법적 관심사를 능히 발휘할 만한 도덕적 존재로서 대우받는 그러한 정체를 의미하기 때문이다. 칸트에게 무엇보다 중요한 것은 모든 시민, 나아가 인류 전체가 그러한 '입법자'의 소질이 천부적으로 부여되었다는 원칙을 보편적인 차원에서 천명하는 것이었다. 그러한 원칙이 의회제를 통해 표출되든 계몽군주를 통해 실현되든 그것은 중요한 문제가 아니었다. 아니, 오히려 칸트의 무게 중심은 후자에게로 더 쏠려 있다고 봐야 한다. 칸트는 공화주의적 이념이 영국식 의회제보다는 프로이센식 계몽군주의 의지 속에서 더 적합하게 체현된다고 생각했던 것이다.

가령 이것은 공화주의의 이념이 어디에서 유래하는지에 대한 기원의 문제로까지 거슬러 올라간다. 칸트는 단호한 어조로 그것은 "아래에서 위로 향하는 사물의 운동에 의해서가 아니라 위에서 아래로 향하는 사물들의 운동을 통해서 가능하다"고 단언한다. 오늘날의 맥락에서 말하자면 공화정의 기원은 '의회적'(아래에서 위로)이라기보다는 '헌법적'(위에서 아래로)이다. 즉 공화주의의 이념은 결코 현실적으로 존재하는 시민들의 민의를 수렴해서 만들어진 것이 아니다. 그것은 '외부'에서 도입된 채 시민여론의 상위 레벨에 존재하는 것이다.

이것은 전쟁을 향한 호전적 여론이 조성되었던 때에 영웅적으로 반전 입장을 고수했던 제1차 세계대전 당시 몇몇 사회주의자들의 태도를 철학적으로 선취한다. 반전의 이념은 시민들의 여론보다 더 상위에 있다. 더 나아가 칸트는 제 국가들이 공화주의적 이념 속에서 평화적으로 공존해야 한다는 요청이 '국제관계'의 맥락 외부에서 생각될 수 없다는 바를 명확히 했다. 공화주의 이념은 국가 내부의 시민 여론의 수렴에 의해 의지된 것이 아니라 국가들 간의 파멸적인 군비 경쟁과 전쟁의 참상에서 도래한 것이다. 칸트는 그것에서 예견된 파국 때문에라도 궁극적으로 각 국가들은 그들의 정체(政體)가 무엇이든 간에 '국제연맹'을 결성할 수밖에 없으리라고 예측했다. 그것이 공화주의적 이념을 향한 발걸음이며, 그것은 처음부터 '국제적'인 문제일 수밖에 없는 것이다. 따라서 공화주의라든지 그것이 수반하는 헌정질서는 국가 '외부'와의 관계 밖에서는 생각될 수 없다. 이상주의자로 왜곡되곤 하는 칸트는 이런 점에서 누구보다 '현실적'인 사상가였다.

> 완전한 시민적 정치체제를 확립하는 문제는 국제관계의 문제에 의존하며, 이 후자의 해결 없이는 해결될 수 없다. 개별 인간들이 하나의 합법적인 시민적 체제를 위해 일하는 것이 무슨 소용이 있는가? 인간으로 하여금 그러한 일에 종사하게 하는 바로 그 반사회성은 다시 모든 공동체들이 하나의 국가로서 외적인 관계를, 즉 다른 국가들과 구속받지 않는 자유로운 관계를 맺게 하는 원인으로 작용한다. 그 결과 한 국가는 다른 국가에게—개별 인간을 억압하고 강요하며 합법적 시민사회로 들어서게 했던—그 사악함을 기대할 수밖에 없게 된다. 따라서 자연은 인간이 만든 거대한 사회나 국가체제에서까지도 인간들 간의 불화를 수단으로 하여 그와 같은 불가피한 대립 속에서 평화와 안정의 상태를 찾아내도록 한다.[8)]

가령 우리나라에서도 흔히 국민 저항권을 이야기할 때 헌법 제1

조 1항을 자주 인용하지 않는가? "대한민국은 민주공화국이다. 모든 권력은 국민으로부터 나온다." 여기서 주목해야 할 것은 무엇보다 대한민국이 흔히들 떠들듯이 '자유민주주의 국가'가 아닌 '민주공화국'이라는 사실이다. 그리고 여기서 "모든 권력이 국민으로부터 나온다"고 할 때 관건은 그것을 이해하는 고유한 공화주의적 방식이 무엇이냐는 물음이다. 가령 집회 현장에서 이 헌법조문을 즐겨 인용하는 사람들 중 몇몇이 생각하는 것과 달리 그것은 조금도 의회주의적 요소를 포함하지 않는다. 권력이 국민으로부터 나온다고 선언하는 주체는 정작 그 국민 당사자나 여론을 수렴하는 대의기관이 아니라 헌법 그 자체이다. 이것은 확실히 불합리하게 들릴지 모르겠지만, 헌법이 법적 주체로서 권력을 국민으로 귀속시킬 때 이는 국민 일반의 여론이 그것을 의욕했기 때문에 그런 것이 결코 아니다. 헌법 제1조에서 천명하고 있는 것은 국민의 여론과 무관하게 고수되는 하나의 '원칙'이다. 그러한 원칙은 물론 그 나라 국민의 의식수준이나 여론양상과 무관한 지점에서, 즉 '외부'에서 도입된 것이다.

실제로 광복 후 한국에서 헌법이 제정될 때 대다수의 국민들은 그 존재 자체에 대해서도 생경한 상태였다. 우리가 인정해야 할 사실은 다음과 같다. "모든 권력은 국민으로부터 나온다"는 원칙은 실제로 국민들이 그렇게 원했기 때문에 초래된 것이 아니다. 오히려 그러

8 같은 책, 「세계시민적 관점에서 본 보편사의 이념」, p. 35.

한 시점은 '외부에서 도입' 된 것이다. 그런 것이 없다면 공화정도 헌법 같은 것도 애초에 알려지지 않았을 것이다. 공화주의 이념은 일국이 어찌할 수 없는 외부의 국제관계(타자)를 내면화할 때에야 비로소 '도입' 되는 것이다. 공화정이든 시민사회든 그 모든 개념들은 이렇듯 (무수한 '칸트주의자' 들이 오해했듯) 자발적인 내면에서가 아니라 서로 간에 불화하는 '반사회성' 에서 도입된 것이다. 오늘날의 주된 정치적 범주들은 그러한 방식으로 사고되어야만 "권력이 국민으로부터 나온다"는 헌정이념이 실제로 국가로 하여금 무력사용을 포기하게 만들 수 있다. 그렇지 않다면 칸트가 말했듯이 '민주주의' 나 '자유' 의 이름으로 전쟁과 압제를 일삼는 상태로 떨어지게 될 것이다.

칸트와 평화주의

칸트는 대개의 국제정치 문제에 접근하는 자유주의자들이 그러하듯 국제평화에 기여하는 요소를 단지 일국(一國)의 관점에서만 바라보는 우를 범하지 않는다. 그러한 관점에 매몰될 때 오히려 지금껏 자유주의적 의회제도를 갖춘 국가들이(당대의 영국이 그러했듯) 가장 호전적인 군사적 모험을 부추겼다는 '이율배반' 에 부딪히게 된다. 칸트는 오히려 평화에 기여하는 요소를 엄밀하게 '국제관계' 그 자체에서, 즉 개별 국가들의 '외부' 에서 그 계기를 찾고자 했다. 앞서 보았듯이 헌법은 바로 그 외부적인 시점, 타자의 불가능한 시점을 내부로 도입한 결과이다. 칸트는 그 관계성을 현실적인 차원에서 분명히 고찰하고 있다.

> 무역을 통해 아주 밀접하게 연관되어 있는 우리 유럽대륙에서의 각 국가들이 겪는 동요상태는 분명히 다른 국가들에게까지도 영향을 미치게 될 것이다. 그 결과 다른 국가들까지 위험에 휩쓸리게 되므로 다른 국가들은 스스로 중개자가 되어—비록 합법적인 형태를 갖추지는 못한 것이지만—이전 세계에서는 그 예를 찾아볼 수 없는 미래의 거대한 국제기구를 서서히 준비하게 될 것이다. 지금까지는 이러한 국제기구가 단지 아주 생경한 구상 속에 있는 것에 불과하지만, 그럼에도 불구하고 그 기구의 모든 참가국들 사이에는 이미 어떤 감정이 태동하고 있다. 그리고 이러한 감정은 개혁의 성격을 띤 많은 혁명들을 거쳐 마침내 자연이 최고의 의도로 삼고 있는 보편적인 세계시민 상태가 도래할 것이란 희망을 준다.[9)]

물론 칸트는 국제관계를 (마르크스가 자본주의의 역사를 그렇게 보려 했듯) '자연사'적인 관점에서 바라보고자 했다. 그것은 우선 철저하게 인간의 의도를 배제하고 역사를 바라보는 것이다. 그러나 이내 그 자연은 어떤 초월적인 '의도'를 가지고 자신의 목적(인간의 도덕적 소질을 남김 없이 계발하고 시민사회를 건설하는 데 이성을 사용하라는)을

9 같은 책, 「세계시민적 관점에서 본 보편사의 이념」, p. 41.

‘강요’ 하는 과정으로 전도된다. 그러나 이것은 조금도 형이상학적인 관점이 아니다. 자연이 역사의 주체로서 전면에 드러난다는 칸트의 진단은 사실은 역사의 주체란 없다는 관점을 보다 철저히 밀어붙이는 것에 지나지 않는다.[10] 다만 어떤 도덕적 목적을 향해 우리를 추동하게 만드는 것 같아 보이는 자연은 다름 아닌 칸트가 분명한 어조로 지칭한 ‘무역을 통해 아주 밀접하게 연관된’ 유럽의 지정학적 ‘교통공간’ 이다. 칸트가 역사를 자연이 자신의 목적을 부지불식간에 실현하는 과정으로서 바라볼 때, 이는 차라리 각국의 역사를 중층결정하는 외부의 관계성을 전제하는 것에 가깝다. 이러한 ‘자연’ 이 전제되지 않는다면 그것이 의도하는 ‘시민사회’ 라는 목표 자체도 존립근거를 잃을 것이다.

흔히 앞에서 제시된 ‘보편적 세계시민 상태’ 란 하나의 점근선적인 이상향으로 독해되곤 한다. 마치 각국의 개별 시민사회들이 기술과 생산력의 증대 하에서 자연스레 세계시민 상태로 통합된다는 투(이것은 오늘날 ‘세계화’ 담론의 백일몽을 반영한다)이다. 그러나 칸트는 분명 그러한 세계시민 상태를 도덕적 계기 안에서만 사고했다. 즉 세계시민적 상태는 그러한 세계시민적 연대가 결핍된 현재의 파국 없이는 사고될 수조차 없다. 그것은 도덕적 이념으로서 알려지는 것이다. 시민사회는 인류 전체의 국제적 교류를 전제한 코스모폴리타니즘적

10 이러한 주장은 칸트에 대한 가라타니 고진의 독해에 전적으로 의존한다. 조영일 역, 가라타니 고진, 『네이션과 미학』, 도서출판b, 2009 참조.

감정을 수반하지만, 그것은 세계시민적 평화가 부재한 현실의 정치경제적 모순에 대한 이해 속에서만 가능하다.

따라서 개별 국가들이 마주하는 외부의 관계성은 (세계화 담론이 펼쳐보이는 청사진처럼) 반드시 호의적인 것만은 아니다. 오히려 그러한 관계 속에서 거의 즉각적으로 '전쟁'의 가능성이 잉태된다. 그런데 대개의 (홉스와 같은) 사회계약설 신봉자들은 그러한 전쟁의 가능성을 피하기 위해 역으로 패권적인 '일국'의 성립과정을 정당화했다. 그에 반해 칸트는 오히려 전쟁의 가능성은 계약의 조건이 아니라 그러한 사회계약의 산물임을 분명히 했다. 전쟁을 선포하고 수행할 수 있는 것은 '주권자'이지 다른 어떤 야만상태가 아니다. 그 주권자가 자연상태에서부터 계약을 통해 탄생했든 아니든 간에 우리는 그러한 주권자가 성립하고 난 이후만을 생각할 수밖에 없다. 상식적으로 봐도 우리는 '좋든 싫든' 이미 세계 곳곳에서 발발한 전쟁과 그것의 정치적 결과에 연루될 수밖에 없다. 여기서 칸트는 역설적이게도 정확히 '프로이트적'인 함의를 지닌 '문화'라는 단어를 제시한다.

일차적으로 문화는 법률적으로 정초된 시민사회와 공화적 질서를 의미한다. 동시에 그것은 '반사회적 사회성', 즉 문화적으로 매개된 공격충동에 기초하고 있다. 프로이트는 '문명'(내지는 문화)을 공격충동이 그 자신에게로 되돌려진 결과로 파악했다. 이와 마찬가지로 칸트 역시 '문화'를 '반사회적 사회성'의 산물로서 이해한다. 그러나 칸트는 그것을 인간의 자연적 본성이 아니라 어디까지나 문화적인 것으로 파악하고 있다. 전쟁은 이미 그러한 문화의 내적 산물이다. 끊임없는 전쟁은 인간의 자연적 본성처럼 비춰지지만 그러한 본성 자체가 이미 사회적 · 문화적으로 매개되어 있다. 전쟁에의 본성은 국제적 관계 안에서 중층결정된 정치경제적 모순에 의해 결정된다.

전쟁의 양가적 위상에 대한 칸트의 서술은 다음과 같은 대목에서 드러난다.

> 그렇지만 한편 이와 같은 끊임없는 전쟁에 대한 두려움이 국가의 지배자들에게 이런 인류에 대한 존경심을 불러일으키지 않았다고 한다면 현재 존재하고 있는 문화가, 상호 간의 복지증진을 도모하기 위한 공동집단들 간의 밀접한 협력관계가, 수많은 인구가, 그리고 매우 심한 제한을 가하고 있는 법률 하에서도 아직 남아 있는 자유가 어느 정도나 가능했겠는가?[11]

이 구절은 칸트가 아감벤이나 칼 슈미트 이전 시대에 거의 최초로 전쟁을 (국가 이전의 자연상태가 아닌) '예외상태'로 사고했다는 것을 말해준다. 슈미트는 예외상태를 일국의 차원에서 경험되는, 그러나 결코 일국의 차원에서 표상될 수 없는 위기로 정식화한 바 있다. 이러한 예외상태야말로 일국 내부의 대의기관(의회제도)의 한계를 드러낸다. 의회기관은 국가의 상태, 여론, 향방을 '재현'하는 기관이지만 예외상태는 국가 내부에서 '재현'되거나 '대표'될 수 없는 근본적인 위기이다. 그것은 의회기관 상위의 (정확히 칸트적인 의미에서의) 입법

11 같은 책, 「추측에서 본 인류 역사의 기원」, pp. 96–97.

적 · 헌법적 '강제력'을 요청한다. 이러한 슈미트의 견해가 나치의 집권을 옹호하는 이론으로 사용되기도 했지만 분명 강력한 진실을 내포하고 있다.

칸트 역시 일국의 관점에서 전쟁을 '피할 수 없다'는 것을 분명히 한다. 그리고 그 피할 수 없다는 것이야말로 역으로 주권의 기원이 내부의 사회계약이나 대의제도에 의해서가 아니라, 오히려 그들보다 상위에 있는 차원의 '전쟁 가능성'에서부터 온다는 것을 방증한다. 그 가능성은 자연상태에서가 아니라 다수의 국가들이 이미 뒤엉킨 채 공존하는 국제질서로부터 초래된다. 칸트가 말한 '자연'이란 그런 것이다. 그것은 홉스가 말한 '자연상태'와 조금도 같지 않다. 그것은 개별 국가들이 어찌할 수 없는, 그 국가 하나하나가 어떤 의도를 갖고 있든지 무관하게 국가들에게 닥쳐오는 (정치경제적) 위기로 표상된다. 그렇다면 앞서 말한 '코스모폴리타니즘'도 사람들이 흔히 오해하듯 감상적인 인류애의 발현이 아니다. 만약 그것이 칸트의 표현대로 도덕적인 '감정'이라면 그것은 프로이트가 말한 초자아의 심급에서 유래한 '섬뜩한 두려움'의 감정이다. 칸트가 언급한 인류에 대한 '존경심' 역시 타자에 대한 나르시즘적 투사가 아니라 '초자아'로서, 각 개별 국가의 나르시즘에 타격을 가하는 상위의 폭력적인 심급으로서만 사고될 수 있는 것이다.

이렇게 본다면 칸트의 평화주의를 어떻게 이해할 것인가? 칸트는 오히려 전쟁의 필연성을 더 자주 이야기한다. 게다가 그는 '상비군'의 존재를 긍정하기까지 한다. 그러나 그것은 어디까지나 공화주의적 이념 하에서 그것을 승인하는 것이다. (그가 행간에서 모델로서 은밀히 염두에 두고 있던 것은 프랑스 혁명 당시의 '시민군'이었다. 그는 물론 프랑스 혁명을 전적으로 긍정하지는 않았다. 그러나 당대 온갖 최강국의 군대들을 물리친 이들은 후일 유럽사회의 '초자아'로 기능했다. 그것은 당대 유럽의 새로운 국제질서, 즉 칸트의 표현대로 '국제연맹'을 강제하는 폭력적인 힘이었다.) 영구평화는 폭력을 통해 알려지며, 즉물적인 폭력보다 더한 강제를 통해서만 성취 가능하다. 물론 전쟁은 전 인류를 수단화하는 반인륜적인 범죄이다. 그러나 그러한 폭력성을 통해서만 바로 그것에 대한 국제적 규제가 가능하다. 우리는 필연적으로 전쟁을 겪어나갈 것이다. 그러나 그것이 반복될수록 오히려 우리는 희망에 한 걸음씩 다가가게 될 것이다. 이에 관한 칸트적 반복의 유사한 사례를 마오쩌둥이 인상적인 방식으로 발언한 바 있다.

> 우리는 평화를 바라며 전쟁에 반대한다. 하지만 제국주의가 전쟁을 일으킨다면 우리는 두려워하지 않을 것이다. 이에 대한 우리의 태도는 소요에 대한 태도와 마찬가지이다. 즉 제1조는 반대하는 것이요, 제2조는 두려워하지 않는 것이다. 제1차 세계대전 이후 소련의 인구는 2억이었다. 한편 제2차 세계대전 이후 모두 합쳐 9억의 인구가 사회주의로 돌아섰다. 제국주의자들이 제3차 세계대전을 일으킨다면 수억의 인구가 사회주의로 돌아설 것이며, 제국주의의 편에는 남은 땅이 별로 없을 것이다.[12)]

12 마오쩌둥 저, 슬라보예 지젝 편, 노승영 역, 『마오쩌둥 : 실천론 · 모순론』, 「중국 인민은 원자폭탄을 두려워하지 않는다」, 프레시안북, 2009 참조.

제1조는 반대하는 것, 제2조는 두려워하지 않는 것. 이러한 태도에는 분명 공포스러운 무언가가 있다. 하지만 이 공포야말로 칸트적인 의미에서 '자유'의 조건이다. 칸트는 이 점을 자신의 독자적인 '평화론'에서 매우 명확히 한다. 이것이 칸트가 통상적인 반전·비폭력주의자들과 다른 이유이다.

Chapter_2

신자유주의는 나쁘다, 참여민주주의는 더 나쁘다

한나 아렌트와 그 유사품들

한나 아렌트와 칸트의『판단력 비판』

최근 칸트 정치철학에 대해 글을 올린 김에 한나 아렌트가 쓴『칸트의 정치철학 강의』를 읽어보았다. 그런데 이것은 진정한 칸트주의자들로부터 혐오와 분노감을 불러일으키지 않고서 읽혀지는 것은 거의 불가능할 것 같다. 우리가 이 저서에서 얻을 수 있는 것은 칸트에 대한 표준적인 오독뿐이라고 말해서는 안 될까? 물론 그녀가 수행한 칸트 독해에는 독창적인 측면처럼 보이는 부분들이 있다. 그녀가 칸트의 비판적 기획 속에서 상대적으로 덜 부각된 정치철학의 새로운 (다원주의적) 측면들을 치켜세우며 칸트의 정치철학적 논문들이 집필되기 이전에 수행된 '비판작업'과 '초월론적 기획'을 깎아내리는 것이 바로 그것이다. 그녀는『실천이성 비판』에 나오는 칸트의 실천철학은 놀라울 정도로 그의 정치철학적 사유와 무관하다[1]고 말한다. 심지어 그녀는 칸트가 자신의 정치철학과 도덕철학을 구분하지 못한 것은 그의 노년에 발생한 지능저하 때문이라고 추측한다.

바로 그 지점에서 혹자는 그녀만의 독특한 이론적 성과를 볼지도 모른다. 하지만 이것은 이미 오늘날 칸트를 둘러싼 어떤 '공통상식'의 지평에 호소하고 있지 않는가? 말하자면 오늘날 독자들이 칸트에 대해 이런 주장을 접할 때 느끼는 놀라움은 이미 예정된 것이 아닌가. 우리는 칸트, 플라톤, 헤겔을 관용적인 다원주의자로 봐줄 만한 구석을 발견하며 그들을 그렇게 길들이고 순화하는 작업들에서 놀라움을 얻을 준비가 되어 있지 않은가?

그녀는 칸트의 『판단력 비판』에 등장하는 '판단력' 개념이 칸트가 젊은 시절부터 염두에 두고 있던 정치철학적 관심에 더 잇닿아 있다고 말한다. 그리고 이러한 관심은 만년에 등장한 소위 말하는 '비판적·초월론적 관심' 속에서 점차 뒷전으로 밀려났다는 것이다. 이러한 작업 때문에 그의 정치철학 이론은 노년에 이르러서야 비로소 단편적인 형태로 구상될 수밖에 없었다고 한다. 만약 '시간과 정력이 충분히 있었더라면' 칸트는 그의 정치철학을 '적절하게 표현해냈을'[2] 것이다. 그리고 그의 정치철학은 오히려 『판단력 비판』과 연관되어야 할 것이다. 그녀는 『판단력 비판』 집필 이후에 찾아온 노령화를 이유로 그러한 연관작업이 칸트 자신에 의해서 이루어지지 못했다고 평가한다.

1 한나 아렌트, 김선욱 역, 『칸트 정치철학 강의』, 푸른숲, 2000, p. 45 참조.

2 같은 책, p. 55 참조.

판단력 비판의 주제들—자연의 사실로서 또는 역사의 사건으로서의 특수자, 그러한 것을 다루는 인간의 정신기능으로서의 판단의 기능, 이러한 기능의 작용조건으로서의 인간의 사교성, 즉 신체와 물리적 조건을 가지고 있다는 이유에서만이 아니라 바로 인간정신의 기능을 위해서 **인간은 다른 동료 인간들에게 의존하고 있다는 통찰**—다시 말해 하나하나가 모두 탁월한 정치적 중요성을 갖는 이러한 주제들, 즉 정치적인 것에 대해 중요한 주제들은 오래전부터 칸트가 가지고 있었던 관심사들이었다.[3] (강조는 인용주)

한나 아렌트는『영구평화론』을 필두로 한 칸트의 정치철학 논문들이 그 자신에게 있어서도 일종의 '관념의 유희'나 '단순한 유흥여행'[4]에 가까운 것으로 받아들여졌다고 한다. 바로 이러한 정황이 칸트의 정치철학적 사유들이 그의 다른 두 비판서들,『순수이성 비판』과『실천이성 비판』의 노선과 그토록 단절적이라는 증거가 된다. 아렌트에 따르면 오히려 그의 정치철학은『판단력 비판』에서 본연의 모습을 되찾는다. 그 저서에서 주요한 해명대상으로 논의되기도 했던 '판단력'이란 사물의 미추를 판별하거나 자연적 산물의 존재이유에 대해 판단하면서 판단대상이 되는 특수자와 그것을 포괄하는 보편개념 사이의 자유로운 '일치'를 발견하는 능력이다. 도덕적 판단이나

3 같은 책, p. 47 참조.
4 같은 책, p. 35 참조.

과학적 판단과 달리 취미판단에 있어서 판단대상과 그것을 포섭하는 개념(미추, 목적론적 개념 등등) 사이에는 어떤 필연적 연관도 없다. 즉 어떤 사물의 미추를 판단하거나 그것이 존재하는 목적이나 이유에 대한 해명(인간의 삶은 무엇을 위해 주어졌는가) 등등은 누구에게도 강요할 수 없는 부분이다. 그것은 딱히 실천적이지도 않으며 인식의 확장에 기여하지도 않는 순수하게 관조적인 행위이다.

한나 아렌트는 이러한 '판단력' 개념에 정치적 행위의 가능성을 정초하려 했다. 판단력은 개별자를 보편자 속으로 흡수하거나 재단하지 않고 그 자체로 존중하는 관조적 행위이다. 그리고 이는 무엇보다 각자의 개별적 판단들 다수가 공존한다는 사실을 필연적으로 전제한다. 그녀는 공동 주관성에서 판단의 문제를 보려고 했던 것이다. 한나 아렌트는 칸트의 『판단력 비판』이 이러한 연유에서 『실천이성 비판』·『순수이성 비판』과 완전히 다르다는 주장을 펼친다. 그러한 이유는 칸트가 『판단력 비판』에서부터 이미 '보편적 진리'에 대한 관심사로부터 멀어지고 있었으며, 또한 그 때에 이르러 이론적·실천적 영역에서 가능한 보편적인 관심사를 적극적으로 배제한다는 것이다. 칸트의 비판적 작업에서 추구되는 도덕적·과학적 진리의 선험적 조건은 공동 주관성의 세계를 부정하는 범주에 불과하다. 그런데 그녀에 따르면 『판단력 비판』에서는 "진리라는 단어가—문맥상 특수한 한 곳을 제외하고는—등장하지 않는다."[5] 한 마디로 『실천이성 비판』·『순수이성 비판』과 『판단력 비판』 사이에는 모종의 인식론적 단절이 이뤄지고 있다는 것이다.

이것이 얼마나 잘못된 생각인지는 오히려 이 세 비판서들의 엄밀한 '연속성'을 강조하는 가라타니 고진의 『트랜스크리틱』을 읽다 보면 자연스레 깨달을 수 있을 것이다. 고진에 따르면 복수의 판단들이 공존하고 있다는 사실은 이미 『순수이성 비판』에서도 주어지고 있다. 칸트의 비판철학은 무엇보다 내면화될 수 없는 타자를 염두에 둔 철학이다. 절대적 반증 가능성으로 육박해 오는 타자는 단지 '물자체'라는 인식론적 용어로 말해졌을 뿐이다. 칸트가 말하는 '코페르니쿠스적 전회'는 주관성의 철학으로 전회하는 것이 아니라, 오히려 그것을 통해 이루어진 '물자체'를 중심으로 하는 사고로 전환한 것이다. 칸트가 주관성이라고 간주되는 초월론적 구조를 해명하려고 한 것은 이 때문이다. 그렇다면 '물자체'는 무엇인가. '물자체'는 『실천이성 비판』에서 직접적으로 말해지기 이전에 기본적으로 윤리적인 문제와 관련된다. 다시 말해 '타자'의 문제인 것이다."[6] 고진의 요점은 타자를 통해 알려지는 반증 가능성 속에서만 보편성이 사고 가능해진다는 사실이다. 한나 아렌트가 말하는 판단의 복수성은 확실히 칸트가 『판단력 비판』에서 일반적인 공통감각으로서 말하고 있는 것이다. 그러나 그것은 얼마든지 미래로부터 혹은 외부로부터 반증될 수 있다. 칸트는 이러한 타자의 문제를 계기삼아 보편성의 조건을 음미했던 것이다. 역으로 칸트가 염두에 두었던 이론적 · 실천적 보편성은 바로 이러한 '공동 주관을 넘어선 타자' 없이는 생각될 수 없는 것이다. 고진은

5 같은 책, p. 45 참조.
6 가라타니 고진, 송태욱 역, 『트랜스크리틱』, 한길사, 2005, p. 73 참조.

이러한 점에 착안해 『판단력 비판』의 문제의식은 처음부터 『순수이성 비판』에서부터 주어져 있었다고 주장한다.

> 예컨대 『순수이성 비판』이나 『실천이성 비판』에서 칸트는 경험적인 것에 기초하는 '일반적인' 규칙에 비해 보편적인 규칙을 요구하고 있다. 그렇다면 과학 인식이나 도덕에는 보편적인 규칙이 있는데 예술에는 없다는 것이 될 것이다. 아니, 미적 판단에서 보편성이 의심스럽다면 다른 영역에서도 그러하다. 적어도 칸트는 거기서 출발했다. 칸트의 '비판'이 근본적인(radical) 것은 우선 모든 것을 취미판단에서 마주친 문제에서부터 다시 생각한 데 있었다.[7]

보편적인 도덕과 진리의 가능성은 한나 아렌트가 생각했던 것처럼 공동 주관성 안에서 해소될 것이 아니라, 오히려 공동 주관으로 환원될 수 없는 너머의 타자를 중심으로 사고되어야 한다. 칸트는 타자를 중심으로 한 이러한 보편성의 문제를 고민하지 않는다면 과학인식이나 도덕조차도 예술적 · 비평적 영역에서의 상대성을 벗어날 수 없다고 생각했던 것이다. 그는 『판단력 비판』의 취미문제를 가지고서 과학과 도덕의 보편성을 고민했던 것이다. 따라서 『판단력 비판』은 기존 비판들로부터의 단절이기는커녕 오히려 최초의 문제의식으로 회귀에 다름 아니다 … .

7 같은 책, p. 80 참조.

도대체 칸트 말년에 쓰여진 정치철학적 논문들을 읽으면서 어떻게 그 논의들이 도덕적·인식적 관심과 무관하다고 생각할 수 있으며, 도대체 어디서 칸트가 자신의 정치철학적 사유를 진지하게 취미판단의 한 부류로 격하시키는가? 아렌트의 목적은 정치적 판단을 '취미판단'의 한 영역에 한정시킴으로써 그러한 정치적 판단이 자유롭게 수행되는 공론영역을 이론적으로 구성하려는 데에 있었다. 이와 더불어 아렌트는 『인간의 조건』에서 이미 다수의 행위자들이 공존한다는 사실을 존중하는 그러한 공적 공간의 존립에 정치의 가능성이 달려 있다고 역설한다. 거기에는 어떤 '전체주의적'인 보편적 관심사도 배제된 채 각각의 완전히는 정당화될 수 없는 '판단'들이 공존하는 일종의 '사회적 살롱'을 이룬 곳이다. 이러한 이론적 관심사에서 아렌트는 칸트가 『판단력 비판』을 집필하면서 특권적인 (인식적·실천적) 주관성만을 강조하는 이전 비판서들과 단절했다는 이론적 곡해를 서슴지 않는다. 아렌트에 따르면 정치적인 행위와 언어는 실천적 진리나 인식적 진리를 담지하지 않는다. 정치는 서로에게 환원될 수 없는 복수의 주관들이 어우러져 '취미판단'을 형성하는 바로 이러한 공간에서만 가능하다.

그러나 오히려 우리는 아렌트에 맞서 칸트에 대한 원리주의적인 독해로 돌아가야 하지 않을까? 정치적 판단이란 '진리'와 무관하지 않으며, 그것은 취미판단으로 환원될 수 없다는 사실을 역설해야만 한다! 이런 점에서 아렌트의 견해는 정확히 쁘띠 부르주아들의 환상을 대변한다. 아렌트 자신은 이러한 공적 공간을 존중하라고 이야기하면서도 그것을 단지 반성적인 취미영역으로만 한정하면서 결정적으로 '거세' 시켜 버린다. 그녀는 정치적 영역에서 모든 보편적인 진리주장을 배제했으며 심지어 경제적인 문제들이 공적 공간의 관심사를 점유하는 것에도 반대했지만, 정작 우리는 그렇게 말하면서도 '실제로' 공적 담론을 무력화시키는 건 아렌트와 같은 '참여민주주의적' 사상가들이라고 주장해야만 한다. 왜 그런가?

한나 아렌트와 공론장의 헤게모니 투쟁

소위 말하는 '신자유주의적' 조류가 대두된 이후로 한나 아렌트는 이러한 경향에 저항하는 정치철학자로 각광을 받았다. 아렌트가 정당하게 지적했듯 원래 정치적인 것은 '계산' 될 수 있는 것에 의거하여 자동적으로 도출되거나 논증되는 것과는 무관하다. 단지 이익과 비용에 대한 계산을 통해 정치적 결정이 내려진다면 그것은 '강제될 수 없는' 개개의 주관적 '판단' 들을 폭력적으로 환원하는 짓이 될 것이다. 따라서 오늘날 동시다발적으로 이뤄지는 사회경제적 재편과정, 노동시장의 재구성, 금융시장의 급속한 개방, 복지영역의 축소 등등이 아무런 공론화 과정 없이 진행되는 것을 '반정치적' 인, 나아가 고유한 정치적 영역을 제거하는 전체주의적 시도들로 비판할 수 있다. 신자유주의의 반정치적 충동은 계산될 수 있는 편익과 기회비용만을 유일한 정치적 동기로서 고려하는 것에서 비롯된다. 한나 아렌트는 그러한 '계산 가능성' 을 정치적 영역에서 거부하며 심미적 취미판단들 내지는 복수의 주관들이 공존하는 정치적 장을 긍정한다.

그럼에도 한나 아렌트는 바로 그러한 '계산될 수 없는' 정치적 영역의 다수성을 '다시 계산' 하고 그것을 새롭게 정의하며 새로운 진리의 이름으로 틀짓는 데에 정치적 행위의 가능성이 걸려 있다는 것을 간과하지 않는가? 이것은 우리가 단지 신자유주의적 세계화 조류에 소극적으로 저항하는 것 이상의 정치적 행위가 있다는 것을 알려준다. 물론 정치적인 문제를 경제적인 심급으로 환원하려는 신자유주의적 조류는 나쁘다. 그것은 정치적 공론과정을 건너뛰고 의사결정을 순전히 편익-비용 계산과정에 종속시키기 때문이다. 스탈린식 전체주의도 나쁘다. 어쨌든 그것은 말 그대로 전체주의적이기 때문이다. 그러나 한나 아렌트와 같은 자유주의 사상가들과 그녀가 대변하는 참여민주주의적 이상은 '더 나쁘다.' 왜냐하면 신자유주의적 조류와 광기 어린 전체주의적 폭력에 맞서 공론공간을 방어하겠다는 바로 그 제스처를 통해 그들이야말로 정확히 공론공간 그 자체의 고유한 정치적 성격을 희생시켜 버렸기 때문이다.

아렌트와 같은 자유주의 사상가들이 알아보지 못하는 것은 '그럼에도 불구하고'—모든 의사결정 과정이 경제적 효율성이라는 일의적 척도에 의해 움직여진다 하더라도—전체주의 정권 하에서 모든 정치적 결정이 일당독재나 일인독재로 수렴될 때조차도 그것들이 '공론공간' 의 논의를 거쳤다는 '외양' 을 유지한다는 사실이다. 언제 어디서나 그러한 공론공간의 '외양' 은 필수적이다. 어쨌든 특정한 정치적 결정에 모종의 보편적 합의가 부여되었다는 정치적 환상은 여전히 남게 된다. 누구나 그것을 승인할 대타자의 외양을 필요로 하기 때문이다. 그런 점에서 정치적 "행위들이 어떠한 '의미'를 갖는 것인지를 '객관적'으로 결정해 줄 역사의 최후의 심판을 항상 환기시키곤 했다는 점에서 스탈린주의자들 또한 신앙인이었다"[8]고 슬라보예 지젝은 말한다.

공론장이란 오늘날 후근대적 민주주의 세계에서 정치적 결정을 사후적·이데올로기적으로 적법화하는 정치적 환상으로 기능한다. 그런 점에서 참여민주주의 이론가들의 편집증적 공포와 달리 공론공간이라는 외양은 결코 사라지지 않을 것이다. 더 나쁘게도 그것은 어쨌든 외양을 유지하며 되살아날 것이기 때문이다. 그리고 그와 같은 환상적 외양은 다음과 같은 역설, 즉 스탈린 시대의 우스꽝스러운 표현에서도 드러나는 것처럼 "압도적인 다수의 찬성표에 의해 만장일치(?)로 통과되었습니다"라는 표현에서 드러나는 단락을 함축한다. 어떤 안건이 만장일치로 통과되었다면 나머지 소수의 반대표를 던진 자들은 어디로 갔는가? 스탈린주의적 논리에 다르면 그러한 반대행위는 만장일치를 이룬 보편성에서 스스로를 배제하는 행위로 간주되어야 마땅하다는 것이다. 이러한 뒤틀린 논리 속에서 하나의 유(類)에 속한 부분적 종을 다시 그 보편적 범주에 완전히 겹쳐버리는 불법적 단락으로 도약할 수 있게 된다. 이러한 스탈린주의적 뒤틀림은 오늘날에 있어서도 진실이다.

8 슬라보예 지젝, 한보희 옮김, 『전체주의가 어쨌다고?』, 새물결, 2008, p. 141 참조.

요컨대 공론공간은 바로 그러한 비약적인 '틀짓기'를 필연적으로 내포한다. 공론공간이 바로 그러한 뒤틀림, 도약, 간극을 내포한 적대(antagonism)를 이루지 않는다면 그것은 정치적인 것이 거세된 살롱에 불과하다. 그렇다면 작금의 상황에서 신자유주의 세력이 시민사회에서의 공론공간을 축출한다는 통상적인 비난(얼마 전만 하더라도 이러한 비난들이 얼마나 많이 아렌트를 참조했는지!)은 요점을 상실한다. 어떻게 본다면 이들 참여적 민주주의·자유주의 사상가들의 진짜 욕망은 공론공간을 순수한 환상으로 유지하는 것에 불과하며, 오히려 이러한 환상을 진짜로 유지시키는 사람은 자신들이 요구하는 특수한 논리, 정체성, 경제적 판단을 곧바로 전 사회적 보편성과 일치시키려는 '유토피아적' 기획을 추구하는 '신자유주의' 정치세력이지 않은가? 게다가 반동적인 본질에도 불구하고 그들은 과거에 좌파들이 차지했던 고유한 급진주의적 정치적 공간을 점유하고 있지는 않은가? 그들이 완고하게 고수하는 '과도한' 불합리성에서 오히려 우리는 정치적 핵심을 봐야만 한다. 왜 우리는 우리의 영토를 그들에게 손쉽게 내주게 되었는가? 이 물음만이 우리가 왜 '부드럽고', '다원주의적'이며 '관용적'인 급진주의적 민주주의의 수사를 거부해야 하는지에 대한 단서를 제공한다.

김예찬은 발리바르를 다룬 자신의 페이퍼에서 다음과 같이 주장한다.

> 신자유주의는 이처럼 참을 수 없는 상황에 맞서 '다른 세계'에 관한 이념을 제시하고 이를 위해 저항하는 것 자체를 극히 곤란하게 만드는 이데올로기적 기

획이기도 합니다. 신자유주의는 개인과 집단들의 행동—폭력도 포함해서—이 '이익'이라는 유일무이한 기준에 따라 측정되는 사회적 조건을 창출함으로써 봉기라는 관념은 말할 것도 없고 갈등이라는 것 자체를 무력화시킬 뿐더러 이를 무의미한 것으로 만들어 버립니다. 오늘날 '파업' 기사가 뜰 때마다 '국익 손실'이 자동적으로 따라붙는 신문기사들을 생각할 수 있겠죠. 심지어 '파업'까지 가지 않더라도 일단 '노조' 자체에 경기를 일으키는 경제신문들이란! 이처럼 사회적 · 정치적 적대를 무력화시키는 것을 핵심 목표로 삼고 있고, 이를 다양한 ('정치'를 통해 구성된 국가가 아닌, 국가에 의한 '관리'의) 수단들을 통해 물질적으로 뒷받침한다는 사실은 신자유주의가 왜 근대 정치 자체를 파괴하는 것인지를 보여주는 것입니다.[9)]

김예찬, 『에티엔 발리바르의 정치철학』

물론 발리바르를 따라 정당하게 우리는 신자유주의적 기획이 '봉기'와 '갈등'과 '저항'을 주요한 이론적 배경으로 삼는 전통적인 근대 정치의 기반을 파괴했다고 수긍할 수 있지만(심지어 좌파정권에 대항해 시청 앞에서 궐기대회를 열곤 했던 전통적(?) 우파세력들도 신자유주의적 탈정치화의 위협 앞에서 예외가 될 수 없다), 이러한 비판은 역으로 마르크시즘의 경제중심주의가 정치적 공론과정을 생산력이나 생산관계에 대한 사회적 조정과정으로, 표준적이고 몰개성적인 조작과

9 군대 인트라넷 커뮤니티 책마을에서 공유되었던 발리바르 페이퍼를 인용.

정으로 전락시켰다는 혐의를 두며, 마찬가지로 그것이 전통적인 정치적 영역 그 자체를 파괴했다고 비난했던 한나 아렌트의 잘못된 입장과 짝패를 이루는 것으로 보인다. 후자의 주장이 근본적으로 잘못된 만큼 전자의 세계화 또는 신자유주의 비판도 가장 중요한 핵심을 놓치고 있는 것은 아닌가? 오히려 어떤 의미에서 오늘날 민주적인 정치적 공론공간의 외관을 심미적 형태로 '보존'하길 바라는 자들이야말로 바로 동일한 세계화 담론을 옹호하는 신자유주의 세력에 은밀하게 순응한다고 주장해야 마땅하지 않은가.

동일한 페이퍼에서도 김예찬은 신자유주의적 개혁과정이 결코 국가영역의 축소를 의미하는 게 아니라 단지 국가의 적극적인 개입영역을 바꾸는 것일 뿐임을 지적한다. 그런데 신자유주의적 조류가 단지 국가의 역할과 개입영역을 새롭게 확장시키는 것에 그치는 게 아니라 공론공간의 성격 자체도 새로운 방식으로 재구성함을 지적해야만 한다. '공론공간'이란 오히려 특정한 소수세력이 아무런 매개 없이 자신을 보편적인 것으로 주장하는 미친 내기 속에서만, 바로 그러한 내기에 의해 활성화된 적대의 차원 속에서만 유지될 수 있다.

공론공간은 그것을 불법적으로 점유한 헤게모니 세력에 '의해서만' 정치적으로 활성화된다. 안토니오 그람시가 말한 '헤게모니 투쟁'이란 정확히 그러한 '적대'와 '단락'으로 점철된 '공론공간'의 고유성을 바라보는 마르크시스트다운 관점이다. 우리가 직시해야 할 것은 신자유주의자들이 오늘날 헤게모니 투쟁에서 승리함으로써 공적 공간을 불법적인 방식으로 전유할 뿐만 아니라, 정확히 동일한 방식으로 그러한 신자유주의 투사들이야말로 공론공간의 적대성 및 정치성을 실제로 지탱하고 있다는 사실이다. 그런데 우리가 이러한 현상에 맞서 공론공간을 전유하고 있는 불법적인 '헤게모니'를 빼버리려 노력한다면 우리가 잃는 것은 단지 헤게모니적 지배가 아니라 공론공간의 정치적 성격 그 자체가 될 것이다.

한나 아렌트가 마르크시즘이 민주적 공론공간에 대한 관점을 결여하고 있다고 비판하는 행위는 그러므로 오도적이다. 단지 마르크시스트들이 공론공간을 바라보는 관점이 아렌트식 자유주의적 관점과 다를 뿐이다.

한나 아렌트와 그 후예들

따라서 관건은 어떻게 하면 점차 멸종위기에 처해가는 공론공간을 천연기념물로 지정해 보호하느냐가 아니라, 어떻게 공론공간을 고유한 방식으로 '헤게모니화'하여 그것을 찬탈당한 세력으로부터 재찬탈하느냐인 것이다. 그러므로 중요한 것은 소극적이고 수세적인 방식으로 신자유주의적 조류에 대해 그것이 반정치적이며 반성성이 결여되어 있다는 방식으로 비난할 것이 아니라, 정확히 그들과 같은 방식으로, 그러니까 그들보다 더 과격하게 공론공간을 헤게모니 투쟁의 지평으로 새롭게 재정의하는 것이 관건이다. 이것은 이론적 차원에서 정치에 진리의 문제를 재도입하는 것과 연관된다. 정치의 본질은 복수의 주관들에 의해 합의될 수 있는 것이 아니다. 오히려 오늘날의 보편적 정치적 기획은 부르주아적 합의를 불가능하게 만드는 현상들에서 출발해야 한다. 지난날의 마르크시즘은 제국주의 전쟁과 계급투쟁에서 합의의 지평을 초월하는 보편적 정치적 노선을 창안하고자 시도했다. 제국주의 전쟁과 계급모순과 같은 첨예한 정치적 갈등들이 단순히 플라톤과 마르크스의 내면을 관류하는 전체주의적인 심성에 의해 초래되었다는 칼 포퍼식의 백치 같은 사고방식은 비웃음거리에 지나지 않는다. 무엇보다 계급적대와 같은 현상은 정치를 개별적 판단들의 조화로운 일치로 간주하는 이론적·관조적 시도에 의해서는 해결될 수 없다. 오늘날에도 일국이나 단일한 공동체 내부에서 합의될 수 없는 전 세계적 모순과 간극들이 새로운 방식으로 출현하고 있다. 이것을 공적인 주제로서 논의하기 위해서는 우선 그것을 합의의 지평에서 빼내야만 한다. 그것은 아무래도 좋은 관조적 판단의 대상이 아니기 때문이다.

그렇다면 한나 아렌트의 오류는 어디에 있는가? 이 모든 오판들의 징후는 그녀가 정치적 경험을 '현상학적' 방식으로 바라보는 데에 응축되어 있지 않은가? 『정신의 삶』을 집필하기 이전에 정치적인 삶을 일상적 경제행위와 대립되는, 과거 아테네의 아고라에서 수행되었던 영웅적인 웅변과 같은 실천적 활력(vita activa)으로 간주했던 것과 달리 그녀는 말년에 가서 그것을 다시 관조적인 삶(vita contemplativa)의 영역으로 후퇴시키지 않을 수 없었다. 왜냐하면 아렌트는 종국에 가서 공론공간에서 더 이상의 유의미한 정치적 '행위'란 존재하지 않으며, 그것은 단지 어떻게 발화되어도 좋은 형식적인 관조적 취미판단에 불과한 게 아니냐는 회의감에 굴복했기 때문이다.

이것은 그녀가 젊은 시절부터 이론적으로 분절하려 했던 공론공간에 그것의 본질적 성격인 '적대'의 문제를 제외시켜 버린 것에서 초래된 근본적인 난국으로 파악되어야 한다. 하이데거의 제자였던 시절부터 현상학적 방법론에 강하게 경도되었던 그녀는 정치적 현상을 분석하기 위해 그러한 현상학적 분석틀에 의존했다. 현상학이란 시간의 흐름 속에서 의미체험을 붙잡으려는 부르주아적 자의식의 발현이다. 요컨대 그녀는 '정치란 무엇인가'라는 질문에 대답하기 위해 '행위란 무엇인가', '노동이란 무엇인가', '작업이란 무엇인가' 등등의 질문방식을 경유했던 것이다. 이러한 질문방식은 인간이 정치적 삶의 제 측면들을 불가분한 의식의 흐름 속에서 어떻게 체험하는지를 묻는다. 그녀는 이러한 현상학적 물음을 통해서 정치적 행위의 가능성을 정초하려 시도한 것이다.

이것은 우리의 관점에서 처음부터 실패할 수밖에 없는 기획이며, 마르크시스트들의 방법과 그 본질에서부터 다르다. 공론공간은 프랑스 혁명이나 아메리카 혁명이라는 역사적 사건으로서 최초로 출현할 때부터 이미 첨예한 정치적 적대에 의해 오염되어 있었으며, 나아가 이러한 적대는 단순한 개별 주관들의 취미판단을 넘어서는 착종된 계급적·사회적 관계를 전제하는 것이었다. 아렌트가 수행했던 현상학적 반성을 통해서는 공론공간에 주어진 정치적·역사적 기원이 인지될 수 없다. 이렇듯 정치적 현상을 반성하는 행위 자체는 결국 그것을 수동적인 의미체험의 영역으로 격하시키는 효과를 낳는다. 문제는 이것이 이론적 영역에만 그치지 않는다는 점이다. 오늘날의 정치적 주체들이 대개 그러한 현상학적 태도를 지니고 있지 않은지 의심해 볼 노릇이다.

그녀는 칸트가 프랑스 혁명을 통해 정치를 사유한 방식이 철저히 '관조적'이었다는 사실을 지적한다. "우리가 보게 될 것은, 칸트의 말년에 핵심적인 역할을 한 사건으로서 그로 하여금 매일 대단히 조급하게 신문을 기다리게 만들었던 사건인 프랑스 혁명에 대한 그의 최후 입장이 이러한 단순한 관찰자의 태도에 의해 결정되었다는 것이다. 이러한 관찰자의 입장이란 '게임에는 직접 관여하지 않으며' 단지 '간절한 염원을 가진 열정적인 참여자'로서만 그 게임을 따라가는 것을 말한다. 이 말의 의미는 적어도 칸트에게는 이러한 사람들이 당시에 결코 혁명을 일으키기 원했다는 말이 아니라, 그들의 공감은 단지 '관조적 기쁨과 비활동적 기쁨'에서만 일어난 것이라는 말이다."[10] 그녀의 이러한 서술은 칸트가 불가피하게 처해 있던 역사적 정세를 몰역사화하는 효과를 낳는다.

아렌트는 이러한 서술방식을 통해 마치 정치에 대한 경험이 모두 이러한 관찰자적 시점을 경유한 것인 양 오도적인 결론으로 독자들을 이끈다. 마치 칸트가 아니더라도 이론적으로 일관되게 정치적 현상을 사유하기 위해서는 누구나 그것을 현상학적 방식으로 관조해야만 한다는 듯이 말이다 … . 마치 당대의 프랑스 시민들처럼 게임에 '직접적으로 참여'하는 자들은 본래부터 정치를 부적절하게 사유할

10 한나 아렌트, 김선욱 역, 『칸트 정치철학 강의』, 푸른숲, 2000, p. 48 참조.

수밖에 없다는 듯이 말이다…. 한나 아렌트가 이론적 모델로 삼은 현상학은 나름대로 교양 있고 타인에게 간섭받지 않으려 하는 자부심을 가지고 있지만, 동시에 외부세계의 진실에는 별 관심이 없는 소시민들의 소심한 심성을 이론적으로 보편화하는 장치에 불과하지 않은가? 바로 그러한 이들이 신자유주의적 폭력과 전체주의의 위협에 대해 올바른 경각심을 가진다 하더라도 그것은 본질적으로 '반동적'인 것에 지나지 않는다. 오늘날 아렌트의 후예들(참여민주주의라는 이상 하에 지나간 세월을 추억하는 자들)에 대해 우리는 그러한 의문을 던져봐야 할 것이다.

Chapter_3

진리의 주체와 알랭 바디우

바디우 독서후기

철학이란 무엇인가?

알랭 바디우라는 프랑스 철학자를 수식할 수 있는 표현이 무엇이 있을까? 다른 무수한 프랑스 철학자들에게는 나름의 어울리는 광고성 수식어들을 손쉽게 붙일 수 있다. 가령 들뢰즈에게는 '유목적' 욕망의 아나키즘을 옹호하는 철학자, 푸코에게는 지식과 권력의 공모관계를 예리하게 파헤친 생명정치의 철학자, 데리다는 철학을 철학 자신에 대한 아이러니한 문학적 자기 논평으로 변모시킨 '해체주의적' 철학자, 기타 등등. 그러나 사실 다른 (프랑스) 철학자에 비하면 우리나라 독서시장에서 한참 인지도가 떨어지는 '바디우'[1)]에게는 딱히 어울리는 '섹시한' 수식어가 금방 떠오르지 않는다. 그렇다면 여기서 알랭 바디우를 소개할 수 있는 단 하나의 답변은 다음과 같다. 그는 다른 무엇이 아닌 그야말로 진정한 '철학자' 그 자체이다.

물론 이러한 대답은 아직 우리나라 독서대중에게 낯설고 불충분하기만 하다. 그렇다. 이것이 우리의 현주소이다. '철학' 이란 마치 '느와르' 라는 하나의 장르가 다른 기타 영화 장르에 대해 그렇듯 지금까지 다른 철학 외적인 영역을 얼룩짓는 술어의 역할에만 국한되어 있었던 것일지도 모른다. 느와르가 자신의 최초의 역사적 기원을 넘어서 탐정물뿐만 아니라 SF, 심지어 서부극과 사극의 각 영역에서 장르적 쾌감을 극대화하는 장치로서 기능했듯이 오늘날 얼마 안 되는 교양 독서층에서도 철학이란 마치 그러한 장르적 역할을 해왔던 것일지도 모른다.

푸코 · 들뢰즈 열풍 이후 오늘날 교양 독서층에 알려진 사상가와 비평가들을 생각해 본다면 이러한 사태는 더더욱 명확해진다. 오늘날 철학계에서 유명한 상당수 인물들은 사실 철학 외부의 어떤 '장' 에서 철학을 사고 · 해체 · 재구성하는 작업에 연루되어 있다. 가라타니 고진은 (문학)비평가의 위치에서 철학에 접근해 왔으며, 자크 랑시에르는 '미학' 의 감성적 영역에서 철학적 담론의 아포리아에 대한 연구를 수행했다. 슬라보예 지젝과 아즈마 히로키는 대중문화와 이데올로기의 영역에서 철학에 대한 자신의 참조점을 끌어오곤 했다. 그 외에도 페미니즘 이론에서는 쥬디스 버틀러, 정치신학에서는 아감벤 … . 물론 이들의 원조격은 자신의 분석 담화에 철학적 담론을 일종의 '우화'

1 2010년 5월 현재 번역된 그의 주요 저서로는 『철학을 위한 선언』, 『존재의 함성』, 『조건들』, 『사도 바울』, 『비미학』이 전부이며, 그 자체로 철학적 사건이었던 『존재와 사건』은 아직 번역되지 못했다.

로서 끌어들인 '라캉' 자신이다. 이들 모두의 공통점은 철학 자체를 어떤 근본적인 장면으로 인정하길 거부한다는 점이다. 철학 이면에는 다른 무언가가 있다. 그리고 철학적 반성은 언제나 자신의 이면에 있는 근본적인 역사적 장면으로 소급되어야 한다는 것이다. 그런 의미에서 오늘날 철학은 각자의 공식적인 입장이 무엇이든 간에 다소간 '해체주의적' 이다.

이러한 해체주의적 '반철학적 제스처' 는 고진이 "철학이 수행하는 작업에 요점을 부여하는 것은 역사적 맥락이다"[2]라고 발언하는 데서 정점에 달한다. 가령 들뢰즈·가타리의 『천 개의 고원』은 68혁명이라는 역사적 배경 없이는 제대로 읽힐 수 없다. 그들이 고안해낸 알쏭달쏭한 개념어들(전쟁기계, 유목적 사유, 클리나멘, 기관 없는 신체, 기타 등등)은 당대의 프랑스 젊은이들을 둘러쌌던 지적·정치적 분위기를 파악해야 비로소 이해될 수 있기 때문이다.

그렇다면 '철학적 사유' 는 진정 '새로운 것' 이 발생하는 다른 (정치적·예술적 기타 등등) 사건의 영역에 자신의 자율성을 전적으로 위임해야만 한다. 그것이 아니라면 철학은 단순히 형식적인 말장난에 불과한 게 되고 말 것이다. '사건의 장소' 는 다른 데에 있다. 사유는 자신의 외부에서 일어난 사건을 뒤늦게 해석하는 것일 뿐이다. 그러나 우리는 여기서 이 모든 것들과 미묘한 대척점에 서 있는 바디우의

2 가라타니 고진, 조영일 역, 『언어와 비극』, 도서출판b, 2004 참조.

포지션을 일별할 수 있다. 그의 입장은 사유가 그 자체로 사건의 주체적 중심이 될 수 있다는 것이다.

물론 사건은 철학 외부에서 일어난다. 그러나 그것을 사건적 진리로서 선언하는 것은 이 모든 사건들을 자신의 조건으로 삼는 철학적 사유이다. 가령 바디우에게 플라톤 이전과 이후는 결코 동일한 역사라고 말할 수 없다. 그 점은 데카르트와 칸토르에 관해서도 마찬가지이다. 그들의 사유 자체가 수학과 과학 영역에서의 새로운 변화를 '사건화' 시킨 것이다. 여기서 우리에게 '뭉뚱그려' 철학으로 받아들여지던 것이 하나의 명확한 전선으로 나뉘어지게 되는 것을 발견하게 된다. 바디우는 철학에 '적대' 를 도입한다. 그는 모든 철학적 입장에 대해 '적과 아군' 으로 명확히 나누는 작업을 수행해 왔다. 그것은 '철학' (철학적 사유는 그 자체로 역사적 변화 내지는 단절을 사건화시킨다)이냐 '반철학' (철학적 사유는 실제 삶과 세계의 신비를 뒤늦게 반성하는 것에 불과하다)이냐는 두 진영의 구분으로 요약된다. 이런 점에서 바디우는 다른 어떤 게 아니라 진정한 철학자 그 자체인 것이다.

플라톤주의자 알랭 바디우

바디우의 입장을 가장 잘 규정해 주는 그의 철학적 예각(銳角)은 무엇인가? 바디우의 대표적인 불온성은 '플라톤' 에 대한 그의 고집스러운 옹호에서 발견된다. 가령 칼 포퍼가 플라톤을 싸잡아 비난하듯이 플라톤은 서구 정신사에 있어 '전체주의적 전조'의 원조격으로 매도된다. 철학적 진리는 범부의 의견(doxa)이나 취향이 아닌 '이데아'의 차원에 존재한다는 플라톤의 단언은 다양한 의견들 간의 경쟁을 통해 형성되는 민주적 의사결정의 장을 부정한다는 것이다. 어떠한 의견도 다른 의견에 대해 궁극적인 우위를 차지할 수 없다. 특수한 의견을 진리의 차원으로 격상시키는 것은 오늘날의 민주적 원칙에 비춰 볼 때 '반칙'이라는 것이다.

그러나 아마 바디우에게 이만큼 멍청한 의견도 없을 텐데, 바디우에게(그리고 동시에 플라톤에게) 철학적 진리란 단순히 수많은 의견들 중 하나의 특이한 의견도 아니며, 심지어 의견들 중에서 가장 우월한 의견도 아니기 때문이다. 철학적 진리는 오히려 모든 의견들의 유효성을 중단시키는 사건으로서 선언되는 것이다. 진리(이데아)는 의견(시뮬라크르)에 대해 단순히 우위를 차지하는 게 아니라 그것에 대해 어떤 비교도 거부하는 것이다. 무엇보다 결정적인 사실은 그러한 '진리-사건'이 없었다면 포퍼가 그토록 상찬했던 민주적 원칙 자체도 존립여부가 불투명했으리라는 점이다. 가령 프랑스 혁명기에 「인권헌장」에서 선언되었듯이 "모든 인간은 법 앞에서 평등하다"라고 발화될 때 그것은 그러한 '인간'이 누구인지, 어떤 '법' 앞에서 평등한지, '누가' 그러한 원칙을 말하는지에 대한 '토론'을 거부한다. 그러한 언표는 누구에 의해 발화되든지 무관하게 그 자체로 즉각적으로 진리의 차원을 원리적으로 구성하기 때문이다.

물론 인류 역사상 프랑스 대혁명에 준하는 수많은 봉기들과 반란들이 있었다. 하지만 바디우에게 있어 프랑스 혁명이 특정한 역사적 국면에 머물지 않고 역사를 초월한 '진리'의 준거가 되었던 것은 그것이 담지했던 진리(=법 앞에서 '왕'도 단두대에서 처형될 수 있는 인간에 불과하다)에 대한 순수한 공리적(axiomatic)인 '선언'이 있었고, 그러한 선언의 결과를 끝까지 추구하는 충실한 주체들(=자코뱅당)이 있었기 때문이다. 그러므로 '인권선언'에 기입된 공리적인 단언을 통해 특수한 역사적 환경 속에서 각종 이해관계의 충돌로 시작되었던 프랑스 대혁명은 영원불변한 진리-사건으로서 정초되었던 것이다. 이러한 사건을 정초하는 '선언'은 그러한 선언을 토론에 붙이려는 그 어떤 해석이나 궤변들(sophistry)에게도 자신의 자리를 내놓는 것을 거부함으로써 '민주주의'라는 보편적 원리를 정초했다. 그렇다면 「인권헌장」을 고안하는 데 기여했던 합리주의적 계몽주의 프랑스 철학(자코뱅은 바로 그러한 '철학자'였다!)은 그 사유 자체만으로도 정치적 사건의 '주체'가 되었던 것이다.

여기서 가라타니 고진의 주장처럼 철학적 테제에 의미를 부여하는 건 역사적 맥락이라는 말은 바디우의 표현대로라면 순전히 '반철학적인' 욕망을 표현하는 것에 불과하다. 바디우의 요점은 철학이 역사적 맥락과 무관하게 해석될 수 있는 의미(meaning)를 선취할 수 있다는 게 아니다. 오히려 그의 요점은 철학은 어떤 기존의 담론적 실천에서 통용되던 의미와도 '단절'하는 지점에서 자신의 고유한 힘을 획득한다는 사실이다. 가령 "모든 인간은 평등하다"는 언표는 기존의 역사적 맥락에서 볼 때 자체로 순수하게 '무의미한(meanigless)' 익명적인 선언인 한에서 새로운 보편적 세계지평을 열어젖히는 하나의 담론적 특이성(singularity)으로서 기능한다.

이렇듯 사유의 힘이 진정으로 세계를 니체적인 의미에서 "둘로 쪼갤 수 있다"는 신념만이 유일하게 적법한 철학적 신념인 것이다. 실제로 '보통 사람'들에 의해 지지되어 왔던 해방적인 '선언'들은 닳고 닳은 어떤 정치적 음모가들이나 야심가도 하지 못했던 일들을 수행하면서 새로운 평등주의의 공간을 만들어 왔다. 그것은 세계를 둘로 쪼개며, 새로운 평등한 세계를 위해 복무하는 주체들과 그것에 반동적으로 저항하는 역사의 구차한 잔재들을 철저하게 분리한다. 철학적인 '사유의 힘'은 바로 이러한 새로운 평등주의적 나눔을 선언하면서 자신의 내재적인 역량을 구성한다.

사건의 철학자 알랭 바디우

그렇다면 우리는 바디우를 '사건의 철학자'라고 불러도 좋을 것이다. '사건'은 언제나 그러한 사건의 진리를 단호하게 선언하는 주체의 전투적 사유 속에서 지속한다. 이러한 사유는 일련의 선언적인, 공리적인 규정(axiomatic prescription)들로 이루어져 있다. 다시 말해 사유란 내밀하고 성찰적인 사변이나 해석적인 활동이 아니라 일종의 수학적 엄격함으로 구성된다. 그러한 고된 사유 속에서 그것의 진리를 충실하게 고수하는 주체의 참여가 아니라면 사건은 단순히 역사 교과서에서 단조롭게 서술되는 역사적 맥락의 직조물에 불과한 게 될 것이다. 이렇듯 주체적 선언에 의해 프랑스 혁명과 같은 역사적 사건이

'진리' 로 정초될 수 있다면 가령 나치즘과 같은 순수하게 자기단언적인 권력의지의 표현 역시도 '진리-사건' 이라고 볼 수 있지 않은가? 순전한 결단과 자기 자신의 엄격한 의지의 형식만으로 어떤 사건적 진리가 정초된다는 것은 분명 위험한 발상이다. 따라서 사건적 진리의 조건을 보다 상세하게 해명할 필요가 있다.

그런 점에서 바디우 철학의 상부구조를 이루는 '사건의 철학' 의 기저에 존재하는 그의 하부구조 내지는 또 다른 '존재론' 을 언급해야 한다. 바디우에게 있어서 진리는 언제나 '사건적' 이지만 동시에 이러한 돌발적 사건은 어떤 초월적인 기적이나 유아적인 결단주의와 조금도 비슷하지 않으며, 언제나 어떤 구체적인 존재론적 상황 내부에서 발생한다. 진리는 언제나 그것만의 독특한 상황을 가진다. 그러나 동시에 그것은 바로 그것이 기초하고 있는 상황을 돌파하는 데에서 발생한다.

가령 우리는 '사건' 을 언제나 전혀 예상하지 못한 우연한 조우(encounter)를 통해 마주친다. 하지만 주의해야 할 것은 사건이 오직 우리의 인식을 사전에 조건짓는 어떤 구조의 관점에서만 '우발적' 이고 '주변적' 이라는 점이다. 다음과 같은 점이 중요하다. 처음에 체제의 단순히 주변적이고 부차적인 실패들로만 보였던 것이 나중에 가서는 체제 전체의 거대한 진리를 말해주게 된다는 것이다. 프랑스 혁명도 이러한 과정을 거쳤는데, 처음에 흔한 식량폭동으로 일어났던 사건이 앙시앙 레짐(ancient-regime) 자체의 구조적인 부패에 대한 문제제기로 나아가게 되었다. 또 다른 예로서 가령 기존의 조성 음악의 관점에서 무조성 선율은 단순히 조잡한 '불협화음' 에 불과했다. 그러나 테

오도르 아도르노가 보여주었듯이 쇤베르크는 후일 그만의 무조 음악(atonal music)을 통해 '무조성' 선율을 부르주아 조성 음악이 지닌 자기만족적인 음악적 퇴폐를 폭로하는 가장 강력한 무기로 활용하면서 현대 음악의 새로운 지평을 열게 되었다.

중요한 것은 기성 질서에 대해 드러나는 무질서와 위기의 계기 그 자체에서 기존의 질서로 번역될 수 없는 예외적인 지점을, 그러한 전통의 질서를 무(無)로 돌려버리는 공백(void)을 어떤 위험을 감수하고서라도 창조적이면서도 수학적으로 일관된 사유의 언어로 번역해 내는 것이다. 가령 쇤베르크의 무조 음악 혹은 칸토르의 집합론, 마르크스의 정치경제학 비판은 각각 조성 음악 내부에서, 혹은 기존의 수학적 공간에서, 주류 부르주아 정치경제학에서 항상 부인되어 왔던 새로운 '존재'의 질서가 특정한 사건과 더불어 발견되었다는 것을 '선언'하는 것에서 시작된다. 그러한 사건적 '선언'은 우리를 둘러싼 기존의 상황 안에서 구조적으로 은폐되어 있던 내재적 예외지점들을 불변의 보편적 진리로 공식화(formalize)하는 고된 사유의 노동을 요구한다. 바디우에게 사유의 가치는 독특한 천재성의 즉흥적인 발현이 아니라, 바로 그것을 구성하는 고되고 엄격한 노동의 시간에 의해 부여되는 것이다.

이러한 특유의 불온한 방식에 의해 자신의 진리를 포착하는 사유들에 대한 체제의 반응은 언제나 일관되게 "그러한 사건은 존재한 적이 없다!"는 부인의 제스처이다. 그것은 아무것도 아니다, 그것은 소음에 불과하다, 그것은 계산의 실패에 불과하다, 그것은 시장이 조정기를 거치는 과정에 불과하다. 그러니 여기에는 아무것도 볼 것이 없으니 각자 자기 할 일이나 하라!

그러나 사건을 선언하는 주체들이 기존의 인식지평을 파괴하고 나서 궁극적으로 발견하게 되는 사실은 다음과 같다. 사건에 충실한 주체들에게 그러한 사건이 후일 보여주게 될 '진리'는 그것이 어떤 기적도 혹은 단순한 우연도 아니었다는 것이다.

바디우의 수학-존재론[3)]

바디우의 존재론은 그의 사건의 철학을 이루는 원칙들만큼이나 명백히 '수학적'이다. 사실 그의 사건의 철학은 현상의 다양을 극단적으로 추상화하지 않으면 거의 이해 불가능할 정도로 수학적 사고와 밀접하게 관련된다. 그리고 그가 기반해 있는 수학적 유산은 칸토르의 집합론(set theory)이다.

칸토르에게 있어서 현대 수학은 경험적 대상에 대한 직관적 사

3 바디우의 수학과 존재론에 관한 논의에 대한 소개는 Peter Hallward의 *Alain Badiou, a Subject to Truth*, MIT Pess, 2003 참조. 바디우 특유의 개념어들이 다수 포함된 그의 주저들이 번역되지 않은 관계로 그러한 개념어들에 해당하는 역어의 대다수는 바디우의 역자인 서용순 교수의 논문을 참조했으나 일부는 필자의 주관으로 고쳤다. 지면관계상 번역에 관한 쟁점들을 전부 다룰 수 없어 바디우의 독특한 존재론적 용어들에 대한 역어는 바디우 영문판의 번역과 병기한다.

고(직관주의)도 아니고 임의적인 공리들로 구성된 추상적 사고 게임(형식주의)도 아니다. 플라톤 이후 그리고 칸토르 이전의 수학분파들이 공유하는 암묵적 전제는 '존재'란 수학적 사고 외부에 자리 잡는다는 가정이다. 이에 반해 플라톤은 존재론을 수학으로 생각했다. 수학은 존재의 이성적 구조를 사고한다. 그것은 존재에 관한 유일한 이성적 학문이다. 그러나 근대 수학은 자신이 존재의 추상적인 면만을 드러내며 그 외의 질적이고 다양한 부분들을 배제한다는 관념을 일정 부분 수용하게 되었다. 다시 말해 놀랍게도 근대 수학의 영역에서는 플라톤에 대해 소피스트들이 승리를 구가했던 것이다. 수학을 존재의 진리에 대한 특권적인 접근수단으로 간주했던 플라톤의 영향력이 상실된 이후 그것은 현실의 경험적 대상을 가지고 일상적으로 수행하는 게임의 일부에 불과하거나(비트겐슈타인), 아니면 단순히 무모순적인 일관성만을 지키면 무엇이든 허용되는 논리적 과정(힐베르트)에 지나지 않게 되었다.

그러나 칸토르 이후의 수학은 '존재'에 대한 플라톤적 질문으로 복귀하게 되었다. 칸토르의 수학은 존재론적 질문과 불가분의 관계를 맺는다. 그리고 수학은 무한(the Infinity)을 그 대상으로 삼는 한에서만 존재론이다. 바디우에게 있어서도 무한은 실로 중요한 문제이다. 그러나 그의 무한은 종교적인 무한이나 혹은 무한에 대한 예술적 이념이 아니라, 일련의 선언적인 공리들로 정초된 '수학적 무한'이다. 이러한 세속적이고 무신론적인 무한(바디우는 칸토르나 괴델이 생각했던 것처럼 무한이 유한자를 한계짓는 초월자 = 신의 다른 이름이라는 그러한 종교적 사고를 경멸한다)에 대한 사고를 엄밀한 사유의 지평에서 '부활'

시키는 것이 바디우의 주요한 존재론적 관심사이다.

칸토르는 무한을 어떻게 '셀 수 있는지'의 문제를 가지고 평생을 씨름했다. 여기서 그의 존재론적 물음이 출발한다. 원칙적으로 무한한 존재를 어떻게 셀 수 있는가? 수학적 사고는 존재(=무한)를 '셀 수 있다'는 믿음에서 출발한다. 거꾸로 하나의 집합으로 '셀 수 있는 것'은 우리에 대하여 '존재하는 것'이다. 가령 '민족국가'라는 하나의 집합(set)은 그 안의 세어지는 원소들(element)로서 '국민'들을 가진다. 하나의 셈의 방식(누가 국민인가?)이 일정한 방식으로 존재를 질서 지으며(민족국가) 그것을 어떤 상황 속에 제시한다. 말하자면 '국민'이란 근대 국민국가라는 정치적 상황 속에 제시된 존재(being)이다. 국민국가라는 집합 혹은 상황 내부에서 '존재'는 '국민'이라는 요소들로 세어진다.

그러나 이것만으로는 충분하지 않다. 다시 수학의 영역으로 눈을 돌리면, 보다 근본적인 문제는 우리가 셀 수 있는 범위가 아무리 포괄적이라 해도 여전히 세어지지 않는 것들이 아득할 정도로 무한히 많다는 것이다. 가령 자연수의 집합은 무한하지만 여전히 유리수의 집합과, 무리수의 집합과, 그리고 실수의 집합과 등등 끝없이 이어지는 다양한 밀도의 무한한 집합들이 존재한다. 그런데 칸토르는 이러한 무질서한 세속적이고 무정부적인 무한의 영역 너머에서 무한의 모든 질서들을 궁극적으로 '셀 수 있는' 하나의 질서로 합리적으로 공식화하려 시도했다. 가령 무한한 자연수의 집합 N이 있다면 그것을 그 안의 모든 가능한 부분집합들의 집합(멱집합)으로 분할하는 과정을 반복하는 것이다.

이것은 오늘날 일상생활에서도 흔히 일어나는 일이다. 근대 국가라는 하나의 존재론적 상황 역시 단지 자신의 잠재적인 개별 국민들을 자신의 집합 속으로 헤아릴 뿐만 아니라, 그렇게 헤아려진 원소들을 무수한 가능한 부분집합들로 재구성한다. 가령 경찰이나 수사기관이 한 국민에 대한 신원조회에 들어간다는 것은 그가 어떤 부분집합들에 속하는지에 대한 무수한 경우의 수를 계산한다는 것이나 다름없다. 당신이 어느 지역에 거주하는지, 연령대가 어떻게 되는지, 학력은 어떻게 되는지, 직업은 무엇인지 등등. 이러한 부분집합 안에서 원소들은 비로소 그것의 정체성을 재현(re-present)할 수 있게 된다. 원소가 집합 안에서 존재론적으로 제시된다면 이러한 원소는 또한 동일한 집합 안에서 여러 부분집합으로 포함됨으로써 재현된다.

이렇듯 일련의 세어진 원소들이 귀속(belong)되는 집합이 상황이라면 현 상황 내부의 원소가 여러 부분집합들로 포함된 상태는 상황의 국가/상태(state of the situation)라고 불린다. 'State'는 그것의 이중적 의미—국가 또는 상태—를 고려한 바디우의 전략적 용어이다. 그렇다면 초기 칸토르의 이상은 마치 근대 국민국가의 이상과 마찬가지로 국민의 단순한 현존을 제시하는 집합과 그것의 가능한 부분집합들의 집합 사이의 '격차'를 없애는 것이다. 혹은 제시(presentaion)에 대한 재현(re-presentation)의 과잉을 제거하고 두 질서를 동일한 차원에 놓는 것이다. 예컨대 국가는 언제나 스스로를 일종의 자연스러운 '친족공동체'의 형태와 동일시하면서 국민들의 소속감을 보장했다. 오늘날 탈권위주의 시대의 수사기관들 역시 국민에 대한 중립적인 봉사자로 비쳐지고자 노력한다.

그러나 마지막에 가서 칸토르가 직면한 단순한 진실은 다름 아닌 그러한 과업이 정의상 불가능하다는 것이었다. 가령 유한한 집합 {1, 2}만 보더라도 그것의 멱집합 {(공집합∅), {1}, {2}, {1, 2}}에는 언제나 '세어지지 않는' 것(공집합∅=empty set)이 '포함'되어 있다. 그것은 분명히 어떠한 집합 속에 잠재적으로 현존하지만(포함되어 있지만) 결코 집합의 규정에 비춰볼 때 일관된 방식으로는 세어질 수 없는 요소이다. 그것을 기존의 집합 속에 일관된 '원소'로서 다시 헤아리려 한다면 기존 집합의 구성은 비일관성으로 빠져들게 된다.

그런데 이러한 '불가능한 요소'는 엄연히 집합이 구성하는 존재론적 상황의 일부로서 항상 자리 잡고 있다. 따라서 무한을 하나의 일관된 셈의 질서 내부로 편입시키려는 모든 노력은 사전에 실패해 버린다. 왜냐하면 거기에 포함되어 있으면서도 결코 일관되게 세어지지 않는 요소가 반드시 하나 이상 존재하기 때문이다. 그런데 그러한 '공집합'은 다름 아니라 특정한 원소들로 세어진 존재자들의 집합 안에서 세어지지 못한 순수 존재(being of beings)이다. 집합의 일부를 이루는 세어지지 않는 이 공백(void)이 가리키는 것은 다름 아닌 그 집합 자체를 떠받치는 존재론적 기초(foundation)이다. 이것이 암시하는 것은 특정한 셈의 방식들로 한정될 수 없는 무한하게 잡다한 순수 다수성(pure multiple)이다.

집합의 논리 안에서는 부정적인 방식으로만 확인되는 이러한 세어질 수 없는 무정부적 무한은 그럼에도 불구하고 엄밀한 수학적인 사고를 통해 파악된 것이다. 이러한 수학적 형태로 파악된 무정부적이고 무질서한 무한은 우선 어떠한 신학적인 무한과 무관하다. 나아가 그것은 절대적인 평등주의에 대한 정치적 이념에 존재론적 근거를 부여한다. 바디우에게 있어 무한은 신과 같은 일자(一者)가 아니라 환원 불가능한 다수성에 의해 구성되어 있으며, 이러한 다수성은 어떠한 위계도 초과하는 절대적 평등의 영역을 구성한다. 정치적 평등주의를 존재론적으로 정당화하고자 하는 바디우의 이러한 열망은 부분적으로는 그의 프랑스 마오주의(Frech Maoism) 이력에서 유래한 것이지만, 다른 한편으로는 프랑스 혁명 이래로 인민의 절대적인 평등과 우애의 정신 안에서 정치적 진리들을 정초한 서구의 혁명적 사건의 전통을 반향하는 것이기도 하다. 바디우는 이러한 근대 서구의 정치적 전통에 철저히 수학적 · 합리적인 근거를 부여하고자 했던 것이다.

근대적인 평등주의 이념을 정초짓는 이러한 순수 다수성이야말로 무한을 한정하는 다양한 셈의 질서(자연수, 유리수, 무리수 기타 등등)들의 가능조건으로 드러난다. 그러나 정작 특정한 수학적 셈 내부에서 이것은 순전히 텅 비어 있는 공백 내지는 '공집합'으로 표시된 수학적 기호 'Ø'로서 표현된다. 물론 이 기호(Ø)는 모든 셈의 질서를 기초짓는 순수 다수성의 이름(nomination)에 불과하다. 또한 그러한 호명조차 없다면, 예컨대 어느 집합이든 그것을 명목상으로라도 포함시키지 않는다면 애초에 그러한 집합의 규정 자체가 불가능해진다. 그러나 한편으로 다수성에 대한 이러한 호명은 정치적 차원에서 또 다른 존재론적 효과를 불러일으키기도 한다. 어떠한 집합이든 자신의 공집합을 명명하지 않을 수 없다. 그러나 이러한 공집합에 대한 명명의 불가피성은 한편으로는 국가의 존재론적 필연성, 상황에 대한 상태(state of the situation)의 필연성 내지는 집합에 대한 멱집합의 필연성을 이론적으로 설명해 주기도 한다. 이것은 바디우의 사유가 단순한 수학적 존재론으로만 그칠 때 봉착하는 정치적 한계를 보여준다.

가령 어떠한 셈으로도 일관되게 재현될 수 없는 이러한 과잉요소, 순수 다수성과 연결되어 있는 이 실재적 요소는 정치철학 안에서 다양한 이름(예컨대 플레브스라는 라틴어에서부터 프롤레타리아까지)으로 불린다. 그러나 이것은 예기치 못한 국가의 작용을 불러일으키기도 한다. 정치적인 상황 속에서 일관되게 재현될 수 없는 이러한 요소는 흔히 주어진 정치적 상황을 돌파하는 지도자의 결단을 정당화하는 역할을 수행하기도 한다. 예컨대 가라타니 고진이 지적했듯이 상당수의 근대 국가(우리나라를 포함해서)에서 정치적 재현장치는 '의회'와 '대통령(총리)'제로 나뉘어진다. 이 때 총리나 대통령과 같은 주권자는 '의회 정당'들에 의해 대표되지 않는, 다시 말해 그러한 재현장치를 통해 재현되거나 세어지지 못하는 '몫 없는 자'들을 대표할 정치적 가능성의 장(場)으로 존재한다. 이 때 동원되는 것은 국민의 의지에 대한 호명(nomination)인데, 의회와는 다른 과정을 통해 선출된 지도자는 의회 정당이나 정치적 재현 속에 반영되지 못한 잡다한 무리들의 이해를 '국민'이라는 이름으로 호명하며 그들을 대표한다.

물론 그가 국민이라는 다수적 존재를 대표한다는 명목은 허구에 불과하지만(이름에 불과하지만) 국가적 위기상황(자연재해와 전쟁, 경제공황) 속에서는 현실적인 정치적 힘을 발휘하기도 한다. 이것이 극단적으로는 파시즘과 같은 형태로 나타나기도 했지만, 다른 한편으로 이러한 정치적 과정은 일상 속에서도 현실적 효력을 발휘한다. 현대의 의회정치와 대표성의 위기는 한편으로는 존재론적인 차원에서 재현의 위기를 구성하지만, 그러한 상황은 다른 한편으로는 여전히 또 다른 국가적 영역의 강화를 불러일으키는 것으로 귀결된다. 이러한 정치적 곤궁은 정치철학으로 하여금 존재론적 상황에 대한 반성을 넘어 바로 그 상황에 대한 주체적 개입(Intervention)으로까지 나아갈 것을 요청한다.

진리의 과정들

앞서의 이러한 모든 수학-존재론은 그의 '사건의 철학'에 어떻게 연결되는가? 지금까지 소개했던 것들을 궁극의 정치적 우화로 번역해 보자. 가령 자본주의적 상황 속에서 모든 것들은 '상품' 내지는 생산요소로서 세어진다. 노동력으로 세어지는 인간이나 자연도 예외는 아니다. 이러한 셈의 질서는 '무한'하기 때문이다. 여기서 이러한 자본주의적 생산양식을 떠받치는 존재론적 기초는 가령 통계에는 잡히지 않지만 노동자들이 자신의 상품(노동력)을 재생산하는 다양한 사회적 관계들로 존재한다. 그러나 이것들은 정작 자본주의적 상황 내부에 온전하게 세어지지 못하는 무의미한 공백(void)으로서, 자본주의적 상황 안에서 일종의 불쾌한 비용으로 '재현'된다.

그러나 그러한 자본의 재생산 과정으로 계산되지 않은 공백은 다른 한편으로 케인즈주의적 형태의 자본주의적 질서에 명목상으로 포함되지 않을 수 없었다. 그것이 복지지출이라는 항목 아래 세어짐으로써 자본주의적 질서는 마침내 자신의 외부(노동력의 재생산 과정)를 자신의 내부에 부정적인 방식으로 포섭한다. (앞서 부르주아 국가가 의회장치 안에서 대표하지 못하는 대중을 마침내 주권자를 통해 부정적인 방식으로 '포섭' 하는 과정을 상기하라.)

그런데 주기적으로 닥쳐오는 '공황' 은 자본주의의 내부에 포함되어 있던 '공백' 의 파괴력(여전히 그것이 기초한 계급적 착취와 그것에 수반하는 과잉생산)을 가시적으로 드러내며 자본주의적 상황 내부의 셈의 질서를 다시 재편하지 않을 수 없게 강제한다. 자본주의적 상황에 포함된 부분집합들(독점적 산업 카르텔과 모노폴리)을 다시 일련의 새로운 부분집합들(신자유주의적 금융자본 주도형 경제)로 재분할하는 것이다. 그럼에도 불구하고 여전히 그것 안에 온전히 세어지지 않는 실재적 요소(착취)가 존재하며, 그것이 존재하는 한 공황은 영원히 되풀이된다. 그 때마다 기존의 상황 안에서 접근될 수 없는 공백은 자신이 산출하는 효과 속에서 재출현하며 자본주의가 기초한 궁극의 진실을 보여준다.

마르크스가 여기서 수행한 결정적인 개입은 우선 되풀이되는 '공황' 이라는 사건 속에서 상황의 비일관적인 공백을 목격했다고 선언한 지점이다. 그리고 한 걸음 더 나아가 그러한 공백에 '잉여가치의 착취' 라는 하나의 일관된 이름을 호명했다. 그리고 엄격한 수학적 열정을 가지고 그것이 자본주의적 상황 내부에서 어떻게 작동하는지에 대한 일련의 공리(axiom)들, 상대적 잉여가치와 절대적 잉여가치에 대한 정의, 잉여가치율을 계산하는 법칙 등등을 정식화했다. 이러한 공식들은 후대의 충실한 마르크스주의자들에 의해 세대를 거쳐 끊임없이 증명되고 재정식화되었다. 이 모든 과정은 바디우가 '진리의 과정' 라고 부른 단계들을 형성한다. (1) 사건 선언하기, (2) 사건을 통해 출현한 상황의 공백 호명하기, (3) 호명된 공백을 엄밀하게 (수학적으로) 공식화하기, (4) 그러한 공식을 사건 이후에도 충실하게 유지하며 증언하기. 그리고 이 모든 절차들을 추동하는 고도로 집중된 힘, 그것을 바디우는 주체(subject)라고 부른다. 그것은 진리에 충실한 주체(subject faithful to truth)이다.

이 모든 과정의 요점은 다음과 같다. 주체의 편에서 상황의 공백에 접근할 수 있는 유일한 방법은 그것을 자신의 마음으로 직관한다든지, 그것을 사변적으로 성찰한다든지, 혹은 예술적인 이념으로 표현하는 게 아니라, 그것을 일련의 공리들로 정식화하는 이론적·실천적 결단이다. 그리고 이러한 결단은 실천적인 측면에서 언제나 적과 아군을 나눌 수밖에 없다. 이것이 바디우의 철학이 지닌 가장 전투적인 측면이다. 예컨대 사건 속에서 돌연히 발생한 자본주의적 상황의 공백을 하나의 진리로 정초하는 유일한 방법은 그러한 상황에서 금지된 행위를 통해 공백을 드러내는 개입(intervention) 외에는 없기 때문이다. 이러한 과정에서 그러한 개입을 지지하는 편과 반대하는 편은 매우 명확하게 나누어질 수밖에 없다. 예컨대 공황과 전쟁이라는 형태의 자본주의의 위기를 통해 포착된 진리를 단언하기 위해 충실한 마르크스주의자들은 그러한 공황이 초래한 혼란과 무정부적 봉기들을 두려워하기는커녕 그것을 더욱 심화시키고 그 안에 뛰어드는 노선을 망설임 없이 택해야 한다. 이것은 계급적대를 더욱 철저하게 드러내며 두 계급 간의 최종 결전의 형태로 귀결될 것이다. 이러한 적대를 통해서만 비로소 체제는 자신의 진리를 드러낸다. 바디우의 사유 역시 철학적 차원에서 상황이 드러낸 균열을 철저하게 파고듦으로써 그것의 진리를 드러내려는 강력한 개입주의(interventionism)로 요약된다.

이러한 진리의 절차들은 네 가지 조건들 혹은 네 가지 영역들—정치, 과학, 예술 그리고 사랑—로 구성된다. 정치에서의 진리는 바디우가 공산주의적 가설이라고 불린 다음과 같은 선언을 통해 분절된다. "모든 사람들은 동일한 세계에 속한다."[4] 그것은 가령 인간 존재의 다양성이 어떠한 사법적 체계(집합)로도 한정될 수 없음을, 그러한 다양성이 개별적인 민족적 단위, 예컨대 유대적·유럽적·프랑스적인 개별 세계에 속하는 게 아니라 단 하나의 보편적 존재에 속한 것임을 단언한다. 그러한 가설을 승인하는 시민들은 가령 불법 이민자들 중 누구의 존재도 '불법적'이지 않음을 선언하고 그들을 구타하고 내쫓지 말 것을 요구한다. 과학의 진리는 데카르트와 갈릴레오, 그리고 칸토르에 이르기까지 순수한 공리적 선언으로써 무정부적인 무한의 지평을 '신'으로부터, '해석'으로부터, '편견'으로부터 해방시키는 것에서 그 소임을 다한다. 예술의 영역에서 예술가들은 가령 말레비치의 「흰 배경의 흰 사각형」에서처럼 회화의 형상과 배경 사이에 있는 최소 거리를 순수하고 단순한 형태로 '추출'해냄으로써 '재현'과 '해석', 그리고 '가장'으로 뒤덮인 회화의 혼란스러운 장에서 새로운 회

4 알랭 바디우, 서용순 역, 『뉴레프트 리뷰』, 「사르코지의 이름이 뜻하는 것」, 길, 2009 참조.

화적 진리를 분절해낸다.

그리고 마지막으로 사랑에 관해 바디우는 그것이 낭만주의적 연애관에서 말하는 비의적인 감정으로 가득 찬 경험으로 묘사하는 것을 철저히 거부한다. 사랑은 다름 아닌 남녀 간의 내재적 '성차(sexual difference)'의 진리를 공식화하는 것에 다름 아니다. 진정한 사랑의 과정 속에서의 커플은 서로를 특별한 인연으로 맺어진 개별적인 인격체의 관계로 경험하는 게 아니라, 그들의 전 인격적 차원에 자리 잡고 있는 순수한 형식적 '성차'의 진리, 그들의 성적 향유를 구성하는 바로 그러한 성차에 대한 단 하나의 진리를 둘(the Two)이라는 형상으로 재분절하는 고통스러운 과정을 겪어야 한다.

정작 문제는 오늘날 이러한 진리과정(truth process)들이 전 지구적 자본주의의 추상적인 화폐적 동질성에 의해 봉쇄되고 있다는 것이다. 이러한 질서 속에서 정치는 경영에 의해 대체되고, 과학은 기술로 대체되며, 예술은 문화산업으로 변모하고, 무엇보다 사랑은 섹슈얼리티로 이해된다. 여기서 철학은 또 한 번 이러한 세속성에 대한, 혹은 화폐적 보편성이라는 거짓 보편성에 대한 저항으로 간주된다. 바디우에게 있어 분명한 것은 자본주의적 거짓 보편성은 무엇보다 오늘날 철학의 화두인 '차이와 타자' 내지는 '정체성 정치'라는 주제에 더없이 잘 어울린다는 사실이다. 그것은 무엇보다 단 하나의 '보편적' 세계에 속한 무수한 차이들(방금 전의 집합론에서 순수한 다수성으로 논의되었던 차이들)의 현존을 자본이 강제하는 일련의 부분집합들로 다시 포함시키며 그것을 존재론적으로 제약·한정하는 작업을 수행한다.

무엇보다 이것이 오늘날 전 지구적 자본주의 마케팅의 주요한 영역을 형성한다는 것은 자명한 사실이다. 가령 지난날 해방적 정치 안에서 첨예화되었던 게이의 권리, 흑인의 권리, 무슬림의 권리, 여성의 권리에 대한 진리-사건들은 단순히 상대적인 '문화적' 정체성으로 환원된 채 그러한 차이들은 저마다의 교집합 속에서 새로운 마케팅의 대상들을 만들어내며 오늘날 자본주의 시장의 확장에 더할 나위 없이 기여한다. 이러한 정체성 정치의 명제들은 궁극적으로 "게이의 권리는 게이만이 가장 잘 이해한다"는 자살적인 명제로 귀결된다. 이것이 자살적인 이유는 누구나 원리적인 차원에서 지지해야 할 '인권'이라는 하나의 보편적 진리를 단순한 맥락의존적이고 우발적인, 기껏해야 '상업적'으로만 보편적인 권리들로 분해시키고 말기 때문이다.

알랭 바디우는 오늘날 철학의 소임을 앞으로 다가올 사건을 위해 이러한 철학의 세속주의적·시장주의적 식민화에 단호히 저항하며 올바른 보편성의 지평을 보존하는 다소 수세적인 포지션으로 정식화될 수 있다. 앞서 말한 정체성과 차이에 대한 유사 철학담론들은 바로 이러한 자본주의 과정에 의해 본연의 철학적 진리의 영역들이 굴복하고 있다는 징후를 보여주는 것에 불과하다. 예술, 정치, 과학, 사랑에서 일어난 본연의 사건들을 사유하는 철학적 진리는 정의상 자본주의의 맹목적 과정에 대해 적대적이다. 자본주의의 모순을 고발하지 않는다는 것은 이미 그것에 굴복했다는 것이고, 그것에 굴복한다면 그것은 진리가 아니라 거짓이다. 물론 이러한 철저함은 어디까지나 관념적인 것에 지나지 않는다. 바디우는 실질적으로 이전의 혁명적 기획들을 압도하는 탈산업화 시대의 전 지구적 자본주의에 정치적으로 저항하는 방법을 우리에게 알려주지는 못하기 때문이다. 그러나 최소한 관념으로라도 철저한 것이 보기 드문 오늘날 바디우의 단호한 입장은 우리에게 여전히 귀감이 된다.

알랭 바디우, 진정한 유럽 철학자

필자는 피터 홀워드의 입문서를 통해 『존재와 사건』에서 제공된 그의 사유의 많은 부분들을 수용했고 다시 정리해서 여러분들에게 전달했다. 영미권 학자인 피터 홀워드는 시종일관 바디우라는 프랑스 철학자에게 비판적인 입장을 취한다. 참으로 미국인답게도 그는 바디우의 '보편주의적인' 철학적 입장이 구체적인 현실적 상황에서 그것에 대해 파괴적인 상황의 공백을 추출해내는 부정적인 기능에만 국한되는 게 아니라면 어떻게 구체적인 현실 속에서 새로운 것을 산출해낼 수 있는지를 끊임없이 반문한다. 그런데 필자가 봤을 때 그는 정확히 동일한 방식으로 자가당착에 빠진다. 현실의 '외관'을 추상화시킨 채 그것을 보편적인 공리들로 '환원'하는 철학적 사건이야말로 엄밀한 의미에서 새로운 모든 것을 창조하는 빅뱅의 시발점이 된다는 논점을 피터 홀워드 본인이 훌륭하게 정리해 놓고서는 나중에 이를 어디에다 내버린 것만 같다. 철학이 구체적이고 풍부한 현실을 일련의 추상적인 선언으로 대체하는 한에서만 그것의 거짓된 외관들을 일소해 버리는 '사건'이 될 수 있는 가능성을 인정한다면 그 이후로 현실 자체의 구체성은 전혀 문제가 되지 않는다는 것이다. 게다가 그와 같은 것은 전혀 철학적인 차원에서 제기되는 문제가 아니며, 따라서 바디우의 철학을 내재적으로 비판할 근거가 되지 못한다.

다만 문제는 다른 데에 있다. 필자가 봤을 때 알랭 바디우는 후기 데리다에 견줄 수 있다. 자크 데리다가 그의 말년에 그토록 강조했던 해체주의의 중심 모티프는 '보존', '기억' 그리고 '유산' 등등이었다. 데리다는 해체의 이념 자체가 어떤 '유산' 혹은 어떤 외상적 경험(역사성)에 대한 기억 없이는 결코 유지될 수 없다는 점을 명확히 했다. 해체가 분명히 작동한다고 확신할 수 있는 것은, 다시 말해 해체주의 내부에서 해체에 대한 데카르트적 확신 자체가 역으로 해체 불가능한 것은 그러한 해체주의적 실천이 어떤 지적 유산(필자가 봤을 때는 데카르트적 유산) 내부에 포획되어 있다는 사실을 보여준다. 폴 드만이 말했듯이 "무언가를 진지하게 믿어야만 그것을 해체할 수 있다." 그런 점에서 대중 문학작품이나 심지어 대중문화의 이데올로기와 같은 잡동사니들을 '해체'하겠다고 나선 한때의 호기 어린 해체주의 비평가들의 어리석음을 늙은 데리다의 지혜와 비교할 수 있을 것이다. 그의 해체는 어디까지나 후설이나 루소 그리고 플라톤 등등의 저작에 한정되어 있다.

몇 년 전에 『마르크스의 유령들』이라는 데리다의 노년작이 번역되었을 때 마르크스에 대한 풍부한 언급들이 담겨 있다는 점에서 주목을 받은 그 책은 슬프게도 우리의 '마르크스'나 혹은 '마르크시즘'에 대해 말해주는 것이 눈곱만큼도 없었다. 그가 말하는 마르크스의 망령은 마치 햄릿에 등장하는 망령처럼 특정한 과거의 경험과 기억에 사로잡혀 있는 자들에게만 출몰하는 그러한 것이다. 그가 또 다른 '유령'으로 지칭하는 공산주의는 유럽 역사의 어떠한 시대사적 종결도 불가능하게 만들어 버린 혹은 그러한 종결에 저항하는 제거할 수 없는 간극을 선사한 역사적 사건이었다. 이것은 '유럽'만의 문명사적 '파르마콘'(독/약)이다. 그가 공산주의를 논하면서 하이데거나 하이데거의 전-소크라테스 형이상학자들에 대한 독해로 되돌아가는 것은 바로 그 이유 때문이다. 이런 점에서 착각하지 말아야 할 점은 이 책은 오늘날 우리에게 되살려져야 할 『자본론』의 이런저런 긍정적 가르침이나 마르크스의 기획들에 대해 아무것도 말해주는 게 없다는 사실이다.

이러한 교훈을 바디우에게 적용해 볼 때 우리는 바디우의 철학이야말로 진정 '유럽적'이라는, 혹은 데리다의 노쇠한 유럽보다 더 '유럽적'이라는 진단을 내릴 수 있다. 그의 철학이 모종의 유럽중심주의를 은폐하고 있다는 말이 아니다. 혹은 그의 것과 변별되는 우리만의 독특한 민족사적 과제가 있다는 말도 아니다. 어떤 의미에서 그의 기획이 해체주의보다 더 급진적으로 보편적이다. 그러나 '플라톤', '데카르트', '칸토르'의 지적 유산 내부에서만 그것이 진정 보편적일 수 있다. 그의 철학이 어떤 특수한 민족성에 사로잡혔다는 게 아니다. 오히려 나는 "유럽적인 것이야말로 보편적이다"라는 테제를 적극적으로 옹호하고 싶을 따름이다. 유럽인들은 자신의 문명 속에서 보편성의 새로운 차원을 훌륭하게 발명해냈다. 그리고 바디우가 그러한 유럽의 정통성을 계승한 적자라는 점은 의심의 여지가 없다. 보다 중요한 것은 우리에게 그러한 문명적 유산 자체가 결여되어 있다는 것이다. 그런 의미에서 슬프게도 '바디우'의 이름은 우리에게 여전히 낯선 것으로 남아 있다.

나는 바디우의 철학을 조우하고서 강렬한 충격을 받았다. 이만큼 철학적으로(관념적으로) 엄밀하고 비타협적인 투사가 있을까 반문할 정도로 말이다. 그 이후로 나는 스스로 '바디우주의자'라고 즐겨 자처하곤 하지만, 한편으로 이는 우리와 같은 상황을 공유하지 않은 다다이스트나 아방가르드 혹은 모더니스트 소설가들을 옹호하는 것과 별반 다르지 않다. 그래서 그의 글을 읽을 때 경험하는 압도적인 감동은 또한 그 자체로 완결된 형식의 예술작품을 감상할 때 느끼는 감동과 유사한 것일지도 모른다.

앞서 "사유가 그 자체로 사건의 주체적 중심이 될 수 있는가?"에 대해 바디우가 그의 가장 강력한 라이벌인 들뢰즈와 더불어 단호하게 '예'라고 대답한 것을 보았다. 그러나 중요한 사실은 그들이 공통적으로 경험했던 68혁명 이후에 그러한 사건의 차원이 어느 정도 닫힌 것으로 보인다는 사실이다. 그럼에도 불구하고 그들에게 68혁명(앞서 보았듯이 이것은 역사가 아니라 하나의 '사건'이었다)은 공통의 강력한 기억으로 남아 있다. 그것이 바디우가 또 다른 혁명의 시퀀스를 고대하는 하나의 근거가 된다. 그러나 유감스럽게도 우리의 역사적 체험은 정작 그 불길(68혁명)을 비껴나 있다. 이러한 점에서 우리는 68혁명과도 어긋나고 있을 뿐만 아니라, 그러한 점에서 사실 바디우와 우리들은 같은 시간 안에서조차 여전히 '어긋나' 있다. 햄릿이 말한 것처럼 "Time is out of joint." 따라서 오늘날 한국어 독자들이 바디우를 독서한다는 것은 그의 저작이 불러일으키는 기시감(그의 사건의 철학은 북한의 주체사상가들에서부터 포스트모더니스트들까지 모두에게 이상한 '기시감' 을 주지 않는가?) 못지않은 '거리감' 과 대결하는 것이나 다름 없다.

Chapter_4

『젠더 트러블』

포스트모던 페미니즘과 성차의 진리

주디스 버틀러, 『젠더 트러블』

주디스 버틀러의 『젠더 트러블』에서 독자들은 흥미로운 사실을 마주할 수 있다. '젠더 수행성(Gender Performativity)'에 관한 이론을 전개한 이 기념비적 저작의 두 번째 장에서 그녀는 그동안 여러 남성 철학자와 사상가들의 이론적 배치에서 공유되고 있는 모종의 성적 편향을 분석하는 데 상당한 지면을 할애한다. 놀랍게도 어떤 동일한 섹슈얼리티의 편향을 공유하고 있다고 간주되는 이들 사상가는 헤겔, 레비-스트로스, 라캉이다. 각각 독일 관념론의 화신과, 구조주의 조류의 창시자와, 후기 구조주의의 영감의 원천으로 간주되는 이들이 동일한 (은폐된) 섹슈얼리티를 공유하고 있다는 것이다. 그러나 이러한 버틀러의 분석은 겉보기와 달리 결코 히스테릭한 도발로 그치지 않는다. 그녀는 단순히 이론적 차원 이전의 주관적인 마초적 성향이나 의도를 가정하는 대신 어떠한 성적 지향과도 무관한 이론적 차원 그 자체에서 규정되는 섹슈얼리티를 비판하고자 시도한다. 이로써 그녀는 페미니즘의 새로운 이론적 대상을 발견했다고 해도 좋다. 앞으로의 페미니즘이 비판해야 할 대상은 단순히 일상 속에서 식별 가능한 섹슈얼리티의 주관적 성향이 아니라, 섹슈얼리티의 문화적 인식 가능성의 모태로 기능하는 이론적 구성물이 되어야 할 것이다.

그러나 이론적 구성 그 자체에 존재하는 남성 섹슈얼리티에 대한 그녀의 비판적 분석은 새로운 문제들을 낳는다. 이것은 현실 가부장제에 대한 정치적 태도나 여성과 성적 소수자들을 대우하는 현실적인 관습과 무관한 이론적이고 중립적인 층위에서도 여전히 성적 억압이 재생산될 수 있다는 사실을 의미한다. 그녀는 지금까지 서양의 철학적 담론에서 재생산되었던 섹슈얼리티의 이론적 편향성을 '헤겔적인 경제'라는 환유적인 용어로 명명한다.[1] 그런데 버틀러에 따르면 이 헤겔적인 경제가 분절하는 남성중심적 섹슈얼리티는 결코 헤겔과 같은 철학적 전통에만 국한되는 게 아니라, 심지어 구조주의라는 반헤겔적인 사상적 조류에서도 반복된다고 한다.

이러한 입장은 우리에게 새로운 관점을 허락해 준다. 그동안 이론적 욕망을 가진 주체들이 예컨대 헤겔과 구조주의 사이에서, 혹은 구조주의와 후기 구조주의 사이에서 미묘하거나 거대한 이론적 단절들을 발견하는 데 고심해 왔다면 버틀러는 이 모든 것에서 여전히 '동

1 주디스 버틀러, 조현준 역, 『젠더 트러블』, 문학동네, 2008, p. 163.

일한 것' 을 발견할 수 있다는 것을 선언한다. 그녀의 이러한 전복적 서술은 예컨대 기존의 철학 입문서가 지금껏 그래왔던 것처럼 사소한 이론적 차이를 확대재생산했던 것에 골몰했던 지금까지의 관행들에 신선한 충격을 가져다 준다. 이놈이나 저놈이나 다 똑같다는 그녀의 제스처는 우리에게 기존의 지적 관행을 넘어서 새로운 질문을 허락한다. 예컨대 **레비-스트로스의 구조주의적 문화인류학이 헤겔의 철학과 공유하는 섹슈얼리티는 무엇인가?** 일견 중립적인 이론적 외관의 층위에서 반복되는 섹슈얼리티의 배치는 무엇인가?

주디스 버틀러는 레비-스트로스가 헤겔뿐만 아니라 기존의 철학담론 전반과 단절하기 위해 구조주의적인 문화인류학 연구로 돌아섰다는 전기적 사실에 주목면서도 다른 한편으로는 레비-스트로스가 오히려 문화인류학에서 더 순수한 형태의 '철학'(헤겔적인 무언가)을 발견했기 때문에 그것으로 향한 게 아니냐는 의문을 던진다.[2] 구조주의든 후기 구조주의든 이 모든 이론적 경향 안에는 개별적 정체성을 규정하는 보편적인 변별화 기제(친족구조)가 무엇인지를 발견하고자 하는 충동이 내재해 있다. 여기서 **(후기) 구조주의자들이 바라보는 '차이'는 바로 헤겔이 보고자 했던 차이와 동일하다.** "여기서 관계 내부의 '차이' 는 헤겔적인 것, 즉 구분되는 동시에 연결되는 것이다."[3] 특정 사회적 관계 내에서 규정되는 모든 개체적 차이들은 바로 그러한 관

2 같은 책, p. 161 참조.
3 같은 책, p. 163.

계항 안에서 지양되는 동시에 보존되는 운동을 겪는다.

헤겔 역시 개별적인 의식이 그것을 규정하는 사회적 동일성 안으로 해소되는 만큼이나 어떻게 그것이 여전히 자립적인 의식으로 보존될 수 있는지에 관한 전반적인 문제를 '인륜성(Sittlichkeit)'이라는 용어를 통해 다루었다. 버틀러가 언급하지는 않았던 헤겔적 인륜성도 사실상 레비-스트로스가 말한 보편적 친족구조와 동일하다고 봐도 좋다. 그 안에서 차이들은 개별자들을 서로 구별하는 동시에 그 차이들은 또한 변별화하는 관계구조 내부에서 '지양'된다. 버틀러가 지적하듯이 이 '헤겔적 경제'가 갖는 문제는 이러한 사회적 유대관계를 성립시키는 보편적인 변별화 기제가 '실제로는' 어떤 젠더 기능을 수행하느냐는 것이다. "여기서 문제되는 것은 보편적 논리 속 정체성의 전제들이 갖는 위치 및 이런 정체성의 논리가 이 논리가 기술하는 문화적 현실 속에 종속된 여성의 위상과 맺는 관계이다."[4] 이 친족구조 내지는 인륜성 내부에서 정작 여성이 가진 고유한 '차이'는 차이의 변증법을 완전히 비껴나지 않는가? 여기서 헤겔과 레비-스트로스의 이론적 체계를 관통하는 섹슈얼리티의 문제가 드러난다.

> 남성들 사이에 설정된 상호성의 관계는 여성 간의 비상호관계의 조건이자 이른바 여성 간의 비관계의 관계의 조건이 된다.[5]

4 같은 책, p. 161.
5 같은 책, p. 165.

그녀가 드러내는 것은 헤겔의 변증법 철학과 레비-스트로스가 공유하는 중요한 또 다른 이론적 문제이다. 그것은 대칭적인 상호적 소통의 불가능성이다. 레비-스트로스가 천착했던 문제도 상이한 친족집단 사이에서 어떻게 '교환(소통)'이 가능하느냐는 것이었다. 여기서 중요한 이론적 전제는 친족집단 간의 대칭적 교환은 그 자체로 불가능하다는 것이다. 친족 간의 교환은 각각의 부계혈통 친족집단에서 배제된 제3자(여성)가 교환의 대상으로 '증여'되어야 비로소 가능해진다. 부계질서 안에서 아무런 변별성도 부여되지 않은 익명의 교환대상이 친족집단 내부에서 순환해야 비로소 친족관계가 안정되며 그 안에서 각자가 일관된 호칭을 부여받을 수 있다. "여기서 교환되는 신부는 일군의 남성들 간의 관계어(relational term)로 작용한다."[6)]

헤겔에 대해서도 같은 것을 말할 수 있다. 헤겔이 『정신현상학』에서 말했던 서로 다른 자기 의식 간의 상호 인정(Verständigung)에서 평등하고 자유로운 의사소통의 계기를 발견하려는 이론적 시도들이 있어왔지만 사실은 주인과 노예의 변증법을 통해 그것이 '불가능'하다는 것을 먼저 단언한 것은 헤겔 자신이었다. 결과적으로 상호 인정의 자유롭고 평등한 시도들은 비대칭적인 인정투쟁으로 전락해 버린다. 결국 상호 인정은 오직 인륜성(친족구조) 안에서만 가능하다. 그리고 이것을 위해서는 인정의 당사자들의 상호 포기가 선행되어야 한다.

6 같은 책, p. 160.

그러나 이것은 결코 '성숙한' 자유주의적 합의의 모델로 생각될 수 없다. 헤겔이 말한 것은 사실상 각각의 친족집단이 평화롭게 공존하기 위해서는 그 안의 타자(여성)들을 다른 친족집단에게 내주어야 하는 것과 같은 의미이다. 헤겔 역시 『정신현상학』에서 '공동세계의 영원한 아이러니'로서의 여성성이라는 악명 높은 개념을 도입[7]하며, 여성이 국가의 공적인 업무에 참여한다면 그것이 남성들의 정치적 질서를 교란할 것이라는 반여성적인 두려움을 내비친다. 이 철학자들의 '야생적인 사고'는 놀랍게도 레비-스트로스에게서도 반복된다. 그는 "상징적 사고의 출현으로 인해 여성들에게 언어처럼 교환대상이 될 것을 요구했음이 틀림없다"는 악명 높은 주장을 한 바 있다.

그렇다면 헤겔부터 시작해서 오늘날의 후기 구조주의자들까지 언어와 사회적 관계의 조건을 총체적으로 반성하고자 했던 이들의 이론적 배치를 관통하는 고유한 반여성적인 차원은 그들이 언어와 사회적 관계(상징계)의 '불가능성'에 대해 이론적으로 대처했던 바로 그 방식에 놓여 있다. 다시 말해 상호관계의 불가능성을 해소하기 위해서는 필연적으로 위계적인 '성차'가 전제되어야 했다. 예컨대 "친족집단 간의 자유롭고 평등한 교환을 '보증'하는 요소는 무엇인가?" 혹은 "자기 의식 간의 상호 인정을 가능케 하는 사회적 조건은 무엇인가?"라는 일견 중립적인 이론적 문제들은 결국 이 문제가 제기된 문

7 G. W. F. 헤겔, 임석진 역, 『정신현상학』 2권, 한길사, 2002, p. 34.

화적 젠더 지평을 벗어나지 못한 채 젠더 위계에 대한 기존의 편견을 강화시키는 역할로 전도되어 버린다.

상징계의 언어적 구조에 대한 라캉의 이론적 탐구도 그 안에서 교환하는 주체(남성)와 교환되는 대상(여성) 간의 필연적 분리, 말하자면 팔루스를 '가지는(have)' 위치와 팔루스 '인(is)' 위치 간의 간극을 낳는다. 그러나 그렇게 이론적으로 전제된 '성차' 안에서 정의된 여성성은 자연적인 섹스를 반영하는 게 아니라, 단지 "남성적인 자기 이론화의 장소를 구성하는 타자"[8]로 정립된 것에 지나지 않는다. 이렇게 이론적 차원에서 물화된 젠더 위계에 대한 문화적 편견은 성차를 설명하는 중립적이고 보편적인 이론틀의 차원에서 분절된다. 그렇다면 페미니즘의 전략은 단지 성역할에 대한 문화적 편견과 싸우는 것뿐만 아니라, 그것의 모태로 기능하는 성차에 관한 이론적 질문틀 자체를 전복하는 것이 되어야 한다. 이를 위해서 우리들은 기존의 남성 철학자들이 사회적 결속의 원리에 대해 질문했던 것과 전혀 다른 이론적 질문의 지평을 과감히 '상상'해야 한다.

바로 이 전략의 연장선상에서 버틀러의 '젠더 수행성'이라는 유명한(악명 높은) 용어가 제안된다. 이것은 현대 프랑스 후기 구조주의의 다양한 저작들에 대한 정교한 독해에 기반하고 있다. 가령 그녀는 레비-스트로스를 라캉식으로 전유하면서 상징계와 그것을 지탱

8 주디스 버틀러, 조현준 역, 『젠더 트러블』, 문학동네, 2008, p. 170.

하는 상징적 금기를 분리해서 볼 것을 제안한다. 다양한 발화주체들과 별개로 통합성을 유지하는 상징계는 사실상 발화주체가 그 안에 진입하기 위해 수행되는 통과의례에 의존한다. 그것은 금기를 내면화하는 의례적 제스처이며, 그것을 통해서만 상징계는 발화주체들을 통해 스스로를 언명하고 현실화할 수 있다. 상징계는 스스로를 자기지칭적으로 언급하는 지점(금기)으로 이중화되며, 이는 모든 상징적 언어구조가 자신을 보편적으로 강제하기 위한 수행적인 토대(금지법)를 지닌다는 사실을 보여준다.

다시 라캉식으로 말하자면 기표의 계열은 이 기표의 계열 자체를 언급하며 그것들을 '실재'와 분리시키는 하나의 주인-기표를 가지고 있다. 그리고 금기의 작인으로 기능하는 이러한 예외적인 기표를 통해서만 비로소 기표의 전 계열이 '주체화'될 수 있다. 예컨대 근친상간 금기는 발화주체들에게 금지된 성적 차원을 설정함으로써 그러한 차원에 대한 단편적인 해석들이 상징계 내부를 순환할 수 있게 만든다. 상징계와 실재 간의 분리를 자기단언적으로 공언하는 이 주인기표의 '텅 빈' 제스처로서만 그것은 실제로 "언어적 가능성의 토대가 된다."[9]

이것은 모든 상징적 우주가 자기정당화의 텅 빈 수행적 차원을 가지고 있다는 것을 말해준다. 그리고 주인기표의 이러한 자기적법화

9 같은 책, p. 168.

의 수행적 차원은 오직 '반복 가능성(re-iterability)'을 통해서야 비로소 가능해진다. 여기서 우리는 젠더 수행성이 무엇인지에 대한 힌트를 얻을 수 있다. 그것은 성별화된 상징적 우주의 보편적 규범성을 강제하는 문화적 금기를 '반복해서' 무대에 올리는 집단적 제의이다. 모든 젠더 정체성은 의례적 제스처로서 반복 상연되어야만 비로소 문화적인 인식 가능성을 획득할 수 있다. 그러나 동시에 이러한 반복 가능성은 그 자체로 상징적 금기를 전복할 수 있는 위험을 낳기도 한다. 사법적 금기는 일관된 형태로서가 아니라 복수의 문화적 맥락 안의 여러 장면 속에서 반복적으로 재생되어야 하기 때문이다. 이것은 상징적 금기가 자기 자신에 대한 패러디적 해석을 낳을 예기치 못한 가능성을 산출한다.

라캉에 대한 버틀러의 독해

이러한 젠더 수행성에 관한 논의의 이론적 귀결을 끝까지 밀고 가는 대신 우리는 단 한 가지 주제에 초점을 맞추고자 한다. 그것은 '성차의 환원 불가능성'이다. 버틀러는 자신의 젠더 수행성이라는 개념에 착안하여 '여성 없는 페미니즘'이라는 새로운 페미니즘 전략을 제안한 바 있다. 페미니즘은 더 이상 가부장적 억압 이전에 존재하는 고유한 여성성이라는 범주에 기초할 수 없으며, 이러한 여성성이야말로 사실은 가부장적 이성애의 문화적 편견의 담론적 산물에 불과하다는 반성으로 나아가야 한다는 것이다. 이것은 페미니즘적 저항의 정치적 주체로서 여성이 단일한 범주로 지칭될 수 없다는 현실적 곤궁에서만 비롯된 것이 아니라, 성차에 대한 전반적인 이론적 문제틀 자체를 재구성하기 위해 요청된 것이다. 구조주의 이전의 이론뿐만 아니라 후기 구조주의 이론 안에서도 '성차의 환원 불가능성'은 여전히 근본적인 이론적 전제로 주어져 있다. 그리고 버틀러의 이론적 욕망은 그것을 상징적 차원에서가 아니라 상상적(= 문화적) 차원에서 부정하는 것에 있다.

라캉은 구조주의를 반성하면서 성차를 상징화하려는 모든 시도들은 실패할 수밖에 없다고 이야기한다. 예컨대 상징계 내부를 순환하는 팔루스는 그것의 적합한 재현물을 가지지 못한 채 팔루스를 소유하고자 하는 남성을 그러한 소유의 실패를 통해 여성적 위치로 이동시키며, 팔루스로서 소유되어야 하는 여성을 팔루스의 비밀을 궁극적으로 소유하는 남근적 위치로 전도시키는 결과를 낳는다. 이러한 성별 위계의 비극적 전도는 언어적 구조 내부의 젠더 정체성이 근본적으로 불안정한 위치에 있음을 암시한다. 따라서 라캉에게 성차는 언제나 상징계의 실패 가능성(실재)에 대한 불변의 지표로 남는다. 그러나 버틀러는 라캉이 바로 그러한 '실패 가능성'을 여전히 '실패'로서만 사고하는 것에 대해 그가 성차라는 범주의 물화된 고정성을 여전히 전복하지 못했다는 무능력의 징후로 읽어낸다. 그녀는 라캉에 대해 다음과 같이 비평한다.

> 라캉 이론에 나타난 이러한 종교적 비극의 구조는 사실상 욕망의 작용에 대한 대안적 상상계를 형성하려는 모든 문화정치학의 전략을 약화시킨다. 만일 상

징계가 자신이 명한 임무의 실패를 확신하고 있다면 아마 그 목적은 마치 구약의 하느님의 목적처럼 전적으로 유사신학적인 것이 될 것이다. 즉 그것은 어떤 목적의 성취가 아니라 '법 앞에서' '주체의' 한계감을 강제하기 위한 복종과 시련이 될 것이다. 물론 이 드라마에는 (젠더) 정체성 실현의 영원한 불가능성을 폭로함으로써 드러나는 희극적인 면도 있다. 그러나 이 희극까지도 자신이 극복할 수 없다고 주장하고 있는 그 신에 대한 예속상태를 거꾸로 뒤집어 나타낸 표현이다.[10]

성차를 규제하는 상징적 금기가 다양한 문화적 맥락 안에서 자기반영적인 패러디로서 재생산되어야만 한다면, 성차에 대한 이러한 문화적 금기 자체는 더 이상 '실패'에 대한 운명론적 판결로서가 아니라 젠더 정체성의 고유한 생산적 차원으로 재정의될 수 있지 않느냐는 것이 그녀의 반문이다. "아버지 법을 이렇게 피할 수도 알 수도 없는 권위, 성별화된 주체가 그 앞에서 실패하게끔 되어 있는 권위에 비유하는 것은 그것을 작동시키려는 신학적 충동으로 읽어야 하며, 또한 그 너머를 지칭하는 신학에 대한 비판으로 읽어야 한다. 실패를 보장하는 법의 구성은 '법'을 영원한 불가능성으로 구성하기 위해 사용하는 바로 그 생산적 권력을 부인하는, 노예의 도덕을 나타내는 징후이다."[11] 여기서 드러나는 버틀러의 일관된 논점은 성차를 규제하는 상

10 같은 책, p. 194.
11 같은 책, p. 195.

징적 금기가 그 금기의 패러디적 반복을 통해 역으로 전복적인 젠더 정체성을 구성해내는 생산적(=상상적) 차원을 가지고 있다는 것이다. 다시 말해 상징계는 자신의 예상치 못한 상상적 차원을 생산해낸다. 이러한 사고방식은 푸코를 따라 억압적 금기를 생산적(=상상적) 권력으로 재공식화해야 한다는 제안으로 나아간다.

예컨대 근친상간 금기는 이성애적 젠더 정체성을 규제하는 동시에 또한 동성애를 '억압되기 위해 생산되어야 하는' 욕망으로 등장시키는 결과를 예기치 못하게 낳는다. 근친상간 금기라는 '억압'을 통해 구성된 이성애적 질서의 상징적 좌표는 프로이트식으로 말하자면 동성애적 욕망에 대한 '원-억압'을 통해 비로소 가능해진다. 흥미롭게도 그녀는 근친상간에 대한 상징적 금기를 통해 구조화된 오이디푸스 배치에 입장하기 위해서는 동성애적 욕망의 우울증적 상실을 먼저 가정하고 내면화해야 한다고 분석한다. 상징적 좌표 내에서 가능한 것과 불가능한 것의 범주 어느 편에서도 배제된 이러한 근원적인 상실은 오이디푸스적 배치 안에서는 '사고될 수 없지만' 분명 그 외부에서는 '상상 가능한' 새로운 전복적 퀴어 섹슈얼리티로서 재생된다. 고정된 이성애적 사회형식은 동성애적 실천을 그 내부의 사회적 결속으로부터 배제함과 동시에 금지된 범주로서 그러한 개념을 상상적으로 요청함으로써 새로운 퀴어 정체성과 욕망을 '생산'한다는 것이다.

다시 성차의 환원 불가능성으로 …

그런데 버틀러가 자신의 젠더 수행성 이론을 정립하기 위해 라캉을 비판적으로 독해하면서 라캉에 대한 결정적이고도 구성적인 오독을 저지른다. 그녀가 읽는 라캉은 다소간에 '푸코화(化)' 된 라캉처럼 보인다. 그녀는 마치 라캉이 상징계가 자신의 수행적 차원으로서 지시하는 아버지 법(금기)을 통해 섹슈얼리티의 사회적 유형을 자신의 외부에 '생산' 해낸다는 것처럼 논평한다. 이것은 푸코가 분석한 규율사회의 모습과 일견 비슷해 보인다.

> 이리가레가 프로이트를 후기 라캉식으로 수정하면서 그러했듯 라캉에게도 성차는 본질의 형이상학을 토대로 삼는 단순한 이분법이 아니다. 남성적 '주체'란 근친상간을 금지하고 이성애적 욕망의 무한한 위치변경을 강제하는 법이 생산한 허구적 구성물이다. 여성성은 결코 주체의 표식이 아니다. 여성성은 젠더의 '속성'이 될 수 없다. 오히려 여성성은 상징계가 의미화한 결핍이라는 의미이다. 이 상징계는 성차를 효과적으로 만들어내는 일단의 변별화된 언어규칙이다. (…) 따라서 남성적 · 여성적 입장 모두 문화적으로 인식 가능한 젠더를 생산하는 금지법을 통해 제도화되지만 오로지 상상계에 재등장하는 무의식적 섹슈얼리티의 생산을 통해서만 제도화된다.[12)]

여기서 버틀러는 자신이 고집스럽게도 '상징적 금기' 와 '성차' 를 서로의 외부에 있는 것으로 간주하며 전자가 후자를 '만들어낸다'는 사고방식을 고수하고 있다는 사실을 반성하지 못한다. 이러한 입장을 고수하는 그녀에게 알려지지 않은 것은 상징적 금기 그 자체가 남성적·여성적 성차로 분열될 수 있다는 전혀 다른 가능성이다. 여기서 상징적 금기를 '물신화'한다는 라캉에 대한 비난은 고스란히 버틀러 자신에게 되돌려져야 한다. 그녀는 마치 상징적 금지를 그것이 생산해낸 다양하고 분열적인 성 정체성에 의해 아무런 영향도 받지 않는 총체적이고 단일한 범주인 양 사고하고 있는 것이다. 라캉이 상징계라는 범주에 대해 총체적인 형이상학적 관점을 여전히 보존하고 있다는 버틀러의 비판에 대해서 우리는 정작 그러한 독해를 생산해낸 건 버틀러 자신이라고 응답해야 한다. 만약 라캉에 대해 알려져야 할 다른 부분이 있다면 어쩔 것인가?

라캉은 자신의 성차 공식을 통해 이미 상징적 금지의 작인 자체가 성별화된 입장으로 분열된다는 사실을 지적했다.[13] 이러한 입장이 버틀러의 논의에서 누락된 것은 그것이 의도적이든 의도적이지 않든, 그의 성차 공식이 오늘날의 급진적 이론가들에게 두려운 차원을 내포하고 있다는 사실을 징후적으로 암시하는 듯하다. 라캉의 성차 공식은 어

12 같은 책, p. 137.

13 이 점에 관해서는 슬라보예 지젝, 이성민 역, 『부정적인 것과 함께 머물기』, 도서출판b, 2006, p. 105, "성구분 공식" 참조. 이후의 라캉의 성차 공식에 대한 설명도 지젝의 소개를 참조했다.

떻게든 남성/여성이라는 '성차'가 '실재적(real)'이라는 점을 부인하며 그것을 단순한 상상적이고 도착적인 실천으로 환원하려는 버틀러의 시도와 반대로, 자유분방한 성적 실천 속에서도 여전히 환원될 수 없는 '성차(sexual difference)'가 존재한다는 것을 알려준다. **상징계의 금지법은 성별화된 주체들을 생산할 뿐만 아니라 그 자체가 두 가지 입장으로 성별화된다**는 사실이 그 증거이다.

쉽게 말해 우리에게 잘 알려진 상징적 금기의 남성적 입장은 기본적으로 "모두가 거세기능(구조)에 종속되지만 거기에는 거세기능을 구성하는 본질적 예외가 있다"는 것인 반면, 그것의 여성적 입장은 "모두가 거세기능에 종속되는 건 아니며, 거기에는 어떤 예외도 없다"는 태도를 노정한다. 더 간단히 말하자면 **상징계를 구성하는 '예외가 있다'는 남성적 입장이 있고, 상징적 구성을 피해가는 '어떤 예외도 없다'는 여성적인 입장이 있다.** '예외 있음'과 '예외 없음'의 둘은 사실상 상징적 논리의 표리관계를 이룬다. 이 두 가지 금기들을 기호 논리학의 명제로 풀이하면 사실상 같은 것을 의미한다. 그러나 이 둘이 공유하고 있는 분석적 명제와 별개로 이 둘은 전혀 다른 수행적 효과를 지닌다. 이것은 각각 전혀 다른 학문적 · 정치적 원리로 표현된다. 전자의 남성적 입장은 앞서 버틀러가 비판적으로 분석한 헤겔의 인륜성과 레비-스트로스가 분석한 친족교환의 논리를 관통한다.

모두가 인륜성에 종속되거나 친족구조의 교환체계에 종속되지만 바로 그러한 보편성을 구성하는 본질적 예외가 단 하나 존재한다. 그것은 절대정신이라고 불리거나 야생적 사고라고 불리는 그 무엇이다. 상징적 사고를 규제하는 이러한 구성적인 예외는 버틀러가 분석했듯이 그 자체로 특정한 문화적 경제(이성애적 젠더 규범)를 강제하는 '수행문'으로 기능하며 그 고유한 문화적 규율을 부과한다. 이 안에서 여성은 단지 결핍을 체현한 팔루스로 기능하거나 인륜적 공동체의 재생산을 지탱하는 가정 내의 역할에 종속되어야 한다.

버틀러의 입장은 정반대로 보편적 사회질서를 강제하는 '예외적'인 금기 자체가 '예외 없는' 일련의 역사적·문화적 맥락 안으로 되돌려져야 한다는 것이다. 그리고 무엇보다 이러한 그녀의 입장이 오늘날의 주된 이론적·문화적 경향을 반영한다는 사실을 지적해야 한다. 배타적인 원리를 통해 구성된 전제적이고 남근 로고스 중심적인 보편성이 다시금 그러한 보편성을 지탱하는 정체성의 우연적 접합(articulation)과정을 통해 역동적으로 재구성되어야 한다는 논의는 오늘날 현대 이론과 대중문화의 주된 '규범적' 요청이다. **여기서 버틀러가 미처 알지 못한 사실은 그녀가 성차에 대한 본질주의적 가정을 부인한다고 자처하면서도 여전히 라캉이 공식화한 여성적인 금기를 '선택'한다는 사실이다.** 획일적 성차의 논리를 부정한다는 그녀의 입장은 사실은 라캉이 말한 성차 공식의 여성적 입장을 대변한다. **그리고 이것은 남성적 금기의 상징적 억압 대신에 여성적 금기의 상상적 억압을 수용한 것에 불과하다.** 그녀는 자신이 견지하는 '젠더 수행성'이라는 이론적 입장이 다른 남성적 입장에 비해 더 '허용적'이며 '민주적'이라고 상상하지만, 그녀는 사실 동일한 상징적 금기의 여성적이고 상상적인 판본을 고수하는 것에 불과하다. 과거의 획일적 보편성을 우연하게 분절된 다양한 성적 정체성들로 대체함으로써 버틀러는 역으로 새로운 젠더 '규범'을 도입하고 있는 것이다. **상징적 금기의 이러한 여성적 판본 역시 '예외 없**

는' 상품화의 명령을 강제하는 후기 자본주의적 초자아로 기능한다. 이것은 오늘날 '마초적'인 것으로 치부되는 '진리'와 '정의' 같은 예외적인 보편적 가치들이 후기 자본주의의 상상계 안에서 점점 더 '금지'되어 가고 있다는 현상과 궤를 같이 한다. 라클라우나 버틀러와 같이 보편성에 대해 우연성을 우위에 두는 사상가들이 사회적 인륜의 보편성을 상상적인 정체성들로 재정의하려는 시도는 다소 조잡하게 말하자면 '상징계는 나쁘고 상상계는 좋다'는 편견에 기초해 있다는 것을 언급해야 한다. 그러나 상상계 안에서도 여전히 '억압적'인 측면이 있다면 어쩔 것인가? 그리고 보편적인 진리는 결코 상상의 산물이 아니라는 고전적인 상식으로 왜 돌아가서는 안 되는가?

잊혀진 성차의 진리를 옹호하며

그렇다면 우리는 단순히 자기만족적으로 보편적 해방의 수사는 끝났다든지 탈근대적인 분열증적 정체성의 시대가 도래했다든지 하는 논의들을 거부하고 다시 이 모든 이론적 스펙터클 안에서 잊혀진 성차의 진리를 재사유해야 하지 않을까? 성차의 진리로 돌아가야 한다는 요청을 정당화하는 사례는 오늘날 의외의 문화적 현상 안에서 발견되어야 한다. 주디스 버틀러가 이미 제안한 젠더 수행성의 정치는 오늘날 예기치 못한 '상상적'인 성적 적대를 재생산한다. 규범적인 이성애적 젠더 질서가 자신의 상상계 안에서 도착적인 젠더 정체성을 양산한다는 버틀러의 분석을 버틀러 자신에게 그대로 되돌려주자면 오늘날 이미 보편적인 교양으로서 자리매김한 페미니즘의 현대적 전제들은 도리어 냉소적인 마초이즘을 자신의 상상적 대립물로서 양산하고 있다면 어떨까?

오늘날 정치적 올바름의 성정치학에 맞서 그러한 성정치의 전제들에 대한 반성을 경유한 냉소적인 반여성주적 젠더 유형이 새롭게 등장하고 소비되는 것만 같다. 예컨대 예전의 노골적인 반여성주의적 주장들을 도발적으로 전유하는 제스처야말로 더 '쿨'하고 '전복적'인(따라서 문화상품으로서 더 높은 금전적) 가치를 부여받는 현상을 대중문화의 사례 안에서 점점 더 자주 목격할 수 있지 않은가? '나쁜 남자'나 '짐승남'에 대한 문화적 신드롬은 오늘날 버틀러 이론의 예기치 못한 음화된 사례처럼 보인다. 공중파에서 방영된 「파스타」라는 드라마가 보여주듯이 주방장에서 벌어지는(그리고 오늘날에도 여전히 현실적으로 반복되는) 노골적인 여성비하와 성착취가 그 '실재적'인 위상을 잃고 두 주인공 남녀의 연애를 위한 상상적인 배경으로 복무하는 것은 어떤가? 이것은 도덕적·정치적 진리에 대한 상상적 억압이 점차 전면화되어 가고 있다는 현상의 단면이 아닌가?

이것은 페미니즘 정치이론이 본래 약속했던 성적 평등의 가치가 점점 더 '형식화'되어 가고 있음을 방증하고 있다. 그리고 버틀러와 라클라우를 비롯해서 우연적인 정체성의 해방을 노래했던 수많은 이론가들은 이것에 대한 담론적·이론적 책임을 져야 한다. 과거의 보편적 윤리와 해방정치를 문화적인 탈구축의 과정으로 대체했던 지난날의 관행은 슬프게도 가부장적 억압과 본연의 성 해방정치 간의 대립을 점차 '문화적 차이'로 변모시키는 예기치 못한 결과를 낳았다. 반여성주의적 제스처에 대해서는 어떤 관용도 불가능하다. 그렇다고 다시 예외적인 윤리적 규범과 가치를 간단히 망각해 버리는 오늘날 급진 이론적 수사의 쇼-비즈니스적 관행에 자기만족적으로 수긍해서도 안 된다. 그렇다면 우리는 여성성과 남성성이 규범적인 성적 진리 안에서 화해될 수 있는 제3의 가능성을 새롭게 사유해야 하지 않는가?

이 문제를 다시 라캉의 언어로 말하자면 그것은 남성주체들이 여성을 과연 '주체'로서 조우할 수 있느냐는 문제로 재정의될 것이다. 물론 라캉의 사고 안에서 그것은 불가능하다. 보편적인 거세작인으로 정립된 상징적 배치 안에서 '주체'는 어디까지나 남성적인 자리를 구성하며, 그 동일한 배치 안에서 여성은 남성의 섹슈얼리티를 반영하는 팔루스로만 사고될 수밖에 없다. 버틀러가 라캉의 반여성주의를 논박하면서도 그녀 역시 '여성적 주체'의 고유한 도덕적 가능성에 아무런 기대를 걸지 않는다. 결국 그녀는 본연의 주체성을 다양한 수행적 제스처 안에서 상상적으로 해소함으로써 상징적 억압의 여성적 판본을 제출하는 데 그쳤다. 그러나 급진적 페미니즘뿐만 아니라 본연의 해방정치의 모든 차원이 폐색에 이른 지금 남성주체와 여성주체가 '마주할 수 있는' 본연의 보편적인 기획을 사고해야 한다. 이것은 알랭 바디우가 남녀주체의 '연정어린 조우(armorous encounter)'의 과정 안에서 산출될 수 있는 진리-사건을 소묘하면서 우리에게 보여준 섹슈얼리티의 새로운 차원이 아닌가.[14] 바디우가 제안하는 쟁점은 다음과 같다. 오늘날 섹슈얼리티를 정치적 '진리'의 문제 안에서 사고하는 것은 가능한가?

여기에 '그렇다'라고 대답하기 위해 우리는 다시 라캉의 성차 공식으로 돌아가 '예외적인' 불변의 가치들을 옹호하는 남성성과 '예외 없음'의 세계의 논리를 체현하는 여성성이 본연의 진리-사건 안에서 조우할 수 있는 조건을 생각해야 한다. 이것은 비의적인 언어로 말해질 것이 아니다. 이것은 정확히 두 가지 입장의 궁극적인 조우, 즉 '진리', '정의'와 같은 예외적인 보편적 가치가 있으며(남성), 이러한 본연의 진리를 피해갈 수 있는 어떠한 '예외도 없다'(여성)는 두 입장의 생산적 결합으로 정의된다. 여기서 '예외 있음'과 '예외 없음'이 조우하면서 새로운 세계지평을 개시하는 진리사건(플라톤이 『향연』에서 묘사한 바 있는) 본연의 에로스적 차원을 식별할 수 있다. 불멸의 '진리'를 옹호하는 본연의 급진적 해방정치는 그것이 페미니즘적이든 아니든 본연의 에로스적인 차원 혹은 섹슈얼리티(연정어린 조우)를 가지고 있다는 사실이 아직은 현대 이론가들에게는 낯선 것 같다. 그러나 플라톤이 소크라테스를 통해 말했듯이 본연의 에로스적 '만남'(=여성)은 진리-사건의 신화적 원형을 구성한다. 진리에 고유한 에로스적 차원은 바디우가 공산주의적 테제로 명명한 "진리 안에서 모두가 같은 세계에 속한다"라는 보편적 해방의 논리와 공명한다. 하나의 보편적인 진리 안에서 여성과 남성의 주체성은 새로운 사랑의 사건 속에서 하나인 동시에 하나를 구성하는 환원 불가능한 둘이 될 것이다.

14 알랭 바디우, 이종영 역, 『조건들』, 새물결, 2006, "제5장 철학과 사랑" 참조.

Chapter_5

헤게모니 전략과 냉소주의 전략

라클라우와 문제들

자유주의와 정치적인 것의 귀환

최근에 에르네스토 라클라우의 『헤게모니와 사회주의 전략』이 다시 번역 출간될 것으로 알려졌다. 최근 라클라우는 『헤게모니』 집필 당시의 '급진민주주의' 적 포지션에서 대중동원적인 '포퓰리즘' 적 입장으로 선회했다. 물론 지금 성향이야 어떻든 간에 이번 『헤게모니』 재출간을 계기로 당시의 라클라우가 그의 저서와 논의를 통해 1990년대를 전후해서 한국 사회 내에 안토니오 그람시에 대한 이론적 관심과 헤게모니 전략 등등의 어휘를 유행시킨 이론사적 영향을 다시 한 번 정리할 수 있는 좋은 기회가 될 듯싶다. 『헤게모니』를 발표했던 당시의 라클라우는 '포스트모더니즘' 의 유행과 '정체성 정치' 라는 사상적 도전에 직면해 있었다. 그는 사회적 영역이 다양하게 분화된 오늘날의 후기 자본주의 현실 속에서도 새삼 '사회적 적대' 라는 표준적인 마르크시즘의 주제를 새롭게 되살리려는 이론적 시도를 제공했다. 그는 다변화된 사회적 요구들에 '등가연쇄'를 제공하는 '텅 빈 기표'의 이론적 가능성에 주목하며 바로 그러한 기표를 중심으로 사회적 적대를 재편성하는 급진민주주의의 기획을 추구했다. 사회적 기표를 둘러싼 본연의 적대 안에서 '계급투쟁'이라는 과거의 마르크스주의적 개념을 새롭게 되살리고자 시도했던 것이다.

한편으로 이러한 이론적 시도는 자유주의라는 한계 안에서의 이론적 개량이라고 볼 수 있다. 그는 다수의 사회적 행위자들의 정치적 자율성을 인정하는 자유주의 이데올로기를 변경 불가능한 선험적 틀로 놓는 가운데 그러한 틀 안에서도 여전히 남아 있는 정치적 적대의 가능성을 이론화했던 것이다. 라클라우에 따르면 마르크스주의의 경제결정론은 이러한 다수 행위자들의 정치적·사회적 역량을 인정하지 않는다는 데에서 오늘날 현실에 맞지 않는 과거의 이론일 뿐이다.

그는 이러한 이론적 개량을 후기 구조주의적 설명을 통해 정당화한다. 과거의 경제결정론은 단지 사회문화적 영역을 경제적 범주 안에서 해소하는 것에서만 문제시되는 것이 아니라, 한편으로 그 고유의 정치적 차원에서도 다변화된 사회적 갈등을 계급적대로 환원하는 잘못을 범하기도 한다는 것이다. 부르주아 계급과 프롤레타리아 간의 내전 안에서 모든 사회적 갈등이 격화된다는 이론적 가정은 선험적으로 불가능한 사회적 총체성을 가정하는 것이나 다름 없다. 이러한 사회적 총체성은 다변화된 갈등의 축으로 대체되어야 하며, 그러한 틀 안에서 '적대'의 계기를 찾아야 한다는 것이다.

물론 라클라우는 오늘날 포스트모던한 다원주의에 자기만족적으로 빠져드는 세태를 경계하며 그러한 다원주의 내부에서도 환원 불가능한 정치적 긴장과 적대의 이론적 계기를 발견할 수 있다고 공언한다. 탈냉전 시대 이후 자유주의 이론들은 오늘날 정치적인 이데올로기의 한 범주를 이룬다기보다는 그 자체로 탈정치화의 첩경을 구성하고 있다. 시장의 눈부신 발전과 더불어 근본적으로 다변화된 시민사회 안에서는 어떠한 근본적인 정치적 기획도 불가능하다는 것이 상식으로 통용되고 있다. 오늘날 (신)자유주의는 바로 그러한 정치의 불가능성을 선전하는 상층계급의 프로파간다로 복무하고 있다. 이러한 이데올로기적 정세 속에서 샹탈 무페의 표현에 따르면『정치적인 것의 귀환』이 요청된다. 자유민주주의와 의회제의 틀을 인정하더라도 여전히 그 안에서 제거할 수 없는 첨예한 정치적 갈등과 그에 따른 민주적 기획들이 나올 수 있다는 것이다. 과거의 고전적인 정치(계급투쟁과 총체적인 사회변혁)의 귀환까지는 바랄 수 없어도 기존의 대문자 정치에서 도외시되었던 다변화된 정치적인 적대들의 '귀환'을 통해 새로운 판(헤게모니 전략)을 짤 수 있으리라는 것이다.

헤게모니 전략과 냉소주의

한편으로 필자는 군복무 시절 촛불시위를 목도하며 이러한 헤게모니 전략이 오늘날 현대적인 '냉소주의'의 또 다른 판본이 아닌가 하는 의심을 거둘 수 없었다. 물론 당시의 '촛불시위'가 유의미한 정치적 사건이었으며, 한국의 정치사상적 조류에 있어 중대한 이정표가 되었다는 사실은 부정할 수 없다. 그럼에도 불구하고 그 사건 한가운데 맴돌았던 하나의 위화감을 환기할 수밖에 없다. 당시의 사건은 헤게모니 전략의 신기원을 열었던 것으로 보인다. 라클라우의 설명에 따르면 특수한 사회적 요구들을 '등가연쇄'로 구조화하는 '비어 있는 기표'의 생산이 헤게모니 투쟁의 장을 결정한다. 당시에도 현 정부에 대한 정치적 투쟁을 동원하는 일종의 '헤게모니 전략'의 차원에서 사회적 기표(수입산 쇠고기와 광우병)가 생산되었다. 그리고 촛불시위에 참여했던 정치적 주체들은 그러한 기표가 서로 환원될 수 없는 다양한 정치적 요구들을 묶는 '텅 빈' 정치적 계기였다는 것을 알고 있었다. 그러한 시위가 표면적으로 내세웠던 국민 건강권에의 요구는 그 저변에서 단일한 요구로 수렴될 수 없는 다양한 사회경제적 갈등들을 동원함으로써 정치적 흥행에 성공할 수 있었다는 것이다.

라클라우에 따르면 헤게모니 전략의 성패는 그것이 동원하는 다양한 정치적 갈등을 단일한 사회적 적대의 전선으로 통합하는 것에만 달려 있는 것이 아니라, 그러한 정치적 갈등을 사회적 보편성과 그것을 위협하는 소수의 반사회적 세력 간의 대립으로 보이게끔 하는 것에도 달려 있다. 오랫동안 한국의 정치적 화두였던 반한나라당 연대가 바로 그러한 헤게모니 전략의 좋은 사례이다. "특수한 목표와 일반적 목표 사이의 '일치'가 어떻게든 일어나려면 사회의 충만함과 그 상관물인 총체적 '범죄'는 필연적 대상들이다."[1)]

그런데 후자의 조건은 사실은 정치적인 갈등을 탈정치화하는 것에 지나지 않는다. 사회적 보편성과 반사회적 범죄 간의 헤게모니 전략은 궁극적으로 사회경제적 모순에 대한 직접적인 문제제기를 범시민사회 운동의 상상적인 외관으로 대체하는 것이다. 이러한 헤게모니 이론은 그 이론적 전제에서 경제적 모순에 대한 직접적 저항을 시민사회 내부의 특수한 요구에 불과한 것으로 격하한다. 노동계급의 관심사는 그 자체로 보편적인 것이 아니라 특수한 것에 지나지 않으며, 그러한 특수한 요구가 정치적으로 실현되는 것의 성패는 단지 그것이 기초한 경제적 범주에 있는 게 아니라 "자신의 목표를 공동체가 지닌 보편적 목표의 실현으로 제시하는 것에 달려 있다."[2)]

촛불시위 정국에서도 노동권, 주거권, 교육권의 제 영역에서 제기된 사회경제적 권리에 대한 당시의 정치적 요구들은 소비자의 건강권이라는 탈정치적인 요구의 자장 안에서만 제기될 수 있었다. 여기에는 중대한 정치적 곤경이 걸려 있다. 사실 소비자 주권이라는 표면적인 운동의 목적은 그 저변의 사회경제적 모순을 배경으로 둠으로써 정치적인 폭발력을 지닐 수 있었다. 그러나 그러한 운동의 장 안에서 예컨대 비정규직 문제 해결에 대한 보다 근본적인 사회적 요구가 직접적으로 제기될 수 없었다는 사실이 여전히 남는다.

촛불시위는 분명 정치적인 것의 '스펙터클'한 귀환을 보여준 사건이었지만, 그것이 동원했던 정치적인 요구들은 소비자 운동이라는 탈정치적인 외관을 유지하는 한에서만 시위운동에 적극적으로 참여

1 주디스 버틀러 · 에르네스토 라클라우 · 슬라보예 지젝, 박대진 · 박미선 역, 『우연성, 헤게모니, 보편성』, 도서출판b, 2009, p. 89 참조.

2 같은 책, p. 82 참조.

할 수 있었다. 이것은 이중의 자기 기만을 내포하고 있다. 이 때의 참여자들은 그들이 동원했던 사회적 기표가 텅 비어 있다는 사실을 외면하는 한에서 마치 자신들의 요구가 직접적인 정치적 요구의 분출인 양 행동할 수 있었고, 다른 한편으로는 자신들이 이명박 정부에 맞서 제기했던 정치적 요구들을 탈정치적인 소비자 문제로 대체함으로써 그들이 원래 제기했던 첨예한 정치적 문제들에 대해 '국민의 보편적 요구' 라는 순진한 외관을 유지할 수 있었던 것이다. 그러나 그러한 탈정치적 외관이 붕괴했을 때 촛불시위는 '순수성을 잃었다' 는 평가와 함께 격렬한 공격을 받고 분열되었다.

따라서 촛불시위는 진정한 정치적 저항이기는커녕 오히려 오늘날의 지배적 이데올로기의 작동방식에 순응한 타협적 운동이라고 평가할 수 있다. 이러한 현실정치의 사례 속에서 라클라우가 말한 '헤게모니 전략' 의 이론적 부침이 드러난다. 그러한 전략은 '비어 있는' 사회적 은유로 제시되는 시민사회적 보편성에 직접적인 정치적 요구들을 매몰시키는 것에만 그치는 게 아니라, 그러한 탈정치화 과정에 대한 이론적·반성적인 거리를 두는 행위에 자기만족적으로 안주하는 더 나쁜 기만을 수반한다. 마치 보편적인 시민사회의 합의라는 허구를 제시하고 나서 그 이면에 또 다른 정치적 의도를 이론적으로 가정하면 그만이라는 듯이 말이다.

이와 같은 것은 그 자체로 첨예한 정치적 갈등들을 탈정치화하려는 신자유주의 지배담론에 순응하는 것에 지나지 않는다. 무의미하다는 것이 이미 공공연히 알려져 있는 기표에 몰입하고 열광하는 척하는 동시에 그것에 대해 은밀한 거리두기를 도입하는 그와 같은 정치운동은 오늘날 표준적인 냉소주의의 공식을 따르는 것처럼 보인다. "나는 내가 제시하는 사회적 기표가 텅 비어 있는 탈정치적 요구에 불과하다는 것을 알아. 그럼에도 나는 그것이 마치 직접적인 정치적 요구인 것처럼 행동할거야."

라클라우는 오늘날 좌파정치 위기의 원인을 그것이 "인구의 광범위한 부문의 상상력을 사로잡을 수 있는 보편적 상징으로 스스로를 제시"하지 못하는 데에서 찾는다. 이에 따라 "우리의 과업은 그런 보편성의 씨앗을 확장하여 지난 30년간 세계정치의 헤게모니적 지평이 되어온 신자유주의적 합의와 경쟁할 수 있는 온전한 사회적 상상계를 가질 수 있도록 하는 것이다."[3] 어디서 많이 들어본 이야기이지 않은가? 라클라우의 진단은 좌파가 단순히 노동운동과 계급적·사회경제적 투쟁에 매몰된다면 결국 시민사회 내부에서 고립될 수밖에 없다는 저 흔한 자유주의적 위협들과 일맥상통한다. 그러나 라클라우가 좌파적 기획이 통합된 사회적 상상계 안에서 스스로를 보편적 상징으로 제시하기 위해 치러야 할 정치적 대가들을 이론적으로 반성하지 않는다면 이러한 이론적 해법은 한국 좌파정당에게 선거철마다 강요되는 단일화 압력과 사실상 다를 게 없는 것이 되어버린다. 오늘날 반MB 연합이나 반한나라당 연합은 라클라우의 표현대로 한국 시민사회에 통일된 외관을 부여하는 유력한 사회적 상상계로 기능한다. 물론 라

3 같은 책, p. 414 참조.

클라우의 이론이 좌파들이 이러한 범시민사회 운동의 상상계에 곧바로 순응하라는 결론으로 이어지는 것은 아니다. 그러나 좌파들이 이러한 통합된 시민사회에 대한 독자적 상상계를 제시한다는 것이 실제로 가능한지도 의문이며, 이러한 상상계란 정의상 좌파적 기획과 무관한 게 아닌지에 대해서도 의심해 봐야 한다.

후기 구조주의 이론에 의한 정치철학의 세련화

물론 라클라우의 정치사상적 공헌은 '적대의 논리'에 대한 탁월한 해명, 즉 왜 사회는 결코 '하나'가 될 수 없는가?라는 정치적 질문에 대한 이론적 설명에 있다. 말하자면 '하나'는 언제나 적대적인 '둘'로 분열되고 대립될 수밖에 없다는 표준적인 마르크시즘의 교의에 선험적이고 분석적인 논거를 제공했다는 점에서 그 정치철학적 기여가 크다고 할 수 있다. 그는 사회적 모순에 대한 마르크시즘의 '감성론(esthetics)'적 설명에 더해 그러한 모순이 발생하는 원인에 대한 '초월론적 변증론(transcendental dialectics)'[4]을 제공한 것이다.

라클라우는 사회적 보편성이 텅 빈 상징으로 제시될 수밖에 없

4 이러한 '감성론'과 '초월론적 변증론'의 구분은 『순수이성 비판』에서 칸트 자신이 행한 구분이다.

으며, 그러한 상징은 역으로 특수한 사회적 영역에서 유래한 것이라는 변증적 추론과정을 통해 사회적 통합의 관념이 역설적으로 초래하는 사회적 분열(사회적 보편성과 반사회적 세력 간의 분열)의 필연성을 도출해낸다. 그런데 이러한 이론적 세련화는 실증적인 사회경제적 구조를 언어적인 질서와 유사한 구조로 형식화한 것에 의해 가능해진다. 마오쩌둥이 조잡한 방식으로 "하나는 스스로를 둘로 나눈다"고 말한 것은 어느 새 상징계가 구성적으로 분열될 수밖에 없다는 라캉의 가르침과 형식적으로 동일한 것이 된다. 여기서 표준적인 이미지대로의 거칠고 피로 얼룩진 마르크시즘의 독트린은 어느 새 고상하고 세련된 후기 구조주의의 현대적 언어를 획득하게 된다.

그러나 우리는 라클라우의 이론이 지닌 몇 가지 문제점을 생각해 봐야 한다. 여기서 『헤게모니』를 발표한 당시 라클라우의 이론적 포지션에 논의를 국한해야겠지만, 당시의 이론적 입장이 교조적이며 칙칙한 마르크시즘과 대비되는 현대적이고 세련된 마르크스 이론에 대한 오늘날의 환상을 여전히 지탱하고 있는 한에서 그의 이론의 공과에 대한 논의는 현재성을 지닌다.

우선 우리가 지적해야 할 문제는 사회를 적대적인 '둘'로 첨예하게 분열시키는 정치적 모순의 씨앗이 오늘날 소위 말하는 '세계화' 시대의 '포스트 자본주의' 안에서도 여전히 지속되려면 그러한 정치적 적대를 그것이 배태되어(embedded) 있는 구체적인 사회경제적 구조로부터 추상화하는 대가를 치러야만 한다는 발상이다.

그는 예컨대 노동계급이 처한 경제적 조건이 그 자체로 사회적 적대의 장소를 구성하지 못한다는 점을 논증한다. "적대가 존재할 때 그 원천은 자본주의적 생산관계에 내적일 수 없다. 그것은 생산관계 외부에 있는 노동자의 어떤 존재 혹은 그 관계가 위협하는 어떤 것 속에서, 노동자는 특정 수준 이하의 임금으로는 적당한 생활을 꾸릴 수 없다는 사실 등에서 찾아야 한다. 그런데 극단적 착취의 상황에 직면하지 않는다면 자본주의에 대한 노동자의 태도는 전적으로 그/녀의 정체성이 구성되는 방식에 달려 있을 것이다—사회주의자들은 노동조합 운동의 개량주의적 경향에 직면했던 오래 전부터 이 사실을 알고 있었다. 노동자의 요구 속에 본래적으로 반자본주의적인 건 아무것도 존재하지 않는다."[5)]

결국 노동자와 그가 기초한 계급관계가 정치적 적대의 장소로 만들어지기 위해서는 사후의 헤게모니적 접합을 경유해야 하는 것이다. 따라서 경제적 조건은 그 자체로 정치적 적대(계급투쟁)의 충분조건이 되지 못한다. 앞서 말했듯이 이러한 관점은 자본과 노동자 간의 계급모순이 여타 특수한 사회적 모순들, 예컨대 성적 모순과 인종적 모순들보다 선험적으로 우선하지 않는다는 결론으로 귀결된다.

그러나 라클라우가 이론화했던 사회적 적대가 과연 그것이 배태되어 있는 구체적인 사회경제적 조건으로부터 분리된 채 분석될 수 있는 것인지에 대한 의문이 남는다. 게다가 중심부 유럽 국가 노동계급의 사회적·문화적 정체성을 분석하며 계급모순의 비존재를 강변

5 주디스 버틀러 · 에르네스토 라클라우 · 슬라보예 지젝, 박대진 · 박미선 역, 『우연성, 헤게모니, 보편성』, 도서출판b, 2009, p. 278 참조.

하는 라클라우의 논증과정은 설득력이 떨어진다. 그는 전통적 노동계급의 붕괴라는 서유럽의 현상을 논거로 삼아 지금은 과거처럼 계급투쟁이 사회적 적대의 축을 결정하는 요인이 되지 못한다고 주장하지만, 여기서 그는 자본주의의 정치경제적 모순을 단순히 일국(一國), 특히 서유럽 내부의 관점에서만 고찰하는 우를 범하고 있다. 나아가 그는 계급투쟁의 담지자를 조직화된 숙련노동자 집단으로 한정하며 사회학적 범주로 환원될 수 없는 자본주의 계급모순의 형태들을 사전에 배제한다.[6]

그러한 빈약한 논거들을 앞세워 좌파의 정치적 기획이 더 이상 계급투쟁의 형태일 수 없다고 주장하는 것은 대단한 잘못이다. 심지어 그는 '계급투쟁' 이라는 개념이 더 이상 '반자본주의 투쟁' 을 충분히 설명할 수 없다고까지 말하지만 이것은 심각한 자가당착으로까지 들린다. 계급적 모순에 대한 정치적 개입이 아니라면 도대체 반자본주의 투쟁이란 무엇이란 말인가? 계급투쟁이란 객관적인 경제적 모순을 지시할 뿐만 아니라 그러한 모순에 개입하는 정치적 실천 양자를 포괄하는 개념이라는 것을 전제할 때, 단순히 자본주의 체제의 중심부에 위치한 몇몇 서유럽 국가 내부에서 발생한 노동운동의 개량화를 근거 삼아 계급투쟁의 실천적 가치를 부정하는 것은 현상의 일면만을 보는 태도에 지나지 않는다.

6 이와 같은 논증을 보기 위해 같은 책에 실려 있는 「보편성의 구성」, '계급의 해체' 라는 소제목의 논의를 참조할 것.

더 나쁘게도 라클라우는 자신의 이러한 이론적 개량을 정당화하기 위해 정신분석학자 라캉의 이론을 왜곡된 방식으로 받아들인다. 라클라우는 자신의 헤게모니 이론을 형성하는 주요한 개념적 수단들을 라캉의 '기표의 논리'에서 발견한다. 기표의 논리란 무엇인가? 기표들 사이에 등가연쇄를 수립하기 위해서는 기표들 내부에서 무언가가 배제되어야 한다는 것이다. 라클라우는 이러한 논점을 차용하여 마르크스주의의 통상적인 교리를 이루는 '생산력'과 '생산관계'의 모순을 주인기표(S1)와 기표연쇄(S2) 간의 모순으로 대체한다. 즉 기표의 질서는 언제나 그것의 무한한 연쇄의 계열과 그것을 통합하는 작인(주인기표) 간의 근본적인 간극을 내포하는 한에서 주인기표(사회적 보편성)를 둘러싼 헤게모니적 경쟁이 필연적으로 기표의 세계를 불화와 적대로 얼룩지게 할 수밖에 없다는 것이다.

라클라우는 이러한 기표의 논리를 통해 헤게모니 전략의 가능성을 이론적으로 정초한다. 여기서 라클라우의 문제는 단순히 모든 현실의 정치적 투쟁을 주인기표에 대한 상징적·담론적 경쟁의 현상으로 환원하는 것에만 있는 게 아니라, 그가 참조하는 라캉의 이론에 관해 그 이론의 일부분에 지나지 않은 기표라는 설명수단에 과도하게 의존하며 그것을 편향적으로 수용한다는 점에도 있다. 그는 심지어 "모든 것이 기표이다"라는 식의 환원론으로 향하기까지 한다.[7] 하지

7 같은 책, p. 109 참조. "최근에 논의되었듯 기표의 중심성은 단언되어야 하지만 그것은 기표, 기의, 그리고 기호가 모두 기표로 인식되어야 한다는 단서 하에서 그

만 라클라우가 조장하는 부적절한 이미지와 달리 라캉의 이론은 모든 현실의 갈등을 상징적인 차원에서 분석하는 것만으로 끝나지 않는다. 그러한 인상은 전적으로 틀렸다. 라캉은 임상적 차원에서든 이론적 차원에서든 갈등 속에서 상징적인 질서를 넘어서는 '실재'를 발견했기 때문이다.

사실 라캉에게 있어 상징계를 분열에 빠뜨리는 적대의 진정한 원인은 단순히 기표의 질서가 안고 있는 구성적 간극에서만 비롯된 것이 아니다. 그에게 있어 심적 갈등은 단순히 언어적 질서의 간극에 의해서 초래된 것이 아니라, 그러한 질서를 넘어서는 실재(reel)의 차원에서 유래하는 것이기 때문이다. 즉 심적 갈등에 걸려 있는 것은 단순히 상징적·상상적 허구만이 아니다. 거기에는 상징적·상상적인 허구로 환원될 수 없는 '리얼한' 차원이 걸려 있기 때문이다. 라캉은 그러한 심적 갈등 안에서 드러나는 상징화될 수 없는 현실성을 충동(Trieb)이라는 범주 아래에서 이론화했다.[8]

프로이트 역시 수많은 비난에도 불구하고 신경증적 갈등이 그가 성충동이라는 개념으로 포괄한 리얼한 차원을 가지고 있다고 고집스럽게 주장하지 않았던가? 여기서 프로이트가 범성욕주의자로 매도

러해야 한다." 이하의 이어지는 구절을 참조할 것. 여기서 라클라우는 모든 헤게모니 구성체를 주인기표라는 정박점과 나머지 기표들 간의 변증적 관계로서 사고하고 있으며, 나아가 모든 가능한 정치적 전환들 역시 바로 그러한 기표의 논리로 설명하고 있다.

8 자크 라캉, 맹정현 역, 『세미나 11』, 새물결, 2008, p. 97–98 참조.

되었던 것은 주지의 사실이다. 그러나 그 못지않게 마르크스 역시 경제환원론자로 오랫동안 매도되었다. 그럼에도 마르크스 저작의 요점은 정치적 적대의 최종심급에는 경제적 · 계급적 관계가 걸려 있다고 단언하는 것에 있다. 오히려 이러한 고집스러운 제스처에서야말로 우리들이 무언가를 배워야 하지 않을까?

마찬가지로 라클라우는 후기 자본주의적 세계질서 안에서도 여전히 좌파적 기획으로서의 계급투쟁에 대한 전망을 유지하려는 지젝을 매우 성급하게도 '계급환원주의자' 로 매도하는 우를 범한다. 이는 라캉에 대해 프로이트와 같이 성욕환원주의에 빠졌다고 비난하는 것 만큼이나 요점을 상실한 태도이다. 상징계가 동요하는 계기를 분명 '성충동' 의 차원에서 찾았던 프로이트의 입장이 부정되어서는 안 되듯이 사회적 적대의 계기를 계급 간의 모순에서 찾았던 마르크스의 입장 역시 부정되어서는 안 된다. 그것을 간단히 부정하면 정치적 적대의 필연성은 그저 형식적인 수준에서 분석될 수밖에 없을 것이다.

라클라우가 참조한 라캉의 '기표의 논리' 에 대해서도 비슷한 비판이 가능하다. 정치현상에 대한 분석에 있어 그러한 상징적 계기가 과도하게 부각될 경우, 결국 그것이 분석하는 첨예한 사회적 적대의 현실성이 기표의 우연한 출현에 전적으로 의존하는 형태의 기형적인 논리가 발생할 수밖에 없다. 마치 현실의 사회적 · 정치적 적대가 광우병 쇠고기라는 우연한 요소에 전적으로 의존했던 지난날의 비극처럼 말이다. 이와 같은 사례에서 우리는 이론적 차원의 도착이 동시에 현실적인 정치적 실천의 곤경과 중첩되는 양상을 볼 수 있다.

마지막으로 지적해야 할 문제는 라클라우가 '변증법적 유물론'

의 전통을 아무런 정당한 해명 없이 폐기해 버리고 만다는 점에 있다. 라클라우는 『우연성, 헤게모니, 보편성』이라는 대담집에서 지젝에게 교조적인 마르크스주의자의 딱지를 붙이며 그동안 축적되어 온 후기 마르크시즘의 이론적 발전에 대해 전혀 고려하지 않는다고 비난한다. 그러나 마르크시즘적 이론의 단선적 진화를 가정하는 것이야말로 지극히 관념적인 태도에 불과하다. 게다가 이러한 비난은 라클라우에게 그대로 되돌려질 수 있다. 그는 마르크시즘의 변증법적·유물론적 전통이 성취한 이론적 성과를 전혀 고려하지 않은 채 마르크시즘을 운운하고 있기 때문이다. 예컨대 유물변증법의 요체는 '대립물들 간의 일치'라는 저 오래된 헤겔-마르크스의 교의로 요약된다. 이것은 아무리 겉보기에 낡아보여도 결코 간단히 부정될 사안이 아니다. 유물변증법은 하나의 사회구성체가 자신의 대립물로 이행하는 변증법적 과정에 대한 이론이기 때문이다.

자본주의적 사회구성체가 기존의 자본제 생산양식을 폐기하고 새로운 단계로 이행할 수 있으리라는 그러한 규제적 이념이 없다면 반자본주의 투쟁은 그 요점을 상실하고 말 것이다. 마오쩌둥의 말대로라면 그러한 교의는 "큰 것이 작은 것이 되고 작은 것이 큰 것이 되는"[9] 과정을 말하는 것이다. 그것은 적대하는 계급들 중 한 계급이 역사적 승리자가 되고 나머지 한 계급이 소멸되어 가는 역사적 과정을

9 마오쩌둥 저, 슬라보예 지젝 편, 노승영 역, 『마오쩌둥 : 실천론 · 모순론』, 프레시안북, 2009 참조.

의미한다. 그러나 라클라우의 분석에서는 그러한 전망이 부재한다. 그의 분석에서는 사회적 적대가 오직 추상적인 계기로만 사고되고 있을 뿐, 그것이 어떠한 구체적인 대립물로 전화할 것인지에 대해 전혀 다뤄지지 않고 있는 것이다. 이러한 이론적 태도야말로 그동안의 마르크시즘의 이론적 전통을 망각하는 행위이다. 이와 같은 몰역사적 태도는 헤겔-마르크스주의의 표현을 따르자면 그가 정치적 적대를 비변증법적으로 사고하는 우를 범하고 있다는 방증으로 간주되어야 한다.

이것은 동시에 마르크즘이 가진 본연의 정치적·이론적 급진성을 거세하는 것으로 받아들여질 수밖에 없다. 라클라우에 따르면 우리에게 허용되는 정치적 개입은 사회를 둘로 쪼개는 포퓰리즘적 항의를 조직하며 사회적 상상계 내부에서 상징적·담론적 소동을 일으키는 것 외에는 없다. 하지만 이러한 것들만으로는 본연의 좌파정치를 회복시킬 수 없다. 앞서 말했듯이 라클라우의 이론에서는 모든 정치적 불화에도 불구하고 이러한 불화를 조직하는 기표의 논리는 불변의 선험적 틀로 주어져 있다. 이러한 이론적 배치 안에서는 결코 정치적 전환의 과정 끝에 새로운 단계의 생산-교환양식으로 이행하는 전망 같은 것은 주어지지 않는다. 라클라우는 그러한 전망은 몽상적인 것에 불과하다고 폄하한다. 그러나 그러한 전망은 단순히 사회공학적인 가능성에 의해 재단되는 것이 아니다. 일본의 좌파비평가 가라타니 고진이 지적했듯이 자본제 경제 이후에 대한 전망은 경제적 문제인 동시에 윤리적 문제인 것이다. 그와 같은 전망은 자본제 경제 아래 착취당하는 타자들에 대한 윤리적 책임으로서 요청되는 것이다. 그러나 라클라우는 오직 서유럽 내부의 시민사회 안의 정치적 기획에만 관심을 쏟는다. 그는 그러한 영역 외부를 가로지르는 엄연한 자본주의적 착취와 계급적 모순의 과정을 외면한 채 좌파정치의 이론적 가능성을 정초하고자 했던 것이다. 그의 이론적 세련됨은 정확히 그 이론의 정치적·윤리적 퇴행을 보여준다.

Chapter_6

라캉주의 정신분석과 정치

『세미나 11』 독서후기

라캉 읽기의 어려움

프랑스의 정신분석학자 자크 라캉을 어떻게 입문해야 하느냐는 질문을 스스로 던져보면 막막해질 때가 있다. 흔히들 슬라보예 지젝을 통해서 라캉을 접해보는 게 가장 손쉽고 유익한 방법이라고 권한다.[1] 라캉 독해에 있어서 지젝만큼 명민한 사람도 없을 뿐더러, 사실 라캉의 이런저런 개념들을 적당히 기존의 통념에 맞춰 맏아들이고 싶은 유혹이 있기 마련인데 거기에 대해 단호하게 저항하는 법을 가르쳐 주는 게 지젝의 커다란 미덕이다. 그럼에도 불구하고 지젝 자신도 라캉에 대한 이런저런 오독의 혐의에서 자유롭지 못하다는 소리가 가

1 필자는 근래에 들어 최근 출간된 맹정현의 『리비돌로지』를 길잡이 삼아 『세미나 11』을 읽는 것이 가장 좋은 입문방법이라는 결론에 도달했다.

끔 들려와 필자 자신도 혼란스러울 때가 많다.[2] 해서 필자는 개인적으로 라캉 자신의 세미나들이 더 많이 번역되기를 바라고 있다. 물론 누군가 토로했듯이 문자 그대로의 라캉은 정말 난해하기 그지없어 자칫 길을 잃기 쉽다. 그럼에도 라캉이 주는 통찰은 분명 그만한 값어치가 있다.

그럼에도 불구하고 아직은 장님 코끼리 다리 만지는 심정으로 라캉에 입문하는 대략의 방법들이 있으리라고 확신한다. 라캉을 이해하기 위해서는 그의 (잠재적인) 정치적 포지션과 그가 분명하게 그리는 전선(戰線)이 어디에 있는지를 파악하는 게 중요하다. 이는 단지 라캉뿐만 아니라 다른 사상가들에게도 해당되는 사항이다. 가령 바디우가 "당신이 누구인지 알고 싶다면 당신이 플라톤에 대해 어떻게 생각하는지 말하라. 그럼 당신이 누군지 말해주겠다"라고 말하는 지점에서 바디우의 고유한 포지션이 명확히 드러나는 이치와 같다. 바디우의 적은 현대 철학계의 반플라톤주의적 유행이었듯이 라캉의 '적'이 누구인가라는 질문을 던진다면 그의 이론적 요지와 나아가 그가 염두에 두고 있는 윤리정치적 입장이 무엇인지를 보다 쉽게 이해할 수 있으리라.

2 지젝과 슬로베니아 학파의 라캉 독해에 대한 국내 라캉주의자들의 반론을 보기 위해서는 『시대와 철학』 20권 2호에 수록된 홍준기 교수의 「논문 : 욕망과 충동, 안티고네와 시뉴에 관한 라깡의 견해–슬로베니아 학파의 라깡 해석에 대한 비판적 고찰」을 참조할 것.

그러나 필자가 라캉의 텍스트를 읽은 것이라 해봤자 고작 『세미나 11』밖에 없기에 이 부분을 중심으로 라캉에게서 얻은 몇 가지 논점들을 정리하고자 한다.

라캉과 영미식 자아심리학

라캉은 우선 미국의 정신분석학과 자아심리학, 그리고 그것이 노정하는 순응주의에 대해 노골적인 적개심을 드러낸다. 그는 그러한 미국식 심리학 및 정신분석이 '몽매주의'의 앞잡이라고 공격하며 앞으로 도래할 이른바 정보화 시대에 "장차 가공할 만한 몽매주의가 다시금 나타나리라는 것은 분명하다"[3]고까지 예언한다. (그리고 이 예언은 오늘날 거의 들어맞는 것처럼 보인다.) 도대체 왜 그는 이런 극단적인 표현을 서슴지 않는 것일까? 이는 '전이(transference)'라는 분석과정의 개념적 위상에 대한 그 특유의 이해에서 비롯된다. 전이라는 것은 피분석가가 분석가와 심리적 관계를 맺는 과정이다. 한 마디로 말해 이는 분석과정으로 들어가는 통로인데, 이것을 어떻게 이해해야 할지에 대해 분석가들 사이에서 합의가 도출되는 데 많은 어려움이 있었

3 자크 라캉, 맹정현 역, 『세미나 11』, 새물결, 2008, p. 193 참조.

다. 그럼에도 그것에 대한 대략의 소묘를 제시하자면, 전이란 분석가가 피분석가와 정서적 관계를 맺게 됨으로써 그의 리비도 경제 속에 하나의 '초점'으로 자리 잡는 과정이다. 전이를 통해 분석가는 피분석가의 병리성의 일부로 통합되는 것이다. 이 과정을 통해서야 비로소 분석가가 피분석가의 무의식에 개입할 수 있는 길이 열린다. 피분석가에게 있어서 분석가가 신경증적 갈등의 원인으로 간주되어야 비로소 피분석가에게 분석될 만한 증상들이 표출될 수 있다는 것이다.

그러나 문제는 이러한 전이가 분석의 가능성의 조건인 동시에 불가능성의 조건이기도 하다는 것이다. 말하자면 피분석가의 심리 속에서 분석가가 지나치게 미화되거나 역으로 악의적으로 비쳐지거나 한다면 분석과정은 또 다시 교란될 수밖에 없다. 분석가를 과도하게 사랑하거나 미워하면서 벌어지는 예상치 못한 일들은 분석의 중단으로 이어진다. 실제로 프로이트의 분석도 비슷한 일로 인해 종종 실패를 겪었다(대표적으로 O양에 대한 브로이어와 프로이트의 분석). 이에 대한 당시 미국 정신분석학계의 전형적인 반응은 분석가와 피분석가의 이러한 뒤틀린 관계를 정상화하기 위해 둘 사이에 '합의'가 자리 잡아야 한다는 식이었다. 이는 참으로 실용적인 발상이다. 분석가가 피분석가에게 자신의 역할이 과대평가되어서는 안 된다며 그에게 이성적으로 사태를 바라볼 것을 설득한다면 일그러졌던 관계가 다시 본연의 정상적인 분석관계로 들어설 수 있다는 것이다.

라캉은 '전이'의 '부정적 측면'에 대한 이러한 '영미식' 처방에 관해 개탄한다. "분석가와 피분석가 사이에 이뤄진 합의가 문제의 해결책이기는커녕 오히려 문제의 원인을 악화시키는 것을 왜 보지 못하느냐"[4]라는 게 라캉의 반문이다. 분석가의 말에 권위를 부여하는 것은 필요하지만 한편으로는 그가 인간에 불과하다는 것을 직시하라는 것인데, 이러한 요구는 오늘날 자유민주주의 세계의 권력자들이 대중에게 요구하는 바가 아닌가?

가령 지난번 촛불시위에서 분출된 권력자에 대한 증오를 다시 합리적인 소통의 장으로 데려올 것을 집요하게 요구한 학계와 언론계 인사들 중에는 그 유명한 최장집 교수도 포함되어 있었다. 그는 대중운동으로 분출된 전이의 방향 잃은 에너지를 견제와 균형에 입각한 제도적 장치를 통해 적절하게 배분되어야 한다는 논지를 피력했다. 그러나 이것은 대중들의 부정적 전이가 보다 심층적인 무의식적 균열에 기반해 있다는 사실을 망각한 것이다. 라캉은 '전이'가 야기하는 부정적인 충돌을 상호 주체적인 합의나 인정을 통해 극복할 수 없다는 것을 분명히 한다. 진짜 문제는 무의식에 있기 때문이다. 이러한 통찰은 권력관계의 문제로도 연결된다. 상호 간의 합의를 통해 억압된 사회적·심리적 균열은 사라지지 않은 채 오히려 무의식적으로 회귀할 뿐이다. 의식적인 상호 양해를 통해 무의식적인 문제를 해소할 수는 없다.

그렇다면 어떻게 전이가 극복되어야 하는가? 우선은 전이를 통해 무엇이 잘못되었는지 명확히 하는 게 중요하다. 라캉은 무의식을

4 같은 책, p. 198 참조.

열리게 만드는 전이의 과정이 그 결과 속에서는 무의식을 '닫히게 한다' 고 말한다. 말하자면 분석가에 대한 상상적인 기대 속에서 피분석자 자신의 진정한 욕망의 무의식적 원인이 가려지게 된다는 것이다. 오늘날의 정치현실에서도 이런 유사한 사례들을 무수히 목격할 수 있다. 권위주의적 포퓰리즘 정권에 대한 대중의 상상적 열광 안에서 사라지게 되는 진짜 문제는 무엇인가? 이러한 과정 안에서 대중은 자신들을 괴롭히는 진정한 원인으로부터 도피하게 된다. 정신분석적 관점에서 그것은 거짓 해결책에 불과하다. 이러한 형태의 전이는 진짜 문제를 상상적으로 은폐할 뿐이다.

그렇다면 전이에서 작동하는 근본적인 기만은 무엇인가? 어떤 심리치료사들은 환자들이 자신의 신경증을 유발했던 원래의 장면으로 돌아가 당시 자신의 감정을 그대로 '분출' 함으로써 심리적 문제의 원인을 해소할 수 있다고 생각한다. 일명 카타르시스 요법이라고 불리는 것이다. 그러나 이런 유사 정신분석과 달리 라캉 입장에서는 원초적 장면으로 돌아가서 자신의 심리적 곤궁을 회상해내는 카타르시스야말로 사후적으로 꾸며낸 거짓말에 불과하다. 자신에 대한 거짓말인 동시에 무엇보다 타자(분석가)에게 하는 거짓말이다. 전이와 같은 급격한 감정의 분출은 진실한 것이기는커녕 오히려 궁극적인 기만에 지나지 않는다. 그렇다면 이러한 전이가 단지 기만의 효과에 불과하다는 폭로만으로 그 부정적 측면이 극복될 수 있는 것인가?

무의식적 원인의 위상

이 지점에서 라캉은 전이가 발생시키는 기만을 폭로하는 것에 만족하기보다는 오히려 피분석가가 '구조적으로' 분석가를 기만할 수밖에 없지 않느냐는 근본적인 반문을 던진다. 사실 분석가를 매개로 해서 자신의 심적 트러블을 서사화하는 것은 언제나 '사후적'인 추체험에 불과하다. 모든 '원인'은 그런 식으로밖에, 말하자면 추체험으로서 말해질 수밖에 없다. 다소 앞질러 이야기하자면 바로 그렇기 때문에 원인이란 라캉에게 있어서 엄격하게 '초월론적(transcendental)'인 것이다. 앞서 말한 대중봉기(촛불시위)의 원인도 사실은 쇠고기 수입 문제에만 걸쳐 있었던 건 아니다. 그것만으로는 지난날의 스펙터클한 사건의 원인에 미치지도 못한다. 원인은 다른 데에 있지만 라캉의 말대로 그것은 "구조적인 이유에서 상실되어 있다."

여기서 우리는 라캉의 다음과 같은 말을 이해해야 한다. "주체는 자신의 메시지를 전도된 형태로 돌려받는다." 가령 분석가의 입장에서 자신을 괴롭히는 게 무엇인지를 고백하는 주체의 메시지는 기만이라는 입장을 견지해야 한다. 언제나 주체의 고백에 나름의 진정성이 있다는 가정을 가지고 타자에게 접근하는 우리의 자유주의적인 윤리적 감수성과 달리 '원칙적으로' 분석가는 피분석가의 말을 액면 그대로 신뢰해서는 안 된다. 심지어는 '불가피한 사정으로 분석시간에 늦었다는 주체의 변명조차도 불신되어야 한다.' 그러나 그렇다고 해서 피분석가가 명백한 진실을 어딘가에 숨기고 있다는 것이 아니다. 궁극의 거짓말이란 진실을 다른 데 숨기는 게 아니다. 궁극의 거짓말은 그 발화행위 자체가 징후적인 '진실'인 그런 종류의 것이다. 그리고 문제의 원인 자체가 구조적인 이유로 날조될 수밖에 없다는 사실에 직면하게 된다면 거짓에 반대되는 진실의 위상 자체도 극적으로 변하게 된다.

진실은 주체가 스스로에게 그리고 분석가에게 한 거짓말의 외부에 있는 게 아니라 거짓말 그 자체에 놓여 있다. 라캉의 말대로 "주체의 메시지를 전도시킨다"는 것은 그의 메시지의 언표내용과 무관한 언표행위 자체를 언표내용으로부터 분리시키는 것이다. 중요한 것은 그 메시지가 담고 있는 내용의 참/거짓 여부가 아니라, 그런 메시지를 직조(fabricate)해서 서사화하는 주체의 행위 그 자체이다. 가령 쇠고기 수입과정의 불공정성과 정부의 독선적 노선이 지난 해 봉기의 이유라는 말이 설사 사실이라 해도 분석가 입장에서 그 사실여부가 전혀 중요한 게 아니다. 그러한 이유가 참일 수 있지만 다른 수많은 이유의 계열들이 그와 동시에 공존할 수 있기 때문이다. 결국 왜 하필 쇠고기냐는 초월론적 질문이 여전히 제기될 수 있는 것이다. 프로이트가 예시했던 농담의 형식[5]으로 이 질문을 제기하자면, "너는 쇠고

5 "너는 정말로 렘베르크에 갈 생각이면서 왜 렘베르크에 간다고 말하는 거지? 그렇게 말하는 건 나더러 네가 크라우코우에 가려 한다고 생각하게 하려는 게 아니니?" 『농담과 무의식의 관계』, p. 148 참조.

기 협상에 불만을 느껴서 거리에 나섰으면서 왜 쇠고기 협상에 불만을 느꼈다고 말하는 거지?" 라캉의 요지는 이런 식으로 분석가가 주체의 메시지를 전도된 형식으로 스스로에게 되돌려줘야 한다는 것이다.

여기서 주체를 괴롭히는 '원인'의 위상 자체도 극적으로 바뀐다. 주체의 리비도 경제의 균형 잡힌 흐름(애초에 존재하지 않았던 흐름이지만)을 교란한 어떤 사건의 원인(cause)은 단순히 중립적인 인과법칙과 동일한 위상에 놓여 있지 않다. 앞서 말했듯이 이것의 위상은 엄격히 초월론적인 것이다. 촛불시위를 설명해 줄 수 있는 원인들은 여러 층위의 계열(정치적 · 경제적 · 사회문화적 계열)에 걸쳐 공존할 수 있다. 그러나 이 원인의 질서를 복수의 맥락으로 산포(disseminate)하는 해체주의적 절차와 달리 라캉은 다양한 원인의 계열들을 가로지르는 동일한 대상-원인을 상정하지 않을 수 없다고 역설한다. 그것은 구조적인 이유에서 상실된 난포착적인 대상인데, 이것이 바로 무의식적 강박의 개입을 증언하는 대상 a이다. 여기서 "무의식적 대상-원인이란 본성적으로 상실된 원인이다"라는 말을 직관적으로 이해하기 힘들지만, 이것은 엄밀히 위상학적이고 논리적인 명제[이 부분이야말로 비의적(秘儀的) 사상가로 알려진 라캉과 또 다른 라캉의 합리적 핵심이다]로 이해되어야 한다.

앞서 촛불시위의 사례를 들었듯이 선행하는 원인을 사후적으로 반추할 때 비로소 그것은 원인으로서 결정적인 성격을 가지게 된다. 무엇이든 그런 식으로, 그럴 듯한 원인으로 작용하면서 규정적인 효력을 발휘할 수 있다. 하지만 그런 포스트모던한 자기만족적 반성만으로 사태가 해결되는 것은 아니다. 왜냐하면 다음과 같은 진지한 질문이 나오는 것을 막을 수 없기 때문이다. '이러한 유사 원인들을 넘어서는 진정한 원인은 무엇일까?' 그러한 진정한 원인은 본성적으로 '비어 있는' 원인이자 사후적인 반성 속에서도 규정될 수 없는 구조적으로 '어긋난' 원인이다. 여기서 우리는 엄밀하게 라캉의 헤겔 변증법적인 반전을 간파해야 한다. 라캉은 진짜 원인이 무엇인지에 대한 각각의 서사들이 저마다 진짜 사태의 본성에서 '어긋난다'는 상대주의적·회의주의적 공식을 넘어서 애초에 그러한 '어긋남' 자체가 '원인'이라고 말한다. 언표내용과 언표행위 사이의 본질적인 어긋남이야말로 바로 '무의식의 원인' 그 자체이자 라캉이 또한 '무의식적 욕망의 대상-원인'이라고 부르는 것이다.

욕망과 정치의 무의식적인 대상-원인

무의식 속에서 분출하는 충동이 우리 행동의 어떤 '원인'이라는 것은 어떤 의미에서 스피노자가 '자기 원인(causa sui)'이라 부르는 것과 엄밀히 상호 동형적이다. 이것은 자기 내부에 있는 알기 쉬운 원인이 아니라, 자기 자신을 넘어서는 한에서만 실천적으로 자신을 규정하는 원인이다. 스피노자와 라캉에게 있어 우리가 자신의 진정한 욕망의 원인을 인식하는 문제는 엄밀히 실천적인 차원에 닿아 있다. 우리의 통상적인 이해지평을 벗어나야만 비로소 우리는 자신을 알 수 있다. 다시 말해 원래 자신의 욕망의 지평을 결정짓는 원인이란 우리가 그 원인을 알아보는 데에서는 전적으로 '부재' 하며, 오히려 그것은 예기치 못한 장면(증상) 속에서 불쑥 튀어나온다는 것이다.

사실 원인과 결과의 관계는 사전에 결정되어 있지 않다. 과거의 어떤 원인이 자연스레 우리의 현재 행동을 결정하는 게 아니라, 애초에 우리의 행동 자체가 과거의 원인을 소급적으로 결정한다. 이러한 '어긋남' 속에서 우리는 무의식이 그러한 어긋남의 구조적인 원인으로서 확실히 존재한다는 것을 알고 있다. 그런 의미에서 라캉은 무의식을 데카르트의 코기토(cogito)에 비견한다. 코기토는 다른 게 아니라 '확실성' 의 주체이다. 그것은 우리가 보거나 만질 수 없음에도 불구하고 단지 사후적으로 그 존재를 확신할 수 있는 그러한 주체성의 징후적 차원이다. 가령 우리는 자신의 경험적 자명성을 의심하는 한에서만 인식될 수 있는 코기토의 존재를 의식하는 순간을 경험하곤 한다. 무의식적 원인 역시 자신의 욕망과 심리적 문제의 원인을 끝까지 회의할 때 비로소 나타나는, 원인과 결과 사이의 매끄러운 연결고리를 절단하는 텅 빈 주체성으로 출현한다.

바로 이러한 이유에서 라캉은 융이나 기타 낭만파적 분석가들과 달리 무의식이 태초 인류의 집단적 삶에 이미 주어져 있다는 견해를 거부한다. 무의식은 앞서 말했듯이 '원인' 을 끝까지 회의하는 주체의 결의에 의해서만 '알려진다.' 그렇기에 라캉은 꿈과 증상 속에서 가공할 만한 무의식적 심연을 알아보는 프로이트의 행위와 더불어서만 무의식의 고유한 시간적·논리적 역설이 알려질 수 있다고 말하는 것이다. 무의식은 태곳적의 신화 속에서 회귀하는 신비한 꿈이 아니라 프로이트라는 한 근대적 '주체' 에 의해 비로소 알려지게 되는 것이다.

여기서 무의식적 원인은 비로소 과학적 인식대상인 동시에 윤리적 대상으로 드러난다. 이 지점에서 라캉이 "정신분석을 과학으로 정초할 수 있는가?"라는 질문의 요지가 드러난다. 정신분석은 우리를 괴롭히는 심적 트러블의 원인을 탐구한다는 의미에서 하나의 과학이다. 하지만 동시에 이 원인은 앞서 말한 대로 구조적으로 상실된 것이다. 우리는 욕망의 원인을 현재적 지평에서 정합적으로 재구성할 수 없다. 그것을 재구성하기 위해서는 반드시 이것이 아니면 안 된다는 '신념의 도약'을 필요로 한다. 그래서 라캉은 'Cause'라는 단어가 원인인 동시에 대의(大義)를 의미하기도 한다는 이중적 용법에 주목한다. 우리는 구조적으로 우리의 이해지평을 벗어나는, 매끄러운 인과법칙으로 번역할 수 없는 상실된 원인이 존재한다는 것을 하나의 '대의'로 삼아야 한다. 이것이 과학으로서 정신분석이 지닌 독특한 (키에르케고르적 의미에서) 실천적 윤리이다.

이러한 대의-원인의 양가성에서 과학으로서의 정신분석은 스피노자의 과학과 마찬가지로 윤리학(ethica)과 겹쳐진다. 상실된 원인이야말로 정신분석의 대의이다. 라캉을 따라서 우리는 causa라는 라틴어의 이중성에 주목할 수 있다. 그는 라틴어 금언 "Ablata Causa Tollintur Effectus"(원인을 제거하면 결과는 사라진다)를 다음과 같이 비틀어도 말이 된다는 점을 설명한다. "Ablata Causa Tolluntur Effectus"(원인을 제거해야 결과가 유지된다).[6] 말하자면 라틴어 causa는 작용-반작용의 법칙과 같이 어떤 간극도 존재하지 않는 기계적·물리적 법칙과 전혀 다른 인과성을 암시한다. 다시 말해 원인과 결과 사이를 중재하면서 반드시 잊혀져야만 하는 그러한 무의식적 믿음이 존재한다는 것이다. 실증적인 대상을 탐구하는 일반과학과 달리 이러한 특유의 무의식적 믿음의 뒤틀린 시간적·논리적 차원을 탐구하는 것이 정신분석의 임무이다.

라캉은 이 분석가의 임무와 관련해 다음과 같은 유명한 공식을 던진다. 잊혀진 욕망의 "무의식적 원인을 대의의 수준에서 방어해야 한다."[7] 바로 이 원칙이 영미 정신분석의 전통에서 잊혀진 것이며, 그러한 잘못은 스스로를 실증과학으로 자처하며 오히려 과학과 윤리 양자의 영역 모두에서의 실패를 초래하는 데로 이끌었다. 이러한 교훈은 피분석가가 분석가의 제스처에서 자신의 욕망의 원인에 대한 메시지를 전도된 형태로 돌려받는다는 명제를 새롭게 이해시켜 준다.

물론 분석가는 자신에 대한 긍정적·부정적 전이를 넘어서야 한다. 말하자면 분석가에게는 결코 사랑받거나 증오받는 게 중요한 문제가 아니다. 그러한 사랑/증오라는 양가감정은 결국 자신의 진정한 욕망에 대한 방어기제에 불과하다. 피분석가가 분석가에게서 자기 욕망의 진정한 원인에 대한 메시지를 돌려받기 위해서 분석가는 전혀 다른 방식으로 피분석가에게 개입해야 한다. 정당정치의 영역에 비유하자면 분석가는 지난날의 마르크스-레닌주의 전통에서의 대문자 정당(Party)과 같은 위치에 있다. 오늘날 의회민주주의 안에서의 대중 정치인들은 인기를 먹고 살며 정당 역시도 이 과정에 종속되어 있다.

6 자크 라캉, 맹정현 역, 『세미나 11』, 새물결, 2008, p. 195 참조.
7 같은 책, p. 194 참조.

또한 어떻게든 대중의 사랑을 받기 위해 전력투구하고 있다. 그러나 라캉이 만일 정당정치에 관심을 가졌다면 특정 정치인에 대한 대중의 과도한 사랑과 증오 양자가 사실은 탈정치화를 향한 첩경이라고 말했을 것이다. 분석가에 대한 드라마틱한 심리적 고착이 사실은 분석의 목표로부터 멀어지는 지름길이듯 말이다.

그러나 지난날 혁명적 정당의 목표는 인민으로부터 사랑받는 것에 있는 게 아니라 인민들이 분출하는 사랑/증오의 일상적 스펙터클 이면의 '원인'을 새로운 '대의'로서 재정식화하는 것에 달려 있었다. 혁명정당은 그 유명한 가스펠 가사처럼 '사랑받기 위해 태어난' 것이 아니라, 대중의 진정한 욕망이 무엇인지를 실천적인 도약 안에서 정식화하기 위해 거기 있는 것이다. 이러한 마르크스-레닌주의 원칙에는 정치적 진리가 의회주의적인 합의를 통해서는 결코 알려질 수 없다는 믿음이 반영되어 있다. 이것은 진정한 정치적 원인에 대한 단 하나의 진리가 존재한다는 반상대주의적인 믿음과 직결된다.

이러한 믿음을 유지하기 위해 모든 정치적 주체들로부터 사랑받을 필요는 없다. 더 중요한 대의가 있기 때문이다. 여기에서부터 유일한 정치적 원인은 계급모순이며, 그것을 정치적으로 첨예화시킬 수 있는 정치적 수단은 혁명정당을 통해 집단적으로 결정될 수 있다는 단호한 노선이 도출된다. 놀랍게도 지극히 보수적이고 탈정치적인 성향의 라캉 역시 정신분석의 영역에서 동일한 견해를 가졌다. 정신분석의 목표 역시 진정한 무의식적 원인에 대한 진리를 말하는 것이며, 그러한 원인은 상대주의적인 합의와 해석을 통해 얼렁뚱땅 덮어버릴 수 없다. 분석적 담화과정은 결코 무의식에 대한 상대적 해석이 아니다. 그것은 무의식적 위상을 지닌 상실된 원인을 대의의 수준에서 단호하게 고수하는 진리의 담화를 자처해야 하며, 그러한 한에서만 분석은 효력을 가질 수 있다는 것이다.

따라서 분석가는 오늘날의 대중정당과 같이 사랑함직한 어떤 존재가 아니라, 주체가 진정으로 욕망함직한 것이 무언지를 보여주는 존재이다. 욕망의 대상–원인에 대한 '진리'를 보여준다는 것은 주체가 자신이 사로잡힌 애증의 대상에 대해 꾸며낸 각종 서사와 드라마들 자체에 '뒤틀림'(왜상)이 존재한다는 것을 보여주는 것에 다름 아니다. 말하자면 주체가 어떤 대상에 고착된 원인은 그 대상의 본성에 있는 게 아니라, 그 대상에 관계 맺는 주체 자신의 비가시적인 믿음에 있는 것이다. '왜상'이란 다름 아닌 주체가 사로잡힌 매혹적인 장면 내부에 역설적으로 비뚤어진 얼룩의 형태로 주체 자신이 그 안에 재각인되어 있는 상황을 말한다. 라캉의 표현을 빌리자면 "그림은 내 눈 속에 있지요. 하지만 나는 그림 속에 있습니다."[8] 주체가 인식하는 현실의 일관성에는 바로 그러한 일관성을 지탱하는 주체 그 자신의 비일관적인 믿음이 개입되어 있다. 이러한 왜상적 지점에서야 비로소 상징적 담화과정에 궁극적으로 저항하는 비인칭적인 '실재'가 드러난다. 결국 이러한 실재는 어떤 주관적 해석에 의해서가 아니라 오로지 엄격한 분석과정을 통해서만 제시될 수 있다.

8 같은 책, p. 150 참조.

여기서 분석가의 임무는 주체가 스스로의 욕망의 원인이 된다는 것의 진정한 의미를 형식적·분석적인 차원에서 자각하게 만드는 것에 있다. 왜상은 가령 스펙터클한 시각장을 형성하는 곳에서 바라봄(look)과 응시(gaze)를 분리시키는 비가시적 얼룩이다. 스펙터클에 매혹된 주관적 시선으로 수렴되지 않는 비인칭적인 응시가 동일한 시각장으로부터 분리되면서 주체는 자신의 욕망에 관한 무의식적 진리를 엄격하게 형식적인 차원에서 분절해낼 수 있다. 라캉이 고안해낸 각종 수학소(mathmeme)들은 바로 이러한 형식화 절차의 산물이다. 이러한 절차는 분석가의 도움 없이는 불가능하다. 분석가는 주체로 하여금 자신의 욕망을 대의의 수준에서 공식화하는 데 없어서는 안 되는 외적 계기이다. 주체는 분석가와의 조우(encounter) 없이는 결코 자신의 욕망에 대한 어떤 실재적 지식도 알아낼 수 없으며, 진정한 주체가 될 수도 없다. 주체로 하여금 진리를 말하게 하기 위해서는 여전히 분석가라는 최소한의 타율성이 필요하기 때문이다.

이러한 점에서 라캉은 여전히 개입주의적인 사상가(interventionist)로 남아 있다. 이는 사도 바울, 파스칼, 로베스피에르, 레닌과 같은 노선을 공유한다. 주체는 단순한 자기만족적인 공동주관적 세계에서 자신의 진리를 인식할 수 없다. 주체는 자신의 진리를 오직 상대적 주관을 넘어서는 외부의 폭력적인 개입에 의해서만 인식할 수밖에 없으며, 그렇기 위해서라도 우선 스스로가 자신과 타인에게 급진적인 방식으로 개입해야 한다. 여기서 라캉이 가지고 있는 정치윤리적 입장을 도출해낼 수 있다. 라캉 자신에게는 불법적인 비약이 되겠지만, 우리는 이러한 라캉의 이론적 입장에서 그가 오늘날 유력한 자유민주주의 이데올로기와 매우 날카로운 방식으로 대립하고 있다는 것을 알 수 있다. 오늘날 진리는 단순히 복수의 주관들 간의 합의의 문제나 상대주의적인 해석의 문제로 전락하고 말았다. 그러나 라캉에게 있어서 진리는 오직 그러한 합의와 해석으로부터 폭력적으로 단절해 나가는 도약을 통해서만 주어질 수 있다는 원칙을 견지한다. 이러한 입장이야말로 오늘날 라캉이 우리에게 여전히 신선한 충격을 던지는 부분이다.

Chapter_7

들뢰즈의 사도 매저키즘

악덕의 윤리적 정초

들뢰즈 철학의 윤리적 핵심

언젠가 들뢰즈의 『매저키즘』 일부를 모종의 세미나에서 다룬 적이 있었다. 이성민 선생과 함께 했던 이 세미나에서 필자는 일종의 옵저버(observer) 자격으로 세미나를 청강했다. 이 일화를 꺼내든 것은 굉장히 흥미로운 이유에서인데, 다름 아니라 이 자리에서 다루었던 저작이 들뢰즈의 '윤리'에 대해 커다란 고민거리를 던져주었기 때문이었다. 그 세미나는 확실히 들뢰즈가 어떤 지점에서 라캉주의자들을 불편하게 하는지를 육성과 면대면으로 포착할 수 있는 흥미로운 기회를 주었다.

오늘날 들뢰즈의 존재론이나 미학에 대한 이론적 관심사는 있어도 들뢰즈의 윤리학에 대한 관심사는 전무한 듯하다. 확실히 존재의 일의성(univocity) 내지는 주체와 대상이 동일한 세계 속에서 공명하는 무염시태의 존재론적 지평을 확고하게 고수했던 들뢰즈는 '주체적인 윤리'에 대해 전혀 고민하지 않은 것처럼 보인다. 그에 따라 들뢰즈에게 있어 어떤 주체성도 사유되지 않는 고로 그에게 어떤 윤리도 불가능하다는 자연스러운 견해가 저변에 깔려 있는 것이다. 주체가 없는 곳에는 윤리도 없다. 이것은 라캉의 원칙일지도 모른다. 그러나 우리는 들뢰즈에게도 나름의 독자적인 윤리적 전제가 있다는 사실을 인정해야 한다. 들뢰즈의 철학은 또 다른 윤리적 체계와 그 결과들을 가지고 있는 것이다.

그렇다면 들뢰즈의 윤리란 무엇인지에 관해 제대로 해명되어야 하는데, 그동안 들뢰즈에 대한 논의는 자율주의 진영이 그러했듯 들뢰즈의 철학을 정치적으로 추수하려는 경향과 맞물린 채 그의 존재론과 미학에만 매몰되어 있던 감이 없지 않다. 그토록 많은 사람들이 들뢰지언을 아무런 위기감 없이 자처했던 사실은 들뢰즈의 고유한 윤리학이 망각되었다는 강력한 증거로서 받아들여져야 한다. 들뢰즈를 둘러싼 지난날의 이론적 유행은 들뢰즈의 윤리 혹은 들뢰지언이 마땅히 견지해야 할 윤리적 대가에 대해서 사고하지 않았다는 사실을 역설적으로 보여준다. 그러나 들뢰즈를 읽는다는 것 혹은 그의 사유를 떠맡는 행위는 어떤 윤리적 대가를 분명히 지불해야 한다. 이 점이 그동안 제대로 사고되고 있지 않았다. 들뢰즈의 유행이 지난 지금이야말로 아직 해명되지 않은 들뢰즈 고유의 윤리적 전제와 그 결과들을 엄밀하게 생각해야 할 때인지도 모른다.

초자아와 이드의 냉정함과 잔인함

들뢰즈는 의식적으로 주체 측의 욕망을 나름의 방식으로 유지하려는 분석가의 분석적 실천과 달리 전주체적인 '죽음충동'에서 해방적 돌파구를 찾는다. 이러한 사유의 노선은 『매저키즘』에서 두드러진다. 매저키즘이란 단순히 도착적인 실천이 아니라, 자아(ego)의 기능 속에 한데 묶여 있던 에로스와 타나토스를 분리시키면서 발생하는 '형이상학적' 사건이다. 이 사건 속에서 타나토스는 초자아(super ego)의 얼어붙은 엄격한 이미지에 고착되고, 에로스는 이드(id)의 반복강박에 사로잡히며, 궁극적으로 이 둘은 자아를 양쪽에서 포위한다. 이와 같은 배치는 한편으로 '냉정(초자아의 냉혹함)' 하고 또 다른 한편으로는 '잔인(이드의 반복강박)' 하다.

그의 저서의 한 목차 제목이기도 한 '냉정함과 잔인함'은 들뢰즈 윤리의 핵심적인 축을 이룬다. 여기서 매저키즘은 들뢰즈에 의해 새로운 방식으로 의미부여되고 있다. 통상적인 SM 플레이와 같은 성적 일탈과 달리 들뢰즈에게 있어서 사도 매저키즘은 진정한 자율적·형이상학적 차원을 형성하고 있다. 그러한 차원에서 작동하는 윤리는 대단히 엄격하고 잔인하다. 다시 말해 냉정하게 명령을 퍼붓는 초자아의 원초적 이미지(『토템과 터부』에 등장하는 원형적 아버지)를 통해 이드의 반복강박을 성애화된 자아 이미지—원래 성욕이란 이드의 본성이 아니라 이드를 오이디푸스적 배치 안으로 끌어들이는 자아의 기능이라고 들뢰즈는 이해한다—로부터 '탈성화(desexualize)' 시키는 것이 매저키즘의 목표이다.[1)]

그것은 리비도의 성적 충동을 가족적인 재생산의 기능으로부터 탈선시키며 새로운 중성의 법을 수립하는 과정으로 끌어들인다. 이러한 과정 안에서 이드의 반복강박은 궁극적으로 '한번 더!' 라는 초자아의 외설적 명령을 지탱한다. 이러한 매저키즘의 실천 속에서 주체가 따르는 법은 더 이상 공동체와 가족에서 유래하는 게 아니라, 초자아의 '명령' 과 이드의 '반복강박' 이라는 중성적 사건에서 나오는 것이다. 들뢰즈는 이러한 과정을 탈오이디푸스화의 과정으로 명명한다. '사드' 를 따라 들뢰즈는 매저키즘에서 드러나는 과도한 악덕이야말로 오이디푸스(= 가족) 콤플렉스를 넘어서는 진정한 윤리적 덕을 정초한다는 명제를 지지한다.

슬라보예 지젝은 들뢰즈와 동일한 이론적 전제를 공유하는 철학들이 비윤리적인 동시에 부적절한 방식으로 탈윤리적인 측면을 노정한다고 비난하며 그와 같은 것을 '도착증(perversion)' 의 철학으로 간주한다.[2)] 나아가 그는 그러한 도착이 후기 자본주의의 생활양식에 그대로 순응하는 것에 불과하며,[3)] 그 안에서 어떠한 진정한 윤리적 전

1 키스 W. 포크너, 한정현 역, 『들뢰즈와 시간의 세 가지 종합』, 「4장 시간의 정적 발생 – 1. 프로이트의 초자아의 정적인 반복」, 그린비, 2008 참조.

2 슬라보예 지젝, 이성민 역, 『까다로운 주체』, 「왜 도착은 전복이 아닌가?」, 도서출판b, 2004 참조.

3 슬라보예 지젝, 김지훈 · 박제철 · 이성민 역, 『신체 없는 기관』, 「들뢰즈를 읽는 여

복도 불가능하다고 말한다. 그러나 들뢰즈의 도착에 걸려 있는 것은 단순히 비뚤어진 자기과시적인 성적 실천이 아니다. 그가 노리는 것은 성애화된 이미지에 고착된 이드와 나르시즘에 사로잡힌 자아의 기능 양자로부터 탈주해서 새로운 중성적인 주체성을 개시하는 것이다. 들뢰즈는 이러한 탈주를 감행하는 주체적 과정을 정면으로 이론화하지 않았지만 여기서 분명 그와 같은 것을 암시하고 있다. 그렇다면 들뢰즈가 암묵적으로 이론화하고 있는 주체적 윤리란 무엇인가? 들뢰즈 연구자인 키스 W. 포크너는 자아에 대한 나르시즘적 리비도를 철회하는 계기에 주목하며 그러한 리비도적 철회를 통해 형성된 초자아와 그것의 윤리적 결과를 설명한다.

> 리비도가 자아로부터 역류할 때 프로이트가 '탈성화(desexualization)'라고 부르는 역전이 일어난다. 프로이트에 따르면 탈성화는 '성적 목적의 포기를 의미한다.' 성적 에네르기는 사고 에네르기로 변환되는데, 왜냐하면 파괴적 에네르기를 구성하는 성애적-리비도와는 달리 사고-리비도는 '분열(fusion)'이라 불리는 과정 속에서 그것을 풀어놓기 때문이다. 분열은 초자아로부터 발산되는 공격적인 특성을 사고에 부여한다. 프로이트는 이 분열로부터 발생하는 초자아가 "이상이 드러내는 가혹함과 잔혹함, 즉 그것의 명령적인 '너는 해야 한다'의 일반적 성격의 원천"으로서 작동한다고 보았다. 동일시는 통상 대상을

피족」, 도서출판b, 2008 참조.

정복(지배)하기 위해서는 외부로, 자아를 정복하기 위해서는 내부로 정향되는 공격적 본능을 전환시키기 위해 분열을 필요로 한다. 자아가 나르키소스적이 될 때 탈성화된 에네르기는 초자아를 탄생시키고 그 초자아는 마치 내적 타자인 듯이 자아를 처벌한다. 초자아의 가혹함과 잔혹함은 자아로 하여금 창조적 활동을 향하도록 밀어낸다.[4)]

포크너는 초기 프로이트의 논문을 참조한 들뢰즈가 『차이와 반복』에서 성적 에너지를 사고 에너지로 변환시키는 계기를 '초자아'에 둔다고 설명한다. 초자아는 주체로 하여금 욕망하는 대신 사고하게 만드는 전제적인 작인이다. 초자아의 가혹한 명령과 그것을 강박적으로 반복하는 이드의 충동에 의해 자아는 자기만족적으로 젖어들었던 일상의 관성으로부터 벗어나 위대한 창조적 행위의 이미지들을 반복하는 시도들을 감행하게 된다는 것이다. 그러나 그러한 배치는 분명 성애화된 자아의 이미지에 나르시즘적으로 투여되었던 리비도를 철회하는 최초의 행위에 의해서만 가능하다. 지젝은 들뢰즈의 사유가 초자아라는 외부적 작인에 지나치게 의존한다고 비판하지만 들뢰즈는 오히려 초자아의 기원에서 주체의 자발적인 자기 포기를 발견한다. 그는 그러한 자기 포기에서 초월론적인 윤리적 주체성을 암묵적으로 설정하고 있다. 물론 이러한 사고방식은 여전히 '도착적'이

4 키스 W. 포크너, 한정현 역, 『들뢰즈와 시간의 세 가지 종합』, 그린비, 2008, p. 235 참조.

다. 그러한 도덕적 자발성은 자아가 스스로를 잔인하게 학대하는 도착적 행위에 의해 전적으로 지탱되고 있기 때문이다. 그러나 들뢰즈는 이러한 행위에 의해서만 어떠한 일상적 관성에도 포섭되지 않는 진정한 창조적 사유의 모험이 시작된다고 보았다.

그리고 자아의 나르시즘적 자기 이미지가 초자아와 이드에 포위된 채 궁지에 몰리는 지점에서부터 성애화된 리비도로부터 떨어져 나간 '의미-사건'의 흐름이 출현한다. 이것은 신체적인 원인(성욕)을 초과하는 동시에 나르시즘적 자아 이미지를 파괴하는 제3의 중성적인 형이상학적 표면이다. 이것은 어떤 일상적인 의도나 인과적 맥락도 배제한 채 순수하게 결과적인 측면에서 관조되는 영원한 사유의 이미지들로서, 이것의 흐름은 물질적 · 신체적 층위로부터 추상된 채 영원히 지속하는 고유한 이데아적 형상을 구성한다. 예컨대 라플랑슈가 보고한 사례가 예증하듯[5] '때리다'에 관한 아이의 원형적 환상은 맞는 측과 때리는 측이 누구인지와 무관하게 그 자체로 순수한 의미-사건으로 남는다. '아이가 매 맞는' 환상은 어느 순간 '아버지가 때리다'라든지 '친구를 때리다' 등등의 환상으로 전이된다. 다양한 계열들이 공존하는 이러한 환상 속에서 때리는 행위는 그 자체로 중성적 요소로서 이념적인 형태로 영원히 '반복된다.' 들뢰즈는 루이스 캐롤의 소설을 인용하며 이러한 순수-사건의 논리를 보여준다.

5 같은 책, p. 138 참조.

캐럴의 작품에 산포되어 있는 수많은 예들은 다음과 같다. 즉 '고양이가 박쥐를 먹는다'와 '박쥐가 고양이를 먹는다', '나는 내가 의도하는 것을 말한다'와 '나는 내가 말하는 것을 의도한다', '나는 내가 얻은 것을 좋아한다'와 '나는 내가 좋아하는 것을 얻는다', '나는 잠을 자면서 숨을 쉰다'와 '나는 숨을 쉬면서 잠을 잔다' 등은 하나의 동일한 의미를 갖는다.

이렇듯 다양한 현실적 양상 안에서 반복되는 잠재적인 미분화된 이미지들은 역으로 그 자체 내부에 다양한 계열들 속에서 현실화될 수 있는 계기를 포함하고 있다. 앞서 예를 든 '때리다'와 '먹는다'라는 동사-사건이 구성하는 잠재적 이미지는 현실적 계열들로 분화되기를 기다리는 몰개체적 특이성(singularity)이다. 들뢰즈가 말하는 '특이성'이란 현실적으로 분리된 개개의 사물들로서 지칭되기 이전의 고유한 '이것' 혹은 '저것'들 내지는 현실적인 대상에 귀착되기 이전의 이념적인 고유명을 의미한다. 데카르트의 '명석판명(clear and distinct)한 관념'이라는 용어를 패러디하는 들뢰즈는 절대적으로 이질적인 각각의 특이성들을 일의적인(univocal) 존재론적 장 안으로 배분하는 의미-사건의 흐름을 상정하며, 그러한 흐름 속에서 특이성들이 '명석하지만 모호한(clear but vague)' 차원을 형성한다고 말한다. 즉 자아의 이상화된(=성애화된) 이미지와 무관한 채로 사유의 형이상학적 표면 속에서 분출하는 의미의 비물질적 강도(intensity)는 사유의 고유한 대상이 될 명석한 '이것' 또는 '저것'이라는 특이성들을 구성한다.

이러한 의미–사건들은 궁극적으로 동일한 존재론적 장으로 배분되며 유목적인 다양체를 형성한다. 비인칭적인 강도로 구성된 특이성들은 동일한 내재성의 평면 안에서 존재론적 난교의 장을 구성한다. 이와 같은 절대적인 내재성 안에서 들뢰즈는 해방적인 탈주의 가능성을 꿈꾸었다. 동일한 존재론적 지평 안에서 아직 인칭화·개체화되지 않은 채 서로 판명하게(distinct) 분간되지 않은 각각의 특이성들은 각자의 절대적 고유성을 보존한 채 기묘한 방식으로 상호 공명한다는 것이다. 들뢰즈는 「내재성 : 생명 … 」이라는 논문에서 자신의 독특한 존재론적 개념들에 대하여 다음과 같이 간명하게 설명한다.

> 하나의 어떤 생명을 구성하는 특이성들 또는 사건들이 그에 대응하는 정해진 한 생명의 우연한 일들과 공존한다. 하지만 이 때 특이성들 또는 사건들은 결코 동일한 방식으로 모이지도, 나뉘지도 않는다. 그것들은 개별자들과는 완전히 다른 방식으로 소통한다. 심지어 특이한 생명은 한 발 더 나아가 그 어떠한 개별성도, 특이한 생명을 개별화하는 그 어떤 다른 동반물도 필요로 하지 않는 것처럼 보이기까지 한다. 예를 들어 아주 어린 아이들은 그들 모두가 서로를 닮음으로써 개별성이라는 것을 거의 지니지 않지만 반면에 그들은 특이성들을 지닌다. 그들은 미소, 동작, 찡그린 얼굴과 같은 주체적인 성질들이 아닌 사건들을 지닌다. 말하자면 순수 역능인 내재적인 생명이, 고통과 연약함을 뛰어넘은 지복이기까지 한 내재적인 생명이 아주 어린 아이들을 가로지르고 있는 것이다. 생명이 보여주는 특별히 정해지지 않은 것들은 이런 식으로 그것들이 내재성의 평면을 채우는 한에 있어서, 또는 엄격하게 보면 결국 같은 말이겠지만 이런 식으로 그것들이 선험적인 장의 요소들을 구성하는 한에서 결과적으로

모든 비결정을 떨쳐버린다. 따라서 이러한 의미의 특별히 정해지지 않은 것은 결코 경험적인 의미의 비결정을 나타내지 않는다. 오히려 그것은 내재성에 대한 결정 또는 선험적인 의미의 결정 가능성을 나타낸다.[6)]

악덕의 윤리적 정초

들뢰즈는 절대적으로 내재적인 사유의 새로운 형이상학적(=자율적) 표면이 자아와 이드의 자기 보존 메커니즘보다 상위에 있는, 강제적·입법적인 차원으로서 존재하는 '공격성'을 통해서만 구성될 수 있다고 생각한다. 새로운 사유를 시작하기 위해서는 자아를 구타하고 이드를 폭행하는 작용이 필요하다. 말하자면 리비도의 나르시즘적 투여의 대상으로 존재하는 자아와 그것을 떠받치는 이드에 대한 규제 속에서만 비로소 '해방적인 사유'가 가능하다는 것이다. 이것이 들뢰즈의 엄밀한 도착적 논점이다. 이것은 그가 자발적인 욕망의 해방을 찬양했다는 세간의 소문과 다르다. 오히려 그는 대단히 금욕적인 사상가이며, 그의 윤리성은 바로 이러한 금욕적인 엄격함에서 나온다. 그리고 이러한 엄격함만이 들뢰즈가 '오이디푸스 콤플렉스'라는 타

6 질 들뢰즈, 박정태 편역, 『들뢰즈가 만든 철학사』, 「내재성 : 생명 … 」, 이학사, 2007, p. 515 참조.

율적인 도덕을 거부하는 진정한 동기를 이룬다. 들뢰즈의 관점에서 오이디푸스 콤플렉스가 부도덕한 체계로 남을 수밖에 없는 이유는 그것이 지나치게 억압적이라기보다는 지나치게 타율적인 시스템으로 남아 있기 때문이다.

오이디푸스 콤플렉스는 아버지–어머니–나라는 가족관계 안에서 자아의 상상적 이미지를 구성하는 장치(dispotif)이다. 이러한 친족관계는 헤겔의 변증법적 매개가 작동하는 초보적인 차원을 형성한다. 들뢰즈가 보기에 헤겔의 철학적 체계와 오이디푸스 구조는 한통속을 이룬다. 오이디푸스적 관계 안에서도 동일한 변증적 매개(mediation)의 과정이 작동하기 때문이다. 이러한 매개를 통해 구성되는 자기 이미지는 '타율적'인 것에 불과하다. 헤겔의 '자기 의식'이 타인의 인정에 의해 매개되는 것처럼 말이다.

들뢰즈가 보기에 그와 같은 배치 안에서 자율적인 사유와 행위는 절대로 불가능하다. 중산층 가정의 안일한 일상 안에서는 어떠한 모럴도 불가능하다는 아도르노의 주장과 유사하게도 들뢰즈는 프로이트가 이론화한 오이디푸스적 배치와 변증법의 모델 안에서는 어떠한 사유도 불가능하다고 단언한다. 이런 점에서 들뢰즈는 분명히 칸트주의적 면모를 지니고 있다. 그에게 있어서 윤리란 철저히 자기입법적(자율적)이어야 하기 때문이다. 진정한 창조는 리비도의 자동적 메커니즘으로부터도 혹은 그것을 규제하는 친족구조로부터도 나오지 않는다. 진정한 창조는 이 모든 타율적인 배치로부터 절연하는 것에서 시작된다. 그리고 칸트보다 더 나아가 들뢰즈는 이 자기입법적 작인이 자아나 주체라는 단위로 한정되는 것이 아니라 충동 자체의 돌이킬 수 없는 역전에서 비롯되는 것이라고 본다. 모든 진정한 덕성(virtue)은 기존의 자아와 그것을 구성하는 사회적 연결망을 파괴하는 악덕(vice)으로부터 정초된다.[7)]

오이디푸스적 배치는 들뢰즈에게 있어서 리비도의 메커니즘을 사회적으로 규제하는 것으로 이해되고 있다. 그것은 이드의 자율적인(=맹목적인) 강박을 유용한 대상이나 사랑스러운 대상에 대한 정념으로 재구성하기 위한 것이다. 그러나 그러한 규제는 그 자체로 비윤리적이다. 그것은 공동체나 사회의 관습으로부터 요청된 것에 불과하기 때문이다. 게다가 타율적인 배치로서 작동하는 오이디푸스 구조는 더 나쁘게도 자아의 비뚤어진 자유를 허용하는 계기가 된다. 그러한 배치 안에서 자아의 나르시즘적 자존감이 형성되기 때문이다.

여기서 들뢰즈는 프로이트의 초기 이론에서 연속적인 계기로 간주되는 에로스(성충동)와 타나토스(죽음충동)를 엄격하게 분리한다. 오이디푸스적 금지는 역설적으로 이드의 비인격적 충동을 성화(sexualize)하거나 혹은 에로스화하는 장치가 된다. 말하자면 리비도를 규제함으로써 역으로 성욕이 발생한다는 것이다. 예컨대 모든 사회적 금기는 언제나 성적인 위반에 대한 환상의 원천이 된다. 여기서 이드의 충동은 에로스화되며, 성적인 것과 거의 구분되지 않는다. 그러나 이와 같은 에로스=타나토스의 일치는 사후에라도 엄격하게 쪼개져

7 원문은 "우리의 덕은 악덕의 정초로부터 승격된 것이다." 키스 W. 포크너, 한정현 역, 『들뢰즈와 시간의 세 가지 종합』, 그린비, 2008, p. 123 참조.

야 한다.

이러한 이유에서 일탈 그 자체를 위해 일탈을 욕망하는 도착증자에 대한 슬라보예 지젝의 비난은 들뢰즈에게 아무런 해당사항이 없다. 들뢰즈가 말하는 도착증의 전략은 그것의 통상적인 의미와 완전히 다른 실천적 차원을 담지하기 때문이다. 들뢰즈가 실행하는 도착증은 단순히 금지의 위반에 대한 환상에서 나오는 것이 아니다. 그는 오히려 금기에 대한 환상 자체를 폐기하는 것을 목표로 한다. 들뢰즈가 지향하는 도착증은 사회적으로 부과된 금기를 역으로 아무런 환상 없이 스스로에게 자발적으로 부과하는 자유로운 행위에서 비롯된다. 그러한 금지는 타율적으로 부과되는 명령이 아니라 '내부로부터', 즉 리비도 자체의 강박적 충동의 원천으로부터 나오는 것이어야 한다. 그 원천이란 탈성화된 리비도의 얼어붙은 죽음충동이다. '금지'는 자아가 얼마든지 기만한다고 상상할 수 있는 외부의 권위로부터 오는 게 아니라 자기 내부의 목소리(=초자아)로서 울려퍼져야 한다. 그래야만 '도망칠 여지'가 없다. 초자아를 통한 가혹한 자기 처벌이 아니면 주체가 '욕망하는 대신 사고하게 만들' 수 없을 것이다. 내가 이 들뢰즈의 논지를 대단히 유혹적으로 느끼는 이유는 나 자신도 때로는 누군가 머리에 총을 겨누고 '공부해!'라고 위협하는 환상에 자주 시달리기 때문이다.

여기서 들뢰즈가 정신분석에 반대하는 요점이 분명히 드러난다. 따라서 우리는 그것에 반대하는 것에서 그의 윤리적 요체가 드러난다는 점을 간파해야 한다. 그는 정신분석이 준거하는 성욕과 그것을 규제하는 사회적 차원을 철저하게 부정한다. 게다가 들뢰즈에게 있어 정신분석이 자명하게 간주하는 성욕(=성충동)은 그 기원에 있어서 사회적으로 매개(오이디푸스화)된 것에 불과하다. 성욕은 그 자체로 자명한 인간의 정신적 원재료가 아니라 사회적인 길들임의 결과로 나타난 것이다. 따라서 관건은 바로 그러한 성충동을 그것이 기초한 사회적 배치로부터 '승화'시켜 그것을 자율적인 사유의 고원(plateux)들에 재접속시키는 것에 있다.

들뢰지언이 된다는 것의 어려움

우리나라에서도 '들뢰지언'을 자처하는 사람들이 꽤 있지만 역사상 들뢰지언에 가장 가까운 사람이 있다면 아마 들뢰즈 이전 사람인 무정부주의적 혁명가 네차예프였을 것이다. 가령 『네차예프, 혁명가의 교리문답』을 보면 다음과 같은 잔인하고 무의미한 준칙들이 적혀 있다.

> 그는 자신에게는 물론이고 타인들에 대해서도 포악해져야 한다. 친족관계, 애정, 우정, 감사, 심지어 정직까지의 모든 온화하고 연약한 감정은 속으로 억누르고 혁명에 대한 냉정하고 한결같은 열정에 그 자리를 내주어야 한다. 그에게 있어 혁명의 성공이라는 단 하나의 기쁨, 포상, 만족만이 위안으로서 존재한다. 주야로 그는 무자비한 파괴라는 한 가지 생각과 목적만을 가져야 한다. 그는 이 목적을 위해 냉혈하고 끈질기게 노력하면서 자신을 파괴하고 혁명의 행로에

대항하는 모든 것들을 그 자신의 손으로 파괴할 준비가 되어 있어야 한다.[8)]

네차예프의 독자들은 이러한 『네차예프, 혁명가의 교리문답』에 수록된 잔혹한 원칙들을 보고서 다음과 같은 의문을 가질 법하다. "도대체 무엇 때문에 이렇게까지 해야 하는가?" 말하자면 이 『네차예프, 혁명가의 교리문답』을 읽어도 혁명가의 이상이 무엇인지가 전혀 이해되지 않는다. 네차예프의 교리문답은 특히나 혁명가들 자신의 혁명적 대의에 관해서 아무것도 가르쳐 주지 않는다. 들뢰즈라면 바로 여기서 충동의 차원에서 일어나는 역전을 즉시 간파했을 것이다. 말하자면 이 교리문답은 그것이 초자아의 과도한 명령을 담고 있는 한에서 기존에 욕망되어 왔던 혁명적 이상주의에 대한 나르시즘적 투여를 완전히 파괴한다. 우리는 이러한 혁명적 초자아의 형상 안에서 자기 자신과 타인, 심지어는 모두가 기초하고 있는 정치적 대의마저도 희생할 것을 각오해야 한다. 그리고 이러한 잔혹한 자기 포기의 지점에서 상실된 혁명의 이상은 바로 그것이 나르시즘적 가치를 상실한 한에서 역으로 죽음충동을 통해 잔인하게 반복된다. 자아의 입장에서 상상할 수 없는 이와 같은 초자아의 냉정함은 그것이 끌어들인 이드의 충동에 의해 잔인하게 반복된다는 것이다. 네차예프의 교리문답은 들뢰즈가 이야기한 매저키즘적 · 도착적 실천과 대략적으로 일치한다.

8 필립 폼퍼(Philip Pomper), 윤길순 역, 『네차예프, 혁명가의 교리문답』, 교양인, 2006 참조.

여기서 우리는 들뢰즈가 마키아벨리즘적인 모습으로 상연된 플라톤주의를 무대에 올리고 있는 것을 볼 수 있다. 즉 네차예프-들뢰즈는 혁명정치의 영원한 플라톤적 이상을 더 잘 보존하기 위해 오히려 그것에 투여된 이상주의적(나르시즘적) 가치를 가차없이 파괴한다는 것이다. 우리를 얼어붙게 만드는 냉정한 잔인함 속에서만 비로소 기존에 상상적 형태로 추구되었던 정치적 이데아(idea)가 보다 잘 회귀할 것이라는 전망을 이 두 저자는 공유한다. 그러한 잔인한 방법을 통해서 비로소 혁명적 이상은 모든 현실적 맥락과 무관한 방식으로 '반복'되리라는 것이다. 이러한 도착적인 윤리는 초자아와 이드 사이의 정교한 책략을 통해 반복된다. 우리는 이 네차예프에 필적하는 사람들이야말로 '들뢰지언'의 칭호에 값할 수 있다고 말할 수 있다.

여기서 우리는 들뢰즈의 가공할 만한 윤리적 핵심에서 새로운 전복적 차원을 발견할 수 있을까? 이 물음에 대해 다음과 같이 대답할 수 있다. 들뢰즈의 윤리란 완전히 새로운 것이라기보다는 종래의 자기입법적인 칸트적 윤리에 마키아벨리즘적 전환을 가한 것이다. 이러한 방식의 윤리적 전환의 진정한 결과는 무엇인가? 오늘날 급진적 윤리학의 과제는 '선한 의도'와 '선한 결과'로부터 종래의 윤리적 규범을 빼내는 것에 있다. 들뢰즈 역시 이러한 흐름과 궤를 같이 한다. 앞서 보았듯이 들뢰즈는 윤리를 좋은 의도나 좋은 결과가 아니라 그것의 반복(*repetition*)적 요소에 의해서 정당화하기 때문이다. 죽음충동 속에서 스스로 반복되게끔 하는 것이 선한 것이다. 이것이 그가 전통적 윤리를 전복하는 그만의 니체주의적인 방식이다. 그리고 이러한 반복을 구성하는 것은 주체의 선한 의도 내지는 공동체의 선한 규범이 아니라 이 모든 것을 정교하게 우회하는, 초자아와 이드 사이에서 합의된 교묘한 계략이다.

그러나 이러한 계략은 단지 들뢰즈 고유의 것만은 아니다. 그것은 마키아벨리가 군주의 책략으로 간주했던 것과 동일한 외연을 공유한다. 마키아벨리에게 있어서 군주의 진정한 주권은 그러한 주권적 지배를 부지불식간에 반복되게끔 조작하는 책략에서 나온다. 그러한 책략이 의도하는 반복만이 주권성의 진정한 표징이다. 그리고 이것이 전통적인 윤리적 지평에 강박되어 있던 아리스토텔레스적 정치학에 진정한 전환을 불러일으켰다. 이러한 마키아벨리즘적 전회는 훌륭한 미덕(virtue)을 통해 통치하는 정치의 모범적 상을 자기 자신과 타인 모두에게 교묘하게 덫을 놓는 책략의 영역으로 대체하는 것에 의해서만이 아니라, 바로 그러한 미덕 자체가 비인격적인 차원에서 스스로 반복됨으로써 비로소 덕스러워진다는 사실의 단언에 의해서 지탱된다. 들뢰즈 철학의 윤리적 핵심은 이러한 마키아벨리즘적 전회를 전통적 윤리의 영역을 넘어서서 보다 철저하게 밀어붙이는 것에 있다.

Chapter_8

법치주의를 위하여

「폭력 비판을 위하여」 독서후기

법치주의의 위기

촛불시위와 용산참사 이후 위정자들의 입에서 '법치주의'라는 단어가 심심찮게 거론되고 있다. 우리 역시 그들이 말하는 법치주의에 무엇이 걸려 있는지, 어떤 알기 쉬운 정치적 의도가 있는지, 그것이 민주주의와 관련해 어떤 '반비례' 관계가 있는가에 대해 많은 이야기들을 해왔다. 그러나 법치주의에 관해 상대가 이야기한다면 우리 역시 '법치주의' 그 자체에 대해서, 아니 '법' 그 자체에 대해 응수하는 것이 더 낫지 않은가? 좋다. 그들이 공을 던졌다면 우리는 그것을 되받아 사유하면 되는 것이다. 우리에게 많은 유용한 참조문헌들이 있겠지만 무엇보다 발터 벤야민의 논문 「폭력 비판을 위하여」가 가장 적절할 듯하다. 이에 더해 『법의 힘』에 수록된 데리다의 해당 논문에 대한 독해도 있다. 발터 벤야민의 역사신학적 논문에 대한 데리다의 독해를 참조하기 전에 헤겔 법철학의 변증법적 전개과정을 먼저 재구성해 보는 게 좋을 것이다.

법에 대한 정신의 최초 반응은 '법이 달리 법이겠느냐' 는 것이다. 법이 법으로서 권위와 강제력을 지니는 것은 분명 이유가 있다는 것이다. 왜냐하면 그것은 법이기 때문이다. 이러한 동어반복적 태도는 사회적 불안정과 정치적 불화에 대한 쁘띠들의 겁에 질린 반응에서 잘 드러난다. 소시민적 정신은 그 자체로 즉자적인 법을 참조한다. 이 때의 법은 정신적으로 반성되지 않은 채 단순한 객관적 현실로서 정립된다. 말하자면 당장 저 도심과 의사당이 물리적 충돌로 인해 아수라장이 되더라도 법의 본질은 혼란스러운 소동과 무관한 객관적 참조물로 남는다. 법은 이러한 폭력의 분출을 자신을 강제적으로 관철시키는 자기 운동의 계기로 흡수하며 스스로를 동심원적 원환고리 안에 가두게 된다.

그런데 정작 헤겔 자신은 『법철학』에서 이러한 법감정을 비판한다. 법은 인륜성의 표현이지 자기완결적인 규범의 집합이 아니기 때문이다. 법은 그것을 법으로서 정초하는 사회적 행위에 선행하지 않는다. 그러나 앞서의 관점은 법적 강제력에 대한 즉자적인 참조행위 그 자체가 부지불식간에 해당 법의 적법성을 전적으로 지탱한다는 사실을 망각한다. 이러한 참조행위가 사회적 호소력을 잃을 때 법은 자신의 법적 효력을 잃게 될 것이다.

다음의 단계는 법의 즉각적인 자명성을 의심하고 괄호에 넣는 정신적 태도로서, 이전의 순진한 단계에 대해 계몽된 '부정' 으로서 출현한다. 이 부정은 전 단계에서 정립되었던 즉물적 법감정이 한낱 '정립된' 것에 불과하다는 동어반복적 사실을 반성함으로써 발생한다.

이러한 태도를 헤겔은 '외적 반성'이라고 부르는데, 그것을 통해 정신은 법에 대해 외적인 거리를 취하며 법을 법으로 만드는 사회적 조건과 정황들을 탐구하기 시작한다. 여기서 법의 현실성은 일정한 반성에 의해 매개되고 내면화된다. 그러나 우리는 이 내면화라는 단어를 오해해서는 안 된다. 법의 즉자적 본질이 정신 속에서 내면화되고 지양될 때 정확히 수행되는 것은 문화인류학적 · 상대주의적 · 사회계약론적 법 비판이다. 비판의 요지는 다음과 같다. 법의 본질은 그것을 법으로 만드는 일련의 외적 조건 속에서만, 법적 당사자의 상호 인정의 그물망 한가운데에서만 적법한 것으로 실현된다. 이것의 또 다른 마르크스주의적 판본은 "법은 그것을 법으로 만드는 총체적인 사회적 조건을 반영한다"라는 명제로 변주된다. 그렇다면 여기서 도출될 수 있는 최상의 법 비판은 기존의 불투명한 폭력적 권위를 공동체 구성원 간의 합리적 대화의 절차로 대체하는 것이다. 하버마스가 '의사소통적 합리성'으로 말한 것이 바로 그것이다.

그러나 이러한 반성적 태도가 염두에 두지 못한 것은 발터 벤야민이 자신의 논문 「폭력 비판을 위하여」에서 '법정초적 폭력'이라고 명명했던 법의 내적 구조이다. 말하자면 법이 자신을 사회적 관계에 대한 상위의 조정자로서 내세우기 이전에 그것은 우선 모든 사회적 관계를 가차없이 부정할 수 있는 공포스러운 위력으로서 나타나야만 그러한 조정자의 역할을 자처할 수 있다. 이것이 법정초적 폭력의 한 계기를 보여준다. 법에는 바로 이러한 수행적 차원의 폭력적 구조가 있다. 이것은 기존의 자기만족적인 법 비판에서 작동하는 법에 대한 중립적 · 분석적 거리를 무효화한다. 법의 불합리한 권위에 대한 기존의 비판은 아직 불충분한데, 왜냐하면 이것은 일종의 '법 없는 법'을 상상하고 있기 때문이다. 사실은 합리화될 수 없는 공포야말로 법이 그 자신을 정립하는 데 있어 필수적인 계기이지 않은가. 실정법에는 공동체 내에서의 상호 합의된 질서로 환원될 수 없는 과장된 폭력적 계기가 존재하기 마련이다. 법이 공동체의 질서로 내면화되기 이전에 법은 우선 그 자체로 어떤 공동체의 조화로운 합의로 되돌려질 수 없는 무조건적인 폭력으로서 스스로를 드러내야 한다.

내친 김에 더 이야기하자면 그러한 법적 폭력성은 경찰과 군대라는 조직이 보유한 불투명한 관료적 특성에서 더 잘 돌출된다. 경찰과 군대라는 거대한 조직은 명목상 그렇게 자처하듯 단순히 법을 집행하는 수단에 그치는 것이 아니다. 그러한 집단은 관료적 조직의 일상적인 실존 자체만으로도 단순한 수단 이상의 폭력적 효과를 평상시에도 발휘하고 있는 것이다. 어쩌면 법치주의의 진짜 위기는 바로 그런 법의 내속적 과잉을 다시금 법 스스로가 통제하지 못하는 데서 초래된 위기인지도 모른다. 나중에 다시 언급하겠지만 발터 벤야민은 이러한 법치주의의 내속적 위기에 대해서 이야기했던 것이다.

아무튼 마지막에 헤겔의 최종적인 변증법적 역전이 수행되는데, 여기서 우리는 법이 공동체의 인륜성 내부로 내면화되기 이전의 법의 동어반복적 자기 정당화라는 원래의 폭력적 지점에 다시 한 번 부딪히게 된다. 여기서 정신은 자신의 반성적 사유에 의해 결코 매개될 수 없는 법의 불활성적인 실재적 중핵에, 다시 말해 법의 메스꺼운 향유에 마주친다. 이 지점에서 정신은 다음과 같은 사태를 통찰하게 된다. 법은 그것을 법으로 정립하는 알 수 없는 우발적인 수행적 제스처에 전적으로 지탱되며, 이 선반성적인 (비)행위와 함께 묶이게 된다. 여기서 정신은 다시금 '법은 … 법이다' 라는 최초의 동어반복적 제스처로, 말하자면 정확히 최초의 소박한 입장으로 돌아가는 것처럼 보인다.

그러나 이러한 최후의 사변적 결론과 반성적인 매개를 거치기 이전의 선반성적 결론 사이의 표면적 유사성 이면에는 극명한 모순이 존재한다. 마지막 결론에 도달함으로써 정신은 법 그 자체에 환원 불가능한 우발적 계기를 기입시키며 다시 그것을 돌이킬 수 없이 분열시킨다. 법은 두 개의 차원으로 쪼개진다. (1) 사회적 관계를 중립적으로 조정하는 프레임으로서 기능하는 합리적인 담화규칙, 그리고 (2) 법이 사회적으로 적법한 것으로 승인되기 이전에 거쳐야만 하는 부정적·폭력적 계기로서 존재하는, 자기관계적 향유에 길들여진, 자위행위적인, 스스로의 절대적인 적용 가능성에 광분하는 미친 법. 정신분석에서 말하는 외설적 초자아(super ego)와 유사한 법의 광기.

법의 광기

발터 벤야민은 후자의 외설적인 법, 표면상에서는 억압되어야만 하는 계기로서 감추어진 그러한 법의 형식을 '법의 힘(Force de Loi)' 내지는 '법정초적 폭력' 이라고 부른다. 벤야민의 법 비판은 법과 폭력의 부적절한 공모관계에 대한 폭로로 손쉽게 이해될 여지가 있다.

그러나 이러한 폭로는 어디엔가 폭력과 연루되지 않은 법이 존재할 것이라는 유토피아적 가정에 기초한다. 이러한 가정이 사실이라면 벤야민은 폭력으로부터 자유로운 비폭력적 법(정의)의 가능성에 대해 어떤 통찰을 했던 것일지도 모른다. 그러나 그의 논문에서 벤야민은 이러한 '이상주의적' 통찰에 대한 반감을 드러낸다. 벤야민에 따르면 법과 폭력의 연결은 내속적인 것이며, 이를 평화주의적이거나 도덕주의적 관점에서 비판하는 것은 잘못이다. 그에게 근본적인 법 비판은 "오히려 모든 법적 폭력에 대한 비판, 곧 입법권력이나 행정권력 모두에 대한 비판에 상응하는 것이며, 이보다 제한적인 기획에 의해서는 제대로 수행될 수 없다."[1] 따라서 벤야민에게 있어서 진정한 법 비판은 법적 정의로부터 폭력을 배제하자는 기획을 향해서가 아니라, 정의가 어떠한 형태의 폭력을 수반해야 하느냐라는 질문으로 나아가야 하는 것이다. 여기서 벤야민은 폭력에의 유형학적 탐구로 향하게 된다.

데리다는 『법의 힘』에서 일종의 예비적 논의로서 파스칼의 단상을 끌어온다. "힘 없는 정의는 무력하고 정의 없는 힘은 전제적이다 … ." 따라서 사태를 해결하기 위해서는 "정의가 힘을 갖추거나 힘 있는 자가 정의로워야 한다 … ." 결국 어떤 형태로든 둘은 내속적인 관련을 맺어야 한다는 것이다. 여기서 데리다는 벤야민이 개념화한 법

1 자크 데리다, 진태원 역, 『법의 힘』, 문학과지성, 2004, p. 148 참조.

정초적 폭력에 대한 최초의 소묘를 발견한다. 여기에 더해 데리다는 프랑스어에는 존재하지 않는 "Enforce the law(법을 강제하다)"라는 영미권의 관용적 표현과 법은 법을 강제하는 힘(gewalt) 없이는 어떤 법도 아니라는 칸트의 주장을 의미심장하게 연계시킨다. 실정법과 그것의 법적 효력을 정립하기 위해서 그 이면에서 요청되는 절대적인 폭력 내지는 법적 강제력은 법이 보장하고자 하는 정의 그 자체와 관련해 부차적인 사항처럼 보인다.

그러나 법이 그 자체로 맹목적인 폭력으로서 실증되는 한에서만 그것의 적법성과 정당성이 사후적으로 보증될 수 있다. 데리다는 법이 긍정적인 형태의 실정법으로 정립되기 위해서는 모든 개별적인 사회적 정의감과 그것의 효력을 모조리 부정하는 사전적인 폭력의 계기를 내포해야 한다는 사실을 지적하며, 그 자체로는 정의와 탈구된 관계를 맺는 그러한 폭력이야말로 법적 정의의 보편화 가능성의 조건을 제공하는 것으로 간주한다. 법조문의 내용으로 환원되지 않지만 그 안에 삽입된 필수적인 계기, 다시 말해 '순수 수단'으로서의 폭력은 법이 단순히 특정한 이해관계를 은폐하는 상부구조에 지나지 않는다는 흔한 마르크스주의적 통찰을 예기치 않은 방식으로 논박한다. 아나톨 프랑스의 반어적 언급대로 "법은 평등하게 부자와 가난한 자들을 다리 밑에서 밤을 지내는 것을 금지한다." 법의 진정 두려운 측면은 바로 부자들조차 다리 밑에서 지내는 것을 금지한다는 사실이다.

이 점은 용산참사와 같은 사회경제적 갈등에 대해서도 빛을 던져준다. 우리가 그러한 사태를 보면서 법치주의가 어떤 위험에 직면했다고 직감하는 것은 전적으로 정당하다. 다만 여기서 법치주의의 규정에 대해 다시 한 번 반성해야 한다. 불편부당한 정의를 담지해야 할 법이 대기업 건설사들의 이익을 편향적으로 옹호한다는 통상적인 비판이 놓치는 것은, 바로 법의 진정으로 두려운 측면이 용산 뉴타운 재개발 과정에서 벌어지는 사회경제적 모순에 대한 법의 '잔인한 무관심'에 있다는 사실이다. 법은 내속적으로 그러한 것들 '따위에', 즉 세입자들의 주거권이나 생존권 같은 것뿐만 아니라 건설사들의 이윤 추구 양자에 대해 무관심하다는 사실에서 가공할 만하다. 법은 (아나톨 프랑스의 말을 뒤틀자면) 세입자와 건설사 모두가 평등하게 거리에서 화염병을 던지는 것을 금지하는 것에서 자신의 궁극적인 힘을 발현한다. 그렇다면 법치(法治)는 역으로 그러한 법의 내속적 과잉과 그것의 맹목적인 폭력을 길들이고(治) 인간화하는 측면에서 요청되어야 한다. 그것이 법치주의의 진정한 의미이다. 법치주의는 단순히 법을 통해 다스리는 것만이 아니라 법 그 자체의 맹목성을 다스리기 위해 요청되는 것이다. 법치주의의 진정한 의미는 어쩌면 법이 그 자신으로부터 보호되어야 한다는 것일지도 모른다. 최근 보수세력의 법치주의 타령은 이런 점을 전혀 생각하고 있지 않다.

다시 벤야민으로 돌아가 보자. 그는 논문의 첫머리에서부터 법을 가능케 하며 그것이 아니었다면 법을 한낱 언어 게임들 중 하나에 불과한 것으로 만들었을 법의 보충적 계기, 즉 법의 힘에 대해 말하며, 나아가 그것이 자신의 법 비판에 있어서 유일한 논의의 대상임을 천명한다. 이러한 주제야말로 '법치주의의 위기'가 인구에 회자되는 오늘날에도 유용하지 않을까? 게다가 벤야민이 사유했던 정치적 배경은 의회민주주의의 위기와 이에 맞물린 법치주의의 위기로 점철되었던 독일 바이마르 공화국이었다. 그것은 동시에 파시즘의 도래를 눈앞에 둔 시기이기도 했다. 그는 이러한 논의의 구체적 배경과 관련하여 법이론을 양분하는 '자연주의적 법이론'과 '실증주의적 법이론' 모두가 법적 폭력을 사유하는 데 실패한다고 지적한다.

자연주의 법이론은 실정법의 정당성을 실정법 이전의 자연권에 기초하여 비판할 수 있다고 주장한다. 자연주의 법이론은 법조항의 적법성을 목적의 정당성에 비추어 평가한다. 이는 오늘날의 촛불시위에서 흔히 이야기하는 국민 저항권과 연결된다. 생존을 위해서 자신의 신체를 사용하는 것이 생존의 목적에 비추어 정당하듯이 불의한 법에 대한 국민의 저항권 역시 그 자연적 목적에 비추어 정당하다는 것이다. 그러나 한편으로 법실증주의는 바로 그러한 법 이전의 자연적 권리란 존재하지 않는다고 지적하며 법은 어떤 주관적 의지로 부정할 수 없는 폭력의 역사적 생성물임을 공언한다.

벤야민은 기본적으로 법이 폭력의 역사적 생성물이라는 법실증주의의 관점을 받아들이지만, 동시에 자연주의나 법실증주의나 동일한 이론적 독단을 공유하고 있다고 말한다. 법실증주의가 말하는 적법성이라든지 자연주의가 논하는 정당성이라든지 하는 범주로는 법철학에 대한 근본적인 반성에 도달하지 못하기 때문이다. 우리는 적법성과 정당성을 초과하는 기원적 과잉(법정초적 폭력)에 도달해야만 한다. 그것은 법적 이념을 표현하는 수단인 동시에 바로 그 수단을 통해서 이념을 정초하는 위력이기도 하다. 폭력이라는 역사적 범주는 그 자체로 법적 정의를 정초하며 그것과 일체가 된다. 역사적 이념은 폭력을 통해서만 발현되며, 그 외의 다른 방법은 없다. 모든 이념에는 바로 그러한 폭력의 구조가 함축되어 있는 것이다. 이에 따라 벤야민은 그러한 정초적 폭력을 '순수 수단'이라고 명명한다. 그러한 수단은 단순히 외적 목적을 따르는 것이 아니라, 이념적 목적 그 자체를 정초하는 특이한 폭력의 유형을 형성하기 때문이다.

한국에서 군대에 다녀온 사람들이라면 이러한 정초적 폭력에 대한 벤야민의 신학적·사변적 묘사들에 대한 거부감에서 한층 자유로울 것이다. 첫 자대배치 이후 소위 분위기가 좋지 않은 내무실에 첫 발을 들여놓을 때 신병들이 경험하는 사변적인 현실을 떠올려 보라. 내무실의 사소한 일상 하나하나에까지 간섭하며 수단에서 적법하지도 않고 목적에서 정당하지도 않은 초현실적이고도 무조건적인 규제들. 대외적인 군법에는 존재하지 않지만 그러한 공식적 외관을 지탱하는 은밀한 조건인 양 절대적으로 준수되어야 하는 이면의 숨 막히는 악-폐습들. 이러한 현상들은 공식적으로는 부인되지만 다른 한편에서는 군대라는 조직의 이념을 부지불식간에 드러낸다. 그러한 일상적 악-폐습은 군대를 보다 효율적으로 운영하기 위해 불가피하게 요구되는 도구적 수단만이 아니라, 그 조직의 이념적 성격상 제거할 수 없는 정초적인 폭력의 편린들을 보여준다.

법정초적 폭력의 두 가지 기원

데리다가 벤야민의 논의에 개입하는 곳은 바로 법의 기원적 과잉(폭력)이 시간적으로 배가되는 지점이다. 발터 베야민은 법의 내속적인 과잉(폭력)을 다시 '법정초적 폭력'과 '법보존적 폭력'으로 구분한다. 벤야민은 당시 근대 국가에서 일반적인 것으로 자리 잡은 전시 국민개병제를 법보존적 폭력의 대표적 사례로 들고 있다. 국민개병제란 단순히 국가의 생존이라는 자연적 목적(이념)을 위해 요청되는 폭력적 수단에만 그치는 것이 아니라, 국민들이 법질서의 폭력적 강제에 복종하도록 길들이는 수단이기도 하다. 이러한 형태의 국가적 폭력은 다른 이념적 목적을 위해서가 아니라 법질서 그 자체를 수호하는 것을 목적으로 삼는다. "시민들을 법에 복종하게 만드는 것조차도 하나의 법적 목적이기 때문이다."[2)]

벤야민은 역사적 이념을 정초하는 법정초적 폭력과 구분하여 법의 보존 그 자체를 위해 요청되는 맹목적인 폭력을 법보존적 폭력이라고 부른다. 법보존적 폭력은 기원의 폭력적 사건에 대한 '상기'를 통해 그러한 법적 기원에 맞선 사회적 대항폭력을 억압하는 폭력의 구조이다. 그것은 기원적 폭력을 통해 정초된 법질서를 보존하기 위해 요청되는 또 다른 폭력의 계기인 것이다. 여기서 일종의 '기억의 정치학'이 개입한다는 사실을 지적할 필요가 있다. 한국적 상황으로 논의를 한정하자면, 사회적 반란에 대한 흔한 보수주의적 반응은 바로 이 나라가 어떻게 공산주의자들과의 전쟁을 통해 힘겹게 사회적

2 같은 책, p. 148 참조.

번영과 안정의 초석을 다졌는지에 대한 건국신화를 환기하는 행위에서 드러난다.

이와 관련하여 데리다의 벤야민 독해에 담겨 있는 해체주의적 요점을 명확히 볼 수 있다. 법정초적 폭력과 법보존적 폭력 사이에서 언뜻 분명하게 작동하는 것 같은 이런 시간적 분리가 어떤 지점에서는 교란된다는 것이다. 데리다는 한낱 보충적인 것에 지나지 않은 기원적 폭력에 대한 사후적인 환기가 오히려 기원에 우선하며 그 자체로 기원적인 것을 구성한다는 역설을 말한다. 다시 오늘날 보수주의자들의 반응으로 돌아가자면 그들이 고난에 찬 건국행위를 환기하는 바로 그 제스처가 사후적으로 그들의 순수한 정초적 기원을 정립한다는 것이다. 벤야민이 분석했던 것과 유사하게 한국의 보수파 역시 대한민국의 정통성을 공산주의자와 체제전복자들을 향한 기원적 폭력에 두고 있다. 그러나 사실 그러한 기원적 폭력은 지금 여기서 자행되는 사회적 폭력과의 관계 안에서만 기원적인 것이 된다.

'법정초적 폭력'과 '법보존적 폭력'의 시간적 구분에서 발생하는 애매성은 데리다가 보기에 벤야민이 그러한 법의 기원적 폭력을 '현전'의 논리로 사유함으로써 그 자신의 형이상학적 한계에서 부딪혔음을 신호하는 징후로서 파악한다. 여기서 데리다의 주장은 어떤 점에서는 옳다. 우리는 법이 자신의 이념을 폭력적으로 정초하는 기원적 사건이 어떠한 특정 시기에 현전했던 역사적 순간으로 한정될 수 없음을 인정해야 한다. 그러한 기원은 사후적으로 구성된 것이기 때문이다. 그러나 데리다가 모호한 방식으로 인정할 수밖에 없었듯이 벤야민은 신화적 기원을 실제의 역사적 사건으로 실체화하는 그러한 초보적인 실수를 범하지 않는다. 그렇다면 만일 데리다의 벤야민에 대한 이러한 해체주의적 논평이 그 자체로 동어반복적인 것이라면 어쩔 것인가?

벤야민은 자연적 기원에 대한 사후적 보충으로서 작동하는 법보존적 폭력에서의 필연적인 '타락'의 양상을 고찰한다. 법정초적 폭력은 그것을 보존하는 폭력 속에서 타락하게 된다는 것이다. 벤야민은 법정초적 폭력과 법보존적 폭력을 구분할 때, 양자의 폭력 모두 어떤 목적에 대한 순수 수단이라는 공통점에서 출발하여 전자가 이념적 목적을 자신의 위력 속에서 정초하는 폭력임에 반해 후자가 자신의 법적 질서를 보호하는 자기목적적인 폭력적 수단임을 주장한다. 그렇다면 법보존적 폭력에 이르러 최초의 기원적 폭력은 그것이 정초한 이념적 목적과 더 이상 구별되지 않으며, 결국 최초의 폭력이 자신의 위력 속에서 정초했던 이념으로부터 멀어지게 된다.

> 이후의 법은 자신의 폭력에 대한 신뢰감을 상실한 까닭에 더 이상 이전의 법처럼 자신이 다른 모든 폭력과 어깨를 겨룰 만하다고 생각하지 않기 때문이다. 오히려 다른 폭력들에 대한 두려움과 자기 자신에 대한 불신은 법의 동요를 드러내 준다. 법은 법보존적 폭력을 강력하게 발휘할 필요가 없도록 하기 위해 자기 자신을 목적으로 정초하기 시작한다. 따라서 법은 도덕적인 이유 때문이 아니라, 자신이 기만당한 사람들에게서 불러일으킬지도 모를 폭력이 두렵기 때문에 기만에 맞서는 것이다. 이 두려움이 법의 기원에서 유래하는 법의 고유한 폭력적 본성과 갈등을 빚기 때문에 이러한 목적들은 법의 정당화된 수단들에 적합하지 않다. 이 목적들은 법의 고유 영역의 타락뿐만 아니라 동시에 순

수 수단의 제한을 보여준다.[3)]

법의 기원적 폭력이 사후에 타락하게 되는 과정을 이야기할 때 벤야민은 '경찰'(!)이라는 조직을 언급한다. 그런데 그는 근대 법질서의 유지에 있어 필수적인 경찰조직을 역으로 의회제도의 내속적인 실패의 징후로 읽는다. 이러한 독해는 분명 오늘날의 한국 현실에 대해서도 놀라울 정도로 적실하다. 단적으로 말해 의회민주주의를 정초한 기원의 혁명적 폭력이 경찰제도라는 보존적 폭력 안에서 타락하게 되었다는 것이다. 경찰조직은 분명 사법부나 입법부처럼 법을 정립하고 해석하는 권리를 부여받지 못했다. 그것은 명목상으로 그저 있는 그대로의 법을 적용하는 임무를 떠맡은 조직에 불과하다. 그러나 그것은 은밀하게 자신만의 법해석을 적용함으로써, 전방위적으로 취조·구속·감시하는 실천을 통해 사실상 일상생활에 안에서 그 의미를 잃어버린 법정초적 폭력의 이념을 부적절한 방식으로 반복하는 것이다. 이에 따라 그는 경찰제도에 수치스러운 그 무엇이 있다고 이야기한다.

경찰기관의 수치스러움은 이 기관에서는 법정립적 폭력과 법보존적 폭력 사이의 분리가 제거된다는 데 있다 … (중략) … 첫 번째 폭력이 승리를 통해 자

3 같은 책, p. 156 참조.

신을 입증할 것을 요구받는다면, 두 번째 폭력은 자기 자신이 새로운 목적들을 정립해서는 안 된다는 제한에 복종한다. 경찰의 폭력은 이 두 가지 제약을 면제받는다. 경찰의 폭력은 법정립적이면서 법보존적인데, 왜냐하면 이는 이러한 목적들을 임의로 처리할 수 있기 때문이다. 경찰의 폭력의 목적이 항상 나머지 법률들과 동일하거나 그것들과 결합되어 있다는 주장은 전혀 사실이 아니다. 오히려 경찰의 '권리(법)'는 근본적으로 국가가 어떤 대가를 치르더라도 성취하고 싶어하는 자신의 경험적 목적들을 더 이상 법질서를 통해 보증받을 수 없는 지점을 표시하고 있다. 따라서 경찰은 어떤 명확한 법적 조건도 확립되어 있지 않은 무수히 많은 경우에 '치안을 이유로' 개입한다 … (중략) … 여기서 경찰의 현존은 입법권과 행정권의 연관성을 통해 고양되지 못한 채 생각될 수 있는 최대한의 폭력의 퇴락을 보여주고 있다.[4)]

경찰제도에서 나타나는 것과 같은 법보존적 폭력이 수치스러운 이유는 그것이 법정초적 폭력을 아무런 명확한 이념 없이 무표적으로 반복하는 데 있다. 벤야민은 근대적인 의회제를 성립시키며 그것의 이념을 드러냈던 위대한 혁명적 폭력이 이후의 관료제와 경찰제에 의해 부패하게 된 역사적 과정을 명확히 의식하고 있다. 다시 말해 의회제가 본연의 이념(자유, 평등 등등)을 지키지 못했기에 경찰과 같은 억압적 행정기구들의 비대화를 낳았다는 것이다. 따라서 앞서의 관료적

4 같은 책, p. 152 참조.

형태로 반복되는 법보존적 폭력은 기원의 정초적 폭력을 부적절하게 패러디하면서 전치시키는 사후적인 타락의 과정이 된다.

벤야민과 신적 폭력

데리다가 여기서 지적하는 것은 이러한 타락의 과정에 대한 개탄에 더해서 벤야민이 여전히 다음과 같은 보충적 제스처를 추가해야만 했다는 것이다. 그것은 검경기관의 비대화에서 표출되는 법정초적 폭력의 외설적 타락이 그 자체로 필연적인 과정이며, 심지어 그것이 정초적 폭력 그 자체에 대해 구성적이라는 사실을 인정해야 한다는 것이다. 경찰제도와 그것이 실행하는 '사고하지 않는' 공권력이야말로 기원적인 법정초적 폭력과 이념을 실현하는 궁극적인 형식이라는 것이다.

그러나 우리의 주장은 데리다와 반대로 정초적 폭력과 보존적 폭력 간의 사변적 동일성을 굳이 말하지 않아도 벤야민의 텍스트를 충분히 그 자체로 독해할 수 있다는 것이다. 다시 말해 여기서 '해체' 될 것은 아무것도 없다. 데리다와 같은 해체주의적 독법은 오히려 벤야민의 엄밀한 정치적 요점을 가리고 만다. 그런 점에서 데리다의 독법은 도리어 벤야민 텍스트의 부적절한 신비주의를 더욱 부추기는 꼴이 되어버린다. 게다가 데리다의 벤야민 독해에서 드러난 이론적 급진성은 혁명의 타락과 퇴행은 어쩔 수 없는 과정이라는 신보수주의적인 입장과 은밀하게 공명하는 것처럼 보인다.

우선 데리다가 생각했던 것과 달리 벤야민은 자신의 논의에서 법정초적 폭력과 법보존적 폭력 사이의 애매한 뒤섞임이 이미 정초적인 기원 그 자체에 각인되어 있다는 자신만의 해체주의적 결론을 사실상 선취한다. 그는 정초적 폭력과 보존적 폭력의 그러한 뒤섞임에 대해 그것을 '신화적 폭력' 의 범주로서 지칭한다. 유럽 신화에서 자주 등장하는 내러티브처럼 정초적 폭력은 언제나 비극의 결말로 끝난다. 그리고 의회제를 정초한 역사적 폭력의 타락 역시 동일한 신화적 구조를 보여준다. 그런 점에서 오늘날의 정초적 폭력과 보존적 폭력의 관계는 '신화적' 이다. 법정초적 폭력은 자신의 이념적 목적을 순수한 형태로 발현(manifestation) 했던 스스로의 혁명적 기원을 망각하고 자신이 사후에 설립한 특정한 사회적 관계에 고착되며, 그것을 자신의 보편적 이념으로 간주하는 도착에 필연적으로 빠져들게 된다. 벤야민은 이러한 악순환을 신화적인 섭리를 따르는 발흥과 퇴락의 순환과정으로 간주한다.

여기에 데리다의 독법과 무관한 벤야민의 전복적 핵심이 있다면 그것은 다른 게 아니라 그가 법과 폭력의 이러한 착종된 관계를 초월할 가능성, 즉 '신적 정의' 를 담지할 또 다른 폭력의 조건을 사유했다는 사실에 있다. 데리다는 이를 법정초적 폭력과 법보존적 폭력 사이의 아포리아로부터 벗어나기 위한 절망적 시도로서 이해하지만, 우리는 이러한 해체주의적인 이해와 무관한 지점에서 벤야민의 사유를 읽어내야 한다. 정의를 사고할 때 폭력에서 자유로운 정의의 가능성을 탐색하는 흔한 방향과 달리 벤야민은 그러한 근본적 정의를 오히려 그것이 폭력과 맺는 고유한 관계 속에서 사유한다.

여기서 벤야민은 의회제에 대한 근본적인 비판을 선취하고 있다. 그의 신비주의적인 문체를 걷어내고 텍스트를 읽는다면, 벤야민이 부르주아 혁명에 기원을 둔 의회 시스템은 필연적으로 부패하고 타락할 수밖에 없다는 구조적인 사태연관을 분명하게 폭로하고 있다는 사실이 드러난다. 더 나아가 그는 급진적인 마르크시즘의 입장에서 의회제와 그것을 지탱하는 폭력의 악순환을 발본적으로 구축할 대안적인 혁명적(프롤레타리아적) 폭력을 요청한다. 그러한 폭력은 그 기원에서부터 타락한 부르주아적 이념이 아니라 새로운 공산주의적 이념을 정초할 것이다. "만약 폭력이 법을 넘어서는 순수한 직접적 폭력으로서의 지위를 확고히 한다면 이를 통해 인간이 발현하는 최상의 순수 폭력에 부여되는 이름인 혁명적 폭력이 가능하다."[5] 그는 그러한 신화적 폭력과 변별되는 폭력의 새로운 역사신학적 형태를 '신적 폭력' 이라고 명명한다.

벤야민이 그의 논문에서 '벗어날 수 없는 세계사적 속박' 이라고 불렀던 구조적 원환고리는 사실상 근대 국가의 의회적 · 입법적 구조이다. 그것이 그 운영원리에 있어 어떠한 형태를 띠든 의회제는 자본주의적 세계의 보편적인 통치형태이다. 벤야민은 그러한 역사적 구조를 역사신학적 관점에서 보았으며, 그러한 의회 독재를 깨고 나올

5 같은 책, p. 168 참조.

가능성을 신적 폭력이라고 불리는 메시아적 계기에서 찾는다. 그러나 유대적 메시아주의의 전통을 반향하는 이러한 신적 폭력의 이론적 가능성은 그 종교적·문화적 유래와 무관하게 최초의 문제로 드러났던 법정초적 폭력의 부정성을 그 개념적 층위에서 더욱 순수하게 반복하는 것에서 비롯된다. 법정초적 폭력은 실증적인 사회적 구조로 환원될 수 없는 역사적 이념을 폭력의 부정적 형태로 발현하는 과정이다. 그렇다면 신화적 폭력을 대체할 신적 폭력은 현실의 입법적·사법적 형태에 각인된 이러한 부정적인 계기를 더욱 철저하게 반복하는 것에 다름 아니다.

벤야민은 구약성서 「민수기」 16장에 등장하는 여호와의 고라 무리에 대한 심판을 참조하며 이것을 순환적인 신화적 폭력을 중지시킬 신적 폭력과 이에 맞물린 신적 정의로 규정한다. 벤야민에 따르면 그것은 어떠한 현실적인 제도적 형태도 남겨두지 않으며, 야훼가 자신의 종족을 응징하듯 경계 없이 파괴하고, 피 흘리지 않고 목숨을 앗아가고, 면죄시키고, 소멸시킨다.[6] 그것은 기존의 모든 실증적 형태의 사회적 관계를 무화하고 부정하는 폭력으로서 존재한다. 그리고 그 파괴성의 극단은 도리어 지난날의 모든 파괴들을 속죄하는 과정으로 전도된다. 이것은 폭력과 반폭력의 순환적 반복으로 점철되었던 죄 많은 역사의 시대를 끝내고 역사 이후의 국면으로 넘어가는 구속의

6 같은 책, p. 164 참조.

계기로 사고된다. 그것은 더 이상 부르주아적 의회와 정부형태를 필요로 하지 않는 새로운 초(超) 역사의 시대를 열 것이다.

그러나 이러한 종말론적 전망을 향하고 있는 신적 폭력이라는 개념은 실증적인 법적·역사적 구조로 사고될 수 없는 순수하게 부정적인 범주이다. 이러한 개념에는 그것이 지향하는 종말론적 목표와 별개로 사고되어야만 하는 그 자체의 개념적 부침이 존재한다. 사실상 벤야민의 설명만을 가지고 그의 텍스트에서 신적 폭력이 실제로 무엇을 의미하는지 이해할 수 없기 때문이다. 그것은 원칙상 한정된 형태로 규정될 수 없는 개념이며, 어떤 의미에서 칸트가 무한판단이라고 불렀던 판단영역에 귀속된다. 이러한 개념을 단순히 이론적인 차원에서 반추할 때 그것은 결국 그 실증적 의미가 끝없이 미끄러지는 신학적 신비주의와 같은 게 되어버린다.

따라서 우리는 신적 폭력이라는 범주를 이론적 차원에서 표출되는 정치적 증상으로 간주해야 한다. 벤야민은 독일 혁명이 유산된 이후의 정세에서 부르주아 의회제를 극복할 정치적 당위를 요청한 것이다. 그러나 독일 혁명이 보여주었듯이 소렐이 이론적 차원에서 말한 '프롤레타리아 총파업' 도 현실의 의회구조를 극복하지 못했다. 그것은 개념적 차원에서 새로운 역사적 형태의 폭력으로 사고되었지만, 현실에서 그러한 정치적 봉기는 이내 부르주아적 합의기구의 한 형태로 흡수되었던 것이다. 벤야민은 자신의 정세에서 이러한 악순환을 극복할 개입의 지점들을 찾아볼 수 없었다. 이것이 그를 이론적 신비주의로 향하게 했으며, 나아가 그 논의가 신학적 메시아주의의 색채를 띠게 했던 것이다.

그럼에도 벤야민이 말한 신적 폭력의 메시아적 가능성은 여전히 자본주의적 의회제도의 구조를 탈구축할 구체적인 개입들에 대한 규제적 원리로 요청되고 있다는 사실이 남는다. 벤야민은 독일에서 경험한 혁명의 사산에도 불구하고 여전히 그러한 이념을 이론적 차원에서 상정하고 있는 것이다. 언뜻 신비주의적으로 보이는 벤야민의 논의에서 우리가 주목해야 할 것은 바로 그 점이다. 신적 폭력이란 의회주의적 합의의 구조를 내파하는 정치적 실천들을 요청하는 이념이다. 벤야민이 그러한 신적 폭력의 이념을 '징표'이자 '봉인'이라고 불렀던 것도 바로 그러한 이유에서이다. 벤야민 자신의 설명에 의하면 그것은 단순히 신학적인 메시아주의만이 아니라 명확히 '주권적인 것'으로 사고되어야 한다. 그것은 의회적·부르주아적 합의기구를 넘어서는 진정한 인민주권의 가능성이다.

Chapter_9

랑시에르와 민주주의

『정치적인 것의 가장자리에서』 독서후기

정치철학과 변증법

즉자적인 것에서 대자적인 것으로의 이행이라는 변증법적 논리에 대한 슬라보예 지젝의 아름다우리만치 간명한 설명은 헤겔적 변증법이 어떻게 해서 하나의 순수한 '반복'에 불과한 것인지에 대한 탁월한 서술에서 잘 드러난다. "즉자에서 대자로의 이행은 반복의 논리를 내포한다. 어떤 것이 '대자적'이 될 때 현실적으로 그 안에서 어떠한 것도 바뀌지 않는다. 그것은 단지 그것이 이미 즉자적으로 그러했던 것을 반복해서 단언(remark)할 뿐이다. 그리하여 '부정의 부정'은 가장 순수한 지점에서의 반복 이외에 어떤 것도 아니다."[1] 가령 누군

1 슬라보예 지젝, 이성민 역, 『까다로운 주체』, 도서출판b, 2005, p. 125 참조.

가에게 사랑에 빠진 한 남성이 있다. 그리고 누군가 그에게 그녀를 사랑하지 말아야 할 매우 강력한 반정립들을 제시한다고 가정하자. 그녀의 어떤 성격적 결함, 외모의 추함, 비천한 집안배경 등등에 대한 온갖 이유들이 열거될 때 이것들을 '매개'하는 유일한 방법은 사랑에 빠진 남성이 단순히 다음과 같은 태도를 고집하는 것에 있다. "바로 그 이유 때문에 그녀는 나를 필요로 해." 여기서 종합은 결코 정립과 반정립 사이의 어떤 절충안일 수 없다. 여전히 정립과 반정립 사이의 날카로운 대립은 어떤 의미에서 전혀 해소되지 않았기 때문이다. 이것을 종합하는 방법은 단순히 사랑에 빠진 남성의 단언을 더욱 날을 세운 채 순수하게 반복하는 것이다. 최초의 남성의 사랑은 단순한 즉자의 차원에서 머무르며, 확인될 수 없는 한낱 추상적 단언에 불과하지만 이후의 반론들을 경유한 부정적 반복(여기서 그는 어떠한 논거도, 사랑의 이유에 대한 자기 자신의 새로운 정당화도 필요로 하지 않는다)을 통해서만 남성의 사랑은 '대자적인' 것이 된다. 다시 말해서 그의 사랑은 오로지 반복적인 부정적 제스처를 통해서만 지각 가능한 현실적 몸통을 부여받게 된다.

바로 이러한 변증법적 이행의 순수한 반복은 어떻게 해서 하나의 대의-원인(Cause)에 대해 가능한 가장 숭고한 사랑이 필연적으로 그것에 대한 가장 악랄한 증오와 일치하는지를 보여준다. 둘(최고의 헌신과 최악의 악의)의 차별성은 가장 형식적인 제스처의 미묘한 차이 속에서만 지각 가능할 뿐이다. 왜냐하면 최고의 헌신적 태도는 순수하게 형식적인 차원에서 이전의 악랄한 비난에 아무것도 덧붙이지 않은 채 그것을 반성적으로 새로운 맥락 속에서 반복하는 것에 불과하기 때문이다. 가령 그리스도인의 신에 대한 사랑과 믿음이 가장 순수해지는 지점은 신이 인간적 굴욕 속에서 죽었다는 사실에 대한 악의적 소문들을 그가 아무런 대가나 보상 없이 순수하게 반복해서 단언하는 데 있다.

민주주의의 사상가, 자크 랑시에르

우리는 그런 의미에서 자크 랑시에르라는 한 프랑스 철학자가 '민주주의'라는 오늘날의 (위기에 처한) 대의를 옹호하는 데 있어서 어째서 누구보다 가장 멀리 나아갈 수 있는지를 알 수 있다. 그가 참여민주주의라는 원칙에 대한 오늘날의 어떠한 사탕발림보다 더 근본적으로 그것을 옹호하고 사랑하는 단 한 사람이라고까지 말할 수 있는 이유는 무엇인가? 우선 그는 형식적·제도적 민주주의의 틀을 벗어나는 민주주의의 모호한 혼란에 대한 고발들을 잘 이해하고 있다. 나아가 그는 그러한 참여민주주의가 발생시키는 과잉에 대한 비판들을 아무런 대가 없이 단순히 그 자체로 받아들이며, 바로 그것을 민주주의 자체의 덕목으로 재-표시(re-mark)한다. 이것은 오늘날 이론적 차원에서 가능한 진정한 정치적 행위의 모범을 보여준다. 게다가 이로써 랑시에르는 오늘날 정치적 차원에서 고유한 칸트적 교훈을 재생한다. 어떻게?

오늘날 유식한 사람들은 가령 민주주의의 고유한 공간이, 그곳에서 폭발하는 정치적 열정이 말과 사물 사이의 거리에 대한 고유한 환영에 전적으로 의존하고 있다는 사실을 즐겨 지적하곤 한다. 이것은 좌우를 막론하고 흔히 지적되는 사실이다. 그들 모두가 민주주의가 '그것이 자처하는 바와 다른' 현실을 은폐한다는 어떤 냉소주의로 향한다. 그러나 그러한 입장은 부지불식간에 랑시에르가 탁월하게 지적한 다음과 같은 악순환으로 귀결된다. "사회주의적 희망의 거대한 모델들이 붕괴한 곳에서, 누구도 감히 집단상황의 좋은 형태인 자유민주주의와 더는 맞서려 하지 않는 곳에서 독단론은 회의론의 모습으로 살아남아 있다. 무한정한 탈신비화 관행은 언제나 민주주의를 의혹의 방식에 따라 생각하는(그리고 실천하는) 방식을 부과한다. 마치 민주주의가 그것이 자처하는 바와 같지 않고, 그것을 실천하는 자들이 영속적으로 그들이 하는 것에 대한 환영 속에 있음을 의혹의 방식으로 하여금 고백하도록 만들어야 하는 듯이 말이다."[2] 랑시에르는 민주주의를 그것의 사회경제적 진실과 대조해 보고자 하는 진보적 담론(피에르 부르디외 등등)들이 결코 해방적일 수 없다고 잘라 말한다. 그것은 독단론을 회의론의 형태로 재생하는 것에 불과하기 때문이다. 그렇다면 그가 생각하는 해방의 고유한 절차는 무엇인가?

가령 헌법에 명시적으로 보장된 문자 그대로의 동등한 권리를 요구하며 어떤 사안에서 가장 급진적 형태의 민주적 권리를 요구하는

2 자크 랑시에르, 양창렬 역, 『정치적인 것의 가장자리에서』, 「민주주의의 용법들」, 길, 2008, p. 108 참조.

자들은 그 이면의 어떤 근본적인 사회경제적 격차와 불의, 그리고 능력상의 불일치를 은폐하는 한에서만, 단지 그것들이 '존재하지 않는 척하는 한에서만 자신의 주장과 능력의 평등을 가정할 수 있다는 사실이 잘 알려져 있다. 어쨌든 법률상의 평등한 권리와 그 법적 주체가 처한 진정한 사회적 · 경제적 조건 사이의 격차는 사라지지 않으리라는 것이다. 그래서 혹자는 민주주의를 지나치게 진지하게 옹호하는 것은 한낱 가식에 불과하다고 비아냥거릴 것이다. 누구나 능력상으로 평등하게 인정받지 못하는 냉혹한 사회적 현실을 즐겨 참조하며 이를 민주주의에 대한 맹목적 환상과 엄격하게 대조해 보곤 하는 유식한 냉소주의자들에 맞서 랑시에르는 다음과 같은 고유의 '칸트적' 명제로 응답한다.

> 민주주의적 인간은 말하는 존재, 즉 말과 사물의 거리—그것은 기만이나 속임수가 아니라 인간성이다—를 수용할 수 있는, 표상의 비실재성을 수용할 수 있는 시적인 존재이다. 이 시적인 덕은 신뢰에 바탕을 둔 덕이다. 평등의 관점에서 출발하고 그것을 긍정하며, 그것의 전제로부터 작업을 하여 그것이 산출할 수 있는 모든 것을 보고 자유와 평등으로부터 주어진 모든 것을 극대화하는 것이 관건이다. 반대로 불신에서 출발한 자, 불평등에서 출발하여 그것을 축소할 것을 제안하는 자는 불평등을 위계화하고, 우선권들을 위계화하며, 지적 능력을 위계화하고 불평등을 무한정 생산한다.[3)]

랑시에르가 말하는 '말과 사물의 거리'는 가장 아름다운 언어로 말해지는 급진적 담론들과 냉혹한 사회경제적 현실 사이의 격차이기도 하다. 이들 사이에 언제나 존재하는 '거리'는 처음에는 어떤 가식으로 보일 수밖에 없을 것이다. 그러나 랑시에르는 우리가 원칙상 가식에서 출발할 수밖에 없음을, 그리고 이 가식을 어떤 관점에서 긍정하고 작업해 나갈 것이냐는 문제를 우선적으로 묻는 초월론적 방향으로 전회한다. 이것은 칸트적 전회의 근본적인 반복이다. 랑시에르는 가령 가식과 그것이 은폐하는 온전한 현실 사이의 거리를 객관적으로 측정할 수 있는 기준이 합의될 수 없다는 점에서 외관과 사물 사이의 객관적 차이란 그 자체로 주관적으로 매개된 것이라는 점을 선언한 철저한 칸트주의적 감성론(esthetics)으로 돌아간다.

가령 우리는 자격을 갖추지 않은 어떤 인터넷 논객들이 마치 실제 전문가들과 동등한 것처럼 보일 때 그것이 단순히 비실재적인 표상에 불과하다고 말할 수 있다. 나아가 그렇게 말하면서 그들의 실제 정체성을 폭로함으로써 그들이 만들어내는 환상들을 일소할 수 있다고 진지하게 믿을 수도 있다. 그러나 이 때 우리는 그들이 실제로 '전문가처럼 보였다'는 외상적 경험이야말로 '진짜'라는 점을 망각한다. 나아가 '실제' 전문가들의 권위야말로 인터넷 논객들이 속임수를 썼던 동일한 '감성적 차원'에서만 지탱된다는 것을, 그들이 전문가처럼 보이기 때문에 그들의 권위를 신뢰하게 되는 바로 그러한 동일한 감성적 악순환을 간과하게 된다. 우리가 어쩔 수 없는 시적인(감성적인)

3 같은 책, p. 120 참조.

존재라는 것은 바로 그런 의미에서이다. 인터넷 논객들과 실제 현실의 전문가들이 바로 이러한 동등한 감성적 차원에, 그들이 빠져드는 동일한 시적인 악순환 속에서 존재하기 때문에 그들이 원칙적으로 평등하다는 것이다. 바로 이러한 감성적 악순환은 어떤 인터넷 논객이 실제로 어떤 지식을 소유했는지, 어떤 자격을 갖추었는지, 그가 어떤 거짓말을 했는지 안 했는지와 무관한 사실로 남는다. 진부한 클리셰처럼 들리겠지만 이제는 잊혀져 가는 '미네르바' 라는 인터넷 논객 역시 실로 랑시에르적인 의미에서 민주주의와 평등에 대해 많은 것을 알려주었다.

그래서 자크 랑시에르는 급진적 민주주의에의 요구란 진정한 현실을 망각하는 뻔뻔한 가식에 불과하다는 바로 그 개탄에 대해 아무것도 덧붙이거나 반박하지 않고서 그것을 하나의 공리로서 받아들인다. 우리가 동일한 가식적 차원 속에 살고 있는 동등한 시적 존재라는 바로 그 사실 때문에, 모두가 동일한 표상의 비실재성 속에서 살아가는 유한한 인간적 존재라는 점 때문에, 그리고 감성적 차원과 실재적 차원 사이의 거리를 측정할 수 있는 특권적 척도란 여전히 감성적인 산물에 불과하다는 점 때문에 우리는 누구든지 그러한 감성적 분할의 질서(자격을 갖춘 자와 그렇지 않은 자 사이의 분할, 말할 수 있는 자와 없는 자 사이의 분할, 보이는 자와 보이지 않는 자 사이의 분할 기타 등등)를 재분할할 수 있는 능력을 원칙적으로 동등하게 소유하고 있다는 사실을 신뢰할 수 있는 것이다. 민주주의란 참여자들의 지성이 동일한 감성적·현상적 차원에 묶여 있다는 것에 대한 인정에서 출발한다. 원칙적으로 민주주의에 고유한 감수성을 증명하는 어떤 근거가 있어서 그것을 신뢰할 수 있는 게 아니다. 해방이란 사회구성원들이 동등하게 보유한 감성적 · 지성적 능력에 대한 믿음의 결과물로서 나타나고 증명되는 것이다. "해방에 대한 이 새로운 관념의 핵심은 이해 가능성과 공동체의 공통 조건으로서, 그리고 각자가 자기 자신을 위해 입증하려 애써야 하는 전제로서 지적 능력의 평등을 '상정' 하는 것이다."[4)]

여기에 해체주의적 · 메시아주의적 메시지가 들어설 자리는 없다. 민주주의란 사회적 위계질서를 초월할 수 있는 너머의 지평에 대한 궁극적 약속이 아니라, 그 내재적 · 감성적 차원에서 이미 그 구성원들이 동등함을 증명하는 미학적(aesthetic) 기획에 다름 아니다. 이러한 정치적 · 미학적 기획에서 '할 수 있는 것처럼 연출함', '할 수 있음을 보여줌', '능력을 증명함' 이 가장 중요한 정치적 행위의 범주를 형성한다. 누군가는 그 자신도 공동체의 감성을 분할하며 나눌 수 있는 동등한 감성적 능력을 소유하고 있다는 것을 보여주는 것만으로도 충분하다. 그래서 다음의 예문에서 드러나듯이 해방의 절차는 노동자들이 '실제로' 권력을 잡는 문제와 무관하다.

> 사실 어쩌면 노동자들이 평등해지기 위해서 굳이 자신들의 공장을 소유하거나 자신들이 직접 그 공장을 굴러가게 만들 필요도 없다. 아마도 그들이 필요할

4 같은 책, p. 117 참조.

경우 그렇게 할 수 있음을 '보여주는' 것만으로도 충분할 것이다. 도래할 사회를 지배할 대항권력을 정초하는 것보다는 능력을 '증명하는 것'—그것은 또한 공동체의 증명이기도 하다—이 중요하다. 스스로 해방된다는 것은 이탈을 감행하는 것이 아니라 공동세계를 함께 나누는 자로서 자신을 긍정하는 것, 비록 '겉모습은 그와 반대되기는 하지만' 우리가 상대와 동일한 게임을 할 수 있다는 것을 전제하는 것이다.[5)]

구성원들의 평등을 보여주는 바로 이런 '공동체의 증명'이야말로 민주주의의 반대자들조차도 꼼짝 없이 사로잡는 어떤 해방적인, 동시에 자기완결적인 감성적 회로(circuit)를 생성한다.

랑시에르와 정치철학에서의 감성적 혁명

여기서 관건이 되는 동등한 감성적(aesthetic) 능력은 랑시에르에게 일관된 정치적 범주를 이룬다. 또한 그만큼 그러한 범주가 독일 관념론 전통에서 이성-상상력-감성이라는 지적 능력의 삼항조(trio)의 일부를 이룬다는 철학사적 맥락을 환기할 필요가 있다. 가라타니

5 같은 책, p. 144 참조.

고진에 따르면 이 삼항조에는 근대 정치경제의 원리가 함축되어 있다.[6] 이러한 삼항조의 정치적 의미는 헤겔의 저작에서 체계적으로 다루어진다. 가령 감성적인 분열과 소란으로 찢겨져 있는 시민사회에서 출발해서 그것을 상상적으로 매개하는 것은 민족적 관념이며, 그것에 궁극의 이성적 표현을 부여하는 것은 국가라는 식이다. 이 '시민사회-민족-국가'와 '감성-상상력-이성'이라는 두 삼항조의 일치는 후일 '상징계-상상계-실재'의 라캉적 삼항조에도 느슨하게 반영된다. 헤겔을 따라 라캉은 이 삼항조가 마치 보르메오의 매듭처럼 서로를 전제하고 결합하는 한에서만 온전한 체계를 구성할 수 있다는 점을 강조한 바 있다. 그러한 라캉의 사고 역시 그 역사적 기원에서는 독일 관념론의 전통 안에 있는 것이다. 여기서 랑시에르의 고유한 포지션이 식별된다.

랑시에르는 근대 서양철학사를 관통하는 이 인식능력의 삼항조 중에서 지성의 감성적 한계 속에서 산출되는 표상의 영역을 민주주의의 궁극적 장소로서 설정하는 방식으로 자신의 이론적 개입을 감행한다. 민주주의란 이 유한한 감성적 한계 내에서 산출되는 표상들이 사물과 이성의 위계질서를 초과하며 폭발하는 고유한 순간으로 지칭된다. 그는 가령 문학의 역사(『문학의 정치』), 노동운동의 역사(『프롤레타리아의 밤』), 교육학의 혁명(『무지한 스승』)을 통해 관념론 전통에서

6 가라타니 고진, 조영일 역, 『세계공화국으로』, 도서출판b, 2008 참조.

가장 낮은 지적 능력으로 치부되었던 그러한 감성적 능력이 어떻게 민주주의라는 근본적인 성취를 이루었는지에 대해 설명한다. 예컨대 근대 문학은 장르적 합의로 지탱되었던 고전적인 '말과 사물'의 분할을 가로지르는 감성적 혁명으로서 출현한다. 노동운동은 노동자들이 자신의 언어로 스스로의 감성을 표현하려는 지적 해방에서 시작된다. 조제프 자코토는 누가 지식을 설명할 원리를 알고 있느냐의 여부로 분할되는 지적 능력의 위계질서에 반대하며, 무지한 자들이 스스로의 경험 속에서 주의를 기울여 자신이 아는 것을 설명하는 지적 모험 안에서 지적 평등의 원리가 정립된다고 말한다.

그런데 오늘날 저마다의 방식으로 급진적인 정치철학을 사유한 인물들 역시 동일한 독일 관념론의 유산 속에서 자신의 작업을 수행했던 것은 아닌가? 가령 알랭 바디우는 전 지구적 자본주의에 대한 단호한 투쟁의 실천이성을 역사적 사건의 현장(site of event)에서 발견하며, 슬라보예 지젝은 반대로 초월적 상상력에서 새로운 해방적 질서를 예고하는 폭력적 분출을 발견한다. 이렇게 해서 오늘날 급진적 정치철학의 정점에 이른 세 사람의 삼항조를 만들 수 있다. 이성(진리의 정치를 옹호하는 알랭 바디우), 상상력(초월적 상상력을 옹호하는 슬라보예 지젝), 감성(감성적 혁명을 지지하는 자크 랑시에르). 각각의 입장은 결국 어떤 인식능력에 우위를 부여할 것인가에 따라서 구별된다. 그런 점에서 랑시에르의 고유한 정치적 입장은 동시에 고유한 인식론적 입장이기도 하다. 알랭 바디우가 특권화하는 원리주의적 강령에 기초한 정치적 자코뱅주의나, 상황의 고유한 위기를 새로운 정치적 상상력을 통해 폭발시키는 주체적 개입을 유일무이한 정치적 행위로 내세우는 지젝의 레닌주의에 맞서 자크 랑시에르는 감성적 영역에서의 정치적 주체들의 평등을 단언하는 입장 속에서 자신의 정치철학을 정초한다.

이것을 잘 보여주는 것은 랑시에르의 저서 『무지한 스승』이다. 18-19세기의 프랑스 교육자였던 조제프 자코토는 고급 문학작품과 장갑 장인들의 생산물 사이에서 동일한 지적 능력이 사용된다는 사실에 주목할 것을 요구한다. 그는 이러한 점에 착안해서 '무지한' 스승조차도 자신이 알지 못하는 것을 훌륭하게 제자들에게 가르칠 수 있으며 제자 역시 그것을 스스로 터득할 수 있다는 주장을 제기하며 당대의 교수법에 대한 일대 반향을 불러일으켰다. 이렇듯 각각의 인식 주체들이 동일한 감성적 층위 속에서 관찰·비교·추론하고 선별하는 동일한 지성을 사용한다는 점에서 히브리어를 연구하는 교수나 망치를 만드는 대장장이나 그 지성에 있어 동등하다는 결론을 내릴 수 있다. 일단 이 점을 인정한다면 여기서의 가능한 유일한 정치적 귀결은 다음과 같다. 우리는 자신의 상황을 스스로 설명하고 언어화하는 노동자들의 진지한 실천들이 고급이론에 빠삭한 좌파 지식인보다 더 못할 게 없다는 것을 인정해야만 한다.

태국과 자크 랑시에르의 정치적 부침

마치 랑시에르 입문처럼 시작된 이 논의에서 사족이 허용된다면 여기서부터 나는 랑시에르에 대해 이론적으로 무언가를 더 말하기

보다는 근래 태국의 정치적 현실을 경유해 랑시에르 자신과 랑시에르 옹호자들에게 질문을 던져보고 싶다. 알다시피 최근에 파행을 겪은 태국의 민주주의는 한국의 보수언론들이 즐겨 지적하는 '과잉민주주의'의 좋은 사례이다. 이것은 불평등한 위계질서와 평등의 해방적 논리 사이의 불화가 빚어낸 결과라기보다는 두 개의 불복종 운동, 두 개의 평등담론, 두 색깔의 티셔츠(노란색과 빨간색)들이 걷잡을 수 없이 충돌한 사건이었다. 주로 도시 빈민층과 영세 농민들로 구성된 탁신 지지자들과 자유주의적 성향의 도시 중산층과 노동자들로 구성된 반탁신 지지자들은 저마다의 해방적 담론들을 만들어내며 도심을 두 번씩이나 점거하는 민주적 상황을 연출했다. 이러한 태국의 사례는 랑시에르가 주창하는 그만의 해방론이 경험적 현실 속에서 에누리 없이 전면화될 때 치르는 희극적인 현실적 대가로 보인다. 그리고 이것을 다시 랑시에르의 이론 자체의 불충분성으로 연결해 보는 것은 어려운 일이 아니다. 랑시에르의 고유한 칸트적 감성론은 동시에 칸트 자신의 유물론을 누락하지 않는가? 고유한 정치적 '사물'이 실재 속에서 귀환하는 사례는 최근의 태국의 정치적 혼란에서 잘 드러나지 않는가?

태국의 정치적 지형은 그 자체의 사회경제적 모순들로 착종되어 있다.[7] 간단히 말하자면 왕실이라는 근본적인 사회적·상징적 권위의

7 태국의 정치적 상황에 대해 간략하게 소개한 기사로는 다음과 같은 2009년 4월자 『시사저널』의 기사 「둘로 나뉜 민심 누가 봉합하나」를 참조할 것(http://www.sisapress.com/news/articleView.html?idxno=48933).

심급을 둘러싸고 사회적 생산수단들을 독점한 수많은 이권세력들과 소수의 유력 지주들이 각종 의회정당과 정당분파들로 난립하는 형국이다. 이러한 그들만의 부패한 리그에서 배제된 대중들의 사회경제적 불만은 매우 큰 편이다. 이것은 동시에 태국식 입헌군주정 민주주의에 기묘한 '안정성'을 부여하는 결과를 낳기도 한다. 결정적인 정치적 봉기의 순간 속에서 대중들은 기득권의 해체와 해방을 이야기하며 그러한 해방적 상황에 고유한 감성을 연출하는 정치적 능력들을 탁월하게 보여주었다. 그러나 그러한 행위는 기껏해야 특정 정치적 인물의 카리스마나 왕실의 권위에 힘입은 상징적 의장에 대한 지지로 귀결될 뿐, 근본적인 사회경제적 조건들의 변혁으로 이어진 적은 단 한 번도 없었다. 아이러니하게도 태국의 극단적인 정치적 혼란은 한국의 보수언론들이 즐겨 강조하는 의회민주주의의 규칙을 모범적으로 준수하는 데서 비롯된 결과이다. 상황이 종료되는 것은 언제나 노쇠한 왕의 힘 없는 손짓이나 정치인들의 합의에 의해서였다. 물론 랑시에르라면 바로 그러한 대의적인 상징을 경유하지 않고서 독자적인 감성적 능력의 실행으로 나아가는 게 관건이라고 하겠지만, 적어도 봉기 최초의 순간에는 태국의 노랗고 빨간 다중들[그들은 진정 자율주의 학파가 말하는 다중(多衆)이 '실제로' 무엇을 뜻하는지를 보여주는 희극적 사례이다]이 무언가를 '할 수 있음'을, '공통된 능력을 소유하고 있음'을, '같은 감성적 질서 속에서 말하는 존재임'을 탁월하게 증명했다는 것을 부인할 수는 없을 것이다.

중요한 것은 이 태국의 다중들이 보여준 탁월한 해방적 능력들이 의회민주주의의 도착(perversion)으로 귀결되며, 종국에는 그것과 양립 가능한 것이 되어버린다는 사실이다. 언제나 소요가 끝난 뒤에 개각이 단행되거나 새로운 총선이 실시될 것이다. 그러한 정치적 해법 안에서 정작 시급한 사회경제적 모순들에 대한 처방은 나오지 않는다. 그러한 표면적인 정치적 합종연횡 속에서 앞서 말한 사회적 모순들은 변함 없이 존속할 것이다. 그런데 이러한 태국의 정치적 모순은 다음과 같은 통찰, 즉 감성적 혁명의 위반적 몸짓들이 제아무리 전복적이라고 해도 의회제의 틀 자체를 정말로 부정하는 순간 그러한 위반이 의미를 잃게 된다는 랑시에르의 심오한 통찰이 현실 속에서 빛을 발하는 순간이 아닌가?

태국의 대중들이 궁극적으로는 정치인들의 합의에 동의하고 왕의 상징적 권위에 복종하며 거리에서 자발적으로 철수하는 민주적 시민의식을 보여주는 것은, 그들이 충분히 랑시에르주의적이지 못해서가 아니라 역으로 너무나 랑시에르주의적인 사람들이기 때문이다. 오랜 반공주의의 역사 안에서 태국인들은 궁극적으로 의회주의 독재를 타도해야 한다는 정치적 노선과 거리를 두어왔다. 그러나 그러한 틀 안에서는 아무것도 바뀌지 않고 동일한 사회적 문제가 반복강박적으로 되돌아올 뿐이다. 이러한 태국의 지리멸렬한 정치사야말로 랑시에르에 대해 많은 것을 가르쳐 주지 않는가? 랑시에르의 민주주의 이론은 고작해야 유럽의 시민사회에서나 유효한 통찰에 불과하다.

『정치적인 것의 가장자리에서』를 번역한 역자 양창렬은 'Esthetisation' 이라는 단어를 심미화가 아닌 감성화라고 번역하면서 랑시에르가 말한 '정치의 감성화' 와 발터 벤야민이 말하는 '정치의 심미화' 를 구별할 것을 제안했다.[8] 이는 기술적으로 맞는 이야기이긴 하지만,

발터 벤야민이 '정치의 심미화'라고 비판했던 대상(파시즘)과 랑시에르 사이에 거리를 두기 위해 그렇게 굳이 역주를 달아놓았다는 사실 자체가 여전히 눈길을 끈다. 왜 역자는 생뚱맞게 자크 랑시에르를 벤야민의 반파시즘적 논점으로부터 방어해야 한다는 강박을 느꼈을까? 말하지 않았으면 모르고 지나쳤을 수도 있는 일을 왜 굳이 여기에 보물이 묻혀 있지 않다고 사람들에게 알려야 했을까?

물론 역자 자신이 워낙 꼼꼼하게 다른 데에도 번역의 세부에 대해 주를 달아놓긴 하지만 나름의 위악적인 '의심의 해석학'에서 하나의 결론을 도출해 보는 것도 나름 의의가 있을 것이다. 사실은 발터 벤야민이 파시즘에 대해서 비판했던 것이 랑시에르의 감성적 정치에 대해서도 동일하게 적용될 수 있다면 어쩔 텐가? 벤야민이 파시즘 정치에 대해 비판했던 것은 그것이 일종의 급진적·혁명적 수사들을 차용한 '유사 혁명'으로 기능했다는 점에서였다. 뉘른베르크 전당대회가 잘 보여주듯이 나치즘은 해방을 향한 대중적 열망을 단순히 감성적 차원에서의 스펙터클로 전이시키는 데 모든 정치적 열정을 쏟아부었다. 파시즘의 요점은 단순히 저열한 권력의지에 불과한 것이 아니라, 그 이면의 진짜 급진적 열망들을 왜곡된 방식으로 표상한 데에 있었던 것이다.

물론 랑시에르의 논점은 벤야민이 비판했던 대상과 다른 층위

8 자크 랑시에르, 양창렬 역, 『정치적인 것의 가장자리에서』, 길, 2008, pp. 118-119.

에 놓여 있다. 그러나 파시즘을 가라타니 고진이 『역사와 반복』에서 제안했듯이 하나의 역동적 과정으로서 본다면,[9] 다시 말해 파시즘이란 노동자와 보통 사람의 해방이라는 최초의 사회주의적 열망이 그 의도와 무관하게 자본과 국가의 운동에 의해 흡수되는 역사적 전도과정이라고 한다면, 따라서 파시즘이란 역사적 세계자본주의의 매 위기의 국면들마다 출현하는 동일하지만 매번 다른 반복강박이라고 한다면 어떨까?

문제는 랑시에르가 이와 같은 정치적 아포리아에 답을 주지 못한다는 점이다. 파시즘적인 정치의 심미화도 어떤 부적절한 기만의 제스처에 불과한 게 아니라 '정말로' 자신들의 정치적 무능력을 만회하려고 했던 절박한 시도였다. 정치의 심미화라는 해결책은 단순히 실제의 역사적 파시즘만의 처방이 아니라 근본적인 사회모순의 해결에 실패한 모든 정치적 행위들이 공유하는 보편적 현상이라는 점을 생각한다면 랑시에르의 이론적 개입 역시 '정치의 심미화'와 무관하다고만 할 수는 없을 것이다.

어쩌면 우리는 저 무의미한 감성적 소요들을 사랑하는 대신 다른 이론적 · 정치적 처방을 고민할 수 있을 것이다. 단지 대중들이 마음만 먹으면 무언가를 할 수 있음을 증명하는 대신, 원칙적으로 그들이 같은 능력을 소유하고 있음을 '보여주는' 감성적 혁명에 만족하는

9 가라타니 고진, 조영일 역, 『역사와 반복』, 「1부 역사와 반복–5. 역사의 반복」 도서출판b, 2008 참조.

대신 소수 이권세력이 독점하고 있는 사회적 생산수단을 대중들이 '실제로' 장악하고 사회화하는 물질적인 차원에서의 변화를 추구하는 것이 진정한 정치적 변혁이 아닌가? 우리는 이러한 사실을 이론적 차원에서도 단언해서는 안 되는가? 여기서 랑시에르의 칸트주의가 보여주는 한계는 물자체를 이론적 고려에서 제외하는 바로 그 유사 초월적 제스처가 노정하는 한계에 다름 아니다. 이것은 동시에 오늘날 정치철학이 전반적으로 나아가고 있는 초월론적 제스처의 한계는 아닌가?

칸트의 초월론적 전회는 물자체를 중심으로 초래된 근본적인 전환이었다.[10] 칸트는 사태를 반성적·초월론적으로 재정식화할 수 있는 주관의 능력에 대해 이야기했다. 그러한 초월론적 가능성은 단순히 감성적 주관에서 비롯되는 것이 아니라 주관을 넘어서는 사물의 구조에서 초래된다. 칸트는 그것을 물자체로 말했다. 이 점을 간과하는 것은 칸트의 철학적 혁명의 진정한 요점을 평가절하는 것에 지나지 않는다. 정치적 영역에서도 동일한 것을 말할 수 있다. 정치적 혁명이란 단순히 개별적 주관의 반성에 의해서만 지탱되는 것이 아니라, 개개의 주관으로는 반성될 수 없는 (마르크스 왈) 사회적 관계를 중심에 놓는 것에 의해서 성립된다. 여기서 정치경제학의 중요성이 떠오른다. 돌발적인 사건 속에서 도래하는 정치적 진리를 고수하려는

10 이 점에 관해 『트랜스크리틱』에 서술된 가라타니 고진의 칸트 독해를 전적으로 참조한다.

바디우든, 급진적 민주주의를 이야기하는 에르네스토 라클라우나 샹탈 무페든, 어떤 노선의 급진적 정치철학이든 간에 그것이 반복하는 칸트적·초월론적인 제스처들은 저마다 마르크스의 정치경제학이라는 오래된 유산(사물)을 간과하며 그것의 현실적 통찰들을 축소하는 한에서만 지탱되지 않는가? 가령 바디우는 특정한 사회경제적 조건 속에서 정치적 주체성이 발견될 수 있다는 희망은 거짓이며, 정치적 진리는 단지 주체의 이념적인 충실성 속에서만 지탱된다고 주장한다. 그리고 샹탈 무페와 라클라우는 정치경제적 헤게모니가 담론적·문화적 헤게모니 그 자체에 비해 우선적이지는 않다고 항변한다. 이런 이론적 태도들이 칸트의 물(物)을 협소하게 해석하거나 아예 간과해버린 수많은 자유주의적 유사 칸트주의자들의 오류와 평행선을 달리는 것은 그리 놀라운 일도 아니다.

문화비평

1. 88만 원 세대, 박민규 그리고 무라카미 하루키
2. 하루키와 사도 바울
3. 비평은 작품의 괴사(壞死)다
4. 비평의 오타쿠화를 경계하며
5. 한국 문학은 왜 재미 없는가
6. 「베트맨 다크나이트」

Chapter_1

88만 원 세대, 박민규 그리고 무라카미 하루키

세대론의 풍경과 그 정치적 부침

하루키의 소설적 풍경

가라타니 고진은 그의 저서 『역사와 반복』에서 무라카미 하루키론(論)에 대한 하나의 범례적 비평을 수록한 바 있다.[1] 내용인즉슨 오늘날 일본의 젊은 소설 작가들이 자명하게 생각하는 어떤 감성적 베이스(base)에 관한 것으로 거기에는 분명 어떤 역사적 기원이 있다는 것이다. 무엇보다 하루키의 초기 작품들은 그것을 분명히 보여준다. 초기 작품 외에도 하루키 작품의 세계관에는 대개 역사적 '고유성'이 추상되어 있다. 따라서 그의 소설의 '세계관'은 한편으로는 리얼리즘 이래의 순문학이 다루었던 역사적 현실의 단면 같아 보이면서

1 가라타니 고진, 조영일 역, 『역사와 반복』, 「3. 무라카미 하루키의 풍경(1973년의 핀볼)」, 도서출판b, 2009, 139-179쪽.

도 다른 한편으로는 얼핏 아니메나 라이트 노벨의 세계관과도 유사해 보인다.

가령 그의 작품에는 세대사적인 공감을 환기시키는 지명이나 연도가 빈번하게 등장하지만 그것들은 이미 하나의 일반적인 '풍경'에 지나지 않는다. 『1973년의 핀볼』에서 1973년은 그것이 실제 당해 연도에 일어난 역사적 기억을 분명하게 환기함에도 불구하고 한편으로는 그러한 연도가 단지 임의적으로 선택된 '기호(記號)' 그 이상도 이하도 아니라는 점이 매우 '자의식적으로' 강조된다.

따라서 1973년의 풍속들은 특정한 집단적 기억과 연관되기보다는 하나의 독아론적(獨我論的) 주관에 비쳐지는 풍경에 불과한 것처럼 보인다. 그리고 서술자의 독백 안에서 스쳐 지나가는 개별 풍경들은 그들 간의 내적 연관과 의미를 드러내기보다는 서로 간의 변별적인 차이만을 단조롭게 반복하는 것에 그친다. 말하자면 풍경을 구성하는 사물들과 그것의 명칭들은 단순히 변별적인 기호에 불과한 것이다. 그러한 기호들의 총체로서 드러나는 소설적 '세계관'은 일례로 『세계의 끝과 하드보일드 원더랜드』에서 보다 극단적으로 드러난다.

혹자는 여기서 그 흔한 포스트모더니즘에 대한 시대적 진단으로 넘어갈 수 있겠지만, 우리는 오히려 특정한 역사적 경험을 공허한 기호론적 풍경으로 환원하려는 소설적 기법에서 모종의 역사적 기원과 그와 결부된 도덕적 · 지적 책임을 발견할 수 있다.

하루키의 소설적 시점은 포스트모더니즘보다는 도리어 칸트의 『순수이성 비판』에서 그 근대적 정식을 발견한 초월론적 주관성(내면)을 더욱 강렬히 환기시킨다. 가라타니 고진에 따르면 이러한 철학적 주관성이 기실 근대적인 소설적 시점을 가능하게 했다. 그리고 하루키의 화자가 드러내는 특유의 쿨한 감수성 역시 바로 근대적 주관성(내면)에 역사적 기원을 둔다. 칸트가 사고한 '초월론적 통각'은 자신의 주관적인 인식의 범주를 통해서야 비로소 외부의 사물을 인식 가능한 상(像)으로 구성한다. 그러나 상은 그것을 촉발시키는 물적 존재에 결부되어 있다는 점에서 분명 그 자체의 자율적 인식지평과 무관한 '외부성'에 종속되어 있다. 그 점을 칸트는 『순수이성 비판』에서 분명히 인정한다. 그러나 적어도 어떤 한 유형의 판단영역, 특히나 '취미판단'의 영역 안에서 인식주관은 현상을 구성하는 인식범주와 유희적인 관계를 맺은 채 인식을 제약하는 외부의 세계로부터 일정한 자유를 획득할 수 있다. 범주들과의 반성적 관계 안에서 세계를 제약된 현상으로 바라보던 초월론적 주관은 이제는 자신의 심미적 관심에 따라 현상 안에서 어떤 도덕적·과학적 제약으로부터도 자유로운 일치를 발견할 수 있다는 것이다. 이러한 '일치'가 취미판단에서 주관이 발견하는 심미적 '쾌'이다.

이와 같은 '취미판단'의 자율적(내면적) 영역을 확장시키려는 극단적 기획은 예컨대 힐베르트의 형식주의적 수학 프로그램 안에서 실현된다. 그것은 수학적 공리를 외부의 세계와 무관한 그 자체의 자율적 정합성 아래 사고함으로써 일상적인 경험세계에서 가능한 추론과 전혀 다른 수학적 대상을 가지게 된다. 이를 하루키의 소설세계에 거칠게 적용하자면 주인공이 '일각수'가 존재하는 공리계를 설정한다면 그는 또한 '실제로' 그러한 세계 속에서 살게 된다는 것이다. 이러한 '힐베르트적 세계'는 사실은 주관적인 내면의 자율성을 그 극단으로까지 주장하는 모종의 '초월적인 태도'에 기반하며, 이는 독일 낭만주의자들의 기획 안에서도 이미 반복되어 왔던 것이다. 이처럼 임의적으로 구성된 공리들을 통해 재구성되고 해체되는 내면적 풍경들 안에서는 판단들의 의제(義題)를 한정할 수 있는 역사의 의미나 목적 따위는 있을 리 없다. 그러나 이것은 새로운 것도 '포스트모던한' 것도 아니다. 칸트는 이러한 종류의 판단력에 대해 이미 『판단력 비판』에서 서술했다. 그러나 그는 그러한 취미판단의 자율적 영역에는 언제나 '한계'가 있음을 혹은 있어야 함을 이야기한다. 오늘날 우리는 이러한 '상식'으로 돌아갈 필요가 있다.

앞서 말한 내면적 풍경을 관조하는 주관의 심미적 자율성은 다시금 외부성에 의해 무력하게 패배당하는 순간을 겪는다. 하루키의 주인공들 역시 그들만의 철저한 내면적 세계(양을 쫓는 세계, 일각수가 존재하는 세계, 세계의 끝 등등) 안에서도 좌절을 겪는다. 하지만 그 이면에는, 다시 칸트 철학을 환기하자면 이러한 굴욕당하는 자아를 냉정하게 주시하는 초월론적 주관이 있다. 여기서 가라타니 고진은 일종의 '전도된 의지'를 발견한다. 오늘날 젊은 세대에게 매우 익숙한, 모든 정치적·윤리적 판단을 유보한 채 드러나는 하루키의 소설적 '풍경'(여기서 어떤 역사적 의미도 포함되지 않는, 순전히 임의적인 상징으로 구성된 세계가 전면화된다)과 그것이 자아내는 쿨한 정서는 사실 그러한 초월론적·반성적 의지 없이는 존재할 수 없는 것이다. 여기에는 일종의 반성적인 방식으로 뒤틀린 '악의'가 존재한다.

하루키는 일본의 1960-1970년대가 당시 젊은 세대에게 무엇을 의미하는지 알면서도 그것을 짐짓 '모르는 척'하는 행위를 통해서 비로소 그의 소설적 세계관을 구성할 수 있었다. 당대의 안보투쟁과 학생운동의 소요, 그리고 그것의 처절한 실패들이 마치 당대의 풍속적 화제들과 동일선상에 있는 것인 양 회고하는 『1973년의 핀볼』의 서술적 시선은 어디까지나 그것이 담지하는 도덕적·지적 의미를 의식하는 한에서(그리고 그것을 능동적으로 망각함으로써) 일정한 문학사적 포지션을 획득한다. 그것은 도피를 가장한 일종의 적극적인 의지이다. 그러나 그것은 새로운 것이기는커녕 근대 문학의 역사적 기원을 형성하는 낭만주의적 아이러니(romantic irony)의 연장선상에 있다. 그것은 진지함과 장난스러움이 뒤섞여 있는 상태, 알면서 짐짓 모르는 체하며 자신의 능동성을 은연중에 주장하는 초월론적 주관에 의존한다. 또한 가라타니 고진이 말했듯이 그것은 '절대 패배하지 않는 자의식'이다.

요컨대 하루키의 초기 소설뿐만 아니라 그 이후의 소설들 역시 일종의 전도되어 버린 날카로운 역사적 의식, 그리고 거기서 파생되는 표독스러운 원한의지(resentment)와 결부되어 있다. 따라서 그의 문학적 시점의 독특한 역사철학적 기원은 포스트모더니즘이나 소비자본주의에 있다기보다는 바로 일본 전공투 세대의 역사적 실패에 대처하는 (칸트와 독일 낭만주의자들로부터 계승된) 근대적 주관성에 있다. 하루키 소설의 고유성 역시 독일 낭만주의로부터 계승된 근대 문학의 시점 자체의 역사적 고유성과 별개로 사고될 수 없다.

그러나 오늘날 젊은 작가와 독자들 사이에서 하루키의 소설적 시점 이면에 존재하는 근대적인 '자의식'과 그것을 가능하게 했던 역사적 맥락은 잊혀지고 그가 드러낸 풍경과 감수성 자체가 오늘날 소설들의 자명한 감성적 기반으로 받아들여지고 있다. 1960–1970년대의 기억이 탈각되면서 하루키의 세대가 겪었던 역사적 트라우마에 대한 날카로운 감(感)으로서의 아이러니가 탈락하고 로망스만이 남은 것이다. 이것이 1980년대에 쓰여진 『상실의 시대』이다. 이 작품과 더불어 한국의 젊은이들에게 하루키가 본격적으로 알려지기 시작했다. 우리들은 그의 작품세계 안에서 하루키만의 세련되고 유니크한 정취를 소비했(다고 상상했)지만, 사실은 그러한 독특성의 역사적 연원이 어디에 있는지는 완전히 망각한 채 그를 읽고 있었던 것이다. 이러한 사정은 『1Q84』가 간행된 이후에도 마찬가지이다.

88만 원 세대, 박민규 그리고 낭만이 탈락한 아이러니

우리 역시 하루키 붐을 겪었고 젊은 세대가 하루키의 소설로부터 받는 영향이 여전히 지속되고 있는 이상 가라타니 고진이 하루키에 대해 평한 바를 오늘날 한국의 젊은 작가들과 독자들의 습속에 대해서도 적용해 '비판' 해 볼 수 있을 것이다. 소설과 문학의 심미적 영역조차도 '비판' 을 피해갈 수 없다는 노선의 계몽적인 철저함이 요구되는 이 시점에서 하루키와 그 이후의 작가들에 대한 비판(비평)은 이후로도 보다 정교한 방식으로 제기되어야 할 것이다.

우선 대표적으로 순문학 작가들 중에서 '젊은' 축에 드는 박민규와 같은 작가의 작품들이 범용하게 소비되는 방식에서 출발할 필요가 있다. 『상실의 시대』 이후 하루키의 후기 소설들이 점차 그 이면의 아이러니한 긴장감은 잊혀진 채 범속한 로망스 내지는 성장·모험소설과 기담집으로서 수용되었다면, 박민규를 비롯한 한국의 젊은 작가들이 그들의 순문학 소설을 통해 (통속적인 대중소설과 차별화된 지점으로서) '보여주려' 하는 것은 하루키 이후 일본 통속소설의 경향과 정반대로 '낭만'이 탈락한 '아이러니' 자체의 범용함은 아닐까. 여기서 한국의 젊은 순문학 소설과 일본의 신세대 통속소설과의 흥미로운 대비를 생각해 볼 수 있겠다. 요컨대 백치스럽기까지 한 정형화된 로망스로 전락한 오쿠다 히데오류(類)의 대중소설과 차별화된 지점을 보여주려는 (순문학의 아우라도 포기할 수 없는) 대한민국의 젊은 등단 작가들은 이미 진부해져 버린 냉소적 '아이러니'를 일종의 문학적 지혜로서 확대 재생산하는 데 골몰하지 않는가? 말하자면 자의식은 강하지만 내면적인 성찰은 부재한 소설들이 그 자체로서 대중문학과 차별화된 순문학인 양 유통되는 게 아니냐는 것이다.

다시 박민규로 돌아가자면, 그의 소설 『핑퐁』은 개개인이 어찌할 수 없는 역사적·도덕적 의미를 담지하는 '세계 지평'의 실존을 한낱 '(핑퐁) 게임의 결과물'로만 간주하는 의식을 드러낸다. 또한 이러한 세계 자체의 향방(sens)과 그 의미(sens)를 단박에 뒤엎을 수 있다는 '리셋(reset)'의 설정은 새로운 형태의 '패배하지 않는 자의식'에 어떤 우주론적 외관을 부여한 것에 불과하다. 요컨대 이것은 키치에 불과하다. 작가 자신이 이 사실을 잘 알고 있다고 해도 여전히 그러한 냉소적 포지션 자체가 문제가 될 수 있다. 오히려 이렇듯 외부세계에 대해 취하는 개인의 주관적 태도에서 전면화된 냉소와 쿨한 리액션은

(그러한 태도 이면에 자리 잡고 있는 일종의 역사적 원한의지가 망각된 채) 결국 오늘날 하나의 자명한 '감성적 인터페이스(interface)'로 수용되어 버리고 만다. 그리고 이러한 작가의 작품이 시장에서나 담론에서 유통되는 오늘날의 행태 안에는 젊고 발랄한 감성과 같은 그 무엇만이 요란스럽게 선전된다.

오늘날 젊은 독자들은 더 이상 소설에서 사르트르의 소설과 같은 어떤 발본적인 정치성(철학)이나 리얼리즘 소설의 도덕적·지적 교훈을 기대하지 않는다. 이 부분은 장르적 쾌로 환원되지 않는 순문학적 지향을 추구하는 작가들이 돌파해야 할 위기상황임에도 어느 누구도 그러한 상황이 제기하는 윤리적 당위에 대해 진지하게 고민하지 않는 것 같아 보인다. 그리고 이것을 고민하지 않으면서 여전히 국가적·제도적 지원에 전적으로 의존하는 순수문학의 포지션을 고수하는 것은 위선이다. 문학의 윤리적·역사적 사명에 관한 고민과 위기의식이 부재하다면 순문학이라는 자의식 자체를 버리고 장르적 쾌를 지향해도 상관 없는 것이다. 그러나 그러한 선택을 전면화하는 흐름을 한국의 순문학 지평에서는 찾아볼 수 없다.

그런데 이러한 위선 자체가 결정적이라면 어떨까. 다시 말해 본래의 근대 소설의 고유한 시점이 오늘날 철저하게 그 역사적 기원이 망각된 채로 대중문화 속의 비뚤어진 이데올로기로 재생산되는 게 아니냐는 것이다. 그런 의미에서 소설과 문학의 힘은 본질적으로 '이야기(story telling)'에 있다고 선전되는 오늘날의 문화사회학 담론에는 징후적인 무언가가 있다. 문학 본연의 역할이 삶을 내러티브로서 재구성하는 것이라는 논의 자체야말로 사실은 자의적인 내러티브에 불과하다. 근대 소설의 고유성이 그렇게만 이야기된다면 순문학이 그동안 수행했던 역사적 역할은 망각되며, 오늘날 순문학이 자신을 둘러싼 담론지평에 어떠한 유의미한 개입도 하지 못한다는 사실 역시 잊혀진다. 앞서 말했듯이 근대 소설의 시점은 단지 그것이 동반하는 내러티브의 효용에서가 아니라, 그것이 직면하는 고유한 역사성에 대한 특유의 '반성적 태도'에 의해서 비로소 가능해졌다. 오늘날 그러한 반성성 내지는 자의식은 단지 그 겉껍데기만 남았다. 그리고 사실은 그러한 공허한 자의식이야말로 오늘날 역사성에 대한 감각을 상실한 독자대중의 감성적 기반으로 유통되고 있는 것이다.

여기서 가라타니 고진이 소설적 시점에서 발견되는 '역사성'을 어떤 방식으로 해명하는지 주목해야 한다. 그에게 '역사성'은 과거 사건들을 나름대로 서사화하는 장르적 방식이라든지 혹은 어떤 역사적 무게감을 전하는 서술적 태도와 무관한 것이다. 그것은 애초에 언표주체가 어찌할 수 없는 고유한 단독적 사건들에 둘러싸여 있다는 것에 대한 그 자신의 강렬한 반성적 인식에서 유래한다. 근대 소설의 시점은 발화주체 개개인이 내면화할 수 없는 '외부성' 내지는 '타자성'에 대한 강렬한 반성적 인식을 수반하며, 바로 그 인식에서 도리어 소설적 주관의 자율성이 성립하는 것이다. 하루키의 소설적 시점 역시 그의 세대가 겪었던 역사적 곤경에서 유래한다.

여기서 우리는 세대론으로 비약할 수 있다. 예컨대 박민규라는 순문학 작가를 소비하는 소위 88만 원 세대 역시 이러한 '외부성'에 대한 반성적 인식의 결여를 안고 있다. 이것은 단순히 우리들에게 '참여'나 '현실감각'이 부족하다는 것을 의미하지 않는다. 사실 문제 삼아야 하는 것은 우리가 소통하고 사고하는 '시점'과 그 '감성적인 기반'이다. 심지어 우석훈 밑에서 작업을 하는 젊은이들조차 자신들이 실제로 겪는 역사적 곤궁에 대한 별다른 문제의식이 없어 보인다. 88만 원 세대론을 소비하고 유통시키는 젊은이들 자신도 세대모순에 대한 사유를 개개인이 변경할 수 없는 역사적 한계와 구조적 모순으로 연결시키지 않은 채 단지 그것을 스스로의 라이프스타일과 정체성을 드러내는 계기로만 전유한다.[2)]

우석훈식의 세대담론은 역사적 정세에 특정한 대의를 가지고 투신했던 과거의 운동권과 뭔가 다른 '쿨한 당사자 운동'을 캐치프레이즈로 내세운다. 여기서도 순문학의 젊은 작가들이 견지하는 것과 동일한 위선이 반복된다. 다시 말해 특권적인 자의식적 태도는 여전한 채 그것을 가능케 했던 역사적 맥락을 지워버리는 것이다. 그들이 짐짓 쿨하고 초연한 태도를 견지하더라도 사실 그러한 자의식적인 태도는 자신의 역사적 기원을 몰인식하는 한에서 지탱되는 것에 지나지 않는다. 이건 누가 봐도 진정성이 없다. 이런 사정에서 사실 세대담론에서도 문제가 되는 것은 그것이 담고 있는 빈약한 사회학적 내용물과 추상적인 정치적 당위가 아니라 바로 그 담론이 유통되고 소비되는 자명한 감성적 기반이다. 여기에는 진정한 소통이나 논쟁은 없고 그저 무의미한 차이만을 드러내고 소비하는 텅 빈 자의식만이 남아

2 우석훈 외 지음, 『혁명은 이렇게 조용히』, 레디앙, 2009 참조.

있을 뿐이다. 그리고 그러한 오늘날 담론의 감성적 기반을 아무도 문제 삼지 않는다.

세카이물과 「공각기동대 TV판 2기」

우리가 지적했듯이 몰역사성만이 남은 '감성적 기반' 속에서 다시 보이지 않게 되는 것은 우리가 겪는 환원 불가능한 정세적·정치경제적 조건들이 단순히 자의식적인 세계관으로 추상화되는 과정이다. 몰역사성(沒歷史性)이란 다름 아닌 그런 것이다. 이것은 다시금 아즈마 히로키가 오타쿠들의 행태를 분석하며 드러냈던 '동물화된' 오타쿠적 감수성[3]과 연결된다. 그러나 이것은 피할 수 없는 과정이나 존중받아야 할 문화적 취향에 그치는 게 아니며, 얼마든지 비판적 분석이 제기되어야 할 사항이다.

세카이물(世界物)[4]이라는 장르적 세계관의 경우 그러한 세계관에서 작동하는 것 역시 동일한 감수성이다. 가령 「최종병기 그녀」나 「에반게리온」에서 전형적으로 드러나듯이 일반적으로 세카이물에서 각자의 행복한 생활세계를 붕괴시키는 거대한 역사정치적 파국으로

3 아즈마 히로키, 이은미 역, 『동물화하는 포스트모던』, 문학동네, 2007 참조.
4 세카이물(世界物)이란 기본적으로 세계(관) 그 자체의 흥망성쇠가 중심주제가

드러나는 세계 전쟁의 기원에 대한 질문은 단순히 괄호 '( )' 안에 삽입되어 있다. 결국 남는 것은 연애담에 대한 회고적 시점뿐이다. 거대서사가 종언을 고한 시대에 일부러 진지한 태도로 '세계대전'이나 '종말론'이라는 스펙터클 아래서 연애담을 소비하는 것은 확실히 이상하다. 그러나 이런 의문과 무관하게 「최종병기 그녀」 이후로 아주 단순한 연애담과 파국적이고 종말론적인 거대서사들이 결합된 아니메, 비쥬얼 노벨 상품이 발매되곤 한다는 것만큼은 확실하다. 하지만 소비자들의 편에서는 이러한 문제를 의식하는 것을 찾아볼 수 없으며, 말하자면 여기에 대해 조금의 위화감도 없다. 이것은 단순히 아니메를 즐기는 이들에게 비판적 의식이 결여되었다는 것을 의미하지 않으며, 우리가 문제 삼는 것 또한 실질적 역사적 조건들을 가상현실화하는 것에 있지 않다. 문제는 장르 그 자체의 차별성에 있는 게 아니

되나 그러한 세계 행로의 귀결이 등장 캐릭터들의 사적인 정취에 전적으로 의존하는 설정의 아니메 내지는 비주얼계의 노벨들을 총칭한다. 대개 전투 미소녀와 같이 평소에는 평범하지만 사실상 초인적인 능력을 갖춘 캐릭터를 동반한다. 세카이물에서는 존망의 기로에 선 세계에 관한 무겁고 진지한 사유를 담고 있는 것 같아 보이지만 한편으로 그 세계 자체의 위기가 대개 캐릭터들의 사적인 갈등과 내밀하게 공명한다. 결국 세카이물에서 말하는 '세계'의 외부성은 사실상 특정 캐릭터들의 리비도 경제에 불과하다. 여기에서 극중 캐릭터의 사소한 질투심이 거대한 역사적 파국으로 '등록'되는 모습을 흔히 볼 수 있다. 이러한 설정은 사실 다수의 역사적 사건들을 은연중에 참조하며 모방하기도 한다. 그러나 이것은 지향적인 패러디라기보다는 무표적인 소극에 불과하다. 대표적으로 「이리야의 하늘 UFO의 여름」, 「구름의 저편, 약속의 장소」, 「엔펠리트」, 「최종병기 그녀」 등등이 있다. 이러한 설정들은 가령 「제5원소」와 같은 할리우드 영화에 반영되기도 했다.

라, 오늘날 오타쿠라는 특정 계층이 향유하는 장르에서도 짐짓 진지한 체하지만 그 내용이 비어 있는 자의식적인 태도가 하나의 자명한 감성적 기반으로 존속한다는 것이다.

그러나 세카이물에서 전형적으로 드러나는 그러한 감성은 단지 아니메의 특성에서 비롯된 것만은 아니다. 예컨대 세카이물의 몰역사성에 대한 탁월한 대조적 사례를 공각기동대 TV판 – 2기[5]에서 발견할 수 있다. 그 아니메도 기본적으로 가상적인 세계관을 다루는 SF 장르에 속한다. 그러나 그 안에서는 분명 어떤 '역사성'이 발견된다.

공각기동대 TV판은 공안 9과를 둘러싼 거대한 정치적 음모를 기본 플롯으로 한다. 또한 공각기동대 시리즈는 대안 역사물과 느와르 탐정물을 장르적으로 혼합하며 네트워크화된 기계문명에 대한 일련의 사유를 담아낸다. 단 TV판 2기에 특정해 보자면 거기에서도 세카이물의 설정에 준하는 어떤 파국적인 정치적 '사건'들이 존재하며, 그 안에서의 개별 인물들이 경험하는 희로애락이 그려진다. 그 작품에서는 마침내 '정상적인' 근대 국민국가 재건의 야망을 달성한—자위대의 명칭을 자위군으로 개칭하고 헌법마저도 개정한—일본 내각이 등장한다. 그리고 그 내각은 야망을 달성하기 위해 한반도의 내전에 참여한다. 내전과정에서 이주노동자들과 난민들이 일본에 건너오게 되며, 이들이 일으키게 되는 정치적 소요는 마침내 일본에 대한 핵

5 「공각기동대 2nd GIG」.

위협을 불러온다. … 물론 이러한 사건들은 진지한 역사의식의 발로라기보다는 기본적으로 장르적인 쾌에 복무한다. 또한 등장하는 주인공들 역시 정치적 견해와 무관한 포지션에서 연애물, 추리물, 탐정물 등 다양한 장르적 특징들을 섭렵한다. 여기에서도 민감한 정치적 사건들은 하나의 장르적 배경에 머문다. 그러나 이것이 일반적인 세카이물과 다른 점이 있다면 「공각기동대」의 경우에서는 정치적 파국을 불러오는 세계사적인 사건과 역사적 정세들이 (그것이 단순히 장르적 '배경' 으로 복무함에도 불구하고) 결코 캐릭터들의 주관적 시점 안으로 내면화될 수만은 없는 그 자체로 불투명한 독특성과 고유성을 지닌다는 것이다. 그것은 앞서 논의된 내면적 '풍경' 과 다른 것이다.

「공각기동대」는 일본이 근대 국민국가의 과제(정상국가로의 이행)를 완수하는, 그리고 다시 그 과정에서 주변국(한반도)의 희생을 요구하는 일견 우익적인 세계관에 기초해 있다. 그런데 그러한 세계관 역시 하나의 전경으로만 머물러 있다. 여기서 중요한 것은 이러한 설정 속에서 등장하는 '난민' 이라는 정세적 부산물이다. 이들이 오늘날의 전 세계적 이주노동자 문제를 곧바로 은유한다는 식의 정치적 비평을 우회하더라도 작품 내에서 이들의 존재는 상당히 의미심장하다. 일반적인 세카이물에서 세계적 차원의 총력전(total war)은 예를 들어 삼각관계의 과장된 배경으로만 돌출된다. 이러한 정치사적 배경은 캐릭터들의 관계성과 자기 의식을 극단적으로 치닫게 하지만, 동시에 그러한 배경은 그것과 호환 가능한 일반적인 구조(예컨대 관습화된 오이디푸스 구조)로 머문다.[6] 말하자면 연애담이나 오이디푸스 서사의 극적 배경으로 복무하기 위해서는, 그리고 거기에 비장한 파토스를 부여하기 위해서라면 그 배경이 SF적인 것이든 대체역사적인 것이든 어떠한 식이어도 좋다는 것이다. 다만 개인을 파국에 몰아넣고 극단적 정념을 경험케 하는 것만으로 충분하다는 것이다. 세카이물에는 기본적으로 이러한 태도가 내재되어 있다. 이러한 태도를 '포스트모던' 하다고 해야 할지도 모르겠다. 그러나 그것 역시 엄밀히 말해서 특정한 사회적 실천을 통해 생산된 장르적 시점이다.

그런데 「공각기동대」에 등장하는 '난민' 들의 존재는 이러한 장르적 '자의식' 을 중단시키는 그 무엇으로 작동한다. 예컨대 일본 정부에 맞서 난민봉기를 이끄는 '쿠제' 라는 카리스마적 인물은 그 자체로 독특한 역사적 · 정세적 산물인 동시에 그를 막아야 하는 공안 9과 요원인 '쿠사나기 모토코' 에게 있어도 제멋대로 내면화될 수 없는 타자로 남아 있다. 그의 시점은 플롯 내에서 결코 동일시 가능한 방식으로 주체화되지 않지만, 역으로 그러한 동일시 불가능한 실존이야말로 그를 상대하는 주인공의 독특한 자율성과 반성적 시점을 '가능케' 한다. OVA로 발매된 이후의 후속편 「Solide State Society」에서는 쿠제의 존재가 쿠사나기 모토코에게 지울 수 없는 흔적을 남겼음을 암시한다. 그리고 쿠제라는 카리스마적 존재 역시 '난민' 이라는 역사적 존재와 별개로 사고될 수 없다. 그런 의미에서 '난민' 들은 순수하게 가상적인 존재임에도 불구하고 적어도 그 아니메 안에서는 우리가 일상

6 정치적 · 역사적 '구조' 와 내면적인 친족 '구조' 간의 극단적 호환 가능성은 예컨대 「에반게리온」에서도 동일하게 나타난다.

적으로 한낱 시사적인 '풍경'으로 경험하는 실제 정치적 망명자들이나 이주노동자보다 더 타자(他者)다운 것일 수 있다. 역사적인 조건 안에서 마주치는 이러한 타자성이야말로 진정한 윤리적·반성적인 태도를 낳는다. 그리고 그 역은 성립하지 않는다. 먼저 주체의 반성적 시점을 초래하는 역사적 타자를 상정하는 게 먼저이지 그 반대는 아니라는 것이다. 요컨대 세카이물과 「공각기동대」 시리즈의 차이는 바로 거기에 있다.

마치며

지금까지 우리와 무관한 듯한 이웃 나라의 작품들을 고찰했지만 이는 우리의 형편과 무관하지 않다. 앞서 고찰한 동일한 장르 안에서 각 작품들이 노정한 한계와 가능성은 동시에 우리의 한계와 가능성을 암시하기 때문이다. 우리와 전혀 상관 없어 보이는 아니메 작품 간의 비교는 예컨대 젊은 작가나 젊은 논객, 혹은 젊은 문화적 담론들이 빠지는 함정에 대해 많은 것을 가르쳐 줄 수 있다. 오늘날 하루키 이후의 젊은 문학인들이 과시하는 서술적 시점과 마찬가지로 대중문화 전반에 확산된 냉소적 주관성은 본래 그러한 관점을 초래한 역사적 조건에 대한 무반성에 빠져 있다. 이렇게 본다면 88만 원 세대담론에는 겉보기와 달리 그것이 지시하는 단순한 사회경제적 곤궁보다 더 의미심장한 징후가 함축되어 있다. 그 징후는 각자가 겪는 현실적 곤궁을 특정한 문화적 방식으로 표상하는 특유의 '자의식'에서 드러난다.

오늘날 우리가 주변세계를 단순히 우연하고 무의미한 현실로서 중립적으로 관조하는 것 역시 현실을 표상하는 매우 특정하고 역사적인 방식이다. 여기에는 니체가 이야기한 '원한의지'가 있다. 니체는 아무것도 의지하지 않는 것 역시 하나의 뒤틀린 의지라고 이야기했다. 같은 이야기를 오늘날 젊은이들에게도 할 수 있다. 역으로 우리는 오늘날 다소 비뚤어진 자의식으로 표출되는 '젊은 의지' 때문에 현실적 장벽이 지나치게 버겁다거나 그들이 사유하고 연대할 여유가 부족하다는 모든 비행위의 변명이(이는 주로 우석훈을 비롯한 기성세대로부터 나오는 경향이 있다) 무효하다고 말할 수 있다. 오히려 가장 관조적인 소설적 태도에조차도 그 나름의 역사적인 기원과 도덕적 책임이 귀속된다. 지금의 젊은 감수성으로 일컬어지는 경향들도 예외는 아니다.

지금까지 가라타니 고진의 하루키론에서 시작해서 박민규를 거쳐 아니메 장르와 그것의 예외적 사례에 대한 산만한 논의들을 진행했다. 이 모든 소재들에서 우리가 공통적으로 발견하는 것은 하루키에게서 우화적 기원을 찾아볼 수 있는 오늘날 보편적으로 내면화된 개인주의적 우둔함이다. 그러나 그것은 이미 사회화된 소비 패턴으로 물화(物化)되는 데까지 이르렀다. 이 속에서 서로 다른 차원의 현실구조를 교환 가능한 일련의 추상으로 치환하며 정치적 곤경을 연애담으로, 사회경제적 어려움을 자신의 정신적 승리를 담보하는 것으로 뒤바꾸는 오도적 경향이 존재한다. 그러나 이마저도 사실은 하나의 사회적 '의지'로서 존재한다. 따라서 우리는 여기에서 어떤 '책임'을 발견할 수 있다. 요컨대 이 책임감이야말로 이러한 논의가 그동안 서투르게 전하고자 했던 어떤 감정이다.

Chapter_**2**

하루키와 사도 바울

『상실의 시대』에 대한 비판적 독서

그러나 이윽고 썰물이 되자, 나는 혼자 모래밭에 남겨져 있었다. 나는 무력해서 어디로도
가지 못하고, 슬픔은 깊은 어두움으로 나를 에워싸고 있었다.
그럴 때면 나는 혼자서 울곤 했다.
운다기보다 마치 땀처럼 눈물이 줄줄 흘러내리는 것이다.
가즈키가 죽었을 때, 나는 그 죽음에서 한 가지를 배웠다. 그리고 그것을 체념으로 익혔다.
혹은 익혔다고 생각했다. 그것은 이런 진리였다.
죽음은 삶의 대극에 있는 것이 아니라 우리의 삶 속에 잠재해 있는 것이다.
확실히 그것은 진리였다. 우리는 살아가면서 동시에 죽음을 키우고 있는 것이다.
그러나 그것은 우리가 배워야만 할 진리의 일부에 지나지 않았다.
나오코의 죽음이 내게 가르쳐 준 것은 어떠한 진리도
사랑하는 이를 잃은 슬픔을 치유할 수 없다는 것이다.
어떠한 진리도 어떠한 성실함도 어떠한 강함도 어떠한 부드러움도
그 슬픔을 치유할 수 없다는 것이다.
우리는 그 슬픔을 실컷 슬퍼한 끝에 거기에서 무엇인가를 배우는 길밖에 없으며,
그리고 그렇게 배운 무엇도 다음에 닥쳐오는

예기치 못한 슬픔에는 아무런 도움이 되지 못하는 것이다.

나는 혼자서 그 밤의 파도 소리를 듣고, 바람 소리에 귀를 기울였으며,

매일처럼 골똘히 그런 문제를 생각하고 있었다.

위스키를 몇 병씩이나 비우고, 빵을 씹고, 물통의 물을 마시고,

머리를 모래투성이로 만든 채 배낭을 메고 초가을 해안을 서쪽으로 서쪽으로 걸었다.[1)]

상실의 시대와 연애의 이념

『상실의 시대』(원제는 노르웨이의 숲)를 읽었을 때 필자는 아직 고등학생이었고, 그래도 신앙심이라는 게 투철했다고 할 수 있었던 나이였다. 내가 위의 구절을 읽었을 때 심하게 소름이 끼쳤는데, 소설 자체도 그렇거니와 아무튼 이 강렬한 구절이 전해오는 어떤 분위기나 세계관의 편린들이 일종의 '영적 도전'을 던져주었던 것이다. 말하자면 목사님이 평소에 설교하시던 '죄성(罪性)'이라는 게 이런 것이구나 싶은 깨달음이 왔던 것이다. 그래서 나는 '아, 예수님이 왜 우리를 위해 못박혀 죽으신 다음에 사흘 만에 죽은 자 가운데 살아나셨는지 알 것 같다'는 느낌마저 들었다. 말하자면 십자가에 못 박힌 다음에

1 무라카미 하루키, 유유정 역, 『상실의 시대』, 문학사상사, 2000, p. 413(강조는 인용 주) 참조.

부활했다는 게 왜 단순한 기적이 아니라 하나의 '복음'인지에 대해 묘하게 납득하고 말았던 것이다. 그것은 나오코와 가즈키의 죽음을 부여안고 몸부림치는 와타나베를 위한 게 아니었을까 하는 느낌이 들었던 것이다. 예수님은 와타나베같이 비극적인 연애로 고통받는 한 불쌍한 남자를 구하기 위해 이 땅에 내려온 것이라고 말이다. 성령의 감동이 임하는 순간이었다.

이것은 농담만은 아니다. 다들 알다시피 『상실의 시대』는 무라카미 하루키의 소설들 중 가장 대중적인 성공을 거두었다. 그 이유는 그것이 탈냉전 시대로 넘어가는 문턱에서 '연애'라는 새로운 보편사적 이념의 과녁을 정확하게 맞혔기 때문이다. 일본의 경우 그것은 1980년대에 해당하는 이야기이다. 그리고 1990년대 중반 이후 우리나라에서 처음 『상실의 시대』 열풍이 불었을 때 우리도 정확히 그러한 수순을 밟아가고 있었던 것이다.

확실히 소설 자체도 그렇고 인용한 구절에서는 뭔가 우리와 동시대적인 어떤 감수성을 제대로 건드리고 있다는 느낌을 준다. 그러나 이것은 단순히 풍속사적인 연애에 대해서만 이야기하고 있는 후(後) 하루키 세대의 통속적인 젊은 감각의 소설들과는 뭔가 다르다. 왜냐하면 그것은 여전히 '죽음'이라는 실존적인 문제에 대해서 매우 '적극적'으로 이야기하고 있기 때문이다. 게다가 작중에서 화자는 심지어 그것에 대해 '곰곰이' 생각하기까지 한다. 이것은 하루키 소설을 단순히 세대사적인 현상으로만 볼 때 놓치는 지점이 아닐까 생각한다.

하루키 소설은 단순히 세대론으로만 설명할 수 없다. 실제로

1990년대 이후의 젊은이들도 하루키의 소설을 읽고 있기 때문이다. 오히려 그의 소설은 보편적인 현상이다. 그의 문학은 세계적으로 읽혔을 뿐만 아니라, 그의 소설이 담고 있는 젊은이들의 내면은 일본과 한국을 넘어선 보편적 호소력을 지니고 있다는 것이다. 일본의 비평가 가라타니 고진은 하루키의 소설들 중 초기작들에 주목하며 그것이 일본 근대 문학의 분기점을 형성하고 있다고 평가하지만 상업적인 성공을 거둔 『상실의 시대』와 같은 작품들은 상대적으로 깔본다.[2] 그러나 오히려 가장 대중적인 인기를 얻으며 세계 각국의 언어로 번역된 소설에 더 주목해야 하는 것은 아닌가?

확실히 이 하루키의 '연애소설'을 기점으로 오늘날의 소설가들은 더 이상 사회나 역사의 보편적 의미에 대해 이야기하지 않고 마치 '전공투'를 거부하는 주인공처럼 거기서부터 퇴각함으로써 소설적 낭만을 구하려고 한다. 하루키 자신도 몇몇 예외를 제한다면 마찬가지이다. 그러나 하루키의 이 문제작은 단순히 주관적인 낭만을 구현한 것에서 화제를 얻은 것이 아니다. 『상실의 시대』 이후 일본 소설들에서 단순한 연애담이나 풍속적(낭만적)인 것에 대한 서술이 주를 이루는 것처럼 보인다. 그렇게 볼 때 하루키는 마치 이러한 현상의 세대론적인 기원으로밖에 보이지 않는다. 하지만 내가 봤을 때 하루키는 그 소설에서 정확히 어떤 '보편사적인 이념'을 다루고 있었고, 이것

2 가라타니 고진, 조영일 역, 『역사와 반복』, 「무라카미 하루키의 풍경–『1973년의 핀볼』」, 도서출판b, 2009 참조.

이 이 작품을 단순한 상업적 성공을 넘어서 하나의 기념비적인 작품으로 만드는 건 아닐까 생각한다. 그 이념이란 물론 정치적인 것과는 무관하다. 다만 그것은 여전히 '연애'를 이념적인 것으로 다루고 있다.

벤야민에 따르면 '알레고리'란 '상징'과 달리 작품의 낭만적 주관과 무관한 차원에서 하나의 보편사적 이념을 드러내는 것이다.[3] 알레고리는 하나의 낭만적 주관으로 파악될 수 없는, 그러나 분명 복수의 주관들을 사로잡고 있는 사물의 구조를 이념적으로 형상화하는 예술적 수단이다. 이는 낭만적인 내면을 형상화하는 상징과 달리 역사적인 성격을 띤다. 벤야민의 구분을 참조하면서 가라타니 고진은 오에 겐자부로의 소설 『만엔원년의 풋볼』을 제2차 세계대전을 전후한 일본 담론공간의 형성과정에 대한 알레고리로 간주하는 반면 하루키의 소설은 심미적인 주관을 드러내는 상징으로 이뤄져 있다고 말한다.[4] 그러나 『상실의 시대』 역시 알레고리로 이뤄져 있으며, 그러한 한에서 개개의 낭만적 주관을 넘어선 시대사적 이념의 구조를 드러내고 있다.

더 정확히 말해서 이 소설의 알레고리는 반복되는 '삼각관계'에 있다. 와타나베-가즈키-나오코의 삼각관계는 와타나베-나오

3 발터 벤야민, 조만영 역, 『독일 비애극의 원천』, 「2부 비애극과 우의-I 우의」, 새물결, 2009 참조.

4 가라타니 고진, 조영일 역, 『역사와 반복』, 「오에 겐지부로의 알레고리 -『만엔원년의 풋볼』」, 도서출판b, 2009 참조.

코-미도리의 관계로 나아가 와타나베-나오코-레이코의 관계로 반복된다. 이것은 확실히 우리가 익숙한 이자(二者)적인 낭만적 연애관계와 다르다. 그 소설에 있어서 연애는 반드시 삼각관계여야만 했는데, 그것은 명확히 시대적인 곤궁을 반영하고 있다. 하루키는 일본의 안보투쟁과 전공투 이후 정치적·사회적 영역이 봉쇄당한 일본의 정국에서 내밀한 연애의 영역으로 퇴각한 젊은이들의 사회적 곤궁을 드러낸다. 그러한 상황에서 연애는 두 남녀의 자족적이고 내면적인 문제로만 그치는 것이 아니다. 그것은 **둘이 아닌 셋이 될 수밖에 없었다.** 그리고 거기에서 반드시 좌절과 무력감을 겪을 수밖에 없었던 것이다.

이것은 무엇보다 탈이데올로기 시대 이후 젊은이들에게 연애가 주는 역사적 의미를 알레고리로 파악한 것이다. 게다가 이러한 알레고리는 일본 시민사회의 정치적 패배 이후 젊은이들이 경험하는 연애를 '**이념적으로 파악**' 한 것이다. 하루키의 소설에서 정치적 과정에서 소외된 인물들은 연애에서 삶과 죽음 그리고 그것의 의미를 본다. 여기에는 단순히 풍속사적인 것으로 환원될 수 없는 근본적인 게 있다. 하루키의 소설과 진지하게 대결하기 위해서는 그 '근본' 을 따지는 게 우선이다.

나오코와 고유명

『상실의 시대』 밑바탕에 깔려 있는 '연애' 플롯을 단순히 연애에 대한 개인사적 고백만으로 볼 때, 그것은 단순히 달콤한 우수로 가득 찬 회고담으로만 받아들여질 것이다. 이것은 미도리나 나오코 그리고 레이코와 같은 인물들과 그들이 이루는 착종된 관계를 레이코 자신이 작중에서 분명 반어적으로 언급했듯이 '센티멘털리즘의 지평'에서만 받아들이는 것에 그친다. 그러나 앞서 말했듯이 이들이 이루는 관계는 연애에 대한 낭만적 상징이 아니라 알레고리로 파악되어야 한다. 소설 자체도 흔히 단순한 낭만적인 센티멘털리즘을 자극하는 것으로만 평가된다. 그러나 그 소설은 그러한 한계를 넘어선 지점에 닿아 있다. 이 소설을 그저 센티멘털리즘의 프레임으로 볼 때 나오코의 충격적인 자살은 평범한 청춘의 성장기적 아픔과 상실의 한 요소로 환원되고 만다. 이 소설은 확실히 통속적인 성장소설로 받아들여질 수 있다. 고등학교를 졸업하고 대학을 다니는 과정에서 가즈키와 나오코를 잃는 작중 화자의 서술은 전범적인 성장담의 공식을 따르고 있는 것처럼 보인다. 성장과정에서 겪는 연애와 비극적 상실이 이 소설의 표면적인 주제라고 할 수도 있다.

하루키 이후의 범용한 성장소설과 하루키 소설의 차이점이 있다면 그것은 또한 가라타니 고진의 말대로 하루키의 소설들 사이의 차이로 이야기될 수 있다. 다른 하루키의 소설과 달리 『상실의 시대』는 고유명에 대한 강박을 가지고 있으며, 나오코에 대한 주인공 와타나베의 집착 역시 정확히 나오코라는 알레고리를 둘러싼 강박으로 이해되어야 한다. 나오코는 예컨대 하나의 엄밀한 고유명으로 파악되고 있다. 그녀의 이름은 단독적인 것을 가리키며 단순히 성장담과 연애담의 일상적 풍경으로 회수될 수 없는 어떤 보편사적 측면을 이념적으로 형상화하고 있는 것이다.

이러한 고유명에의 강박은 요새의 소설들에는 보기 드물다. 예를 들자면 오쿠다 히데오의 전형적인 성장소설 『20살 도쿄』를 보자면 거기에는 엄밀히 말해서 이렇다 할 '고유명사'가 등장하지 않는다. 물론 야구 선수 이름이라든지 당시 유행했던 극단이나 영화제목들에 관한 풍속사적 디테일이 등장하지만, 이는 가령 그러한 기억을 공유하지 않는 한국어 독자들이 읽어도 전혀 문제가 되지 않는다. 이러한 것들은 단순히 일상적으로 지나치는 내면적 풍경에 지나지 않기 때문이다.

요사이 낭만적인 성장담이란 그런 식이다. 그것은 보편적인 서사를 공유하며 세계 각국의 독자들과의 공통감을 자아낸다. 그러나 이러한 공감은 내면적인 공감에 그친다. 서로 다른 나라와 환경 안의 성장과정들 이면에 있는 역사의 구조가 보이지 않게 되는 것이다. 이것은 소설의 화자가 그를 둘러싼 고유명을 다루는 화법에서 드러난다. 오늘날 소설들에서는 확실히 풍속적인 '고유명사'들이 범람하지만 그것은 사실 몰역사적인 '풍경'에 불과하며, 낭만적 공감을 가로막는 역사적 고유성을 은폐하는 기술적 장치로 복무한다. 한 마디로 그것들은 심미적 배경으로 존재하며 다른 성장담의 배경과 얼마든지 치환될 수 있는 것이다. 즉 그러한 이름들은 얼마든지 대체 가능한 임의적인 기호에 불과한 것이다.

문제는 가라타니 고진이 말했듯이 하루키가 자신의 초기 소설들(예컨대 『1974년의 핀볼』)에서 이러한 '전범'을 이미 확립해 버렸다는 것이다. 그 작품들에서 하루키는 '고유명사'들을 임의적인 상품명 혹은 기호들로 대체해 버리며 그만의 독특한 소설적 풍경을 형성한다. 이 점에 관해서는 사실 『상실의 시대』 역시 마찬가지라고 할 수 있을지도 모른다. 고진 역시 『상실의 시대』를 고유명=알레고리를 추상해 버린 소설적 풍경이 전형화된 이후의 소설로 파악하면서 그것을 단순한 로망스, 즉 연애담으로 정리한다. 그런데 (역시 가라타니 고진이 지적하듯이) 이 소설에서 유일하게 '고유명사' 다운 것이 있다면 그것은 나오코이다. 다른 모든 이름들은 스쳐 지나가는 풍경에 불과하지만 이상하게도 '나오코' 라는 고유명사에 대한 강박이 남아 있다. 그녀만큼은 다른 것에 비해 '대체 불가능' 하며 '고유' 한 것이다.

하루키의 이전 소설은 그러한 고유성에 대한 강박을 없애버리면서 낭만적인 청춘소설의 전범을 만들어 놓았다고 평가받는다. 그러나 이후에 『상실의 시대』라는 그의 히트작에서는 이상하게도 '고유명사' 에 대한 강박이 되살아나고 있다. 이러한 점도 고진이 이미 지적했지만 그는 그것을 단순히 예외로만 언급하고 넘어간다. 그런데 이 나오코라는 고유명사에서 연애에 대한 낭만적인 공감을 넘어서는, 그것이 담지하는 어떤 보편적 구조가 알레고리적으로 형상화되고 있는 것은 아닐까. 말하자면 나오코는 안보투쟁과 전공투의 패배 이후 일본의 젊은이들이 상실하게 된 역사적 가능성에 대한 고유명은 아닌가? 이러한 가설적인 설명만이 나오코에 대한 와타나베의 묘한 집착을 해명해 준다.

물론 나오코는 젊은 '죽음' 에 대한 서정적이고 비극적인 문학적 은유이다. "나오코는 죽음을 안은 채 거기서 살고 있었다" (p. 412). 그러나 그러한 죽음은 단순히 젊은 시절에 겪는 일반적인 상실의 경험과 다른 고유성을 내포하고 있다. 가령 와타나베는 수많은 여자들과 섹스를 하지만 단 한 번 몸을 섞은 나오코만큼은 그에게는 무엇과도 바꿀 수 없는 것이다. 그녀는 '죽음' 과의 독특한 관계 안에서 그것을 부여안고 살아가는 존재이기 때문이다. 이것이 그녀에 대한 와타나베의 집착을 설명해 준다. 여기서 나오코가 은유하는 죽음은 물론 어떤 경험적인 죽음만은 아니다. **나오코가 안고 살아간 죽음은 정확히 말해서 삶과 죽음의 독특한 역사적 배치 바로 그것이다.** 그것은 일본 급진세력의 정치적 패배 이후 안에서만 생각될 수 있는 배치이며, 그녀의 존재는 죽음에 대한 어떤 고유한 역사적 태도를 이념적으로 형상화하는 알레고리이다.

다소 고색창연하게 들리겠지만 나오코가 형상화하는 죽음은 실제적인 죽음과 무관한 하나의 실존적 '가능성' 으로 받아들여져야 한다. 그것은 삶을 압도하며 그 안에서 지속되는 죽음의 잠재성이다. 그녀의 이름은 정확히 말해서 정치적 해방의 약속과 이념이 상실된 이후 삶과 죽음에 관해 불가피하게 취할 수밖에 없는 고유한 역사적 태도의 구조를 지시한다. 나오코는 단순히 한 번 품고 간 무수한 여자들 중 하나가 아니라, 와타나베와 당대 일본 젊은이들의 삶 속에 죽음을 들여오고 그러한 방식으로 정확히 삶과 기억을 지배하는 이미지로서 지속되는 죽음을 명명하는 하나의 형상(形狀)으로 받아들여져야 한다. 이것은 정확히 사도 바울이 『고린도전서』 15장에서 "한 사람으로 말미암아 (우리의 삶 속에) 죽음이 들어왔으니 … "[5]라고 말했던 것과 정확히 동일한 게 아닐까? 바울이 여기서 염두에 두었던 인물은 물론 '아담' 이었다. 그는 자신의 죄로 말미암아 인간에게 '죽음' 을 들여왔으며, 살아 있는 자로 하여금 산 주검으로 살아가게 만드는 끔찍한 가능성, 인간을 꼼짝 못하게 하는 바로 그 죄성(罪性)을 발명한 장본인이었다.

그러나 바울이 아담을 그러한 죄성의 알레고리로 간주한 것은 명백히 당대의 유대인들이 처해 있던 종교적·정치적 정황과 맞물려 있다. 수많은 민족종교들이 공존했던 로마제국 안에서 유대담론은 더 이상 이전과 같이 유대인들에게 메시아적 해방의 가능성을 보여주지 못했다. 단순히 탄압 때문이 아니라, 수많은 이방종교들과 잡종교배를 이룬 채 무질서해진 당대의 종교적 지평에서 유대교조차도 자유롭지 못했던 것이다. 로마제국은 유대인들에게 자신의 종교적 이념의 종말을 가져온 재앙이었다. 이러한 이념의 종말 이후에 유대인들의 삶 안에서 지속되어야만 했던 죽음의 가능성은 바울에 의해 아담이라는 고유명으로 지칭된 것이다. 이 '아담'은 이렇듯 고유한 역사성으로서 받아들여져야 한다. 나오코가 정확히 그러한 죽음의 형상이듯이 말이다.

5 사도 바울, 『고린도전서』, 15장 21절 참조.

하루키와 사도 바울, 죽음의 사상가들

“우리가 알기로 그리스도께서는 죽은 사람들 가운데서 살아나셔서, 다시는 죽지 않으시며, 다시는 죽음이 그를 지배하지 못합니다.”[6] 내가 『상실의 시대』를 읽고서 역으로 성경구절을 심각하게 받아들이게 되었던 이유는 다름 아닌 이 성경구절에서 말하는 죽음이 와타나베의 경우에 있어서는 나오코라는 이름으로 와타나베의 삶 속에 들어와 그를 지배하게 되었기 때문이다. 나오코를 잃고 나서 와타나베는 그녀를 엄밀하게 알레고리로서 사고하고 있다. 그녀가 환기하는 것은 단순히 실패한 연애에 대한 상처가 아니라, 그러한 실패가 당대의 젊은이들에게 표상하는 이념적인 외상이었다. 바울이 아담이라는 성경의 인물을 통해 당대 유대인들에게 닥쳐왔던 이념적·종교적 위기를 알레고리화했듯이 와타나베에게도 나오코는 자신이 겪어야만 했던 정신사적인 위기를 알레고리로서 제시하는 낱말이다.

만약에 오늘날에도 여전히 바울이 말했던 것과 같은 ‘복음(=해방)’이라는 게 있다면 그것은 『상실의 시대』 이후에 우리들의 삶의 표상을 강력하게 지배하는 ‘나오코’와 그것이 우리에게 환기시키는 이

6 사도 바울, 『로마서』, 6장 9절 참조.

념적 위기로부터 우리 자신을 해방시키는 데 있지 않을까. 바울이 아담의 극복을 통해 죽음으로부터 해방을 말했듯이 우리 역시 나오코에 대해 그렇게 말할 수 있지 않은가.

물론 이것은 우리의 '의지'로 되는 것은 아니다. 사실 의지에 관해서라면 와타나베만한 인물도 없다. 그는 자기 나름의 삶의 원칙을 가지고서 나오코의 가능성으로부터 벗어나려고 고군분투한다. 그는 알고 있다. "죽음이 삶을 결말짓는 결정적인 요인은 아니"라는 것을. 그래서 그는 실패할 조짐을 보이는 학내분규로부터 동떨어진 채 자신의 삶을 어떻게든 긍정하려 한다. 하지만 그것은 아무래도 잘 되지 않고, 그는 그런 과정에서 역으로 "죽음이란 삶을 구성하는 많은 요인 중의 하나일 뿐"[7]이라는 깨달음 속에서 헤어나오지 못하게 된다.

하루키의 이 소설이 보편적인 공감을 얻을 수 있었던 것은 정확히 이러한 방식으로 젊은이들이 겪는 정신적 방황을 구조적으로 파악했기 때문이다. 와타나베의 몸부림과 실패가 형성하는 악순환이야말로 바울이 '죽음의 권세' 혹은 '육신의 길'이라고 명명한 것과 유사해 보인다. "육신에 속한 생각은 죽음입니다. 그러나 영에 속한 생각은 생명입니다."[8] 사도 바울 역시 당대 유대종교의 정신적 위기를 죽음이라는 이미지를 통해 파악해야 했다. 구약 텍스트들을 통해 알려졌던 종교적 약속의 위기는 로마의 지배 아래 살아가는 현실 안에서

7 무라카미 하루키, 유유정 역, 『상실의 시대』, 문학사상사, 2000, p. 412 참조.
8 사도 바울, 『로마서』, 8장 6절.

정확히 죽음 말고는 달리 생각할 수 없는 삶과 같은 것으로 경험되었다. 그리고 그것을 극복하기 위해서라도 바울은 유대교를 넘어서는 종교적 이념을 제시해야 했던 것이다. 그는 무엇보다 이 새로운 이념적 약속을 담지하는 종교적 기획을 삶을 지배하는 죽음에 대한 궁극적인 승리라는 이미지로 생각했다.

나는 사도 바울과 무라카미 하루키라는 전혀 어울리지 않는 저자들의 예기치 못한 '조우(encounter)'를 새로운 방식으로 생각해 봤으면 한다. 그리고 이 둘을 같이 읽어볼 때 둘 사이에서 놀라운 친화성이 발견된다는 것은 전혀 이상한 일이 아니다. 하루키와 바울 모두 다 죽음의 알레고리를 통해 이념적 위기와 그것을 초래한 역사적 조건을 사유했기 때문이다. 하나는 종교적 지평에서, 다른 하나는 문학적 지평에서 말이다. 물론 하루키를 단순히 하나의 유행으로만 읽히는 어떤 세대사적인 인물로 보지 않을 때(그리고 그는 세대사적인 유행이 결코 아니다) 이러한 비평이 가능해진다. 하루키는 한국 독자들에게도 지속적인 영향력을 미치는 저자이다. 단순히 대중적 유행으로만 생각해서는 안 된다. 그의 작품들에는 일정한 형태의 보편적인 시대사적 이념이 녹아 있다. 그것이 그를 세계적인 작가로 만드는 비결이다. 따라서 좀더 '보편사적인' 차원에서 하루키와 대결하려 한다면 바울과 같은 저자와 그를 함께 읽지 않으면 안 된다. 하루키는 훨씬 진지하게 다뤄야 하는 작가이며, 더욱 진지한 비판을 요하는 인물이다. 그러나 그러한 것들을 수행하기 위해서는 몇 가지 예비작업이 필요하다.

무라카미 하루키의 작품이 분명한 형태로 다루지는 못했지만 그가 소설로 이야기하는 것들은 바울이라는 카리스마적 종교 지도자가 이미 '율법'과 '죽음' 그리고 '죄'라는 주제로 다루었던 것들을 중심으로 회전하고 있다. 앞서 말했듯이 나오코라는 고유명은 당대의 정치적·이념적 위기를 죽음에 대한 표상을 통해 내면화할 수밖에 없는 시대사적 곤궁을 지시한다. 이것은 정확히 죄가 지배하는 삶에 대해 바울이 말했던 것과 동일하다. 이렇듯 바울과 하루키를 겹쳐놓는 바로 이 지점에서 우리들은 나오코라는 고유명을 통해 도입되었던 '죽음의 길' 혹은 그것의 권세가 무엇인지에 대해 좀더 구체적으로 생각해 볼 수 있다. 논의를 축약하기 위해 바울에 대한 알랭 바디우의 논의를 인용해 보자. 죽음으로의 길이라고 명명했던 바로 그 죄성은 무엇인가? 그리고 그것은 율법과 어떤 관련을 맺는가?

> 율법은 욕망에 삶을 주는 것이다. 그러나 이로써 율법은 주체가 죽음의 길 외의 어떤 다른 길에도 들어서지 못하도록 만든다. 죄란 정확히 무엇일까? 그것은 욕망 그 자체는 아니다. 만약 그렇다면 죄가 율법 및 죽음에 관련되어 있다는 것을 이해할 수 없을 것이다. 죄란 자율성, 자동성으로서의 욕망의 삶이다. 율법은 욕망의 자동적 삶, 반복의 자동성을 해방시키기 위해 요구된다. 왜냐하면 율법만이 욕망의 대상을 고정시키기고, 주체의 '의지'가 무엇이든 욕망을 대상에 묶어놓기 때문이다. 주체를 죽음이라는 육체의 길로 끌어들이는 것이 바로 욕망의 이러한 대상적 자동성이다. 분명히 여기서 쟁점이 되고 있는 것은 무의식(바울은 그것을 의지적이지 않은 것, 내가 원치 않는 것이라고 부르고 있다)의 문제에 다름 아니라는 것을 알 수 있을 것이다. 율법에 의해서 고정되고 해방되는 욕망의 삶은 주체라는 중심축으로부터 이탈해 무의식적인

자동성으로서 완성된다. 그것과 관련해 의지적이지 않은 주체는 **죽음을 생각해내는 것 말고는 달리 할 수 있는 것이 없다.**[9)]

와타나베 역시 나오코를 잃고 나서 죽음을 생각해내는 것 말고는 달리 할 수 있는 것이 없었다. 사도 바울이 인간이 어찌할 수 없는 죄성으로 말한 것 역시 이와 동일하다. 그것은 개인이 어찌할 수 없는 역사적인 구조이다. 바울은 그것을 '율법'으로 말했다. 율법이야말로 죄를 불러들인 장본인이며, 인간이 지닌 죄성의 구조적인 원인이다. 여기서 율법은 알랭 바디우가 말했듯이 주체적인 이념이 가능하다는 희망이 상실될 때 출현하며, 인간의 실존을 욕망의 대상적 자동성에 묶어두는 역할을 수행한다. 하루키의 소설에서도 나오코라는 은유적 대상은 다른 관계, 예컨대 미도리 그리고 레이코와의 관계에서도 반복된다. 이러한 대상의 반복에 관해 의지적일 수 없는 와타나베와 같은 주체는 죄와 죽음과의 영속적인 관계 안으로 빠져들 수밖에 없을 것이다. 이러한 비관적 정조는 단순히 일본의 한 세대에만 국한되지 않는다. 일본의 1970년대에 해당되는 시대는 한국을 비롯해서 사회운동의 이념이 끝나기 시작한 다른 모든 장소에서도 '반복'될 수밖에 없다. 이러한 반복성 안에서 하루키가 드러낸 것과 같은 죽음의 구조가 드러난다. 언뜻 로맨스 소설로만 보이는 『상실의 시대』는 이러한

9 알랭 바디우, 현성환 역, 『사도 바울』, 새물결, 2008, p. 153.

구조를 인상적인 방식으로 형상화했다.

율법과 욕망 그리고 68혁명

바울은 율법과 인간의 욕망의 관계에 대해 정교한 사유를 전개한 바 있다. 그러나 (율)법을 욕망의 문제로 생각했던 것은 사실 전 세계를 뒤흔들었던 1960년대 급진파의 사고에서 두드러졌던 것이다. 당시의 급진파들은 기성의 법을 거부하면서 그것이 억압했던 자유로운 욕망의 해방을 부르짖었다. 놀랍게도 바울은 시대를 훨씬 앞서 이러한 주장들을 미리 염두에 둔 것 같다. 바디우의 독해에 따르면, 그가 말한 율법은 욕망을 금지하는 억압적 작인이 아니라 그것에 대해 도리어 구성적이고 긍정적인 역할을 맡기 때문이다. 정신분석은 금지된 대상이 오히려 그러한 금지를 통해 그것에 대한 무의식적인 욕망을 구성한다는 과정을 이론화한 바 있다. 그런데 사실은 이와 같은 이론화는 사도 바울이 선취한 것이다. "법에 탐내지 말라고 하지 않았으면 나는 탐심이 무엇인지 몰랐을 것입니다." 바울이 말한 근본적인 죄성은 사실은 법과 욕망과의 이러한 착종된 관계에 다름 아니다. 니체가 공격했던 바와 달리 바울이 말한 이러한 근본적인 죄성은 음습한 도덕적 부채감과 전혀 무관하며, 오히려 그가 말했던 것은 구조적이며 역사적인 필연성이다.

사실 1960년대 후반의 급진파들에게도 '무의식적 욕망의 해방'

이 화두가 된 바 있다. 들뢰즈와 가타리도 그러한 사회분위기에 편승했다. 그러나 그러한 정치적 구호는 어디까지나 사회적 해방의 이념으로서 기능했다. 오히려 그것은 무의식적이기는커녕 다분히 의식적인 것이었고, 그런 한에서만 해방적인 약속의 구실을 할 수 있었다. 소설의 배경이 되는 1970년대 초반의 전공투 활동도 사실은 그러한 급진파들의 사고방식의 세례를 받았다. 그러한 시도들은 물론 실패로 끝났다. 하루키가 파악하기에 그것은 자신의 이념적인 의제를 만들어내기는커녕 서구와 중국의 급진적 분위기에 휩쓸려 만들어진 난장에 지나지 않았던 것이다. 그것은 궁극적으로는 새로운 소비 자본주의와 기성의 질서에서 벗어나지 못했다.

이것은 사회적 해방의 이념이 패배했다는 것을 의미한다. 이것은 젊은이들이 외쳤던 욕망의 해방이 결국은 그것을 금지하는 법에 대한 도착적 관계 안에 머물러 있었다는 것을 의미한다. 사회가 강요하는 부르주아적 욕망들에 대해 철저히 의식적이고 저항적인 정치적 주체성이 결국 실패했으며, 다시금 그들이 스스로의 새로운 무의식적 욕망에 굴복하게 된 것이다. 오히려 무의식적 욕망의 해방은 젊은이들이 자신의 욕망에 대해 의식적일 수 있었던 때에만 가능했다. 그것이 불가능해질 때 『상실의 시대』의 인물들처럼 자신의 욕망을 통해 죽음을 반추하는 죄의 구조로 빠져들 수밖에 없었던 것이다.

사실 법과 욕망의 관계를 사유하는 데에서 들뢰즈만한 사람은 없다. 어디선가 그는 신경증(neurosis)과 정신증(psychosis)의 차이를 설명한 적이 있다.[10] 들뢰즈에 따르면 신경증은 자신의 욕망을 억압하는 대신 온전한 현실감각을 얻는 과정이다. 이러한 억압은 콤플렉스를 낳는다. 콤플렉스는 리비도의 자유로운 순환을 억압하는 데서 생기는 심적 장애와 불만들을 의미한다. 물론 우리는 삶의 온갖 콤플렉스를 안고 살아야 현실에 더 잘 적응할 수 있다. 콤플렉스를 대가로 지불하고 우리는 현실에 적응하게 된다. 그러나 정신증의 국면에서는 사정은 훨씬 복잡해진다. 정신증은 현실원칙을 상실하는 대신 콤플렉스(심적장애)를 전면에 드러내는 광기(madness)를 뜻한다. 의미심장하게도 현실의 외적인 규범과 권위를 파괴해도, 다시 말해 욕망에 대한 억압이 사라져도 여전히 억압의 증상은 존재한다는 것이다. 따라서 들뢰즈는 신경증과 정신증 양자를 '광기의 두 체제(two regimes of madness)'라고 이름붙인다. 이전의 신경증적 배치에서는 '콤플렉스'를 형성하는 대신 현실감각을 보상받았다면, 정신증의 경우에는 온전한 현실감각 자체를 상실하고도 되돌려받는 것은 동일한 병리적 증상뿐이다.

이러한 정신증적 배치 속에서 주체들은 콤플렉스(욕망의 억압)로부터 해방되기는커녕 오히려 더욱 심각한 병을 얻게 된다. 그 안에서 주체가 욕망에 대한 통제력을 잃고 더욱 위반적인 것에 대한 무의식적 환각에 사로잡히게 되는 것이다. 들뢰즈가 정확하게 보았듯이 이러한 정신증적 욕망 안에서조차 '법'은 사라지지 않는다. 외적인 법을 파괴해도 여전히 난폭한 초자아가 남게 된다. 그것은 주체를 비

10 Gille Delueze, *Two Regimes of Madness*, MIT Press, 2006, p. 24.

의지적인 욕망으로 몰고가게 된다. 결국 이 안에서 그가 의지할 수 있는 것은 죽음 외에는 존재하지 않는다. 들뢰즈는 이러한 과정을 자아의 매저키즘과 초자아의 새디즘으로 표현한 바 있다.[11] 법으로부터의 해방은 이러한 사도 매저키즘의 고삐풀린 난무로 귀결된다. 이것은 역사적으로 68혁명 이후 붉은여단이나 적군파와 같은 극좌 테러리즘의 등장이나 극단적인 성적 무질서나 환각제의 유행과 맞물려 있다.

이런 '곤궁'을 통해서 본다면 바울의 본래의 사유의 진가가 다시 드러나게 된다. 율법을 사실상 넓은 의미의 콤플렉스의 문제로 본다면 말이다. 사실 바울이 말하는 율법도 이런저런 현실적 계율과 억압으로 존재하는 율법을 비판한 게 아니니다. 오히려 그러한 것을 비판해도 결국 걸려들어 버리고 마는 그런 율법의 다른 '어두운 측면'을 말하고 있는 것이다.

말하자면 『상실의 시대』의 화자와 더불어 그의 시점에 공감하는 독자들은 이러한 신경증에서 정신증으로의 이행기에 있는 독자들이 아닌가. 그리고 와타나베를 사로잡고 있는 곤경은 바로 그를 향유하고 있는 독자들을 동일하게 사로잡고 있는 곤궁이 아닌가. 와타나베는 전공투의 패배에서 초연하기는커녕 사실상 그것과 아주 깊숙이 연루되어 있는 인물이라는 사실에서 시작해서 생각해야 한다.

11 질 들뢰즈, 이강훈 역, 『매저키즘』, 「초자아의 새디즘과 자아의 매저키즘」, 인간사랑, 2007 참조.

전공투라는 신좌파 운동의 패배는 정확히 신경증에서 정신증으로 이행하는 과정을 가리킨다. 그것이 당시 시대의 율법을, 혹은 전공투의 언어대로라면 '기만적인 산학협동체'와 '제국주의'를 분쇄한다고 하더라도 그것이 억압으로부터 해방된 주체적인 욕망을 낳기는커녕 더욱 어찌할 수 없는 죽음의 충동으로 빠져들고 마는 것이다. 다시 말해 와타나베의 경우에는 어떠한 욕망도 더 이상 가능하지 않게 된 것이다. 다만 그가 유일하게 욕망할 수 있었던 것은 '나오코'였다. 그러나 그것은 그녀가 다른 무엇이 아니라 그녀가 고유한 방식으로 형상화하는 독특한 '죽음'의 가능성 그 자체였기 때문이었다. 그것은 바울의 말대로라면 '죽음의 길' 혹은 '육신의 길'에 대한 고유명이자 죽음을 삶의 중심에 둔 주체적 짜임의 다른 이름이다.

이러한 정신증의 역사적 배치를 내포한 한에서 하루키의 『상실의 시대』는 가라타니 고진의 말처럼 단순한 연애담에 불과한 게 아니라, 탈냉전 시대의 자본주의 사회가 공유하는 보편사적인 구조를 이념적으로 파악하고 있다고 봐야 한다. 일본에게 그것은 1980년대에 비로소 보편적인 생활감정이 되었고, 한국은 1990년대에 그것이 도래한 것이다. 게다가 한국 독자들 중에 하루키를 처음 본격적으로 접했던 사람들은 이미 대학가의 정치적 소용돌이와 그 안에서의 좌절을 경험했던 사람들이다. 사실 그러한 한에서만 『상실의 시대』에만 존재하는 하루키의 독특한 감수성에 공명할 수 있었던 게 아닐까. 말하자면 모든 탈출구가 봉쇄된 이후에 나오코와 같은 독특하고 일회적인 죽음의 아우라를 생각할 수밖에 없었던 사람들은 정치적인 절망을 한번쯤 겪어본 사람들이다. 그들은 누구보다 역사적인 고유명＝알레고리를 추구했던 사람이기 때문이다. 그런 사람들만이 소설에 등장한 나오코라는 고유명사를 이해할 수 있었던 것이다.

물론 68혁명이 시민사회에서 어느 정도 성공을 거둔 유럽과 달리 일본에서는 그 실패가 더욱 처절하고 뼈아픈 것이었다. 일본 시민사회의 영역에서 전공투는 불모적인 결과만을 낳았다. 지금 한국의 학생운동도 마찬가지이다. 말하자면 와타나베라든지 하루키라든지 그를 심미적으로 향유하는 독자들은 이러한 역사적인 패배를 어떤 의미에서 같이 향유하는 것은 아닌가. 또한 신경증적인 존재에서 정신증적인 존재로 이행하면서, 그리고 그 상태에서 꼼짝 없이 헤어나오지 못하면서 와타나베나 우리들은 (나오코의) 죽음 말고는 달리 아무것도 생각하지 못하는 그런 상태에 빠져버린 것은 아닌가. 우리에게 '복음'이 필요하다는 것은, 정확히 그런 '죽음 말고는 아무것도 생각할 수 없는' 그런 상태를 심미적으로 착취하는 것을 멈추는 어떤 계기가 필요하다는 것을 말하는 것이다. 내가 하루키와 함께 바울을 생각한다는 것은 바로 그런 측면에서이다.

Chapter_3

비평은 작품의 괴사(壞死)다

발터 벤야민과 비평가의 포지션

비평가의 금욕주의적 이상

오늘날 비평의 포지션은 무엇인가? 비평은 흔히 표리일체를 이루는 이중의 과제에 직면하게 된다. 비평은 한편으로 창작에 대해 생산적인 위치에 있어야 한다. 비평은 실제 창작의 테크니컬한 측면에 대한 관심을 갖고 있어야 하며, 성공할 만한 작품들을 만드는 데 있어 적극적인 기여를 해야 한다. 거칠게나마 이것을 '실제비평'의 영역이라고 부른다면 '이론비평'의 영역에서 그것은 작품창작에 대한 최소한의 이론적=반성적 거리를 둘 것을 요청받는다. 어쨌든 비평은 창작이 아니므로 창작활동에 대해 근본적으로 초연해야 하며, 작가의 창작정신에 주제넘게 개입해서는 안 된다. 오직 그러한 방식을 통해서만 비평은 창작 본연의 과정에서 한발 벗어나 작품 자체의 후광을 돋보이게(다시 말해 흥행하게) 할 수 있다.

우리는 베이트슨이 해명한 '정신분열'의 징후를 이 비평가의 이중적인 과제에서 찾아볼 수 있을지 모른다. 베이트슨에 따르면 정신분열이란 어떤 형태로든 '규칙'을 위반할 수밖에 없는 표리적 규범에 사로잡힌 상태에서(이중구속적인 상황이란 그런 것이다) 유래한다. 비평가는 언제나 작품에 대해 이론적인 거리를 두어야 하며, 동시에 해당 관심영역의 창작활동에 적극적으로 기여해야 한다. 비평가는 언제나 이 두 극단 사이에서 유지하기 어려운 중도를 고수해야 할 필요가 있다.

여기서 비평가의 파괴적인 죄의식의 근원이 해명된다. 한편으로 비평가는 창작활동에 대해 '구성적'인 위치에 있으며, 창작영역을 적극적으로 정당화하는 담론으로 복무하면서 다른 한편으로 창작활동에 대해 단지 '반성적'인 위치에 있어야만 한다는 또 다른 불가능한 요청에 사로잡힌다. 이것이 오늘날의 비평을 '**금욕주의적 이상**(*Ascetic Ideal*)'으로 이끄는 원동력이다. 말하자면 기본적으로 비평가라는 포지션에 있을 때 창작에 대한 자연스러운 '죄책감'이 따라오게 되는 것이다. 작품의 자유로운 창작의도에 주제넘게 간섭하지 않았는가라는 죄책감에 뒤이어 그러한 창작과정에 보다 적극적으로 기여해 주지 못했다는 또 다른 모순적인 죄책감이 따라붙는다.

비평가에게 요구되는 이러한 이중의 윤리적 이상들은 근본적으로 창작자와 작품의 낭만적 주관을 우선시하는 나머지 비평 고유의 '관점'(응시의 지점)이 어디에서 연원하느냐는 근본적인 문제설정을 망각하고 만다. 비평가에게 책임을 요구하는 사람들의 초점은 흔히 예술작품과 창작자의 자의식이 자아내는 스펙터클에만 머물러 있다. 여기서의 비평은 마치 작품과 창작자의 나르시즘적 자아를 비추는 거울처럼 사고되고 있다. 작품을 비평이라는 거울에 비춰 반성한다는 것은 마치 작품에 대한 고유한 관점을 획득하는 것처럼 보인다. 그러나 거울을 보는 행위가 으레 그렇듯이 비평적 관점은 상상적인 것에 불과하다. 비평은 오히려 창작영역의 나르시즘을 부수는 것에서 본연의 역할을 발견해야 한다. 따라서 비평을 창작과의 관계 속에서 정의하는 것은 허구에 지나지 않으며, 비평을 창작자들의 자아에 투영한 관점에 지나지 않는다. 만일 비평에 윤리적 책임을 요구한다면 비평은 단순히 작품의 자아를 거울에 비춰주는 시종의 역할에만 머물 수 없다. 비평의 책임을 논하는 자들은 비평이 가능해지는 '시점'을 다른 곳에서 찾아야 한다.

벤야민과 비평의 칸트적 전회

우리는 비평이 떠안는 이중적 과제의 기원을 심미적 취미판단과 과학적 인식판단을 엄밀하게 구분하는 칸트의 비판철학에서 찾아야 하지 않을까? 칸트는 판단을 '구성적' (개념적) 혹은 '반성적' (관조적)인 영역으로 구분하며, 이는 마치 실제비평과 이론비평의 구분을 반향하는 듯하다. 그러나 이러한 유사성은 단지 겉보기에 불과하다. 칸트 자신에게 있어 '반성적 판단'과 '개념적 판단' 사이의 구분은 '형식적'인 것에 불과하기 때문이다. (1) 인식을 확장하는 개념적인 판단도 판단대상과 판단주체에 대한 강한 반성을 수반한다. (2) 역으로

고도로 관조적인 반성조차도 사실은 어떤 의미에서는 판단영역에 대해 새로운 적극적 인식을 가져다 준다.

따라서 중요한 것은 비평이 그 자체로 비평대상에 대한 관조적 인식임에도 불구하고 그것은 여전히 그 고유의 비평적 관점에서 비평영역에 대해 적극적으로 개입할 수 있다는 것이다. 나아가 칸트가 자신의 비판적·비평적(kritik) 관점에서 판단대상을 해명하는 것은 판단대상의 자명성을 괄호 안에 넣는 것이나 다름 없다. 이러한 결론을 끝까지 밀고 나가자면 예컨대 그 자체로 심미적인 판단은 없다. 그것은 판단대상에 대한 인식적·도덕적 관심사를 괄호 안에 넣는 초월론적 시점 속에서만 비로소 성립한다. 그러나 이 괄호는 언제든지 빼낼 수 있다는 것이 분명히 의식되어야 한다. 이것이야말로 판단대상의 자립성을 부정하고 그것의 기원을 다른 타자(초월론적 시점)에게로 설정하는 것의 진정한 의미이며, 이것이 비평이 그 비평대상에 '개입'하는 고유한 방식이다.

발터 벤야민이 비평을 과감하게 '작품의 괴사(壞死)'라고 부르는 것은 바로 이런 맥락에서이다. 비평은 작품의 단독성=자립성을 괴사시키고 그 단독성을 그것을 넘어선 다른 시점에서 파악하는 것이다. 비평은 작품을 심미적 주관에 의해 인식하는 것이 아니라 그러한 주관을 넘어선 다른 시점이 있다는 것을 보여주는 것이다. 『독일 비애극의 원천』에 수록된 다음과 같은 벤야민의 구절은 그가 어떻게 비평에 있어서 '초월론적 전회'를 성취하는지 보여준다.

비평은 작품의 괴사이다. 다른 어떤 생산보다도 예술작품의 본질이 이 점에 상응한다. 작품의 괴사, 그것은 낭만주의적인 의미에서 살아 있는 작품에서 의식을 일깨우는 것이 아니라 지식이 작품에, 즉 죽은 작품에 정착한다는 것이다. 불후의 아름다움은 지식의 대상이다. 불후의 아름다움이 아름다움으로 불려야 하는지는 의문이지만, 다만 확실한 것은 그 내부에 지식으로서 알아야 할 가치마저도 없는 것이라면 그것은 당연히 아름다운 것으로서 존재하지 않는다는 점이다. 철학이 작품의 아름다움을 다시 일깨운다는 주장을 논박하려고 해서는 안 된다. "지질학자나 식물학자가 아름다운 풍경에 대한 감각을 일깨울 수 없듯이 학문이 사람들을 소박한 예술적 향유로 인도할 수는 없다." 이 주장은 그것이 옹호하는 비유가 잘못된 것만큼이나 빗나갔다. 지질학자나 식물학자도 대단히 훌륭하게 일깨울 수 있다. 적어도 예감으로나마 구조를 통해서 세부 사항들의 생명을 파악하지 못한다면 아름다움으로 나아가려는 경향 일체가 몽상에 불과할 것이다. 구조이든 세부 사항이든 모두가 궁극적으로는 언젠가 역사적으로 충전되어 있다. 예술형식의 기능이란 의미 있는 작품이라면 어느 것에나 그 밑바탕에 놓여 있는 역사적인 사실 내포를 철학적인 진리 내포로 만드는 데에 있다. 그리고 바로 이 점이 철학적인 비평의 목표로서 입증되어야 할 것이다. 사실 내포를 진리 내포로 변형함으로써 영향의 쇠락은 새로운 탄생의 토대가 된다. 수십 년이 지나면서 영향의 쇠락으로 과거의 매력이 가지고 있었던 호소력은 축소되며, 이 영향의 쇠락으로 덧없는 아름다움은 최종적으로 스러지고, 잔해로서의 작품이 승리를 거두게 된다는 의미에서 새로운 탄생의 토대가 되는 것이다.[1)]

벤야민이 비평영역에서 성취한 '칸트적 전회'는 무엇보다 아름다움에 대한 감각(취미판단)을 '지질학자와 식물학자'의 감각에 접속시키는 것에서 성립된다. 그럼에도 '아름다움'에 대한 감각이 결코 부정되는 건 아니다. 다만 그 아름다움의 기원이 단순히 단일한 심미적(낭만적)인 주관에만 있지 않다는 것이다. 안톤 체호프가 만년에 소설집필을 포기하고 사할린 섬에 대한 관찰기를 남긴 것은 비슷한 맥락에서 시사적이다.[2] 그는 별다른 문학적 수사를 사용하지 않고서 지질학자와 생물학자, 나아가 인류학자의 눈으로 사할린 섬의 풍속을 관찰한다. 그러나 그 역시 아름다움을 포기한 것이 아니다. 아름다움은 사실들을 세부적으로 관찰하는 데에서도 환기되기 때문이다. 그는 단지 아름다움을 작가의 낭만적 내면에서만 찾는 근대 문학적 관점을 거부했을 따름이다. 그런 의미에서 체호프가 남긴 관찰기록물도 당당한 문학의 대열에 올라선다.

벤야민의 요점은 영향력이 쇠락한 예술작품의 잔해 속에서야말로 '아름다움'이 더 잘 인식될 수 있다는 사실이다. 오히려 작품이 심미적 시선을 벗어날 때 그 미적 가치가 이념적으로 파악된다는 것이다. 그렇기 때문에 역으로 비평은 작품에 대해 도덕적이거나 지적인 관심을 가지고 접근하는 것을 사전에 포기해서는 안 된다.

따라서 작품이 괴사하는 데에서 비평이 시작된다는 것은 한편으로 비평이 비평대상의 자립성을 부정하는 데서 시작한다는 것과 매

1 발터 벤야민, 조만영 역, 『독일 비애극의 원천』, 새물결, 2008, pp. 239–240 참조.

2 무라카미 하루키, 양윤옥 역, 『1Q84』, 문학동네, 2009 참조. 안톤 체호프의 일화를 소개하는 주인공 덴고의 서술을 볼 것.

한가지이다. 진정한 비평적 포지션은 무언가를 '아름다운' 것으로 받아들이게 만드는 선이해 지평을 구조적으로 파악하는 데서 비롯된다. 이것은 작품이나 창작자의 자족적인 주관을 부정하는 것이다. 하지만 여기서야말로 개별 작품과 작가의 자기 이해를 넘어선 근본적인 비평적 관점을 발견할 수 있다. "바로 이 점이 철학적인 비평의 목표로서 입증되어야 할 것이다. 사실 내포를 진리 내포로 변형함으로써 **영향의 쇠락은 새로운 탄생의 토대가 된다.**" 비평 역시 자신의 탐구대상에 접근하는 지질학자나 식물학자의 방식과 크게 다르지 않다. 이런 방식을 통해 설사 작품이 생명력을 잃고 돌과 나무와 같은 것으로 되돌아가더라도, 바로 그러한 불모의 지점에서야말로 미적 판단에 대한 가능성의 조건을 새롭게 재설정할 수 있게 된다.

벤야민의 논의는 '창작 대 비평'의 이항대립과 지극히 무관한 차원에서 '비평의 포지션'을 정초한다. 당연한 이야기이지만 '창작 대 비평'의 대립은 허위적이다. 우선 오늘날 유력한 관념과 달리 비평은 작품에 대해서 존재하는 것이 아니다. 오히려 그것은 개별 작품을 넘어서는 **작품의 이념적 구조**를 말하는 것이기 때문이다. 놀랍게도 벤야민은 자신의 저서 『독일 비애극의 원천』 곳곳에서 어떤 기준으로도 작품의 완성도를 감식·판정하는 것이 비평가의 책무와 무관함을 명시한다. 작품의 예술적 성취에 연연해하는 것은 해당 예술산업 종사자들의 소관이지 비평의 책무와는 무관하다. 가령 벤야민이 "어느 한 형식의 생명이 그 형식에 의해 규정된 작품들과 동일한 것이 아니며, 심지어는 지금까지도 형식의 각인이 문학의 완성도와는 반비례할 수도 있다"고 말할 때 그것은 오늘날의 관점에서도 대단히 전복적인 울림을 가진다. 비평의 역할은 작품과 창작자 측에 있는 주관적 오리지널리티를 파괴하는 데에 복무하며, 그 오리지널리티의 진정한 이타적 기원, 즉 작품과 창작자의 내면을 넘어서는 역사적 선이해 지평(벤야민은 이것을 이념이라고 부른다)을 발견하는 데 있다.

그렇다면 한편으로 비평이 어떤 의미에서 오리지널한 작품과 다를 바 없는 또 다른 텍스트의 생산이라는 관념으로 되돌아가는 것은 어떤가? 그러나 앞서 말했듯이 비평은 작품이 아니다. 그것은 작품을 넘어서는 과정으로서만 존재한다. 오늘날 '비평가' 발터 벤야민을 진지하게 읽는다는 것은 비평을 또 다른 예술작품으로 간주하는 이러한 낭만주의와 결합된 포스트모더니즘의 관습적 사고방식과 과감하게 결별한다는 것을 의미한다.

벤야민이 개별 작품이 드러내는 미학적 가상이 아니라 작품으로 현상하는 (바로크, 르네상스, 고딕) '이념'이야말로 아름답다고 선언하는 데서 그의 엄밀한 요점을 발견해야 한다. "진리에 고유하다고 하는 그 아름다움이 한낱 은유적인 수식어에 그치는 것은 결코 아니다. 오히려 스스로 제시되는 이념영역이라는 진리의 본질이 이론의 여지가 없이 참된 것이 아름답다는 말을 보증한다. 진리에서 바로 이 제시한다는 계기야말로 아름다움 일반의 은신처이다."[3] 바로크 양식에 한정해서 말하자면 그러한 문학작품의 진정한 미적 가치는 개별 작품의

3 발터 벤야민, 조만영 역, 『독일 비애극의 원천』, 새물결, 2008, p. 51 참조.

독특한 구조나 작가의 내면세계에서 찾아지는 것이 아니라, 그것들을 아름답다고 여기게 만드는 당대의 독특한 역사적 이념에 있다는 것이다. 여기에 놀라운 역설이 숨어 있다. 정말로 아름다운 건 작품 자체가 아니다. 오히려 그것에 대한 미적 평가를 가능하게 하는 역사적 시점 자체가 독특하고 일회적인 것이다. 벤야민 특유의 비의적인 어조를 걷어내자면 당대 예술에 대한 선이해 지평으로 복무하는, 개별 바로크 작품과 무관한 '바로크 이념'이 아름다운 것이다.

역설적으로 비평은 주관적인 미적 경험이 아니라 아름다움의 역사철학적 기원을 탐구한다. 이것이야말로 "아름다움이 그 진리 내포 속에서 펼쳐진다"는 벤야민의 발언이 겨냥하는 진정한 요지이다. 비평가는 이를 위해 주관적인 미적 체험을 파괴하는 것을 감수해야 한다. 이러한 요지는 벤야민 자신이 인용한 플라톤의 『향연』에서도 반복된다. 플라톤의 이 대화편에서도 분명하게 드러나듯 아름다움의 조건을 따져 물을 때 제시되는 이념의 질서야말로 가장 '아름답다.' 그리고 이러한 비판적 질문 속에서 비로소 아름다움은 가상으로서가 아니라 진리로서 아름다워지기 시작한다.

벤야민과 바로크 이념

독일 문학, 건축, 도상에서 '바로크' 양식의 기원을 추적한 그의 저서 『독일 비애극의 원천』에서 전개된 바로크에 대한 논의는 이른바

'양식비평' 에 대한 하나의 이율배반에서 시작된다. 양식비평에서 마주치게 되는 문제는 가령 르네상스 이념이나 바로크 이념이라는 포괄적인 범주를 통해 개별 작품을 더 잘 이해할 수 있는지의 여부에서 시작된다. 개개의 작품들을 추상적인 예술적 이념을 통해 포섭할 수 있는가? 예컨대 어떤 작품이 바로크적인지, 르네상스적인지, 고딕적인지를 판정하는 것이 그러한 작품의 내적 구조를 이해하는 데 어떠한 효용이 있느냐는 것이다. 여기에 대해서는 단연 회의적인 시각이 우세할 수밖에 없다. 아무리 봐도 '르네상스 이념' 이라든지 '바로크 이념' 이라든지 하는 것에 구체적인 실체 따윈 없기 때문이다. 이러한 양식비평이 지닌 곤경 안에서 "작품을 작품 그 자체로 보아야 한다"는 식의 유명론·경험론적 접근방식이 유력해진다.

여기에 대한 벤야민의 응답은 대단히 전복적이다. 벤야민은 어떤 예술이념이 현존하는 예술작품들을 유의미하게 포괄할 수 있는지를 묻는 물음 자체를 거부한다. 하나의 예술적 이념양식이 실제 작품들을 감상하는 데 있어 유의미한 지표를 제공해 주지 못하더라도 그것이 여전히 그 자체로 가치 있다는 것이다.

> 그래서 이념은 주어진 몇몇 문학작품들을 어떤 형태이든 특정한 공통성에 근거해서 그 이념 '아래로' 개념적으로 총괄해야 한다는 요구를 제기하지 않는다. 왜냐하면 어떤 공통성에 따라 명명될 순수 비극, 순수 희극이 존재하지 않는다 하더라도 그러한 이념들은 존속할 수 있기 때문이다. 이념이 존속한다는 것을 입증하기 위해서라면 연구는 지금까지 비극적이라거나 희극적이라고 지칭되어 왔던 모든 작품들에 그 출발점에서부터 구속되기보다는 전범적인 예가

> 되는 작품을 살펴보는 것만으로도 충분하다. 그럴 경우 조각난 파편에서도 비극적이거나 희극적인 성격을 인정할 수도 있을 것이다. 물론 이러한 연구가 평론가를 위해서 몇 가지 척도를 제공해 주는 것은 아니다. 비평, 어떤 용어의 기준들, 예술에 관한 철학적 이념론의 연습이 비교라는 외적인 척도로 형성되는 것은 아니다. 그것은 내재적으로—작품의 형식 언어에서 설령 그것의 영향이 손상되더라도 그것의 내포가 출현하도록 하는—그 형식 언어의 전개에서 형성되는 것이다.[4]

한 마디로 바로크적인 이념은 완결된 형태의 바로크 양식의 작품이 존재하느냐의 여부와 무관하게 논의될 수 있다는 것이다. 벤야민에 따르면 단지 바로크의 편린을 보여주는 몇몇 단편들만으로도 충분하다. 벤야민은 거의 강박적으로 '이념'의 질서와 이념이 각인되는 경험적 작품과의 '분리'를 주장한다. 그러나 이는 결코 형이상학적 예술론을 제안하기 위해서가 아니다. 이것은 오히려 실재론 및 유명론의 이분법에서 완전히 일탈한 새로운 대안적 관점을 마련하기 위한 것이다.

이 점에서 벤야민은 바로크 이념을 단지 '개념'으로서 뿐만이 아니라 '낱말'로서 받아들일 것을 제안한다. 보다 구체적으로 바로크는 '이념으로서의 낱말'로 받아들여져야 한다. 그러나 이것은 유명론

4 같은 책, p. 36.

과 아무런 관련이 없다. 그가 말하는 것은 단순한 일반명사가 아니라 고유명사이기 때문이다. 어떤 사람의 이름이 그의 실제 특성들을 개념적으로 포괄하지 못하다 하더라도 그러한 이름이 그 자체로 그 사람의 단독적인 고유성을 여전히 대변하듯, 바로크 역시 당시의 시대적 독특성을 드러내는 하나의 고유명사로서 사고되어야 한다는 것이다. 벤야민은 비평가로서 기표=고유명의 문제를 진지하게 생각했다. 바로크라는 이름이 독일의 예술사적 분류 안에서 이런저런 개념적인 혼란을 가져온다 해도 여전히 그러한 이념이 역사적으로 '주어져 있다'는 사실을 인정해야 한다는 것이다.

"진리는 경험계를 통해서 자기의 규정을 얻는 어떤 의도로서 존속하는 것이 아니라, 이 경험계의 본질을 그야말로 각인하는 위력으로서만 존속한다. 일체의 현상성으로부터 벗어난 존재이면서도 유일하게 이러한 각인의 위력에 고유한 존재가 이름의 존재이다. 이 이름의 존재가 이념들의 '주어져 있음'을 규정한다."[5] 이는 개별 작품들이 바로크라는 범주 아래 제대로 감상될 수 있는지와 별개로 바로크라는 낱말이 하나의 역사적인 구조의 이념을 보여주고 있다는 것을 의미한다. 제아무리 혼란스럽다 해도 바로크는 독일 예술사 안에 제거할 수 없는 무의식적 구조로 존재했기 때문이다.

벤야민이 말하는 '바로크'는 '비애극'과 '멜랑콜리' 그리고 '알

5 같은 책, p. 24.

레고리'라는 양태로 나타난 특정한 역사적 실천을 의미한다. 그것은 르네상스나 고전주의와 같은 완결된 자의식적 형태의 사조로 자리 잡지 못했지만, 이와 별개로 그것은 자신의 이념을 당대의 문헌과 단편적인 예술적 실천들에 파편화된 형태로 기입하며 예술사 안에 하나의 고유한 위력으로 각인되었다.

이러한 사고방식의 정치적 귀결은 자명하다. 벤야민은 "철학은 근본적으로 몇 가지 소수의 항상 똑같은 낱말들—이념들—을 제시하는 일을 두고 벌어진 투쟁이었다"라고 말하지만 같은 이야기는 정치영역에 대해서도 되풀이될 수 있다. 가령 오늘날 정치영역은 민주주의라는 똑같은 낱말을 제시하는 일을 두고 벌어지는 투쟁이 아닌가? 바로크가 개별 작품과 무관한 층위에서 '고유명'으로 간주될 수 있듯이 이념으로서의 민주주의는 민주주의의 현실적 모습과 근본적으로 무관한 차원에서 여전히 하나의 '고유명'으로서 사고될 수 있다. 이것은 거의 즉각적으로 민주주의를 그것에 동반된 제도적 형태와 무관한 완전히 낯선 맥락 안에서 그것을 '새롭게 각인하는 위력'으로 받아들일 수 있다는 것을 의미한다. 민주주의를 고유명으로서 생각한다는 것의 진정한 의의는 대중봉기와 더불어 폭발하는 결정적인 역사적 사건 속에서 개시된다. 그러한 사건 속에서 민주주의는 그 의미 내포 자체가 '재정의'되는 미친 내기 속으로 내던져지게 된다. 민주주의를 둘러싼 이러한 '혼란'은 결코 피할 수 없는데, 그것은 환원 불가능한 '고유명'으로서 역사 속에 각인되었기 때문이다.

상징과 알레고리

여기서 바로크의 알레고리는 무엇인가라는 문제로 돌아가 보자. 이 때 우리는 가라타니 고진의 논의에서 시작해야 한다. 언젠가 고진은 쉴러의 단편에 나오는 '상징'과 '알레고리' 간의 대립에 착안하여 이 둘을 전혀 다른 예술적 표현 원리로 대립시킨 바 있었다. 상징이 특수를 통해 보편을 붙잡는 것이라면 알레고리는 보편을 어떤 매개 없이도 그 자체로 특수한 역사적 형상으로서 환기하는 것이다. 가령 어떤 도상 속에서 '죽음'을 곧바로 해골이라는 우의로 제시하고 하단에 "Venitas Venitatum Venitas(헛됨이 헛되다는 것도 헛되다)"라는 해설을 붙이는 식이다. 벤야민은 이러한 전형적인 알레고리가 다른 문학영역에서 사용될 때 그것이 '관습적'이고 창조성이 결여되어 있다는 무수한 (잘못된) 비난들에 마주쳤음을 지적했다. 근대 문학이나 회화에서는 아무래도 좀더 세련되고 시적인 방식을 사용할 텐데 바로크의 알레고리는 지나치게 투박하다는 식이다.

물론 이것은 피상적인 비난에 불과하다. 그럼에도 이런 비난이 가능했던 것은 비평가들이 알레고리가 '문자적(= 담론적)' 성격과 유사하다는 사실을 간파했기 때문이다. 이것은 또한 바로크 양식이 지나치게 '주지(主知)적'이라는 비판으로 연결된다. 대개 '수식과잉'과 '유식'을 과시하는 바로크 비애극 작품들은 예술작품이라기보다는 시적 상상력을 허용하지 않는 식자연한 '담론'처럼 보이기까지 한다.

그러나 이것은 근대 문학의 편견에 지나지 않는다. 오히려 알레고리는 당대의 보편사적 세계관과 정치관을 예술적 시차(Parallax) 속에서 고유한 방식으로 보여주는 것이다.

또한 알레고리는 일견 관습적으로 보이지만 동시에 그것은 얼마든지 새로운 관습을 재창조할 수 있는 예술적 수단이다. 이것은 곧 바로 벤야민이 '알레고리 주해의 이율배반'이라고 이름붙인 것과 이어진다. 알레고리는 한편으로 매우 고답적이고 경직된 표현인 것처럼 보이지만, 동시에 그것이 표현하는 것은 결코 고정될 수 없는 채 그 모습을 끊임없이 변모시킨다. 물론 이것은 우의가(알레고리커)들이 대단한 시적 상상력이 있기 때문이 아니다. 알레고리 안에서 발생하는 예기치 못한 창조성은 알레고리가 표현하는 역사적 이념 그 자체에 내포되어 있다.

동일한 이율배반이 재차 등장하게 된다. 냉철하고 숙달된 기술과 우의(=알레고리) 주해의 폭발적이고 분출적인 표현, 이 양자의 갈등 속에서 조형적으로 마주치게 되는 이율배반이 그것이다. 그리고 또한 바로 이 이율배반에 변증법적인 해제도 놓여 있다. 이 변증법적인 해제는 문자 자체의 본질에 자리 잡고 있다. 말로 발화된 언어에서는 생생하고 자유로운 언어 사용이 언어로서의 품위를 전혀 잃지 않으면서도 아무런 모순도 없이 사유될 수 있다. 그러나 우의가 표현되는 문자에서는 사정이 다르다. 문자의 신성함은 그 문자의 엄격한 규약에 관한 사상으로부터 분리될 수 없다. 왜냐하면 성사로서의 문자는 모두 복합체들로 고정되기 때문이다. 그렇기 때문에 문자의 원자들로 조합되는 문자, 글자들로 구성된 문자는 성사적 복합체의 문자와는 대단히 거리가 멀다. 후자의 성사적 복합체는 상형문자로 각인된다. 성사적 타당성과 세속적 이해가능성 사이의 갈등이 항상 문자를 지배하는 만큼 문자가 자신의 성사적 성격을 보장하려고 한다면 그 문자는 복합체에, 상형문자에 육박하게 된다. 바로 이것이 바로크에서 이뤄졌다. 글로 쓰인 모든 것은 외형적으로나 양식적으로나—문자로 이뤄진 문장이나 과적된 은유의 직관적인 강렬함으로—그림에 육박하게 되었다.[6)]

여기서 알레고리는 이중적인 작용을 수행한다. (1) 알레고리는 글로 쓰인 '담론'이 '상형문자'에 육박하게 됨으로써 담론이 통상적인 담론적 수준에서 이해되던 것과 다른 차원에서 담론적 질서, 즉 역사적 이념을 우의하게 되는 과정이다. (2) 역으로 알레고리는 통상 작품으로 이해되었던 것을 '문자=담론'으로 변모시키기도 한다. "우의적인 깊은 응시는 사물과 작품을 일순간 마음을 요동치게 하는 문자로 변모시킨다."[7)] 그러나 양자는 앞서 말한 문자(담론)=알레고리라는 등식의 두 측면에 지나지 않는다. 이러한 벤야민의 통찰을 충실하게 계승한 가라타니 고진의 저작 『역사와 반복』에서 그는 오에 겐자부로를 근대 소설의 새로운 '알레고리커'로 재평가한다. 가령 겐자부로의 『만엔원년의 풋볼』은 거기서 등장하는 인물관계를 전전·전후 일본 담론공간의 알레고리로서 제시한다. 이러한 담론=알레고리가

6 같은 책, pp. 229-230.
7 같은 책, p. 230.

가능한 것은 무엇보다 앞서 말한 알레고리가 지닌 고유한 문자적 특성 때문이기도 하다.

그러나 여기서 어떤 역사적 담론을 우화적인 비유로서 제시하는 게 관건이 아니다. 중요한 것은 담론이 스스로 '알레고리'로서 일그러지면서 자신이 기초한 역사적 구조를 드러낸다는 것이다. 이러한 알레고리적 소설에서 각 인물들은 제2차 세계대전을 전후로 한 일본의 역사적 담론공간을 내면적으로 상징하는 것이 아니다. 그러한 담론은 역으로 그것을 우의하는 인물을 통해 그 자체의 고유한 역사성으로 제시된다. 여기서 주요한 역설은 보편적인 것이 특수한 것을 통해 상징되는 게 아니라, 보편이 그 자체로 이미 충분히 특수하다(역사적이다)는 것이다. 이렇듯 **그 자체의 특수성(역사성)이 폭로된 보편성이야말로 '알레고리'이다.** 알레고리로서 제시된 인물은 결코 어떤 담론이나 사상을 대표하지 않는다. 역으로 담론의 보편적 내용이 개개의 인물의 (내면이 아닌) 고유명으로 제시되는 것이다. 이 때 인물들은 그들의 주관적 내면과 무관한 담론으로서 각각 '읽혀져야' 한다.

> 이 점이 우의의 문자적인 성격을 이룬다. 우의는 하나의 도식이지만 또한 이 도식으로서 지식의 대상이기도 하다. 말하자면 하나의 고정된 것으로서만, 즉 고정된 형상과 고정시키는 기호가 일체를 이룬 것으로서만 비로소 이 도식은 지식의 대상에서는 결코 지울 수 없는 것이 된다. 바로크의 지식 이상인 창고는—이 창고의 기념비가 바로 거대한 서고이다—문자 형상, 문자 이미지에서 실현된다. 중국 문자와 거의 흡사하게 이 문자 형상은 알아야 할 대상에 대한 기호일 뿐만 아니라 알아야 할 대상 그 자체이기도 하다.[8)]

그 자체로서 제시된 우의적 인물은 그를 둘러싼 그럴 듯한 플롯의 동기를 결여하고 있기 때문에 '전형적'인 것처럼 보이지만, 오히려 더 전형적이고 상투적인 것은 플롯의 유기적 총체성 속에서 내면적 상징으로 제시되는 근대 소설의 인물들이다. 근대 소설의 개성적 인물들에야말로 뭔가 틀에 박힌 게 있다. 이와 다르게 알레고리로서 제시된 인물이 살아가는 역사적 구조와 담론체계에야말로 환원 불가능한 독특성이 있다. 알레고리로서 제시된 인물을 이해하기 위해서는 그 인물의 삶을 마치 문자를 읽듯 '읽어야' 한다. 이것은 바로크적 그림글의 기능과 유사하다. "바로크적 그림글의 기능은 감각적인 사물을 드러내기보다는 발가벗겨내는 것이다. 우의도 작가는 본질을 '그림 뒤에' 숨겨놓지 않는다. 우의도 작가는 그림으로서 제시되는 것의 본질을 글로서, 우의도 화집에서 그림으로 묘사되는 바와 내적으로 긴밀하게 연관되는 글인 화제로서 그림 앞에 끄집어내 놓는다."[9] 이에 따라 겐자부로의 자전적 소설에서 인물 배후에 있는 내면과 동기를 찾는 것은 헛수고이다. 그들의 대사와 행위는 일종의 '그림글'이기 때문이다.

일본의 정치적 담론이 그 역사적 과정 안에서 마르크시즘이나 민주주의, 파시즘 등등의 모습으로 분화되는 양상은 세계 자본주의의 특수한 국면에 위치한 일본 고유의 역사적 경험에서 유래한다. 동시

8 같은 책, p. 242.
9 같은 책, p. 243.

에 일본에 존재했던 특유의 담론공간은 그 자체로 세계 자본주의적 '보편사'의 일부였던 것이다. 예컨대 민권운동가들과 마르크시스트들이 천황제 파시즘에 투항하고 공모했던 것은 제국주의적 국면으로 향하던 세계 자본주의 운동을 반영한다. 그러한 과정에 종속된 담론공간은 단지 담론의 내용과 의도로서만이 아니라 '고유명'을 지닌 알레고리로서밖에 제시될 수 없다. 말하자면 겐자부로는 일본의 담론공간이 지닌 역사적 구조의 일회성을 '알레고리'로서만 제시할 수 있었던 것이다. 이것은 역사를 어떤 개인의 내면적 풍경으로 환원하는 근대 소설의 기법과 확연히 대립된다.

그러나 마지막으로 우리는 '상징'과 '알레고리'의 대립이 서로 다른 형상화 원리라기보다는 오히려 작품을 대하는 비평적 '태도'의 문제라는 점을 환기하는 게 좋을 것이다. 문제는 창작자가 자신의 창작 도구로서 상징을 선택할지 알레고리를 선택할지의 문제가 아닌 것이다. 여기서 우리는 다시 비평의 문제로 돌아오게 된다. 오히려 기존에 '상징'으로 받아들여졌던 것이 '알레고리'로서 다시 읽히는 순간들이 있다고 말하는 게 낫다. 근대 소설에서 사용되는 언어가 리얼하다고 느껴지게 만드는 상징적 장치들이 존재한다. 이것은 대표적으로 '언문일치'라든지 하는 근대적 '내면'을 형성하는 암묵적인 규칙들에 기초한다. 그러나 우리가 그러한 장치가 지닌 역사적 구성을 '읽어낼' 수 있는 순간이 있다.

벤야민이 서술한 바로크 양식의 독특성 역시 그 자체의 표현적 독창성에 있다기보다는 바로크 이전의 예술적 유산을 대하는 무언가 '바로크적인 비평적 태도'에 있는 것이다. 이전의 르네상스 인문주의적 이상이 작품에 아름다운 가상을 부여하고 그 이면에 있는 테크닉한 측면들을 최대한 미적 가상 뒤에 숨기는 것이라고 한다면, 바로크적 성취는 바로 그 테크닉한 측면들을 과시적으로 드러내는 데 걸려 있다. "의도된 효과의 핵심이 단순한 전체가 아니라 전체의 명확한 축조에 있었던 당시에 시인은 자신이 행한 조합행위를 은폐해서는 안 되었다. 그렇기 때문에 인위적 구성에 대한 과시는 칼데론에서 특히 두드러졌듯이, 마치 건물 외벽의 석회 칠이 떨어져 나가서 골조가 드러난 벽처럼 노골적으로 드러났다."[10] 또한 벤야민은 다음과 같이 말한다. "가상이란 작품에서 미적으로 정화하는 것이고, 사람들이 한때 바로 이 가상을 통해 예술적 형성의 본질을 규정하고자 하기도 했지만 환영기법을 탁월한 솜씨로 펼치면서도 바로 이 가상을 작품으로부터 근본적으로 추방했던 문학은 바로크 이전에는 일찍이 없었다."[11]

말하자면 오늘날 바로크의 알레고리적 기법이 여전히 유효하다면 그것은 가령 문학의 영역에서 그 작품들의 미적 가상을 지탱하는 테크닉한 측면들을 노출시키는 것과 같은 게 되리라. 이것이 벤야민이 "아름다움을 아름다움의 잔해에서 재발견한다"고 말한 것의 요점이다. 알레고리는 예술작품의 심미적 내면을 대단히 스테레오타입화된 전형들로 해체해서 쌓아올리는 과정이다. 여기서 관건은 작품창작의 배후에 존재하는 스테레오타입화된 형식들이야말로 사실은 흥미

10 같은 책, p. 235.
11 같은 책, p. 236.

로우며 '고유한' 역사적 오리지널리티를 지닌다는 사실이다. 따라서 알레고리는 시뮬라크르니 뭐니 하는 것과 전혀 다르다. 그것이 드러내는 것은 고유한 역사적 일회성(이념)이기 때문이다.

Chapter_**4**

비평의 오타쿠화를 경계하며

『동물화하는 포스트모던』 독서후기

아즈마 히로키의 『동물화하는 포스트모던』은 히로키만의 오타쿠론(論)을 본격적으로 전개하고 있다. 이 책에 서술된 바의 독특함이 있다면 그것은 오타쿠에 대한 논의에 '철학적' 혹은 보기 드문 고유한 비평적 시점이 개재되어 있기 때문이다. 이것이 독특하다고 볼 수 있는 것은 우리가 일반적으로 어떤 대상의 고유함을 해명할 때, 그리고 그것이 흔히 어떤 저널리즘적 관심사 속에 놓이곤 할 때 오히려 우리가 더더욱 그러한 대상에 대한 진정한 비평적 태도를 취하기 힘들기 때문은 아닐까? 이것은 통상적인 '대중문화 비평'에 대한 세간의 감각에 비추어 볼 때 상당히 이상하게 들릴 법도 하다.

사실 통속적인 문화에 대한 비평의 어려움은 대중문화를 비평하겠다는 야심가(이것은 실로 대단한 '야심'이 아닐 수 없다)들 가운데서도, 그리고 그것을 소비하는 독자들 가운데서도 철저히 몰인식되어 있다. 흔한 대중문화 비평가들은 대중문화의 영역에서 일어나는 현상에 대한 분석에만 그치는 게 아니라, 거기에 대한 사회학적 · 인류문화적 고찰을 끌어들이기도 한다. 대표적인 것이 『GQ』나 『에스콰이어』

와 같은 트렌디한 잡지에 실리곤 하는 소녀 댄스 그룹과 팬덤 현상에 대한 진지한 비평들이다. 예를 들어 한 평자는 어떤 소녀 그룹의 멤버들에 대한 호불호가 어떤 세대론적 함의를 반영하고 있는지에 대해 이야기할 수 있을 것이다. 그리고 애교삼아 말미에 필자 자신의 제시카에 대한 애정을 피력해 볼 수 있을 것이다. 그러한 비평이라면 사실 조금이라도 자의식이 있는 소비자라면 되는 대로 지어낼 수 있는 흔한 것이라서 더 이상 비평이라고 할 수조차 없지만, 어쨌든 이것들은 '비평' 이라는 레테르를 달고 팔리며 '저작권' 의 보호를 받는다. 우리는 이것을 부도덕의 극치라고 말해볼 수 있을 텐데, 그들이 수행하곤 하는 것은 실로 비평이라기보다는, 혹은 정확히 말해서 하나의 담론이나 사유라기보다는 상품 카탈로그로서 기능하고 있기 때문이다. 그렇다고 해서 이러한 문제가 반자본주의적 예리함을 가지고 수행되는 비판적인 문화비평의 전통으로 되돌아가자는 구호로 해소될 수는 없다. 왜냐하면 애초에 그러한 문화비평에 수반되는 '비판적 자의식' 이 오늘날의 대중문화 비평을 자처하는 상품 카탈로그의 바로 그 항목에 포함되어 있기 때문이다.

그러나 여기서 우리는 아도르노의 흉내를 낼 것도 아니며, 또한 하나의 아포리아를 발명했다고 의기양양해할 것이 아니라, 정확히 아즈마 히로키의 비평이 어째서 일본 대중문화의 주요 요소들 중 하나인 오타쿠 문화를 다루고 있음에도 불구하고, 다시 말해 그 대상이 근대 문학이나 근대 미술에 관한 게 아님에도 불구하고 무엇보다 '비평' 이며 속류 저널리즘과 무관한 비평적 관점을 보여주고 있는지에 대해 살펴봐야 할 것이다. 사실 정작 근대 문학이나 근대 미술에 대한 비평이 '불가능해지고' 있다는 위기감이 팽배해진 지 오랜 이 시점에서 예기치 못한 영역에서 수행된 이러한 '비평' 이야말로 놀라운 것이다. 히로키의 글을 읽으면서 독자들이 놀라야만 하는 사실은, 그가 얼마나 능수능란하게 동시대의 작품들을 거론하며 그의 오타쿠 취향을 잘 드러내는지가 아니라, '그럼에도 불구하고' 그의 논의가 어떻게 오타쿠에 대한 하나의 정확한 비평이 될 수 있는지, 혹은 그것에 대한 비평적 · 비판적 인식에 도달할 수 있는지에 관한 것이다.

사실 『동물화하는 포스트모던』이 출판된 지 상당히 오래된(대중문화의 시간감각으로 말하자면) 이 시점에서야말로 위와 같은 놀라움이 다시 제기되기에 더욱 적절하다고 생각된다. 왜냐하면 그가 거론했던 오타쿠라는 하나의 대상이 결코 세대론적 혹은 저널리즘적인 현상에 국한된 게 아니라는 것이 바로 그러한 시간적 격차를 경유해서 더욱 분명하게 드러나기 때문이다. 가령 그가 거론하는 '디지캐럿' 이라는 캐릭터 상품은 오늘날의 유행에서 한물 간 것이지만, 그가 그러한 사례를 가지고 이야기하는 것은 오늘날의 오타쿠에 대해서도 원리적인 것을 말해주기에 충분하다. 히로키의 비평은 사실 '오덕후' 나 '오덕' 이라는 용어를 통해 오타쿠 문화가 나름 토착화된 한국에 대해서도 더더욱 적실하다. 말하자면 특이하게도 그의 비평은 오타쿠 문화와의 '동시대성' 에 집착하는 저널리즘적 관심에 이상하리만치 초연하다. 무엇보다 주목할 만한 사실은, 그의 개인적인 배경이 어찌 되었든 간에, 그의 논의에서 오타쿠에 대한 동조의식이나 그 취향에 대한 어떤 암시조차도 찾아보기 힘들다는 점이다.

가령 요새의 대중문화 비평가를 자처하는 사람들은 프로이든 아마추어든 무관하게 바로 자신의 비평을 구성하는 것이 바로 그 영역에 대한 모종의 '관심' 과 '애정' 이라는 점을 드러내는 데 인색하지 않다. 예컨대 소녀시대에 대한 비평은 바로 제시카라는 대상에 대한 애정과 등가를 이룬다. "이런 말도 다 애정이 있어서 하는 거야"라는 담론적 자기 정당화가 대중문화 비평이나 대중문화 소비자들 가운데 이루어진다. 이와 같은 것은 물론 속류 자의식에 불과하다. 속류적인 대상에 대해 비평한다는 게 문제가 아니라, 이러한 자의식 속에서 진정한 '비평적 관심' 이란 사장되거나 부차적인 것으로 취급되는 게 필연적인 수순이기 때문이다.

그러나 역으로 이러한 자의식 자체는 문단문학의 전통 자체에서부터 도래했다고 볼 수 있지 않을까? 어떤 의미에서 이 모든 현상은 예컨대 '근대 문학' 과 '근대 미술' 의 비평(한국에서 이뤄진 비평들이 작품들에 대한 장식적인 기능을 수행해 왔다는 것은 너무나 잘 알려진 사실이다) 그 자체의 곤궁에서 유래했으며, 오늘날 대중문화 비평의 곤궁은 도리어 전통적인 영역에서의 비평의 곤궁을 반영하고 있지는 않은가? 다시 말해 근대 문학과 이에 대한 비평이 유효성을 상실해 가고 있는 와중에 대중문화의 비평도 이미 같은 수순을 따를 수밖에 없다는 기묘한 동조성이 드러나는 것이다. 이것은 왜 우리가 대중문화에 비춰 순문학에서 이뤄지는 비평적 자의식에 대해 비판하면 비판할수록 그것이 상황을 도리어 더욱 악화시키는지에 대한 이유를 부분적으로 설명해 준다. 그러한 비평적 자의식은 비단 근대 문학 자체만의 본질적인 문제가 아니기 때문이다. 오늘날 우리는 종래 근대 문학의 비평적 자의식이 문화시장의 확대와 더불어 다른 영역으로 전이되고 재생산되고 있다는 것을 목도하고 있다.

일본의 비평가이자 사상가인 가라타니 고진은 근대 문학에 대한 미적 취향을 수호하겠다는 비평가의 결연한 자의식에서 자유로워지기 시작했을 때 그는 진실로 그만의 비평을 다름 아닌 '근대 문학'의 영역에서 되살릴 수 있게 되었다. 그가 문학과 전혀 무관한 칸트와 마르크스를 비평적 관점에서 재독해하겠다는 결의를 수행할 수 있었음은 물론이다. 그런 점에서 '근대 문학의 종언'이라는 그의 테제는 결코 "근대 문학에 대해 더 이상 할 이야기가 없다. 이제 아니메나 장르 문학에 대해서 이야기하자"는 말과 동일한 것이 결코 아니다. 이러한 사실에서 우리는 비로소 히로키의 작업을 올바로 이해할 수 있다.

비평이 '근대 문학'에서 시작되든 혹은 '오타쿠 문화'에서 시작되든 중요한 건 그것이 수행되는 영역 혹은 그 비평에서 다뤄지는 대상이 아니라, 어떤 대상을 취하든 간에 동일하게 유지되어야만 하는 비평적 '태도'인 것이다. 혹은 바꿔 말해 우리는 고유한 비평적 욕망에 대해 말해볼 수 있을 것이다. 예를 들어서 가라타니 고진의 비평적 욕망은 그것이 근대 문학 혹은 일본 내의 문단문학을 향해 있을 때조차 결코 근대 문학에서 창작자들과 또는 독자들의 욕망과 동일한 것이 아니었다. 그러한 독특한 자율성이야말로 그를 진정한 비평가로 만드는 것이다. '오타쿠'에 대한 히로키의 태도 내지는 욕망에 대해서도 같은 것을 말할 수 있다. 히로키 자신이 오타쿠인지 어떤지는 잘 모르겠지만, 설사 그렇다 하더라도 그가 오타쿠에 대해 말할 때, 그가 오타쿠에 대해 무언가를 말하고 싶어할 때조차 그는 결코 오타쿠의 욕망과 동일한 수준에서 발언하는 것이 아니다. 이것이 히로키에 대한 세간의 통념에는 잘 알려지지 않은 부분이다.

역으로 우리나라의 비평은 어떤가? 대표적으로 문학에서의 비평은 어떤가? 혹자는 히로키를 두고 '오타쿠'에 불과하다고 말할 수 있을 것이다. 물론 옳은 구석이 있을 수도 있다. 그런데 우리나라의 현실에서 일급의 소설가나 시인이 동시에 일급의 비평적 권위를 지니고 있으며, 그들이 거액의 상금이 달린 문학상의 심사위원으로 즐겨 초청되는 것을 볼 때 역으로 우리나라의 문학현실이야말로 더 '오타쿠'스럽다고도 볼 수 있다. 말하자면 누군가 문학에 대해 뭔가를 비평할 때 그 혹은 그녀는 동시에 훌륭한 문학인이 되고자 하는 욕망 혹은 문학의 숭고한 사명을 수호하겠다는 욕망의 어떤 연장선상에 있는 사태가 존재하는 것이다.

이것은 소위 말하는 인터넷 '덕질'의 수준에서 일어나는 것과 동형적이다. 소녀시대에 대한 비평적 관심은, 그것에 대해 제아무리 지적인 거리를 둔다 하더라도, 본질적으로 그것에 대한 상상적 애착과 이미 구분 불가능하다. 또 다른 예를 들자면 환상문학 커뮤니티에서의 환상문학에 대한 비평적 욕망은 동시에 환상문학의 발전에 대한 이러저러한 제언으로 환원 가능하다. 이런 점에서 히로키가 말한 '동물화' 현상은 단순히 오타쿠 문화에 고유한 무언가가 아니라 이미 '전면적'인 것이다. 비평의 동물화 현상에 관해 문단문학도 예외는 아니다. 그러나 중요한 건 히로키 자신이 발언하는 지점이 오타쿠의 욕망과 무관한 곳에 있다는 점이다. 가령 적어도 그가 비쥬얼 노벨의 캐릭터의 모에요소를 분석할 때 그것을 '비평'이라고 믿는 오타쿠처럼 자신의 지적 역량을 허비하지 않는다는 것이다. 그의 작업을 읽을 때 그러한 사실을 놓쳐서는 안 된다.

Chapter_5

한국 문학은 왜 재미 없는가?

문학과 사회성

나는 한국 문학을 많이 읽지도 않았거니와 한국 문학의 사정에 대해서 잘 모른다. 작가와 작품들 그리고 문학사도 마찬가지이다. 단지 아는 것이라고는 공교육 과정에서 알게 된 몇몇 작가들과 그의 대표작품들뿐이다. 그러나 정규교육을 통해 가르치는 한국 문학에서는 그 저변의 사정과 역사에 대해서는 전혀 말해주지 않는다. 말하자면 한국 문학을 한국 문학으로 만드는 조건과 쟁점들에 대해서 전혀 알 수가 없다. 사실은 그것이 가장 재미있는 데도 불구하고 말이다. 공교육에서 문학을 가르친다고 할 때 그것은 문학의 '테크닉'과 '서정'에 대해서 가르치는 것에 불과하다. 이 둘은 사실상 같은 말이다. 한국어라는 민족어로 문학을 한다는 것은 곧 그 문학적 서정을 확립시키는 언어적 기교의 측면들을 분석한다는 것이나 다름없다. 시험도 다 그런 식이었다. 요컨대 문학적 시점(언어)을 통해 확립되는 서정을 당연시하는 것에서부터 문학교육이 출발하는 것이다. 그러나 여기에는 이러한 서정을 성립시킨 역사적 조건들이 배제되어 있다. 좀더 깊이 들어가도 우리는 단지 일련의 문학작품들이 어느 작가와 사조에 귀속되는지 여부에 대해서만 배운다. 국문학과나 문창과에 들어가면 더 상세한 것들을 배울 수 있다고 생각해일지도 모른다. 아무튼 문학의 역사적 기원은 공교육 과정에서 부차적인 것에 지나지 않는 것이었다.

그래서 나는 한국 문학의 아이덴티티에 대해서 전혀 생각해 본 적도 없고 거기에 대해 관심을 가져본 적도 없다. 오히려 '문학의 아이덴티티'를 사고한다고 하면 외국 문학 쪽을 생각해 보는 편이 더 자연스러웠다. 초등학생 때 어머니는 '백과사전'과 더불어 흔히들 내 또래의 책꽂이를 장식하는 '세계문학 전집'을 사주었다. 당시에는 학교와 주택가 주변에 학부모들을 상대로 이러한 책장사를 하는 풍경이 흔했다. 무슨 상관인지는 잘 모르겠지만 이러한 전집들을 파는 취지는 앞으로 전면화될 논술교육을 준비하라는 것이었다. 이렇게 해서 읽은 플로베르, 스탕달, 헤르만 헤세, 사르트르, 카뮈, 겐자부로, 야스나리, 도스토예프스키, 고골과 같은 작품들이 나에게는 입시교육을 통해 배운 한국 문학보다 오히려 더 문학다웠다고 느껴졌다. 문학이라고 한다면 이광수나 염상섭보다는 유럽이나 일본 쪽 작가들을 말하는 것이 왠지 더 리얼했다고나 할까. '진짜 소설'을 읽는 느낌이었다.

그러나 이러한 느낌을 가졌던 것은 '세계 문학'이 어린 눈에 더 고상해 보였기 때문만은 아니었을 것이다. 중학생 때 우연히 마주친 어느 전교조 선생님은 현행의 입시문학을 비판하면서 문학교육의 본질은 정답과 오답으로 구분될 수 없는 삶에서 우러러 나오는 자연스러운 문학적 서정을 기르는 것이며, 그것이 본래 공교육의 취지라는 식으로 가르쳤던 기억이 난다. 그러나 어린 나에게는 이러한 이야기야말로 실은 더 교과서다운 것으로 느껴졌다. 당시에 '우파적인 학생'에 가까웠던 나는 본래의 자연스러운 문학적 서정이라는 게 있다면 그것은 오히려 교과서와 입시를 통해 가르쳐질 수밖에 없지 않느냐는 묘한 반발심마저 품게 되었다. 게다가 그러한 이야기로도 나는 교과서에 실린 문학작품들을 도저히 재미있게 읽을 수 없었다. 한국 문학은 확실히 한국적인 서정으로 읽혔지만 나에게 문학은 결코 서정이 아니었기 때문이다. 내가 가장 문학다웠다고 생각하며 흥미롭게 읽었던 소설은 오히려 이러한 문학적 서정과 거리가 먼 지극히 경향적이고 산문적인 소설들이었다.

여기서 소싯적 나의 소설에 대한 호불호가 갈리기 시작했다. 스탕달의 괴팍한 센티멘털리즘은 어린 나에게 너무 부담스러웠다. 쓸데없는 감상을 늘어놓지 않는 플로베르는 그나마 좀 나았다. 가와바타 야스나리의 눈 덮인 매혹적인 풍경들은 나에게 하품밖에 불러일으키지 않았다. 겐자부로의 건조한 휴머니즘이 차라리 나았다. 카뮈의 소설은 부도덕한 퇴폐 그 자체였고, 사르트르의 난해한 모럴은 그러한 것보다 덜 유독해 보였다. 그러나 지금도 그렇지만 중학생 때 내가 진짜 소설로 생각했던 것은 '도스토예프스키와 톨스토이' 로 대표되는 러시아 문학이었다.

그것은 다른 이유에서가 아니라 그들의 소설이 훨씬 '재미있었기 때문이었다.' 지금에 와서 생각해 보면 그러한 소설들이 재미있었던 이유는 그것이 문학적인 특유의 서정을 불러일으키는 대신 훨씬 서술적인 문체를 하고 있었기 때문이었던 것 같다. 예컨대 헤르만 헤세나 셀린저의 심오한 메타포들을 들여다 보면 그것은 문학 참고서들을 읽을 때처럼 무언가 그러한 메타포를 성립시키는 언어적 기교를 일일이 분석해야 할 것 같아서 머리가 아플 지경이었다. 이에 반해 도스토예프스키 소설의 인물들이 늘어놓는 두서 없는 장광설들은 교과서를 읽거나 문학 시험공부를 한다는 느낌에서 해방시켜 주었다. 무언가 '대화'가 성립한다는 느낌이었기 때문이다. 톨스토이의 중기 소설도 시종일관 '대화'와 '사교'로 이뤄져 있다. 여기서 나는 문학의 본질은 독백과 개인적인 서정에서 비롯되는 게 아니라 오히려 사회적인 토론과 대화에서 나오는 것이라는 나름의 확고한 견해를 가지게 되었던 것 같다.

물론 이것이 '재미있다'는 느낌을 주었던 것에는 몇 가지 조건들이 있었다. 아마 집안의 분위기가 달랐다면 나는 장르 문학을 더 좋아했을지도 모른다. 그쪽이 훨씬 '사회적'이었기 때문이다. 그러나 독실한 크리스천 집안의 가풍(?) 때문에 나는 좀더 근엄한 (비뚤어진) 사람이 되었고, 이에 따라 톨스토이의 『전쟁과 평화』와 같은 작품에서 내 나름의 사회적인 욕구를 내면적인 방향에서 풀었던 것 같다. 사실은 도스토예프스키 소설의 박진감 넘치는 종교적·도덕적 논쟁들이 목사님 설교말씀보다 훨씬 흥미진진했던 것이다.

아무튼 이러한 상태는 여전히 지속되어서 나는 현재의 한국 문학에 대해서 여전히 별다른 지식이 없다. 다행히 지금은 문학 교과서에 실린 '한국어로 읽는 문학'에 대한 공포감을 극복하고 공지영, 이외수, 한강, 이문열, 김훈, 신경숙, 박민규, 김애란 등등과 같은 소설가들을 즐겁게 읽을 수 있게 되었지만 여전히 무언가 의무적으로 그것을 읽어야 한다는 느낌을 지울 수가 없다. 어쨌든 한국어를 사용하는 사람인만큼 번역 문학이 아닌 한국 문학을 읽어야 한다는 묘한 의무감 같은 것에 이끌려 이러한 소설을 읽게 되는 것이다.

물론 여기서도 호불호가 갈린다. 이문열과 김훈 같은 저열한 마초들의 소설에는 구역질 말고는 느끼는 게 없다. 묘하게 가르치려 드는 황석영과 이외수도 마음에 들지 않는다. 이들이 한국어를 문학적인 의미에서 아름답게 사용한다는 세간의 평가가 있지만, 아름다운 한국어와 투박한 번역투를 구분할 줄 모르는 나와 같은 평범한 독자들에게는 그런 것 따위는 관심 밖이다. 오히려 그나마 재미있게 읽은 소설은 박민규나 김애란, 정이현, 김연수와 같이 요즘의 서정을 보여주는 젊은 작가들이다. 그러나 나 개인에게 있어서 소설적인 재미에 관해 이들은 외국 소설에 미치지 못한다. 요컨대 그럼에도 불구하고 어쨌든 읽는다는 기분이다.

나의 개인사적인 경험에 있어서 '근대 문학의 종언'이란 다른 게 아니라, 학창시절에 숨막히는 경험으로 다가왔던 러시아 문학 이후로 문학에서 별다른 재미를 느끼지 못하는 사태에 지나지 않는다. 특히나 요새의 한국 소설들과도 비교할 때 이러한 느낌은 더욱 강렬해진다. 물론 한국의 작가들에게 왜 그들이 톨스토이나 도스토예프스키가 아니냐고 묻는 것은 언어도단이다. 문제는 다른 데 있다. 요컨대 나는 '근대 문학=서정'이라는 공식에 여전히 위화감을 느끼고 있는 것이다. 최근에 읽게 된 김애란이나 김연수 그리고 박민규의 소설을 보면 내가 학창시절에 공교육을 통해 배운 문학의 공식이 그대로, 혹은 더 감각적이고 세련되게 재생되고 있는 기분이다. 그들의 문장은 훌륭하고 재치가 있으며, 서사를 어떻게 풀어나가야 하는지에 대한 이해도 탁월하다. 독자의 공감을 끌어내는 장치를 적재적소에 배치할 줄도 안다. 물론 소설가라면 직업상 마땅히 그래야 한다. 그럼에도 여전히 나는 그것을 문학(소설)으로서 '리얼'한 것으로 받아들이지 못하겠다. 그것은 지금까지도 나에게 트라우마로 각인되었던 문학 교과서(나는 언제나 문학에서 좋은 점수를 얻지 못했다)의 연장선상에 있는 것으로 보이기 때문이다.

요컨대 내가 한국 문학에 위화감을 가지는 건 소설을 성립시키는 서정과 그러한 소설적 주관을 만들어내는 공식에 한국의 작가들이 예나 지금이나 철저하기 때문이다. 물론 이러한 공식들을 세련되게 다듬으면서 요새 소설은 교과서에 실린 과거의 소설보다 한층 더 재미있는 것으로 느껴지게 되었다. 그러나 거기에는 언제나 소설적 주관의 쾌감을 성립시키는 사회적 과정이 망각되어 있다. 소설적 재미는 기교상에서 아무리 발전해도 거기에서 근본적인 한계가 있는 것이다. 나는 최근에서야 그러한 사회적 과정으로서 '문단'이라는 존재가 있다는 것을 알게 되었다.

물론 지금의 소설에도 간간히 사회비판적인 내용도 나오고 작가들이 마냥 사회적 실천에 등한시하는 것도 아니다. 그러나 본연의 소설적 차원에서 그들의 소설에 반영되는 사회적 현실은 언제나 심미적인 내면의 문제로 귀착되고 만다. 말하자면 사태의 도덕적·인식론적 측면을 어떻게 주관의 심미적 경험으로 수렴시킬지에 대한 방법론적 이해에서 대개의 한국 소설가들이 출발하는 것이다. 그리고 그러한 이해를 기르는 데에 대학의 문학 창작과와 문단의 역할이 있었던 것이다. 역사적 제도로서 성립된 이러한 한국 문학의 모습은 나에게 정치적인 공분을 불러일으키보다는 오히려 입시를 위해 문학을 공부해야만 했던 학창시절의 곤궁을 우선 떠올리게 만들며, 결국은 흥미를 반감시켰던 것이다.

그러나 나에게 소설은 어떠한 다른 예술매체보다 더 '사회적인(sozial)' 예술형식이었다. 그것은 역으로 '제도로서 존재하는 근대 문학(문학 교과서 = 문단)' 내부에서 자명하게 보이는 서정적 주관 혹은 내면과 무관한 것이다. 말하자면 학창시절의 내 또래들이 마땅히 읽어야 할 김동인의 「감자」나 심훈의 「상록수」 대신 장르 문학/환상 문학을 탐독했을 때 그들 역시 근대 문학이 한때 담당했던 사회적인 측면에서의 흥미를 느꼈을 것이다. 장르 문학은 근대적 내면으로 회수될 수 없는 사회적 상호작용의 쾌감을 우리 세대에게 선사했던 것이고, 그것은 후일 온라인 게임으로 대체되었다. 이런 것들에 상대적으로 무관심했던 나는 다만 얄팍한 입시용 근대 문학 번역서들로 복귀함으로써 내 또래들이 느낀 즐거움을 내면적으로 음미했던 것이다.

앞서 말했듯이 도스토예프스키나 톨스토이의 문학이 나에게 주었던 즐거움은 심미적인 서정이 아니었다. 그들의 작품에 존재하는 문학적 시점은 우리가 으레 문학이라고 생각했던 것과 확연히 다른 측면을 가지고 있다. 그들은 훨씬 도덕적이다. 물론 상대적으로 도덕적이고 훈계적인 이들 러시아인들의 문학적 시점 역시도 이지적인 프랑스인들과 낭만적인 독일인들의 그것과 마찬가지로 내면적인 허구에 불과하다. 그것은 허구를 통해 말해지는 알 수 없는 진심과 같은 것이며, 근대 문학의 근본적인 한계이다. 그러나 여전히 그들은 사회적인 현실을 통해 끊임없이 서정적 자아로 돌아가는 한국 소설들과 정반대로 허구적이고 내면적인 이야기를 통해 역으로 사태의 사회적인 측면들로 철저하게 돌아갔다는 점에서 독보적이다. 그리고 그러한 지점에서 심미적인 서정을 성립시키는 소설적 주관은 자신의 타자, 즉 복수의 주관들과 철저하게 대면하지 않을 수 없게 된다. 도스토예프스키 소설에 나오는 어중이 떠중이들 간의 논쟁과 그들이 내뿜는 강렬한 아우라는 거기에서 비롯된다. 즉 소설적 주관이 어찌할 수 없는 사회적 관계가 강렬하게 보여지는 것이다. 한국의 소설들이 여전히 하나의 주관을 성립시키는 근대의 문학적 공식에 충실할 때 러시아 문학의 가장 위대한 성취는 도리어 이러한 주관을 파괴하는 '반칙'에 의해 성립되었던 것이다.

내가 근대 소설이란 본래 '사회적'이라고 느끼는 것은 이러한 측면에서이다. 소설은 근대적으로 성립된 '서정'을 자신의 사회적 기원에서부터 문제삼을 수 있는 가장 강력한 예술형식이다. 이러한 소설의 대화적이고 반성적인 형태야말로 그것이 본질적으로 허구적인 서정으로밖에 이야기될 수 없음에도 불구하고 여전히 사태의 지적이고(프랑스 리얼리즘 소설) 도덕적인 측면(톨스토이의 소설)을 가장 철저하게 파고들 수 있었던 이유였다. 이는 소설이야말로 다름 아닌 소설적 주관을 성립시킨 역사적 전제들을 가장 잘 반성할 수 있다는 사실을 보여준다.

이러한 점을 특히나 강조했던 사람이 '오스카 와일드'였다. 예술을 위한 예술(art for art's sake)이라는 그의 탐미주의의 슬로건은 오히려 그가 탐미주의자이기 이전에 사회주의자였기 때문에 할 수 있었던 말이라고 생각한다. 이는 다음과 같은 그의 예술관(문학관)에서도 잘 드러난다. 좋은 '예술(문학)은 무엇인가?' 라는 질문에 대해 와일드는 매우 간명한 답을 내놓는다. **"좋은 예술(문학)은 부르주아들을 화 나게 만드는 예술(문학)입니다."** 요컨대 그의 문학이 담아내는 퇴폐적이고 탐미적인 내용들은 단지 부르주아 사회의 전제들을 보여주는 것에 지나지 않는다. 그리고 그는 그러한 탐미주의적인 기획이 그것을 성립시키는 사회적 기반(부르주아 사회)을 상실할 때 결국 '도리안 그레이' 자신처럼 소멸해 버릴 운명이라는 사실을 매우 잘 이해하고 있었다. 예컨대 김훈과 같은 범용한 탐미주의자들은 이러한 오스카 와일드의 센스를 절대 따라가지 못할 것이다.

물론 한국에서 도스토예프스키나 프랑스 리얼리즘이나 오스카 와일드가 나오는 것을 기대하는 것은 그 전제에서부터 부당하지만, 적어도 이러한 오스카 와일드의 통찰에 의거하여 한국에서 가능한 좋은 소설이란 무엇인가에 대한 잠정적인 답변을 내놓는 것이 가능하다. '좋은 소설이란 문단을 화나게 만드는 소설이다.' 요컨대 '진짜 재밌는' 소설은 바로 그러한 것이 되리라는 것이다. 그러나 오늘날 한국의 문학인들이 거의 모든 것에 대해 말한다고 하더라도 결국 문단에 대해서, 그리고 그것을 가능케 한 국가와 자본의 운동에 대해서 말하지 않을 것이다. 왜냐하면 그것은 소설적 주관과 내면(서정)을 성립시키는 역사적 전제를 문제삼는 것이기 때문이다. 그러나 바로 그러한 문제제기에서 초래되는 소설적 시점의 위기야말로 지난날 근대 소설이 성취한 가장 위대한 업적이었다면 어떨까. 예컨대 도스토예프스키가 도박빚에 쫓겨 소설을 쓴다는 것은 바로 그러한 소설적 자아(=내면)를 위기로 모는 행위나 다름 없었다. 바로 그와 같은 '도박'을 아무도 시도하지 않는다는 것에서 한국 소설에서 그리 큰 재미를 기대할 수 없는 것은 아닐까. 그러나 이와 같은 '문단을 화나게 하는 소설'과 그것이 우리에게 줄 뭔지 모를 '재미'는 아직 이념적인 차원에서만 알려질 수밖에 없을 것이다. 당연한 말이지만 이와 같은 진단은 앞으로 한국 문학의 위기를 타개할 소설의 내용에 대해 말해주는 바가 없다.

그러나 여전히 오스카 와일드가 자신의 '문학이념'으로서 간명하게 표현했던 것 같은 정식화가 또 다른 형태로 한국 문학의 '이념'으로 전유될 수는 없을까? 나는 한국 문학을 성립시켰던 구성적 이념(근대 문학의 서정적 주관)이 위기에 빠진 이후로도 그와 같은 형태의 규제적 이념의 가능성은 여전히 남아 있다고 말하고 싶다. 내가 문학의 사정을 잘 알기 때문에 이런 말을 하는 게 아니다. 예술의 구성적 이념들이 위기에 빠진 정황은 어디에서나 마찬가지이기 때문에 절박한 심정으로 이런 말을 하는 것이다. 다시 말해 문학 내부에서 여전히 그 구성적 윤리의 위기를 돌파할 문학의 가능성이 남아 있다면 그것은 근대적 문학을 성립시킨 역사적 전제들을 문제삼는 것에서 출발할 것이다. 문단의 인정을 받는 한에서 좋은 소설을 쓰겠다는 것은 거꾸로 문학의 종말을 재촉하는 것에 지나지 않는다.

Chapter_6

「베트맨 다크나이트」 진정한 할리웃 칸트주의

악은 행하기 쉽고, 악은 무수히 있다. 선은 거의 하나뿐이다.
그러나 어떤 종류의 악은 선이라고 불리는 것만큼이나 찾아보기 힘들다.
그래서 이 특성 때문에 종종 이 특수한 악은 선으로 간주된다.
이 악을 실현하기 위해서는 선과 마찬가지로 정신의 비상한 위대함까지도 필요하다.

파스칼, 『팡세』, 단상 134[1]

조커보다 더 조커다운 …

2008년에 개봉하여 흥행에 성공한 「베트맨 다크나이트」에서 화

1 파스칼, 이환 역, 『팡세』, 민음사, 2003.

제의 중심에 우뚝 섰던 것은 물론 다른 누군가가 아니라 조커로 분한 히스 레저의 '악마적' 인 연기였다. 세간에서는 전작 잭 니콜슨의 조커와 히스 레저의 조커 사이의 영화사적 비교작업이 이루어지고 있다. 여기서 흥미로운 사실은 후자의 조커가 전작의 그것보다 더 '근본적' 이고 '신화적' 인 울림을 준다는 사실이다. 이번에 새로운 방식으로 재해석된 조커의 캐릭터가 (벤야민의 개념들을 원용하자면) 단순히 보존적인 해석에 그치는 것이 아니라, 차라리 기원 그 자체에 대해 정초적인 위력을 발휘하고 있다는 것이다.

전작의 잭 니콜슨이 연기했던 조커의 모습이 만화 원작에 준거한 전범적인 조커상—어떤 외상적 경험 탓에 우스꽝스러운 어릿광대 역에 몰입하며 온갖 범죄를 저지르는 발달장애자—을 충실하게 따르고 있는 것처럼 보인다면, 그에 뒤따르는 히스 레저의 조커 연기는 그것이 시간적으로 뒤에 옴에도 불구하고 기존에 전형처럼 여겨졌던 조커가 마치 무의식적으로 억압하고 있었던 자신의 '실재' 를 폭로하는 것처럼 다가온다. 마치 조커가 진정한 조커 그 자신이 되기 위해 10년이 넘는 세월을 기다려야 했다는 듯이 말이다. 여기서 우리는 몇 가지 정신분석적 모티프를 끌어들일 수 있다. 가령 우리는 어떤 사건의 반복이 원래의 기원적 사건에 대한 유사물임에도 불구하고 바로 그러한 이유 때문에 원래 사건의 성격(징후)을 더욱 근본화하는 예기치 못한 과정을 자주 목격하게 된다. 이렇듯 사건의 반복을 통해 원래의 기원적 사건에 대한 증상적인 재해석이 이루어지는 과정은 본래 정신분석이 다루는 가장 중요한 모티프들 중 하나이다.

우리가 영화의 '증상' 을 독해하기 위해서는 우선 원작의 조커보다 더 '조커다운' 「다크나이트」의 캐릭터의 면면들을 이론적으로 엄밀하게 살펴보아야 한다. 여기서 우리의 주장은 「다크나이트」의 조커가 본래의 만화나 기존 영화의 캐릭터에는 부재하는 새로운 윤리적 차원을 체현했기에 비로소 새로운 매력으로 받아들여질 수 있었다는 것이다. 그는 스크린에서 상영된 전무후무한 윤리적 형상이다. 칸트의 근본악과 악마적인 악에 대한 구분에 기초해서 우리는 히스 레저의 조커가 바로 칸트주의적 윤리의 이면을 대중영화의 차원에서 새로운 방식으로 형상화했다는 사실을 입증할 것이다. 「다크나이트」의 조커는 그 영화에 출현한 어떠한 인물들보다 더 윤리적인 인물이다. 실제로 영화상에서 조커는 놀라울 정도로 진지하며, 결코 허튼소리를 하지 않는다. 조커에 비하면 베트맨과 하비 덴트와 같은 인물은 그저 어릿광대에 지나지 않는다. 조커가 완고하고 비타협적인 자세로 충실했던 그만의 '윤리'는 대중들에게 새로운 매혹의 원천이 되었다. 자신의 욕망에 가장 충실한 한 인물이 어떻게 한 부패한 도시를 파멸시킬 수 있는지를 보면서 대중들은 매혹과 동시에 외상을 경험하지 않을 수 없었던 것이다.

조커와 악의 계보적 기원

많은 사람들이 이번 영화에서 조커가 보여주었던 '매혹적'인 측면을 여러 가지 개념틀로 설명했다. 그러나 그러한 논의를 따라 여기서 (사람들이 흔히 이야기하듯이) 조커를 순수한 '악의 화신'의 구현으로 간주한다든지, 혹은 '악 그 자체를 위한 악'의 이미지를 빼어나게 연출한 캐릭터라고 말하지는 않을 것이다. 그러한 것들만으로는 조커가 관객들에게 주었던 충격을 충분히 설명하지 못하기 때문이다. 왜냐하면 이 영화가 화제가 되었던 것은 그것이 과거의 탐미주의자들이 다루었던 '악의 이미지'나 '악의 심미적 가상'을 보여주는 데 그친 게 아니라 그러한 가상을 넘어선 '악의 실재'를 생생하게 보여주었기 때문이다.

무엇보다 가장 그릇된 감상 포인트는 조커의 공포스러운 부분을 그의 캐릭터의 '결정 불가능성'의 측면에 놓는 포스트모던한 해석이다. 가령 조커가 자신의 찢어진 입에 대한 사연을 자신의 희생자에게 서로 상충되는 이야기로 풀어놓는 것은 물론 관객들에게는 소름끼치는 효과를 낳는다. 그의 기묘하게 찢어진 입술의 기원은 조커 자신이 체현하는 윤리적 악의 기원을 상징한다. 그러나 그러한 기원은 조커 자신의 입으로 여러 가지 허구적인 이야기들로 가공된다(아내와의 다툼, 아버지의 폭력). 순수하게 확률론적으로 본다면 그의 인격을 형성시킨 사건적인 기원은 그의 말이 지시하는 것 중 하나일 수 있고 그 어느 것도 아닐 수 있다. 하지만 단지 그의 자기 주장들이 서로 엇갈린다는 측면에서 그의 기묘한 행동이 우리의 심리에 그토록 큰 임팩트를 주는가? 그러나 이것은 물론 그 자체로 전혀 공포스럽지 않다.

다른 방향으로 이야기해 보자. 그는 자신의 악을 허구적인 이야기들로 설명하는 것에서 자족적인 쾌감을 느끼는 것인가? 이것은 그의 악행들이 순수하게 허구적인 세계관에 기초하고 있다는 가설을 제시한다. 그렇다면 조커는 마치 순수악에 대한 탐미적인 태도를 견지하는 것처럼 보인다. 하지만 현실에는 이미 그런 것들은 흔해 빠진 것들이 아닌가? 위악적인 행위들을 미적인 경험의 일부로 수용할 여지가 오늘날의 대중문화에 이미 충분히 존재하지 않는가? 그렇다면 그러한 측면에서의 「베트맨 다크나이트」는 전혀 새롭지 않다. 그러한 유미주의적 해석은 단지 조커가 우리에게 안겨주었던 충격이 지닌 윤리적인 무게감을 상대화하려는 것에 불과하다. 오히려 진짜 요점은 그의 무목적적인 악행들이 정확히 윤리적인 일관성을 가지고 있다는 것이다. 따라서 우리는 조커가 주는 섬뜩한 공포와 그 못지않은 매력을 다른 측면에서 보아야 한다.

조커가 자신의 악의 기원을 순수한 '우화'로 포장하는 이 지점에서는 어떤 해체주의적인 울림도 포스트모던한 실천도 없다. 왜냐하면 그 속에는 어떤 진정한 '공포'도 없기 때문이다. 여기서의 조커는 어떤 불길하고 악마적인 '분위기'나 '악의 상징' 혹은 '악의 이미지'와 유희하지 않는 단 한 명의 '충실한' 악당이다. 실제로 그럴 듯하게 빼입고 거들먹거리는 도시의 갱들과 달리 그는 도시에서 가장 소박한(humble) 한 악당이다. 그에게는 이름도, 악명 높은 과거사도, 그가 표방하는 그럴싸한 대의명분도, 돈이나 명예와 같은 명확한 욕망의 대상도, 심지어는 그가 입는 옷의 상표도 존재하지 않는다. 그런데 이런 것들은 원래 악당을 매력적으로 치장하는 주요 요소들이 아닌가? 그런데 조커에게는 정확히 그런 요소들이 결여되어 있다. 마치 그가 악당이 줄 수 있는 모든 엔터테인먼트적인 요소들을 다 덜어낸 순수기표로 환원되었다는 듯이 말이다. 그럼에도 불구하고 남아 있는 의문은 왜 우리는 새로 돌아온 조커의 형상에 그토록 강렬하게 매혹되느냐는 것이다.

기존 악당들이 대중들을 즐겁게 할 만한 요소들은 무엇일까? 그것은 두 가지 상이한 측면들로 분류된다. 첫 번째는 도무지 동일시할 수 없는 악당의 지극히 편벽된 행위의 측면들과 두 번째는 이에 달라붙는 그로테스크한 이미지들이다. 그것은 '타자화'를 통해 관객을 일종의 희생제의에 참여시킨다. 그런 악의 형상의 사회적 효용을 가장 극단적으로 보여주는 것은 물론 박찬욱 감독의 「친절한 금자씨」의 최종 신이다. 유괴범 '백선생'은 히로인에 의해 한적한 폐교에 감금된 채 아이를 잃은 유족들에게 '돌림빵'을 당한다. 하버마스적인 담화규칙을 도무지 따르지 않는 그런 상대에게 우리는 기꺼이 그들을 제물로 바치는 제의적 카타르시스에 동참할 용의를 가진다. 논증과 사회적 합리성이 먹히지 않은 막무가내의 악의 화신들—흔히들 사이코패스라 부르는 이들—은 이미 많은 한국 영화들이 다룬 바 있었다. 「검은 집」, 「추격자」, 「실종」, 「그놈 목소리」 등등. 거기에 대해서는 칸트가 이미 악의 윤리적 차원을 분류하면서 '근본악'이라 이름붙인 바 있었다.

칸트에 따르면 악에는 크게 세 종류가 있는데,[2] 첫째로는 '인간 본성의 허약함'이 있다. 이것은 악의 평범성을 보여주며 일상 속에서

2 알렌카 주판치치, 이성민 역, 『실재의 윤리』, 도서출판b, 2004, pp. 142–143 참조.

자신의 원칙을 고수하는데 '결과적으로' 실패한 인간의 한계를 보여준다. 이러한 형태의 악은 우리가 단순히 스스로의 유혹을 거부할 만큼 충분히 의지가 강하지 못했다는 것을 알려준다. 둘째는 '인간 의지의 불순성'이다. 여기서 문제는 단순히 유혹에 굴복하여 결과적으로 윤리적 원칙을 실현하지 못한 개별 인간의 한계에 있는 게 아니라, 바로 그러한 원칙을 실현할 만한 의지가 충분히 강함에도 불구하고 윤리적인 동기에서가 아니라 이기적인 동기에서, 말하자면 도덕을 따르는 것이 자신에게 이익이 될 것이라고 여기는 바로 그러한 동기의 불순성에서 출발하여 원칙을 지키는 것에 있다. 이것은 단순히 인간 행위의 결과에서가 아니라 그것을 추동하는 동기의 이기적이고 불순한 측면을 보여준다. 이러한 악의 차원에서 인간은 단지 처벌에 대한 두려움 때문에 윤리적 원칙을 지킨다. 그리고 마지막으로 칸트가 '근본악'이라고 명명한 인간의 사악성이 존재한다. 이는 단순히 인간의 허약성이나 불순성을 보여주는 것이 아니라, 그의 본래적인 '자유의지'에 의해 초래된 이기성에의 근본적 성향을 보여주는 것이다. 이러한 악의 형태는 이기적인 동기를 우발적인 실수에 의해서가 아니라, 하나의 원칙으로서 고수하려는 우리 안의 악한 성향을 의미한다. 이러한 성향 안에서 우리는 윤리적 원칙을 단지 자신의 근본적인 이기적 성향에 우연하게 부합하는 한에서만 받아들이게 되며, 이러한 전도행위는 앞서 언급한 두 형태의 악을 정초짓는다.

칸트가 명명한 근본악은 그 이후로 수많은 사회적 논의들에 영감을 주었다. 한편으로 한나 아렌트 이래로 반공주의 철학자들과 사회학자들은 20세기의 근대적인 형태의 폭력을 통해 형성된 전체주의 정권들을 근본악이라는 칸트적 범주를 통해 설명하기도 하였다. 한편으로 인간의 자유로운 도덕적인 본성이 예기치 못하게 근본악에의 성향으로 전도될 수 있다는 칸트의 통찰을 빌려 이러한 어용 철학자들은 인간 해방을 위한 유토피아적 기획들이 그 자체로 직접적으로 추구될 때 그것이 필연적으로 전체주의적 형태의 폭력으로 나아갈 수밖에 없다는 무수한 주장들을 양산해냈다. 이것은 공산주의에 대한 (근본적으로 상상적인) 사회적 공포를 낳는 데 일조했다.

그러나 이러한 근본악에 대한 근대적 논의들과 별개로 근본악의 발현에 대한 탈근대적 담론들은 오늘날 '사이코패스'와 '테러리즘'에 대한 사회적 공포들을 양산하고 있지 않은가? 사이코패스 담론에 논의를 한정하자면 이것은 칸트가 제시한 근본악이라는 개념에 대한 새로운 탈근대적 독해라고 할 수 있다. 한편으로 사이코패스라는 교정 불가능한 병리적 성향은 임상적인 차원을 넘어서 인간의 근본적인 도덕적 결함을 설명하는 강력한 설명 수단으로 기능하고 있다. 다시 말해 사이코패스는 '도덕적으로 병리적인' 현상이다. 도덕적인 공감능력을 상실한 사이코패스들은 역으로 일반인에게도 존재하는 '반사회적 이기성'에 대한 강렬한 알레고리로 작동하면서 첨예한 도덕적인 경각심을 불러일으키기 때문이다. 사이코패스는 우리의 어두운 이기적 본성과 섬뜩하게 일치하며, 그런 한에서 도덕적인 쟁점이 된다. 이러한 사이코패스 담론은 칸트의 '근본악'이라는 개념으로 다시 돌아간다. 그것이 도덕적 원칙들을 무시하거나 이용하려는 인간의 또 다른 어두운 본성을 나름대로 해명하기 때문이다. 나아가 사이코패스 담론은 의학적이고 과학적인 차원에서 그러한 본성을 실증적인 차원에 한정해서 설명할 수 있다고 자처하는 데에서 새로운 대중적 설득력을 지닌다.

정치적이거나 이념적인 대립과 무관한 차원에서 정립된 이러한 탈근대적 근본악 개념(사이코패스)은 다시금 대중문화에서 등장하는 악인들의 형상에서 재생되며 예기치 못한 징후적인 차원을 획득한다. 여기서 등장하는 사이코패스 악당들은 가령 '보험금'이나 '여성 살해가 주는 성적인 보상', '아이들의 몸값' 등등과 같은 이기적인 동기들을 어떤 사회적 타협의 여지도 없이 끈질기게 관철시키려 함으로써 정상적인 사회적 교환을 교란시킨다. 이것은 단순한 일탈행위로서가 아니라 인간적 본성이 부추기는 근본악에 대한 우화적 형상으로 비춰진다. 칸트의 근본악 개념을 통해 자유진영에 공포감을 불러일으켰던 공산주의의 확산을 설명하려 했던 과거의 어떤 관행과 유사하게도, 이러한 대중적 담론은 동일한 근본악 개념을 통해 사회적인 범죄들을 나름대로 설명하려고 시도한다. 그러나 오히려 이것은 악의 사회적·역사적 기원을 망각해 버리고 만다.

근본악을 실증적인 차원(공산주의, 사이코패스)에 상정하려는 모든 시도들은 칸트의 본래 의도와 달리 악의 기원을 상상적인 차원에서 물신화하는 방향으로 오용될 수밖에 없다. 다시 말해 모든 악은 사회적 관계의 결과이자 부산물임에도 불구하고 근본악에 대한 사회적 담론들은 인간의 본성을 모든 문제의 원인으로 상정하는 새로운 이데올로기적 환각을 낳으며, 결과적으로 윤리적 책임의 차원을 잘못된 곳에 설정하게 되는 것이다. 이런 자들은 마치 사이코패스들을 임상적으로 격리하면서 근본악을 제거할 수 있다는 듯이, 마치 공산주의 정치세력을 일소하면 계급모순이라는 현실을 부인할 수 있다는 듯이 떠들기 마련이다.

문제는 이러한 근본악의 대중문화적 형상이 지니고 있는 카니발적인 성격과 그에 수반하는(=소비되는) 악의 물화된 이미지들이다. 이러한 악인에 대한 상상적 이미지들은 칸트의 근본악에 대한 탈근대적 독해들이 과거의 반공주의 담론과 동일한 윤리적 실패임을 보여준다. 그것은 오히려 인간의 악한 본성에 대한 은밀하고 낭만적인 동경을 낳는다. 물론 그러한 본성에 대한 관념은 상상적인 것에 불과하다. 자유주의 진영에서 공산주의를 설명할 때 사용한 근본악 개념은 전체주의 정권에서 자행된 폭력을 정치적·사회적 현상으로 바라보는 관점을 가로막고 그것을 본성적인 악의 숭고한 발현인 양 물신화하는 환상을 낳았다. 오늘날 한국의 우익논객들 역시 북한 내의 정치적 폭력에 은밀히 감탄하는 것처럼 말이다.

칸트의 근본악이라는 범주는 악의 사회적 책임에 대한 진지한 탐구에 이용되기는커녕 오히려 악에 대한 몽매적인 희생제의의 담론으로 오랜 기간 동안 오용되어 왔다. 칸트가 근본악을 통해 말한 것은 오히려 '자유'가 초래하는 도덕적인 쟁점이었지만 오늘날 그의 개념은 교정 불가능한 악의 이미지에 대한 은밀한 대중적 물신숭배의 수단으로 전락하고 말았다. 예컨대 「추격자」에서 연쇄살인마가 우리에게 주었던 불편한 쾌감을 기억해 보라. 악당이 견지하는 근본악에의 성향은 불가해한 매혹을 불러일으키며 그들에 대한 희생제의적 쾌감을 수반한다. 그리고 이런 제의에는 항상 소비되는 어떤 '악의 전형적 이미지'들이 뒤따른다. 기존의 「베트맨」 시리즈에 등장하는 악당의 형상도 그렇지만, 무엇보다 최근 들어 대중적인 인기를 얻게 된 사이코패스들에 대한 프로파일링 출판물들 역시 그러한 악의 전형적인 이미지들을 과학적인 언어로 유포한다. 이들이 묘사하는 근본악의 성향은 키치화된 채로 대중적 차원에서 소비된다. (「베트맨」의 악당들은 어딘가 판에 박은 듯 우스꽝스러워야 하듯이 습관적 성범죄자들은 어딘가 뒤틀린 유년시절과 성적 문제가 있어야 하며 … 등등.)

모름지기 악당이라면 지녀야 할 일관된 '근본악에의 성향'과 그것이 보여주는 전형적인 이미지, 범죄적 본성이 야기하는 카니발적 혼란과 이에 뒤따르는 희생제의, 멜로드라마, 이런 엔터테이닝한 요소들이 있다. 그런데 이것들은 정확히 「다크나이트」의 조커에게 부재하는 그 어떤 것이 아닌가?

우리의 주장은 다음과 같다. 히스 레저가 연기한 조커는 손쉽게 소비될 수 있는 악의 이미지도 아니며 공감의 대상조차도 아니다 … . 그리고 무엇보다 그는 기존의 대중영화에 등장한 악당들과 달리 사이코패스가 아니다. 왜냐하면 그의 악행이 단순히 정념적이고 이기적인 동기에서 출발하지 않기 때문이다. 그것이 그를 사회적 공감과 상상력의 지평에서 멀리 떨어질 수밖에 없는 끔찍한 인물로 만든다. 그는 사이코패스와 달리 자신이 무엇을 하는지 잘 이해하고 있었던 인물이기 때문이다. 자신의 악행에 대해 완벽히 자의식적인 조커의 모습을 영화 곳곳에서 확인할 수 있다. 이것이 우리에게 섬뜩함을 주는 이유는 그의 그러한 자의식적인 행위들이 정확한 윤리적 요점을 획득하고 있기 때문이다.

조커의 칸트주의

그렇다면 지금까지의 대중적 아이콘으로 드러난 악당의 어느 측면과 비교해서도 이번 시리즈의 조커는 마치 불가해한 매혹으로만 남는 듯하다. 그러나 우리는 다시 칸트의 악의 분류로 돌아가서 새로운 돌파구를 찾을 수 있지 않을까. 칸트가 악의 계보적 기원을 분류할 때 그가 상정한 마지막 '악'의 가능성, 즉 네 번째 종류의 '악'은 칸트 자신이 그 가능성을 제기하자마자 곧바로 개념적인 한계로서 규정한, 한 마디로 말해 칸트가 '불가능하다'고 단적으로 잘라 말할 수밖에 없었던 '악마적인 악'이다.

무엇이 칸트로 하여금 악마적인 악을 사고 불가능한 것으로 만들었을까? 그것은 한 마디로 단순히 악의 조건을 형식적인 차원에서 선의 조건으로 뒤바꾸는 것으로 성립되기 때문이다. 악마적인 악은 악한 행위 자체를 도덕적 준칙의 수준으로까지 격상시키는 바로 그 '월권행위'에 있다. 악마적인 악을 고수한다는 것은 마치 순교자가 숭고한 대의를 위해 자신의 생명마저도 가볍게 던지길 주저하지 않듯이 악 그 자체를 위해서도 자신을 희생시킬 것을 각오하는 행위, 그렇게 함으로써 악에 의거하여 자신의 윤리적 요체를 정립하는 바로 그 위반적인 몸짓으로 정초된다. 여기서 명백히 칸트가 경계하는 아이러니는 윤리적 정상질서를 교란시키는 이러한 궁극의 '악'이 칸트 자신이 상정한 윤리적 체계 안에서 '선'과 그 자체로 구분되지 않는다는 사실이다.

역으로 생각하자면 우리가 궁극의 선을 요구할 때 그것은 이미 현상 질서를 초과하는 어떤 폭발력을 잉태하지 않는가? 절대선에 대한 무조건적인 요구는 자기 자신의 신변마저 위태롭게 할 뿐만 아니라, 무고한 타인의 안전마저 담보로 걸어야 하는 상황으로 자주 이끌지 않는가? 그것은 다른 의미에서 '악'이 아닌가? 이러한 통속적인 논의들은 이미 우리의 상식에 부합한다. 그러나 칸트의 악마적인 악은 정확히 이러한 대중적 통념을 다시 한 번 뒤집은 것처럼 보인다. 만일 우리가 궁극의 악이라고 생각하는 것이야말로 사실은 궁극적인 절대선의 가능성을 보여주는 것이라면 어쩔 텐가? 비록 칸트 자신은 그것을 부인했지만 이러한 역발상에서 칸트의 네 번째 악의 범주가 출발한다.

이 네 번째 수준의 논의에서 우리는 '윤리의 실재' 혹은 알렌카 주판치치의 표현대로 '실재의 윤리'의 지점에 도달하지 않는가? 그것은 다른 의미로 말하자면 윤리적 질서가 그 자신의 극단적인 이율배반으로까지 나아가는 '불가능성의 지점'을 뜻한다. 우리는 한 마디로 말해 그러한 지점을 영화 속에서 조커가 차지하고 있다고 할 수 있다. 여기서 모든 것은 순수한 형식적인 문제처럼 보이기도 한다. 그러나 바로 형식적인 전도과정에서 모든 것이 결정된다. 관건은 조커의 분장 자체도 아니고, 그의 심리적 동인들이나 과거도 성격구조도 아니며, 심지어 결과적으로 그가 저지른 행위 그 자체도 아니다. 관건은 기존의 윤리적 배치에 불가능한 것으로 남아 있는 지점을 거침 없이 돌파해 버린 바로 그러한 조커의 윤리적 위상에 있다. 우리는 그것이 그가 발산하는 매혹적인 아우라의 요체라고 고백해야 한다.

여기에서 우리는 또 다시 칸트의 용어를 상기하지 않을 수 없다. 어떤 '윤리적인 한계상황'에 도달할 때 우리에게 가해지는 심적 임팩트를 그는 무어라 불렀는가? 그는 그것을 '존경심'이라 부르지 않았는가? 잘 알려진 문구대로 "저 하늘의 별들과 내 마음 속에 있는 도덕법칙에 대한 존경 … "이라는 말도 있다. 그런데 흔히 잘못 이해되듯이 칸트가 '도덕법칙에 대한 존경심' 운운할 때 그 존경심이란 가령 누군가 선행을 베푼 미담 사례에서 느끼는 훈훈한 감정 따위가 아니다. 그것은 칸트에게는 단지 정념적 얼룩이 묻어 있는 것에 불과하다. 칸트에게 있어서 정확히 도덕적인 이념에서 초래된 존경심이란 윤리적 한계상황에 직면할 때 주체가 취하는 관조적인(그의 용어대로라면 '초월론적인') 태도에 가까운 것이다. 칸트의 존경심은 정확히 도덕적 이념에 대해 느끼는 이지적인 감정이다. 그러한 감정은 이념적이다. 그러나 동시에 그것은 이념적인 위기에 의해서만 알려질 수 있는 근본적인 감정이다. 그런데 이것이야말로 조커가 우리에게 선사하는 바로 그 무엇이 아닌가?

여기서 우리는 조커가 윤리의 실재—혹은 달리 말해 한계지점—에 도달해 있다고 단언해야만 한다. 바로 그 이유에서 그는 기존의 악당들이 필수적으로 가지고 있던 정념적인 요소들(비의적인 충동, 멜로드라마적 성장이력, 자기과시적 스타일)을 거침 없이 덜어낼 수 있었던 것이다. '악'을 그 자신의 한계로까지 밀어붙일 때 그런 것들은 더 이상 '악'에 대한 기존의 통념과 관련이 없다. 또 중요한 것은 '악의 실재'란 '악의 순수 이미지'와는 아무런 관련이 없다는 사실이다. 그것은 도리어 세 번째 종류의 악, 근본악에 가깝고, 그것은 실상 상상적인 키치에 불과하다.

실재적인 악은 그 어떤 이기적인 동기도 필요로 하지 않고 그 어떤 이미지도 필요하지 않는다. 그것이야말로 '악마적인 악' 의 가공스러운 부분이다. 그것은 어떤 동일시도 거부하고, 실제적인 이해관계에 연루되지도 않는다. 여기서 근본악에 대한 사회적 담론과 무관하게 조커는 악에 대한 순수하게 이념적인 입장을 드러낼 수 있었다. 조커가 견지하는 악은 이념적이고 원칙적인 수준에서 고수되는 끔찍한 윤리적 입장이다. 여기서 우리가 조커에게 느끼는 것은 정확히 도덕법칙에 대한 칸트적 '존경심' 과 섬뜩할 만큼 유사하다. 그러므로 조커가 형상화하는 것은 사회적으로 악한 속성을 지닌 무언가라기보다는 기성의 질서에 불가능한 것으로 생각되었던 윤리적 진공상태 그 자체이다. 그렇기 때문에 그는 고담 시(Gotham city)의 기존 악당들에게조차 낯선 존재였던 것이다.

스크린에 상영된 '실재의 윤리'

그런 의미에서 조커의 등장은 그 주변 상황에, 고담 시에 닥쳐온 그 어떤 재앙보다 더 '근본적' 인 '성격을 부여한다. 여기서 우리는 흥미로운 비교를 수행할 수 있다. 기존의 베트맨과 악당들 간의 투쟁은 쫓고 쫓기는 만화경적인 세계를 보여주었다. 베트맨과 경찰당국과 악당들은 그들 중심에 있는 '공(空)'을 중심으로 끊임없이 돌고 돈다. 이것은 사실 어느 정도 '불교적'인 인상을 드리운다. 그러나 조커의 등장을 계기로 「다크나이트」는 이러한 구도와 급격히 단절한다—차라리 상황을 그것의 무의식적 기원으로 되돌린다—여기서 마치 조커는 (지금의 고담 시를 만든) 중심의 '공허' 자체가 '주체화' 가능하다는 듯이 행동한다. 그것은 지금까지 고담 시 안의 선악 투쟁이라는 현란한 순환회로 속에서 마치 태풍의 눈처럼 무의식적 차원으로 조용히 침잠해 있던, 그 자체로는 선악을 초월해 있는 윤리적 제로 차원을 윤리적 주체로서 대면하도록 강제한다. 이것은 선과 악이 비반성적으로 공존했던 허무주의적 세계(고담 시)에 '윤리의 (재)시작' 혹은 '재정의'를 요청하는 새로운 국면을 초래한다. 이것이 바로 (알렌카 주판치치가 말한) '실재의 윤리'의 요체이다. 지금까지의 문제는 꼬리에 꼬리를 무는 선과 악의 선불교적 순환과 자리바꿈이었다. 그러나 조커의 등장 시점에서부터 문제는 그 자체로는 윤리적 대상(지금까지는 개별인격으로서의 악당과 그들이 개인적인 사연들이 그러한 대상이었다)으로 다루어지지 않았던 윤리적 한계상황 자체를 '윤리적인 주체'로서 주체적 차원으로 끌어올린 것이다.

이것은 전형적인 정신분석적 모티프를 상기시킨다. 정신분석에 있어서 가장 근본적인 개입은 무의식으로 남아 있던, 다른 말로 불가능성으로 남아 있던 '날 것의 실재'를 주체로 하여금 대면케 하는 것이다.

조커의 주체적 형상은 윤리적 실재를 새로운 방식으로 쟁점화한다. 이 점을 예증하는 가장 강렬한 장면은, 조커가 어느 막대한 회사자금을 빼돌리는 데 협조한 갱단과의 거래에서 자신의 것으로 나누어진 절반의 몫을 거리낌 없이 태워버리는 장면이다. 범죄와 응징의 허무주의적 순환을 야기하는 환상적 미끼로 기능하는 이 '돈더미', 달리 말해 정신분석이 말하는 '대상 a'를 다시 공허로 돌려버리는 가장 궁극적인 행위를—칸트의 논리를 따르자면 비이기적인 '도덕적'인 동기를 따랐다고 말해야만 하는 행위를—수행한다. 아니, 정확히 말해서 기존의 모든 것을 허무로 돌린다기보다는 기존의 윤리적 질서의 중심에 은폐되어 있는 공허 그 자체를 주체의 편에 의식적으로 '떠오르게' 만든다고 해야 할 것이다.

이와 같은 그의 독보적인 행보는 그와 베트맨의 관계를 '비대칭적'인 것으로 탈구시켜 버린다. 다시 말해 그들의 관계는 기존의 시리즈물들처럼 선과 악의 이항대립의 반복은 결코 아닌 것이다. 왜냐하면 그의 행위는 선의 측면에서든 악의 측면에서든 동시에 '정초적'이며 '근본적'인 것이기 때문이다. 여기서 우리는 가장 악질적인 악이야말로 바로 선의 가능성을 정초한다는 칸트의 부인된 통찰을 떠올려야 한다. 이런 사실은 조커가 그 자신을 '혼란의 사도'로 지칭하는 데에서도 뚜렷해진다. 의미심장하게도 '진짜' 사도인 바울 자신 역시 스스로를 겸손하게 '어릿광대'로 자처했다는 우연한 유사성 외에도 자신의 모든 것을 초래한 최초의 '사건'—사도 바울에게 있어서는 그리스도의 부활, 조커에게 있어서는 자신의 입의 찢어짐—이 드러낸 공허한 실재를 순수한 우화로 포장한다는 점에서 조커와 사도 바울은 묘한 공통점을 공유한다.

바울에게 있어서 기존의 지평에서 불가능한 것으로 여겨진 정초적 사건은 '부활'이라는 우화로 이야기될 수밖에 없었던 것과 동일하게 조커에게도 자신의 흉측한 외모를 초래한 사건은 기존의 윤리적 질서에서 불가능성의 다른 이름인 '실재(reel)'와 잇닿아 있다. 그러한 실재와의 조우라는 사건은 조커에게 있어서도 단순히 우화로 말할 수밖에 없었던 것이다. 그가 여러 허구적인 이야기로 자신의 기원을 포장한 것은 아이러니도, 그렇다고 악당 특유의 재담도 아니다. 오히려 이것은 자신의 정초적 기원을 허구적인 이야기로 꾸며냈던 바울의 행위만큼이나 진지했던 것이다. 왜냐하면 그의 악의 기원은 십자가에서의 부활만큼이나 형언할 수 없는 성격의 것이기 때문이다. 조커는 그 자신이 바로 고담 시를 지탱해 왔던 악에 대한 원리적 이념을 드러낸 사건이었다. 이것은 기존의 윤리적 체계로 정당화될 수 없기 때문에 우화로 말해질 수밖에 없었다. 그가 드러낸 악에 대한 원리적인 충실성은 기존의 질서에서 사고 불가능한 윤리적 한계이다. 그러나 동시에 그것은 (끝에 도달함으로써 비로소 다시 시작할 수 있듯이) 헤겔적 대립규정에서 '새로운 시작'을 의미하기도 한다.

바울은 인간과 신의 관계를 구성하는 기존의 종교적인 상황에서 신과 인간 모두에 의해 부인되어야 하는 새로운 종교적 가능성(신의 육화와 부활이라는 사건)을 전유함으로써, 다시 말해 기존의 종교적 체계 안에서 사고 불가능한 한계로 남아 있던 지점을 쟁점화함으로써 기존에는 불가능했던 새로운 보편적인 종교적인 충실성을 발명할 수 있었다. 이러한 실재적인 사건과의 조우를 전달 가능한 방식으로 형상화하기 위해 바울은 불가피하게도 부활과 다마스쿠스 행에서 마주쳤던 표적이라는 우화적 설명들을 동원할 수밖에 없었다. 마찬가지로 조커는 자기 스스로의 기원을 우화적인 것으로 말할 수밖에 없는 사건으로 드러냄으로써 고담 시의 윤리적 상황을 구성하는 외상적 핵심을 부각시킨다. 고담 시에 만연한 불의와 사악함에 대한 베트맨의 영웅적인 개입은 오히려 악에 대한 '원리적인 충실성' 을 통해 지탱되었다는 사실을 사후적으로 드러낸 것이다. 이렇듯 기존 상황의 새로운 윤리적 차원을 드러내기 위해 조커는 스스로의 순교를 각오했던 것은 아닌가?

백기사와 흑기사

이러한 일련의 지루한 논의를 따라온다면 베트맨이 결말에 스스로를 어둠의 기사로 자처하고 음지로 사라지면서 대중들의 사랑에 대한 나르시즘적 욕망을 포기하는 제스처는 결코 놀라운 것이 아니다. 이건 마치 조커의 빈 자리를 그의 정 반대 극단인 베트맨이 대신 차지하는 것 같은 인상을 준다. 그러나 그것이 전부는 아니다. 문제는 그렇게 함으로써 베트맨이 비로소 '제자리' 로 돌아올 수 있었으며, 베트맨이 본연의 베트맨이 될 수 있었다는 사실이다. 그렇다면 결과적으로 조커는 이런 변증적인 운동을 추동한 '사라지는 매개자' 가 되는 것이다.

이러한 점에서 「베트맨 다크나이트」가 전작 「베트맨 비긴즈」보다 더 실재적으로 '시작(beginning)' 이라고 이야기할 수 있을 것이다.

왜냐하면 조커가 자신의 도착적 행위를 통해 드러낸 사건을 경유함으로써 비로소 베트맨은 자신 본연의 윤리적 포지션을 새롭게 정립할 수 있었기 때문이다. 이러한 과정을 다시금 변증적으로 이야기해 볼 수 있을 것이다. 전작에서 베트맨은 '추상적인' 차원의 정의감에 머물러 있었다면(전작에서 그리고 「다크나이트」의 초반부에서 베트맨은 스스로를 어떤 일시적인 일탈상황을 원래의 균형상황으로 되돌리기 위한 임시방편의 조정자로 자처한다), 조커라는 상황에 대한 근본적인 부정성의 '매개'를 통해(그에 의해서 베트맨이 개입하고자 했던 범죄와 폭력이 그 자체로 거대한 균형상황의 구성적 일부라는 윤리적 아포리아가 폭로된다) 그는 경찰과 범죄자 그리고 고담 시 당국 모두가 내속적으로 연루되어 있는 윤리적 한계 너머의 지점으로 스스로를 투신한다. 그는 스스로를 법의 수단으로서가 아니라 법에 내속적인 초법적인 위력으로 정초함으로써 자신의 진정한 역할을 발견한 것이다. 베트맨의 이러한 행위는 바로 추상적 보편성에서 구체적 인륜성으로 이행해 간 헤겔적인 사례는 아닌가? 법적인 정의는 바로 법을 넘어선 윤리적(=주체적) 개입에 의해서 비로소 가능하지 않은가?

물론 이러한 과정을 추동한 작인으로서 조커는 개별적인 악당이라기보다는 고담 시의 윤리적 상황을 개시하는 사건 그 자체였다. 그가 발산하는 모든 매력은 바로 그가 지닌 이 윤리적인 무게에 의해 지탱된다. 그는 상황의 내속적인 '실재'에 대한 주체의 태도를 하나의 첨예한 도덕적 문제로 선언한 정초적 인물이었던 것이다. 그 외의 다른 부분에서 실상 조커는 별볼 일 없는 인물이라 봐도 무방하다. 그것은 실제의 역사적 사도들도 마찬가지이다. 사도 바울이 사실상 죽은 자가 살아났다는 과대망상증적 허구에 전적으로 의존했듯이 조커 자신은 스스로의 윤리적인 정초적 위상을 제외한다면 단순한 '정신병자' 에 불과하다.

인문적 사유

1. 삐리리 불어봐 해체주의
2. 근대 문학의 종언과 학생운동의 종언
3. 기표의 용법
4. 주체, 구조 그리고 반복강박
5. 칸트의 유물론

Chapter_1

삐리리 불어봐 해체주의

이웃 블로거 '람혼' 독서후기

누가 자크 데리다의 정확한 독자인가? : 해체주의와 근대성의 문제

이번 2009년 봄호 『자음과 모음』에 실린 람혼(실명 최정우)의 하이브리드 연재 「문학적 분류법을 위한 야구 이야기」를 접했다. 람혼은 자신의 비평을 통해 저 유명한 '근대 문학의 종언'이 선언한 것과 같은 형태의 (탈)근대적 문제의식이 간과하는, 보다 심각하고 까다로운 아포리아가 존재한다는 논지를 탁월한 데리다주의적 논법으로 이야기(그의 논의는 비평이기 이전에 하나의 탁월한 이야기, '야구' 이야기이다) 한다. 그의 논의들은 전적으로 야구 게임의 비유에 의존하고 있다. 그가 야구의 비유를 사용하기 위해 동원하는 텍스트는 『아톰의 철학』과 『우아하고 감상적인 일본 야구』, 『삼미 슈퍼스타즈의 마지막 팬클럽』, 『아는 여자』 등등이다. 그러나 결국 그가 하려 했던 이야기는 박민규가 쓴 한 편의 '야구소설'(『삼미 슈퍼스타즈의 마지막 팬클럽』)에 대한 지나치게 근대적인 비평적 시선들이 잘못되었다는 것이다. 람혼은 박민규의 소설을 옹호하며 그의 소설에는 그것에 가해지는 비평적 언어를 되려 반성하게 하는 지점들이 있다고 말한다.

람혼의 논의를 좀더 상술해 보자. 한 마디로 말해서 근대성의 딜레마는 정치영역에서와 마찬가지로 '아예 게임의 판을 깨고 나가느냐' 아니면 '판에 여전히 충실해야 하느냐' 의 선택에 붙잡혀 있다. 가령 우리는 결정적인 순간에 판을 뒤집는 이사만루(二死滿壘)의 야구를 지향할 수 있다. 이것은 근대 문학의 야구이다. 근대의 역사가 으레 그렇듯이 이러한 근대적 형태의 야구에는 판을 뒤집고 또 뒤집는 역동적 드라마가 존재하지만 정작 '기록체계' 로서의 야구라는 규칙체계는 불변의 전제로 주어져 있다.

반면에 우리는 기존의 판 자체를 무의미하게 만들며 야구의 새로운 분류체계를 암시하는 무타무주(無打無走)의 야구를 생각할 수 있다. 이것은 단지 야구 자체를 불가능하게 하는 것이 아니라 '불가능한 야구' 에서 '야구의 불가능성' 이라는 반성적 전도를 시도하는 것이다. '노란 꽃이 너무 아름다워서' 공을 던지지 않고 체력을 비축하는 투수와 지쳐만 가는 타자들이 벌이는 기묘한 경기, 혹은 「멋지다 마사루」에 나오는 '섹시 코만도부' 의 슬랩스틱한 야구는 '앞으로 다가올' 전미래적 시제(will have been)의 타자(他者)라는 데리다적 개념의 좋은 사례가 된다. 그것은 결코 야구에 대한 단순한 부정이나 모순도 아니며, 야구의 지평 속에 머물지만 아직은 어떤 야구도 아닌 채 어떤 타자성으로서 도래하는 야구인 것이다. 우리는 여기서 람혼이 의도한 데리다적 비대칭성을 놓쳐서는 안 된다. 그가 말하는 것은 근대/

탈근대 혹은 모더니즘/포스트모더니즘의 이분법에 들어맞지 않는 무언가이다. 람혼이 의도한 야구에 대한 데리다적 구분(이사만루의 야구/무타무주의 야구)은 오히려 그러한 자명한 이분법을 탈구시킨다. 여기서 람혼은 데리다가 누구이며 데리다주의가 뭔지에 대해 정확히 이해하고 있는 독자라고 해도 좋다.

람혼의 명명법을 따르자면 근대/탈근대를 결정할 수 있는 하나의 결정적인 순간이 있다고 간주하는 모든 이론적 전제들을 통틀어 '지나치게 근대적인 시선'이라고 부를 수 있을 것이다. 말하자면 단순히 근대적 기획으로의 복귀를 옹호하거나 혹은 탈근대적인 개방성을 순진하게 지지할 때 이러한 양자의 입장들이 으레 상정하는 결정적인 역사적 분기점이야말로 모두 '근대적인 시선'에 사로잡혔다고 할 수 있다. 따라서 근대성의 기획을 옹호하든 탈근대를 추구하든 그것은 보다 상위의 메타적인 근대성에 의해 결정된 담론에 지나지 않은 것이다. 이것은 이사만루라는 하나의 '정확한' 순간에 '치느냐 달리느냐'를 결정해야 하는 야구에 비교될 수 있다.

근대적인 시선 속에 비쳐지는 모든 행위들이란 이처럼 '적절한 순간에 내려지는 결정적인 결단'을 하나의 롤 모델 내지는 전형으로 받아들이고 있는 것처럼 보인다. 반면에 무타무주의 문학은 애초에 그런 결정 가능성을 영원히 지연시키는 것으로 사고된다. 그것은 결정의 순간 자체를 불가능하게 만들며 그러한 결정의 지평과 무관한 새로운 분류법과 담론적 질서를 예고한다. 박민규의 소설에서 발견되는 이러한 다가올 메시아적 지평에 대한 기대를 람혼은 '리셋(reset)에의 욕망'이라고 부른다.

여기서 람혼의 궁극적인 데리다적 메시지가 드러난다. '근대/탈근대' 라는 결정의 기로에서 내려지는 어떠한 선택도 그것이 전제하는 이분법에 완전히 들어맞지 않는다. 거기에는 언제나 그러한 이분법에 의해 누락되고 간과된 제3의 회색지대가 남아 있다. 치고 달리는 야구에서는 그러한 선택을 지탱하는 야구의 규칙 내지는 기록의 체계를 자명한 것으로 전제하지만 여전히 거기에는 미지의 가능성이 있다. 『계몽의 변증법』을 읽은 독자라면 쉽게 이해할 수 있듯 결국 근대성은 그 정의상 '미완의 기획' 일 수밖에 없으며, 그 자신의 한가운데에 반성하지 못하는 맹점을 남겨놓을 수밖에 없다.

역으로 '무타무주' 의 야구는 어떤가? 혹은 박민규의 소설들은 어떤가? 우스타 쿄스케 만화의 캐릭터처럼 그러한 문학적 타자의 형상은 완전히 순진무구한 백치와 같은 것인가? 물론 그럴 수는 없다. 근대성을 무한하게 리셋하는 지리멸렬한 데리다적 차연(差延)의 과정 역시 은연중에는 근대/탈근대라는 저 까다로운 근대적 이분법에 다시 의지할 수밖에 없는 것이다. 그러한 한에서 박민규 소설 역시 근대적 이분법으로 회귀할 수밖에 없다. 정확히 그러한 이분법을 반영하고, 패러디하고, 재배가하는 자의식적 실천 속에서 말이다. 따라서 무타무주의 문학은 항상 둘 중 하나로 귀착된다 : (1) 아직은 덜 근대적이거나 (2) 혹은 지나치게 근대적이거나. 혹은 이 두 선택지마저도 너무 확정적인 것일지도 모른다. 무타무주의 캐릭터와 더불어 우리가 거주할 수 있는 유일한 지평은 전자와 후자 사이의 미결정된 장소 없는 장소이며, 그런 한에서 우리는 영원한 고향상실의 운명을 선고받은 파우스트적 근대인일 것이다.

그러므로 무엇이 근대/탈근대인지, 우리가 어떤 경계를 넘어야 탈근대 혹은 근대로 진입할 수 있는지, 그것의 적절한 순간은 언제이며, 어떻게 우리가 그것을 결정할 수 있는지를 알게 되는 현전의 순간은 영원히 도래하지 않는다. 이러한 근대성의 문제들은 끊임없이 상호 이질적인 담론 속에 투영되며 재배가/증식하는 악성종양 혹은 더 나쁘게는 유령으로서 존재한다. 이것이 해체주의의 궁극적 메시지이다. 이것은 어떤 근대적 기획도 미완에 그칠 수밖에 없다는 비판철학의 메시지보다 한층 더 비관적인 것이다. 우리는 근대성이라는 애매한 테두리를 눈 먼 채 맴돌면서 여전히 이 기획을 완전히 리셋할 수도 망각하고 폐기할 수도 없는 것이다. 데리다는 이러한 사태를 특유의 시간론을 통해 묘사한다.

> 이러한 몰시간성에서는 무슨 일인들 일어나지 못하겠는가? 아마도 '시간', 시간 그 자체, 정확히 항상 '우리 시대'인 시간, 우리들 사이에 공유된 시대, 세계, 매일 우리의 시간인, 오늘날의 날인, 우리의 현재로서의 현재인 시간이 일어나지 못할 것이다. 특히 우리들 사이에서 정확하게 '그것이 제대로 되지 않을 때', '그것이 잘 이루어지지 않을' 때, 그것이 제대로 진행되지 않을 때, 그것이 잘 일어나지 않을 때 그럴 것이다.[1)]

1 자크 데리다, 진태원 역, 『마르크스의 유령들』, 이제이북스, 2007, p. 59 참조.

이 모든 것에도 불구하고 나는 람혼이 소유한 탁월한 '이야기꾼'의 능력에 대한 나 자신의 선망어린 질투심과 더불어 그의 비평에 대해서 한 가지 유감을 표시할 수밖에 없다. 나는 이것을 진실로 우정어린 유감의 표현으로 전달하고자 한다. 나는 첫째로 가라타니 고진이 비트겐슈타인의 저작에서 타자론을 개진하는 과정을 람혼이 몰이해하고 있다는 점에서 시작할 것이다. 이것은 람혼이 근대 문학의 타자로서 드러낸 무타무주의 문학이 진정한 의미에서의 '타자'인지에 대한 의문으로 이어진다. 둘째로 나는 람혼이 시종일관 견지하고 있는 저 근대성의 문제가 다름 아닌 데리다주의 혹은 해체주의의 지평에서 제기되고 있다는 단순한 사실을 지적할 것이다. 마지막으로 근대성의 문제는 정확히 람혼이 거주하고 있는 데리다주의 혹은 해체주의의 지평을 초과하는 보다 심각한 문제라는 점을 주장할 것이다. 나는 이 심각함을 곧이곧대로 인정해야 한다고 생각한다. 근대성의 문제를 오늘날 입대의 기로에 서 있는 저 대학생의 군대문제만큼 심각한 문제로 받아들이지 않으면 곤란하다. 당장 군입대를 목전에 둔 입장에서 근대성의 문제를 단순히 이론적으로 논할 수만은 없기 때문이다. 그것은 실천적인 문제이다.

비트겐슈타인의 타자는 진정 고진과 칸트의 타자인가?

우선 비트겐슈타인의 타자에 대한 문제로 천착해 들어가 보자.

가라타니 고진은 비트겐슈타인의 사유에서 초월론적으로 발견되는 타자를 발견했다고 주장한다. 고진에게 있어서 타자의 초월성은 칸트의 물자체로 간주된다. 그는 그의 놀라운 저서 『트랜스크리티크』에서 다음과 같이 자신의 주장을 전개한다.

> 비트겐슈타인이 플라톤적인 '대화'를 의심하는 것은 그것이 타자와의 대화가 아니기—바로 그렇기 때문에 그것은 자기 대화로 전화할 수 있다—때문이다. 만약 타자가 내면화될 수 있다면 그것은 공통의 규칙을 가지고 있기 때문이다. 그런데도 '대화'란 공통의 규칙을 가지지 않는 타자와의 대화여야만 한다. 비트겐슈타인은 결코 자기에게 내면화될 수 없는 타자를 제안한다.
> "우리말을 알아듣지 못하는 사람, 예컨대 외국인은 누군가로부터 '석판을 가져와!'라는 명령을 여러 번 듣는다고 해도 이 음성계열 전체가 한 단어이며 자기 나라 말로는 어쩐지 '건재'라는 말에 해당하는 것 같다고 생각할지 모른다." (『철학적 탐구』 제20절)
> 외국인이나 아이와 커뮤니케이션을 한다는 것은 공통의 규칙(Code)을 가지고 있지 않은 사람에게 가르친다는 것을 의미한다. 그러나 상대방에게도 사정은 마찬가지이다. 즉 공통의 규칙을 가지고 있지 않은 타자와의 커뮤니케이션은 반드시 '가르치다-배우다' 관계가 될 것이다. 일반적인 커뮤니케이션론에서는 공통의 규칙이 전제되어 있다. 그러나 외국인이나 아이 또는 정신병자와 나누는 대화에서는 공통의 규칙이 성립하기 곤란하거나 아예 성립하지 않는다. 이것은 특이한 경우가 아니다 … (중략) …
> 칸트 '비판'의 핵심이 그러한 구분과 관계 없이 타자를 들고 나온 점에 있다고 한다면 오히려 후기 비트겐슈타인 쪽이 훨씬 칸트적이다. 그 '타자'는 경험적

으로 아주 흔함에도 불구하고 초월론적으로 발견된 것이다.[2)]

나는 비트겐슈타인을 통해서 새로운 형태의 타자론(他者論=heterology)을 발견하는 가라타니 고진의 칸트적 어조를 보다 심각하게 받아들여야 한다고 생각한다. 그런데 람혼은 『삼미 슈퍼스타즈의 마지막 팬클럽』에서 '노란 꽃이 너무 아름다워'서 진지하게 공을 던지지 않는 투수의 모습이라든지 혹은 『아는 여자』의 정재영의 어이없는 송구(그는 여자 친구와의 마지막이 될지 모를 약속을 지키기 위해 1루에 송구하면 손쉽게 아웃시킬 수 있는 주자 눈앞에서 그가 쥔 공을 관중석에 던져버린다)에서 '어떤 비트겐슈타인적인 짜릿함'을 발견한다. 여기서 그는 고진의 타자론을 분명히 암시하고 있다. 가라타니 고진이 말한 규칙을 공유하지 않는 (흔하지만 초월론적으로 발견되는) '타자'의 모습을 발견하는 것이다.

나 역시 한때 이런 식의 독법에 동의한 적이 있었다. 가령 나는 이를 '우스다 쿄스케'의 타자라고 생각했다. 「멋지다 마사루」[3)]의 악명 높은 한 장면(섹시 코만도 부에 진지한 대결을 신청한 야구부들이 경기 과정에서 마사루 일당의 이해할 수 없는 행동으로 겪는 고난들)에서 역시

2 가라타니 고진, 송태욱 역, 『트랜스크리틱』, 한길사, 2005, pp. 126−128 참조.

3 1990년대에 번역 출간되어 이후에 디씨인사이드와 인터넷 커뮤니티를 통해 신드롬을 일으킨 일본 만화. 부조리한 상황과 캐릭터 묘사로 유명하다. 원제는 「セクシーコマンドー外伝 すごいよ!!」이다.

이런 '타자'를 발견할 수 있을 것이다. 우리는 고등학생 때 한 번쯤은 마사루를 동경한 적이 있었을 것이다. 「멋지다 마사루」를 보면서 우리는 수능이라는 근대적 규칙으로부터의 유쾌한 일탈을 꿈꾸었던 것이다. 그리고 왜 여기서 타자란 '동일한 규칙을 공유하지 않는' 자라는 가라타니 고진의 구절이 생각나지 않겠는가? 그러나 이렇게만 본다면 고진이 본래 이야기한 칸트적 어조는 자연스레 누락될 수밖에 없다.

「멋지다 마사루」에 등장하는 그로테스크한 캐릭터와 더불어 『삼미 슈퍼스타즈의 마지막 팬클럽』에서 무타무주라는 형태로 구사되는 무위(無爲)의 야구와 정재영의 어이없는 데드볼은 야구장이라는 압축된 근대적 공간 속에서 야구의 '새로운 분류법'의 가능성을 보여주는 타자의 형상인가? 그것은 '기록의 경기'인 야구를 통째로 리셋하는 새로운 담론적 공간을 암시하는가? 그러나 그들은 사실 가라타니 고진이 이야기한 타자와 무관하다. 우선 가장 근본적인 문제는 이렇게 볼 때 근대성을 단순한 '규칙성'(야구의 규칙) 내지는 '체계성'(경기기록의 체계)의 영역으로 한정하게 된다는 것이다. 물론 이것이 람혼의 근대성에 대한 최종적인 정의는 아님에도 불구하고 이러한 관점을 따를 때 우리는 모종의 순진한 근대성을 상정하지 않을 수 없는 것이다. 이것은 동시에 규칙에 대해서 아직은 모르는, 혹은 진지하게 의식하지 않은 채 경기를 향유하는 무구한 타자(단순히 특정 선수가 멋있어서 경기를 응원하는 여성 팬의 모습)의 모습과 엄밀히 잇닿아 있다. 물론 이것은 사실은 전혀 타자가 아니며 모종의 전이적인 환상의 형상에 불과한 것이다.

람혼은 은연중에 타자를 '규칙을 모르거나 모르는 척하는' 자들로 규정한다. 혹은 우리로서는 도무지 규칙을 알 수 없는 놀이에 열중한 타자라고 해도 상황은 마찬가지이다. 그러나 가라타니 고진이 말한 타자는 서로 호환 불가능한 게임의 규칙들 사이에서 발생하는 것이 아니라, 엄밀히 말해 게임의 규칙을 설명하고 가르치는-배우는 관계에서 발생하는 것이다. 이것이 지닌 칸트적 함의는 명확하다. 우리는 게임의 규칙을 전혀 모르는 자에게 그것을 '설명'하고 '납득'시켜야만 하는 특수한(비대칭적인) 관계성 속에서 진정한 '타자'를 경험한다. 그러나 그 과정에서 변하는 것은 그들이라기보다는 우리들이다. 한낱 게임에 불과한 규칙들을 진지하게 '납득'시켜야만 하는 상황에서 규칙들은 수행적 차원에서 이미 더 이상 게임에 불과한 것이 아니다. 타자는 이러한 돌이킬 수 없는 함정을 내포하고 있다. 게임을 모르는 타자는 게임이 단순히 게임만은 아니라는 것을 알려주기 위해 거기 있다고까지 말할 수 있다.

고진이 제시한 비트겐슈타인의 타자는 우선 게임의 규칙을 가르치고 논증하고 설득하며 그것이 한낱 '게임에 불과하지는 않다'는 것을 납득시켜야 할 상대인 것이다. 이를 통해 규칙에 대한 중립적 설명은 사물(事物)에 대한 치열한 논증으로 변하게 된다. 우리는 좋은 분위기에서 시작해 서로 얼굴을 붉히는 것으로 끝나는 술자리에서 이러한 과정을 한번쯤은 겪어보았을 것이다. 결국 타자는 바로 이 페다고기(pedagogy)의 과정(광기)을 통해 출현한다. 칸트에게도 마찬가지로 현상을 구성하는 종합판단은 단순히 주관적 취미에 불과한 것이 아니다. 물론 어떤 의미에서 모든 판단은 취향의 문제일 수 있다. 그러나 타자는 단순히 다른 취향을 가진 상대가 아니다. 우리가 마주치는 타자들은 오히려 취향을 넘어서 생각하도록 강제하는 자들이기 때문이다.

이것은 또한 데리다가 알지 못하는 타자라고 말할 수 있다. 혹은 람혼도 간과하는 타자가 바로 여기에 있다. 가라타니 고진은 비트겐슈타인의 언어 게임론을 독해하지만 그것은 기존의 언어 게임에 대한 관행적 서술과 다르다. 고진은 다른 형태의 게임의 규칙을 소유하는 데에서 타자성을 발견하는 게 아니라, 오히려 **기존의 게임의 규칙을 비판적으로 반성하는 데에서 타자성이 발견된다**고 말하고 있다는 것이다.

우리는 비슷한 사례들을 근대 과학의 영역에서 살펴볼 수 있다. 그것은 칸트의 물자체의 사례이기도 하다. 양자역학이라는 현대 과학의 숭고한 사례를 들어보자. 일정한 미시적인 레벨 이하에서 물질이 궁극적으로 입자/파동 사이의 미결정성으로 붕괴되고 만다. 이러한 발견의 궁극적인 외상은—그것이 이론적 차원에서는 정합적으로 기술될 수 있음에도 불구하고—그것이 직관적으로 '무엇을 의미'하는지를 즉각적으로 알 수 있는 길이 전혀 없다는 사실에 있다. 상대성이론조차도 남성이 미녀나 추녀와 데이트할 때 경험하는 시간의 질적 상대성에 관한 이론이라고 농담조로 설명될 수 있다. 그러나 양자역학은 기껏해야 상자 속에 담긴 '반쯤 죽은 고양이'라는 기분 나쁜 외설적 농담으로만 설명될 수 있을 뿐이다. 여기서 우리는 '사건'과 그것의 '의미' 사이의 바디우적 구분을 도입할 수 있다. 진정 새롭고 낯선 사건은 그 의미지평이 결여된 순수한 주체적 결정을 강제하는 것이다. 그런 점에서 최초의 사건은 그것이 강제하는 결단의 의미가 앞으로 무엇이 될 것인지의 여부라든가 그 최초의 결단이 기존의 의미 지평을 어떻게 동요시킬 것인지의 문제와 같은 해체주의적 문제지평과 전혀 무관하다.

이와 마찬가지로 양자역학의 발견은 물질을 바라보는 관점의 이동을 '강제'하며 우리에게 하나의 정확한 '결단'을 조금도 애매하지 않은 방식으로 강요한다. 그것을 따라 우리의 직관과 사회적 공통감을 거슬러서 새로운 발견을 진지하게 사유해야 하는 것이다. 그것의 의미나 직관적 내용은 엄밀히 한정될 수 없음에도 불구하고 거기에는 여전히 텅 빈 객관성이 있다. 그것은 'X'로만 알려질 수 있는 타자이다. 그것은 칸트적 물자체의 궁극적인 사례이다. 그것은 근대적인 타자이며, 데리다에게 낯선 타자성이다.

여기서 과학적 발견을 통해 출현한 타자성 혹은 물자체는 내적으로 이중화된다고 할 수도 있다. 양자역학은 그 자체로 새로울 뿐만 아니라 사실은 양자역학 스스로에게도 새로운 것이다. 양자역학 이론은 그것을 연구해서 발표한 물리학자에게도 여전히 이해될 수 없는 것이기 때문이다. 물질의 붕괴에 대한 발견은 그 자체만으로도 새로운 발견이다. 그러나 그와 동시에 이 발견을 일관된 공통감의 차원에서 설명해야 할 과제가 남아 있다. 최초의 비트겐슈타인적인 짜릿함은 양자역학을 모르는 타자에게 그것을 논증하고 모형화하고 설명하고 실험을 실연해 보이는 고된 노동으로 변한다. 이것은 바디우가 진리의 과정(process of truth)라고 부르는 것과 같은 것이다. 이 안에서는 데리다의 해체와 같은 것이 개입할 여지가 없다. 이 때 양자역학에 대해 수행할 수 있는 해체주의적 게임은 양자역학의 이론적 귀결(그것이 기존의 물리학의 범주들에 '실제적으로' 어떤 변경을 가할 것인지에 대한 고민) 을 끝까지 밀고 나가지 못하는 사유의 무능력에 불과한 것이다.

데리다에게 근대성의 문제는 언제쯤 도래했는가?

엄밀히 말해 데리다에게 '근대성에 대한 사유'는 존재하지 않는다. 람혼 역시 충실한 데리다주의자로서 근대성의 화두 자체를 넘어서는 지점을 이야기한다. 말하자면 데리다의 진정한 이론적 화두는 서구 형이상학의 종언이었지 근대(문학)의 종언 내지는 탈근대(문학)라는 문제와는 무관했던 것이다. 만일 그가 때로 근대성을 사유한다고 해도 그는 그것을 곧장 전통적 서구 형이상학의 역사와 등치시키는 하이데거와 같은 노선을 공유한다. 이러한 서구 형이상학 비판은 후설의 현상학이나 루소의 에밀과 같은 저작에서 투명한 자기 현전을 이론적으로 가정하는 서구 이론의 전통이 어떻게 자기 모순에 빠지게 되는지에 관한 데리다 자신의 탁월한 설명에 압축되어 있다.

그러나 서구 형이상학과 근대성은 별개의 문제이다. 근대성은 가라타니 고진이 설명했듯이 자본과 네이션 스테이트(근대 국민국가)의 출현과 더불어 '역사적'로 성립된다. 그러나 데리다에게는 근대 이전 혹은 근대 이후라는 시간의 분류법은 전혀 이론적으로 자명하지 않다. 오히려 그에게 알려진 시간의 유일한 이론적 양태는 이러한 연속적인 시간의 분류법을 뒤엉키게 하는 탈구된 시간(time is out of joint)

이다. 이것만이 그에게 유일하게 사유할 만한 역사의 시간적 지평인 것이다. 따라서 그에게 허용된 시간은 가장 나쁜 시간, 어떤 진정한 단절도 균열도 없고 어떤 정확한 결정이 불가능하며 결정적인 어떤 것도 기실 도래할 수 없는 무한정한 차연의 시간성뿐이다.

데리다의 해체주의에 함축된 유대적 측면은 "신은 주사위를 가지고 놀지 않는다"라는 같은 유대인 아인슈타인의 발언에서도 발견될 수 있지 않은가? 주사위라는 비유는 사실 푸코와 들뢰즈에게 이론적인 차원에서 궁극적인 사유의 이미지였다. 그들은 사유란 궁극적으로 하나의 근본적인 '내기'라는 주장을 고수했다. 그런데 사유란 일종의 주사위 놀이라는 주장이야말로 몰역사적이며 소아병적인 농담에 더 가깝게 들리지 않은가? 그러나 이들의 발언을 다시 칸트의 물자체라는 개념을 배경으로 두고 읽어야 한다.

물자체란 사유의 내기를 강제하는 타자로서 육박해 오는 것이다. 가령 양자역학의 발견이나 예술, 정치, 사랑의 기타 영역에서 일어나는 사건들은 기존의 의미지평을 통해 결코 적절하게 해독할 수 없기 때문에 모종의 '목숨을 건 도약'에 준하는 관점의 이동을 강제한다. 칸트적 지평에서는 내기로서 수행된 이 이동 자체가 사물(타자)로서 출현한다. 그리고 이는 양자역학을 반대한 아인슈타인과 궁극적으로 미셸 푸코를 거부한 데리다가 완전히 받아들일 수 없는 사유방식이다. 그들이 받아들일 수 없었던 것은 근대적인 형태의 타자뿐만이 아니라, 궁극적으로 타자에 대한 애매하지 않은 '결단'이나 '사건'이 존재할 수 있다는 이론적 믿음이다.

그런데 데리다 자신의 부인에도 불구하고 정작 그의 사상에서 비슷한 형태의 내기를 감행하는 결정적 단절의 지점이 있었다면 어찌할 것인가? 이것은 종언담론(프랜시스 후쿠야마의 역사의 종언을 필두로 제레미 리프킨류의 순진무구한 종언담론들)의 유행과 해체주의적 유행의 고착화라는 배경에서 읽혀져야 한다. 말하자면 데리다에게 가장 참을 수 없는 외상적 현실이란 무엇이었는가? 그것은 다름 아닌 종언담론들이 자신의 수행적 모순, 즉 '불가능성'에 전혀 신경 쓰지 않은 채, 혹은 신경증에 사로잡히지 않은 채 거기에 대해서 조금도 연연해하지 않는 새로운 탈근대적 사태에 다름 아니었다.

이와 유사한 사태는 사회경제적 현실에서도 반복된다. 공산권의 몰락 이후 자본주의는 더 이상 자기 실현의 모순적 조건과 불가능성을 이론적 차원에서나 정치적 차원에서 연연해하지 않게 되었다. 궁극적으로 탈냉전 시대 이후의 자본주의는 자신의 '외부'를 전혀 의식하지 않은 채 순진무구한 자기 환상에 탐닉하는 저 백치 같은 신자유주의적인 담론적 현실로 귀결되었다. 궁극적으로 아무것도 희생할 필요도 아무것도 포기하고 결단할 필요도 없는 원시적 공산사회에 대한 뉴에이지식 환상도 이와 비슷한 자본주의적 현상이다. 이론적 차원에서도 해체주의는 대중문화의 사례들을 아무렇게나 외삽하는 행복한 옹알이의 유행으로 귀결되었다. 이런 현상 앞에서 데리다는 가장 완고한 이론적 모더니스트로 돌아가지 않는가? 가령 인터뷰 영화 「데리다」를 보라. 어떤 인기 드라마에서 해체주의적 모티프를 발견했다며 데리다 앞에서 자랑하는 저 불운한 인터뷰어가 그에게 어떤 일갈을 당했는지 생각해 보면 될 것이다 : "시트콤을 볼 시간에 책이나 좀 읽으세요!"

데리다는 탈근대적인 종언담론의 확산에 대해 다음과 같이 불평한다.

> 어떻게 역사의 종말에 늦을 수 있는가? 이는 시사적인 질문이다. 이는 진지한 질문인데, 왜냐하면 이는 다시 한 번 헤겔 이래 우리가 그렇게 하듯이 역사 이후에 사건이라는 이름을 지닐 만한 어떤 것이 발생하는지 숙고해 보도록, 역사의 종말은 단지 역사의 어떤 개념이 종말이 아닌지 질문해 보도록 강제하기 때문이다. 아마도 여기에 종말론 및 종말의 마지막 기차에 늦게 도착하는 것으로 그치지 않고, 이렇게 말할 수 있다면, 숨 가쁘게 헐떡거리지도 않고, 오히려 자본주의와 자유주의 및 의회민주주의—우리가 말하는 의회민주주의란 의회주의 및 정치적 대표 일반이 아니라 현존하는, 곧 사실은 과거의 선거제도 및 의회제도의 형태를 가리킨다—의 미덕에 대해 떳떳하게 생각하면서 우쭐거리는 사람들에게 제기되어야 하는 질문들 중 하나가 존재할 것이다.[4]

이 모든 것에 대해서 데리다는 하이데거식의 철학적 보수주의자처럼(게다가 그는 실제로 하이데거와 같은 철학적 보수주의자였다!) 대응한다. 현행적인 자유민주주의적 세계질서를 최종적인 역사의 귀결로 여기는 종언담론의 오만함이 어떠한 이론적 근거도 없는 일종의 무사유의 극치에 불과하다고 말하는 데리다 역시 엄밀한 사유와 텍스트

4 자크 데리다, 진태원 역, 『마르크스의 유령들』, 이제이북스, 2007, p. 45 참조.

에 대한 성실한 참조를 강조하는 모더니스트의 입장을 자명한 이론적 전제로 생각하고 있지 않은가? 게다가 우리는 어느 순간부터 데리다가 '해체의 윤리'에 대해 설파했다는 것을 알고 있다. 그러한 것들은 해체의 정의, 더 나아가 해체의 해체 불가능성이라는 (『법의 힘』에 수록된) 저 악명 높은 후기 용어들에 반영된다.

그가 해체의 윤리라는 주제를 통해 이야기하고 있는 것은 사실상 유럽적 근대성이라는 전통에 대한 '기억'과 '보존'의 책임이다. 이것이 그의 이전 사유와의 커다란 차이이다. 해체주의가 일종의 문화상품으로 소비되는 걸 보고 나서 역으로 데리다는 그동안의 해체를 가능하게 했던 역사적 전통으로 돌아간 것이다. 그가 그러한 근대적 유산을 보존해야 한다고 설파한 이유는 그것을 보존해야만 해체주의의 유럽적(=이론적) 실천이 가능하다는 것을 자각했기 때문이다. 그는 "해체라는 실천 그 자체는 절대로 해체될 수 없다. 아니 해체되어서는 안 된다"고 말했다. 말년의 데리다는 해체주의적 실천을 통해 역설적으로 알려지게 되는 근대적 유럽의 유산을 재발견하게 되었다. 그것은 마르크시즘의 등장 이래 근대 유럽 내부에서 발견되었던 예견 불가능한 독특한 이론적·실천적 장소(타자)에 대한 근대적인 형태의 유토피아적·메시아적 열정이었다. 데리다는 예견 불가능한 타자의 형상으로 드러나는 그와 같은 유럽적 공간(간극의 열림)이 『공산당선언』이라는 문제적 텍스트가 제출된 이후 일종의 수행적 약속의 형태로 반복되었음을, 그것이 환원 불가능한 정치적·이론적 책임의 상속물로 주어져 있음을 주장한다.

> 고전적인 형태의 규제적 이념까지도 넘어서는 도래할 민주주의의 이념은 (이것이 여전히 하나의 이념이라면), 결코 충만한 현재의 형태로 자신을 현존화하지 않을 바로 그것을 도래하게 만들라고 명령하는 서약된 명령의 사건으로서 도래할 민주주의의 '이념'은 무한한 약속(항상 지켜질 수 없는 약속, 왜냐하면 적어도 이 약속은 타자의 독특성과 무한한 타자성에 대한 무한한 존중만이 아니라 익명적인 독특성들 사이에 존재하는, 셈할 수 있고 계산할 수 있는 주체적인 평등을 요구하기 때문이다)과 이러한 약속에 따라 자신을 측정해야 하는 것이 지니는 규정된 형태, 필연적이지만 필연적으로 부적합한 그 형태 사이의 간격의 열림이다. 이러한 한에서 공산주의적 약속의 현실성과 마찬가지로 민주주의적 약속의 현실성은 항상 자신 안에 절대적으로 비규정적인 이러한 메시아적 희망을 사건과 독특성, 예견 불가능한 타자성의 도래와 맺고 있는 이러한 종말론적 관계를 유지하고 있으며 또 유지해야만 한다. 기대의 지평 없는 기대, 아직 기다리지 않는 또는 더 이상 기다리지 않는 것에 대한 기다림, 유보 없는 환대, 도착하는 이가 불러일으키는 절대적인 놀라움에 대해 미리 제시된 환영의 인사.[5]

이 지점에서부터 데리다는 다시금 역사성을 강조한다. 데리다에게 있어 해체주의적 타자는 지금 여기의 무한정한 역사적 정의를

5 같은 책, p. 140 참조.

요청하는 독특한 이론적 · 정치적 장소로 지칭된다. 그러한 요청에 대한 책임은 지금-여기의 현재적 지평에서 즉각적으로 계산될 수 없음에도 불구하고, 그러한 무한한 정의에의 메시아적 요청이 부정적인 방식으로 현재의 계산 가능한 윤리적 지평을 혼란스럽게 하는 일종의 유령적인 타자임에도 불구하고 바로 그러한 방식으로 (혼란과 뒤엉킴으로써) 그것은 유럽인들이 상속받은 역사적 · 정치적 유산(책임감)의 상속을 고지한다. 데리다의 불만은 지금 여기에서 유럽의 전통적 모더니티를 반영하는 타자의 흔적과 진지한 정치적 · 이론적 책임감을 좀처럼 발견할 수 없다는 것이었다.

가령 텍스트의 차원에서 후쿠야마의 논제를 반박하는 것은 쉽다. 그러나 정말로 어떤 식으로든 역사가 끝났다는, 혹은 해체주의가 요청하는 고전적 모더니즘적 미덕이 더 이상 통하지 않게 되었다는 예감만큼은 어쩔 수 없는 것이다. 그래서 그는 근대 유럽의 고전적 텍스트들을 통해 상속된 정치적 · 이론적 간극과 그것을 통해 알려지는 역사성이 있다는 것을 설교하는 위치(그는 고전적인 근대적 텍스트들을 면밀하게 분석하며 해체가 이미 본래의 텍스트에 작용하고 있음을 보여주는 식의 논의를 이끌었지만, 그러한 텍스트를 더 이상 진지하게 읽지 않는 오늘의 세태를 평론할 때 그러한 해체주의적 방법론이 있어야만 한다고 가르쳐주는 주인의 위치를 점유한다)로 퇴행하고 만다. 그것은 다음과 같이 '해체' 불가능한 세상이 어떻게 굴러갈지, 그것이 얼마나 나쁠지 경고하는 방식으로 귀결된다.

해체 불가능한 정의에 대한 사상으로서 해체가 항상 모습을 드러낼 것이다. 이러한 해체 불가능한 정의는 해체의 해체 불가능한 조건이지만, 또한 그것은 그 자체로 항상 해체 중에 있고, 운푸그(UnFug)의 어긋남 안에 머물러 있으며, 또한 머물러 있어야 하는—이는 망령이다—조건이다. **그렇지 않으면** 해체는 완수된 의무에 대한 **떳떳한 양심에 의지하게 될 것이며**, 우리가 여기서 아무런 지식 없이 메시아주의적인 것이라고 이름붙인 것(타자의 도래함, 정의로서의 도착하는 이의 절대적이고 예견 불가능한 독특성)에 대한 기다림에서, 또는 그에 대한 호소에서 장래의 기회, 약속 내지는 호소의 기회 및 또한 욕망(곧 욕망의 '고유한 가능성')의 **기회를 잃게 될 것이고**, (식별할 수 있는 내용이나 메시아를 지니고 있지 않은) 사막의 메시아주의의 기회 및 우리가 나중에 이야기하게 될 바닥 없는 사막, '사막 속의 사막', 한 사막이 다른 사막을 향해 손짓하는, 바닥 없는 혼돈의—만약 혼돈이 무엇보다 열린 구멍의 틈새의 광대함, 과도함, 불균형을 기술하는 것이라면—**사막의 기회를 잃게 될 것이다**. 우리는 이러한 메시아적인 것이 마르크스의 유산의 지울 수 없는—지울 수 없고 지워서도 안 되는—표시로 남아 있으며, 또한 의심할 여지없이 상속하기 및 상속의 경험 일반의 지울 수 없는 표시로 남아 있다고 믿는다. 그렇지 않다면 우리는 사건의 시간성, 타자의 독특성 및 타자성을 제거하게 될 것이다.[6] (강조는 인용주)

'그렇지 않으면 ~할 것이다'의 서술구조에 주목하라. 데리다는

6 같은 책, pp. 71-72 참조.

해체주의가 망각될 때 일어날 최악의 가능성을 가정법으로 이야기하고 있다. 데리다는 메시아주의의 종교가 사막에서 출현한 역사적 기원을 암시하며, 그러한 은유적인 형상으로서의 (메시아주의적) '사막'의 가능성이 상실될 수 있음을 우려하고 있는 것이다. 그런데 데리다가 우려했듯이 우리가 정말로 '사막 없는 사막', 일말의 메시아주의의 가능성도 결여된 실재 속의 사막(dersert of the real)에서 살아가고 있다면 어찌할 것인가? 해체는 이를 만회하기 위한 당위로서 요청되어야 하는 것인가? 그러나 당위로서 요청된 해체는 해체 자신의 자기 배반이 아닌가?

우리는 말년에 데리다가 복귀한 근대성의 유산에 대한 문제의식만큼은 참된 것이라고 말할 수 있다. 예측 불가능한 새로운 해방의 약속을 담지하는 유럽의 근대적 유산은, 그 기획에서 환원 불가능한 수행적 모순(유한성)을 알고 있음에도 불구하고, 오히려 바로 그 이유 때문에라도 그러한 모순을 끝까지 안고 나아가려는 충동(그러한 한에서 하나의 역사를 개시하는 하이데거적 지평)으로 규정될 수 있을 것이다. 데리다는 이와 같은 충동을 해체의 윤리와 규제적 이념으로 규정하고 있다. 이것은 어디선가 바디우가 지난 20세기의 정치적 · 이론적 충동을 구성했다고 언급한 '실재의 열정(passion of the real)'과 유사해 보인다. 해체는 이렇듯 결코 총체적인 하나로 수렴될 수 없는 메시아주의적 기획의 수행적 반복을 자신의 조건으로 삼는다. 나아가 해체주의는 복수적인 것이라 하더라도 여전히 해방의 독특한 장소들에의 무한한 개방을 지향하는 근대적 기획들이 뒤엉키는 담론적 공간을 숙고하는 학문이라고도 할 수 있다. 따라서 그러한 형태의 근대적 기획이 상속되는 한 해체도 가능하다. 그렇기에 데리다가 자유민주주의와 세계자본주의의 궁극적 승리와 더불어 선언된 역사의 종말에 대해 그토록 심각하게 반응하는 것이 당연하다.

그러나 여기에는 근대성을 은연중에 어떤 이론적 도착(perversion)으로 치환시키는 것이 개입하고 있지는 않은가? 우리는 여기서 데리다의 이론적인 유대주의적 편향에 혐의를 둘 수 있다. 혹은 우리는 과거의 위대한 반유대주의자들처럼 근대성의 지평에 가해진 유대적 도착의 정치적·학문적·비평적 결과에 대해 의혹의 눈길을 거둬서는 안 된다. 그런 의미에서 나는 오늘날의 자크 랑시에르를 학문적으로 탁월한 반유대주의자라고 생각한다. 오늘날의 탁월한 급진적 민주주의자인 그는 결코 유대적인 방식으로 (데리다가 그만의 방식으로 규정한) 민주주의를 사유하지 않는다. 다시 말해 그는 데리다나 하이데거와 같이 메시아적인 방식으로 도래할 현행적인 존재자적 층위와 구분되는 심원한 존재론적 차원을 상정하지 않는다.

랑시에르는 대중운동이 어떻게 존재자적 층위에서 자신의 내적인 시대적 진리를 배반할 것인가에 대한 강박어린 저 해체주의적 시선에서 자유롭다. 게다가 그는 순교자적인 희생적 결단을 촉구하는 비감어린 윤리를 설파하는 것과는 더더욱 거리가 멀다. 그는 대중운동의 구체적인 존재자적 실현의 과정에서 탈구되고 지연될 수밖에 없는, 어디에서인가 도래할 무한한 정의의 메시아적 개방에 집착하지 않는다. 그는 민주주의의 '참 진리'란 바로 부적절한 존재자들이 존재론적 차원의 고상한 민주적 가치를 참칭하는 바로 그 발칙한 양상에, 가식적이고 표면적인 존재자적(ontic) 악순환이 횡행하는 층위에 있다고 이야기한다는 점에서 데리다보다 더 멀리 나아간다. 민주주의에 대한 데리다와 랑시에르의 사유를 비교하는 페이퍼를 마련해도 좋을 것이다.[7)]

랑시에르는 겉보기와 달리 민주주의에 대한 진정한 악의적인 사유를 전개한 철학자이다. 그는 최고의 악의가 그 대립규정에서 최고의 사랑과 동일하다는 점을 증명한다. 랑시에르가 일으킨 진정한 추문은 다음과 같다 : 진정한 민주주의란, 혹은 평등이라는 민주주의의 '사물'은 장래에 도래할 타자가 아니라, 실제로는 동등하지 않은 자들이 평등한 척하는 바로 그 '감성적' 차원에 존재한다. 진정한 민주주의적 진리는 가식덩어리들로 가득 찬 감성적 질서를 평등한 나눔의 감성적 질서로 분할하는 가장 궁극적이고 악랄한 가식으로서만 출현한다.

비평적 언어의 자기 탐닉

이처럼 랑시에르에게서 우리는 하나의 이론적 지표를 얻을 수 있는데, 그것은 왜 데리다와 하이데거의 해체주의적 방향이 탈냉전

7 실제로 랑시에르는 데리다에 대한 추모 논문집을 발표한 적 있다. 여기서 그는 데리다의 해체주의적 민주주의론에 대한 반론을 펼친다.

시대 이후 정치철학의 대안일 수 없으며, 왜 그들의 지평에서 일단 근대성의 문제를 사유하자마자 또 다른 도착적인 위치로 퇴행할 수밖에 없는지에 대한 이유를 알려준다. 오늘날 비평의 위치(대개 정치적 관심사들을 지닌 비평)도 대개 이러한 해체주의적·도착적인 포지션을 점유하는 것처럼 보인다. 오늘날 비평의 언어는 부지불식간에 해체주의적이다. 한편으로 역사를 관통하는 무한한 정의를 요청하는 동시에 또 한편으로 그것을 회의하기 위해 그것을 요청하는 이상한 도착적 실천에 연루되어 있다는 것이다.

이러한 해체주의적 비평의 한계는 명확하다. 일례로 우리가 무한한 정의에의 선택을 강요당하는 동시에 그 선택의 보잘 것 없는 결과 사이에서 전전긍긍하는 햄릿의 시간을 겪고 있다고 비평한 데리다는 우리가 한정된 예산의 틀 속에서 '녹색성장'의 기로에 서 있다는 현 정부의 수사학에서 그리 멀지 않다. 이것은 오늘날 우리의 언어가 소유하고 있는 하잘것없는 관념론에 불과하다. 그것은 이념을 부정하기 위해 오히려 이념의 도래를 바라는 이상한 이론적 악순환에 머물러 있다고 해도 좋다. 이것은 필연적으로 비평적 언어의 '자기 탐닉'을 불러오게 될 것이다. 말년의 데리다의 비평적·논평적 사유 역시도 그의 사유들이 보여준 이런저런 맹아들을 제외한다면 그러한 자기 탐닉과 구분되기 힘들다.

데리다는 『마르크스의 유령들』에서 마르크스가 자신의 공산주의적 기획이 일종의 증식되고 분열되는 유령의 기획으로 전화하는 과정에 사로잡혔다고 말한다. 당대에는 공산주의적·사회주의적 프로그램을 둘러싼 무수한 정치적·이론적 분파들이 존재했다. 오웬과 바

쿠닌, 프루동 그리고 슈티르너 등등. 마르크스는 그러한 것들을 진정한 코뮤니즘적 개입에 대한 상이한 부르주아적 환영들로 폄하하며 공격했었다. 또한 데리다는 마르크스가 공산주의적 기획을 둘러싼 그러한 각종 유령적 환영을 축출하려는 의도에서 이론적 개입을 감행했지만 결국 자신이 그러한 유령에 붙잡히고 신들렸다고 말한다. 마르크스 자신이 제출한 과학적 사회주의의 기획 또한 예측할 수 없는 정치적 장소들 안에서 새롭게 변이되고 변신하는 환영적 효과를 낳았다는 것이다.

공산주의의 정치적·이론적 결과를 그것의 극한까지 추구할 때, 그러한 이념은 궁극적으로 서로 다른 독특한 정치적 타자에 대한 이질적인 기획들로 산종(disseminate)되는 것처럼 보인다. 그렇다면 유럽적인 정세 안에서의 공산주의적 이념이란 그 이론적 최종심급에서 (민주주의 그것과 마찬가지로) 앞으로 도래할 절대적 타자성에 대해 무한하게 개방된 메시아주의적 기획일 수밖에 없는 것처럼 보인다.

이러한 마르크스주의에 대한 **최종적인 회고적 시점**은 마르크스주의의 구체적인 정치적·이론적 개입에 대한 반성과 고려를 외면하는 한에서만 성립된다. 가령 마르크스주의는 『자본론』 독해의 구체적인 이론적 성과를 통해 발전할 수 있었다. 그러나 데리다의 서술 안에서 『자본론』의 내용적 측면은 철저히 간과된다. 가령 '잉여가치' 의 기원에 대한 쟁점은 마르크스주의적 개입의 정세적 전략과 수단을 결정하는 중요한 이론적 문제이지만, 데리다가 그것을 단순히 메시아적 이념의 표현으로 간주하는 곳에서 그러한 문제들은 어느 새 시야에서 사라진다. 그는 마르크스주의를 유령론(hauntology)이라는 역설적인 수행적 구조로서만 사고한다. 이것은 마르크스를 형식화하면서 그것을 궁색하게 정당화하는 것에 불과하다.

진정한 유물론적 지평에 만약 유령성이라는 존재론적 위상이 있다면 그것은 앞으로 도래할 장래의 타자가 요청하는 정의의 지평에 대한 무한한 배려나 윤리적 양심과는 무관하다. 오히려 데리다의 유령론에 대한 서술을 곧이곧대로 받아들이자면 진짜 유령은 데리다의 말년에 전면화된 신자유주의적인 자본의 운동이다. 그것이 해체주의적인 유령보다 더 가공할만한 유령이라고 할 수 있다. 해체주의가 말하는 유령은 이론적인 것에 불과하다. 이론을 추월하는 이러한 역사적 과정 앞에서 압도당하고 당황하고 있는 것은 오히려 자크 데리다이다. 그러한 유령에 대응하기 위해서는 해체주의가 아니라 역으로 본연의 실천적 마르크스주의(공산주의)로 돌아가야 한다.

진정한 유물론은 자신의 불가능성 앞에서 눈곱만큼도 당황하지 않는 것에 있다. 유물론에게 있어서 이론적 차원의 불가능성은 본연의 실천적 차원에서 전혀 문제되지 않는다. 오히려 그러한 관점에서 이론적·개념적 불가능성을 아무렇지 않게 추월해 버리는 물질적인 역사적 과정(자본의 운동)이 더 주목할 가치가 있는 것이다. 이러한 본연의 유물론적 태도야말로 오늘날 담론의 가장 세련된 해체주의적 지평에 아직 낯선 타자는 아닌가. 그런 점에서 이론적 차원에서 자신의 불가능성을 의식하지 않는 프랜시스 후쿠야마보다 뻔뻔한 사람이 있다고 한다면 그는 바로 마르크스일 것이다.

통상적으로 고유한 정치적 기획의 장소를 익명적인 개방성 속에 흩뿌리는 해체주의적 스타일과 달리 마르크스는 철저히 그런 고유한 정치적·이론적 개입의 정확한 장소를 사고하는 사상가였다. 그것은 우리가 의식하지 못한 순간에 이미 결정을 촉구하는 사건이 도래했음을, 우리가 그것을 어떻게 배려하고 마음을 쓰든지 무관하게, 우리의 (해체주의적) 양심이 어떠하든 간에 '진리의 현장'이 그 피상적인 역사적 맹목 속에 이미 도래해 있음을 보여주는 그 특유의 필체 속에서 드러난다. 혹자는 마르크스의 비평을 의심의 해석학이라고 잘못 명명하는 어리석음을 보였었다. 마르크스의 저술에 존재하는 것은 계보적인 의심이 아니라 데카르트적 확신이다. 거기에는 어떠한 자기탐닉적인 자기반어적 어조도 없다. 그리고 그가 서술한 자본의 모순적 운동에 대한 공식화는 그러한 공식을 전유하는 정치적 기획들의 딜레마와 전혀 무관한 불변상수로서의 '진리'라는 것을 그의 진정한 독자라면 누구나 알 것이다. 비록 그 진리의 정치적 결과가 무엇인지는 궁극적으로 알려질 수 없지만 말이다.

Chapter_2

근대 문학의 종언과 학생운동의 종언

종언의 정치적 귀결

가라타니 고진과 근대 문학의 종언

오늘은 근대 문학의 종언에 대해 이야기하겠습니다. 이는 근대 문학 이후 예를 들어 포스트모던 문학이 있다는 말도 아니고, 또 문학이 완전히 사라진다는 말도 아닙니다. 내가 말하고 싶은 것은 문학이 근대에 특별한 의미를 부여받았고, 그 때문에 특별한 중요성, 특별한 가치가 있었지만 그런 것이 이젠 사라졌다는 것입니다. 이것은 내가 소리 높여 말하고 다닐 사항은 아닙니다. 단적인 사실입니다.[1)]

(…)

마지막으로 말하지만, 오늘날의 상황에서 문학(소설)이 일찍이 가졌던 것과 같은 역할을 다하는 일은 있을 수 없다고 생각합니다.

1 가라타니 고진, 조영일 역, 『근대 문학의 종언』, 도서출판b, 2005, p. 43.

> **다만 근대 문학이 끝났다고 해도 우리를 움직이고 있는 자본주의와 국가의 운동은 끝난 것이 아닙니다.** 그것은 모든 인간적 환경을 파괴하더라도 계속될 것입니다. 우리는 그 한복판에서 대항해 갈 필요가 있습니다.[2)]

가라타니 고진이 논의한 근대 문학의 종언은 흔히 근대 문학을 근대 문학으로서 지탱하던 일련의 역사적 조건이 변화했다는 수준에서 이해되고 있다. 예컨대 근대 문학은 단순히 심미적 태도를 내면화한 일상적인 실천에서 자연스럽게 나온 것이 아니라, 근대 국가와 네이션의 역사적 형성과 밀접한 관련을 맺어왔다. 문학은 근대 국가와 네이션의 형성에 있어서 하나의 특권적인 심급으로서 기능했던 것이다. 이러한 문학의 역할은 양가적이다. 한편으로 그것은 민족어의 형성에 기여하며 국민국가의 민족적 동질성을 확인하는 차원에서 국가의 운동에 포섭되기도 했지만, 다른 한편으로 그것은 근대 국민국가를 넘어서는 또 다른 사회적 결속의 가능성에 그 언어적 형태를 부여하기도 했다.

그러나 근대 국가의 형성이 일정 부분 완성된 이후에 문학은 그와 같은 해방적 가능성을 더 이상 보여주지 못한다. 사르트르가 보여주었던 것처럼 과거의 소설은 현실의 정당에서 불가능했던 정치적 이념을 허구적인 영역에서 회복시켰으며, 또한 프랑스 리얼리즘 소설이

2 같은 책, p. 86.

보여주었듯 한때 그것은 기존의 사회적 지평에서 불가능한 새로운 사회비판적 인식의 가능성을 보여주기도 했다. 그러나 이와 같은 가능성은 오늘날 소진되어 버렸다. 여기서 근대 문학의 종언이라는 선언이 도출된다.

그러나 이러한 수준에서만 고진의 선언을 이해하고 넘어갈 때, 다른 한편으로 그의 종언선언이 단순히 일본의 사정이며, 이는 우리나라의 사정과 무관하다는 손쉬운 사고로 미끄러져 간다. 또한 역사적 · 제도적 형태의 문학이 사멸하고 나서도 여전히 인간의 자연스러운 감정 표현수단으로서 문학의 이념은 지속될 것이라는 나이브한 발상들이 있다.

이런 순진한 이해방식을 넘어서 고진의 '선언'을 한국적 맥락에서 더욱 멀리 밀고 나간 인물이 있다면 그는 고진의 번역가이자 동시에 문학비평가인 '조영일'이다. 그는 '근대 문학의 종언'을 '한국 문단 문학의 종언'으로 바꿔 말하며 그러한 선언이 바로 한국에서도 피할 수 없는 현실임을 드러낸다.[3] 그가 '한국 문학'의 종언을 파악하는 방식은 일견 지극히 단순하다. 그것은 외국의 번역서에 비해 한국 문학이 시장에서 팔리지 않는 사태에 다름 아니다. 조영일은 이러한 사태를 단지 정신적으로 극복하거나 민족적 자부심으로 해소할 수 없는 물질적 '현실' 그 자체로 지적하며 이것을 단순히 '환경'의 변화로만 설명하

3 조영일, 『가라타니 고진과 한국 문학』, 도서출판b, 2008 참조.

는 데 그치지 않고 보다 구조적인 원인으로까지 소행(溯行)해 간다. 한국 문학에 도래한 종언의 위기를 보다 근본적으로 파악하기 위해서는 그것을 그 자체의 내재적인 윤리적 책임의 관점에서 바라봐야 하기 때문이다.

무엇보다 '세계 문학' 시장에서 실제로 팔리는 다른 국가의 문학에 비교한다면 한국 문학의 질적 빈곤함이 실증적인 차원에서 분명히 드러난다. 문제는 이런 문학적 빈곤이 다음과 같은 활동을 수반했다는 것이다. 즉 상대적으로 빈약한 작품군에 '한국 문학사'라는 타이틀을 부여하기 위해 이러한 질적 빈곤을 은폐하고 그것을 양질의 작품으로 과대포장하는 제도적 활동이 존재했다. 또한 '한국 근대 문학'을 만들어내기 위해 문단과 출판사 그리고 비평계 간의 역사적 공모가 존재했다. 그것이 한국 문학을 팔리게 만들었던 '힘'인 것이다. 그렇다면 오늘날 '한국 (문단) 문학'이 팔리지 않게 된 것은 시절이 수상해서가 아니라, 그동안 한국 문학이 내용상의 깊이와 투철한 작가정신으로 승부하기는커녕 문학 외적인 권위와 제도적인 요소들을 등에 업고 내실 없는 문학작품들에 과도한 '의미'를 부여했기 때문이다. 여기서 무엇보다 '비평'의 책임이 드러난다. 문단의 권위에 종속된 비평이 별 내실 없는 문학에 순문학의 아우라를 부여하는 모종의 '문학적 베팅'으로 기능했던 것이다.

우리가 경제현상의 영역에서 유추해 볼 수 있듯이 실질가치가 반영되지 않은 명목가치에 근거해 문학을 팔아치우는 관행은 결국 '공황', 즉 '팔리지 않는' 사태로 귀결된다. 물론 이러한 '베팅'이 효력이 있었던 시절에 그러한 구조적 위기가 보이지 않았지만, 이후에 그러한 투기적 행위가 한계에 부딪힐 때 사후적으로 한국 문학이 의존하고 있었던 네이션-스테이트-자본 간의 역사적 공모관계가 드러나게 된다. 그리고 이러한 위기를 통해 뒤늦게 알려진 이러한 문단 문학의 제도적 형태와 그 모순들은 그 자체로 '한국 근대 문학의 종언'을 구성한다. 가라타니 고진을 따라 조영일은 이에 대해 매우 단호한 어조로 말한다. 그러한 형태의 문학이 수행했던 정치적·역사적 역할은 이제 '끝났다.'

조영일의 이러한 논변노선의 기본적인 정당성은 아무리 강조해도 지나치지 않다. 왜냐하면 창작에서든 비평에서든 문학은 결코 순수하게 자립적인 포지션에 놓여 있지 않으며, 항상 어떤 물적 토대의 기반 위에서 성립하는 것이라는 상식을 '비평가'로서 가장 용기 있게 단언한 사람이 그이기 때문이다. 근대 문학은 항상 이미 국가적·제도적 차원의 실천으로서 존재해 왔고, 그러한 사실이 직접적으로 드러날 때 그것이 왜 종언에 이르렀는지를 보다 더 잘 파악할 수 있게 된다. 그의 비평에 대한 숱한 반론들이 아무리 부분적으로 옳은 구석(조영일의 실제 작품비평은 지나치게 억지스러우며, 문단 문학이 특정 작품을 과도하게 치켜세우는 것 이상으로 그것을 깍아내린다 등등)이 있더라도 그의 비평은 문학이라는 이념을 그 역사적·제도적 계보 안에서 고찰하는 가장 용기 있는 모습을 보여준다는 데에서 그 가치가 있다.

그런데 우리는 그의 급진적 제스처를 온전히 받아들이면서도 여전히 보충되어야 할 부분을 생각해 볼 수 있지 않을까? 조영일이 고진의 종언 선언을 근본적인 수준에서 독해할 수 있게 한 것은 결국 한국의 문학시장에서 일어난 변화이다. 그렇다면 우리도 조영일과 동일한 방식으로 현실의 시장에서 '실제로' 일어난 일을 새로운 관점에서 수용할 수 있지 않을까? 이와 관련한 우리의 질문은 다음과 같다 : **그럼에도 불구하고 여전히 한국 문학 중에서 '팔리는' 게 있다면 그것은 여전히 '문단 문학'이지 않은가?**

한국어로 쓰여진 순문학이 팔리지 않는 현실에도 불구하고 여전히 문단의 몇몇 스타들을 중심으로 어쨌든 꾸준히 작품이 팔리며 명성을 얻는 사태가 존재한다. 이것이야말로 '정신적으로' 극복될 수 없는 물질적 현실이 아닌가? 조금 오래된 일례이지만 신경숙의 「엄마를 부탁해」라는 작품이 베스트셀러로 등극할 때 조영일의 즉각적인 반응은, 그러한 작품에 모종의 가족주의-국가주의적 이데올로기가 내재되어 있다는 식의 진부한 문화비평이었다.[4] 원래 그가 지적했던 것은 환원할 수 없는 사실의 수준, 한국 문학이 전반적으로 '팔리지 않는' 사태였는데 여전히 '팔리는' 작품에 관해서라면 이렇듯 조영일은 당위적으로 접근(= 이런 게 팔리는 건 이상하다)하는 것이다. 이것은 어떻게 보면 도착적인 태도가 아닌가?

오히려 '근대 문학의 종언'이 전달하는 외상적 메시지가 한국의 맥락에서 제대로 이해되기 위해서는 그것을 '문단 문학은 이제 끝났다'나 '문단 문학을 끝장내야 한다'는 수준에서가 아니라, '문단 문학은 영원하다' 혹은 더 나쁘게 '문단 문학이여 영원하라'는 수준에

4 다음 카페, 〈비평고원〉(http://cafe.daum.net/9876/ExU/9549).

서 받아들여야 하지 않을까? 앞서 보았듯이 한국의 근대 문학 역시 출판자본과 국가제도의 비호 아래서 성장했다는 사실이 현재의 문학시장의 위기를 통해 폭로됨으로써 고진의 근대 문학의 종언이 피할 수 없는 '우리의' 현실이라는 점을 보여주었다. 역으로 그러한 종언 이후에도 출판사와 국가권력이 존재하는 이상 여전히 기존의 시스템 안에서 문학작품들은 지리멸렬하게나마 출판되고 읽힐 것이다. 근대 문학의 역사적 역할은 끝났지만 그것을 움직이던 국가와 자본의 운동은 끝나지 않은 것이다. 그리고 그러한 운동은 여전히 문학의 장에서 지속되고 있다.

물론 순문학이고 장르 문학이고 간에 이제 더 이상 문학은 팔리지 않는다. 그나마 그 중에서 여전히 명성을 얻고 팔릴 가능성이 있는 작품은 그것이 훌륭하든 형편 없든 무관하게 문단의 허울뿐인 권위를 입고 생산된 텍스트이다. 그리고 출판자본과 문화관료들 역시 이를 모를 리 없다. 이윤과 명성을 위해서라도 이들은 이러한 문단 시스템을 유지할 것이다. 중요한 사실은 대중의 눈에 적어도 몇몇 스타 작가들에 관한 한 문학의 권위가 여전히 '건재' 하다는 사실이다. 대다수의 독자들 가운데서 여전히 문단 내부에서 생산된 작품들이 타이틀을 얻으며 '한국 문학' 을 대표하고 재현(represent) 한다. 가라타니 고진이 제출한 근대 문학의 종언은 이러한 근대적 형태의 문학이 여전히 지속되고 있는 보다 어려운 상황 안에서 사고되어야 한다.

이지원과 학생운동의 종언

이지원은 근래에 '학생운동의 종언'이라는 테제를 제출했다.[5) 이것은 조영일의 '종언' 테제에 대한 수용과 어떤 대칭을 이루고 있는 듯 보인다. 알라딘 서평꾼 로쟈 역시 '근대 문학의 종언=학생운동의 종언'이라는 등식을 제출한 바 있다. 학생운동이 진보적 운동의 의제를 떠맡았던 역사적 시대가 근대 문학이 그와 유사하게 압축적인 근대화 과정 속에서 네이션의 결핍을 상상적으로 회복하는 역할을 수행했던 시기와 대략적으로 겹쳐지기 때문이다.

그렇다면 이번에는 학생운동이 종언에 이르렀다는 근거는 무엇인가? 이른바 '스펙 쌓기'의 시대 속에서 학생운동의 대의와 그것이 제공하던 해방적인 연대감이 학생사회에 대한 '영향력'을 상실했다는 것이다. 다시 말해 학생운동 속에서의 숭고한 경험은 개별적인 스펙 쌓기나 문화적인 취미활동 속에서 얼마든지 대체 가능한 무엇으로 전락하고 말았다. 조영일이 개별 문학작품이 지닌 주관적인(=낭만적인) 가치와 별개로 그것이 '팔리지' 않는 데에서 그것의 근본적 위기를 파악하듯 이지원도 학생운동이 추구하는 당위와 별개로 그것이 단

5 네이버 카페, 〈지적 갱년기 극복 프로젝트〉: "학생운동의 종언, 혹은 부활의 기회" (http://cafe.naver.com/think2wice/904).

순히 서점에서 팔리지 않는 책들처럼 '흥행'에 성공하지 않는다는 사태에서 근본적인 위기를 발견한다. 이지원은 학생운동의 종언을 직접적으로 예증하는 것은 그것에 가해지는 외적인 탄압이나 적대적인 반응이 아니라, 오히려 학생운동이 무엇을 시도하든 간에 마찬가지로 되돌아오는 학우들의 전반적인 '무관심'에서 찾아져야 한다고 단언한다.

이지원은 보기 드물게 학생운동의 종언을 그 당위성의 상실과 혼동하지 않는다. 학생운동이 타성화되고 잘못된 대의를 고수했다는 데서 그 그것의 종언을 찾는 것은 그것이 아무리 순수한 동기에서 비롯되었다 해도 기본적으로 사태의 종언에서 자신의 내적인 책임을 면하려는 사고에 불과하다. 애초에 학생운동의 종언은 그것이 지닌 대의나 정당성 혹은 흔히 이야기하는 운동권의 부적절한 '소통방식'에서 초래된 게 아니다. 그래서 그는 흔한 주장대로 단순히 학생운동의 당위성이 퇴색했다고 주장하는 도덕주의적 수사를 넘어선다. 그러나 무엇보다 고무적인 것은 그가 학생사회를 벗어나 그 밖의 진보적 의제와 연대하면서 위안을 얻자는 입장을 거부하는 데 있다. 놀랍게도 그는 학생사회에 대한 운동의 영향력이 종언을 고했다면 애초에 그 종언을 초래했던 '학생사회'를 이루는 물질적 기반과 제도적 틀을 재구성하는 게 목표가 되어야 한다는 가장 급진적인 내기로까지 나아간다.

여기서 중요한 건 지난 시절 이뤄졌던 민주화 투쟁 속에서 여타 사회적 영역이 쟁취한 '시민권'이라는 개념이 오히려 가장 급진적인 학생운동의 장 안에서는 여전히 낯설기만 하다는 사실이다. 이는 학생운동이 수행했던 역사적 역할과도 연결된다. 학생운동은 지난날 한국 사회에서 보장되지 못했던 시민권과 시민적 연대의 경험을 상상적으로 회복하는 데에서 역사적 가치를 부여받았던 것이다. 학생운동이 선봉에 나섰던 사회운동들은 후일 일정부분 그것이 요구했던 시민적 권리에 대한 제도화를 성취했지만, 이러한 시민권의 개념은 정작 학생사회 내부에서는 사적 친밀감의 네트워크와 숭고한 정치적 대의에의 참여라는 선택지 속에서 양극화되어 있다. 즉 학생들의 가능한 연대의식이라 해봤자 술자리가 아니라면 집회참여라는 양자택일 속에서만 존재한다는 것이다.

군부정권 하에서의 비상사태가 아닌 이상 학생들은 얼마든지 두 선택지 모두를 거부하고 각자의 자폐적인 취미영역이나 자기 계발에 몰두할 여지가 있다. 이것이 그동안 시민사회 운동의 주축을 담당하던 학생운동이 오히려 시민사회의 어떤 영역보다 더 빠르게 탈정치화된 이유이다. 여기서 발리바르가 '시빌리테', 즉 급진적 '시민권'으로 일컬은 그 무엇이 떠오른다.[6] 그것은 운동의 폭발적인 봉기 속에서 직접적으로 경험되던 해방적 연대의식을 제도적으로 물질화함으로써 그 경험에 제도적·물질적 기반을 제공하는 것이다. 예컨대 반인종주의 운동에서 경험된 시민적 연대는 단지 그 운동 속에서만 지속될 것이 아니라, 이민자들에게 마땅히 부여되어야 할 선거권과 피

6 에티엔 발리바르, 최원·서관모 역, 『대중들의 공포』, 「정치의 세 개념 : 해방, 변혁, 시민인륜」, 2007 참조.

선거권의 확장이라는 제도적 형태로 재기입되어야 한다. 이러한 과정을 통해서 운동에 의해 시작된 변화가 국가적·이데올로기적 영역에 간섭하면서 진정한 정치적 효과가 발생하는 것이다. 따라서 '시빌리테=시민권'이란 운동과 제도 양자를 매개하며 시민적 권리에 물질성을 부여하는 그 무엇이다. 그런데 학생운동에서는 이 양자(운동과 제도) 사이의 연결고리가 그동안 빠져 있었던 것이다.

이러한 이지원의 문제의식은 학생운동을 단지 시민운동의 연장선상에 놓자는 제안에 그치는 게 아니라, 오히려 시민권이라는 개념 그 자체를 학생사회의 수준에 거꾸로 '도입'하자는 제안으로까지 나아간다. 여기서 이지원은 학생운동과 시민운동 간의 관계성에 대해 어느 누구보다 깊이 있는 통찰을 보여준다. 앞서 말한 학생사회에 대한 근본적인 수준(학생사회를 형성하는 근본적인 공리계 수준)에서의 '개입'을 실현하기 이전에는 어떻게 해도 결국 학생운동은 시민운동과 소원한 어떤 것으로 남게 될 것이다. 따라서 학생운동의 종언에도 불구하고 학생 활동가들은 여전히 초점을 시민사회가 아니라 학생사회로 둬야 하며, 그러한 영역에서 아직도 존재하는 정치적 책임에 충실해야 한다는 것이다. 그는 그러한 정치적 책임을 바로 학생사회 내부에서의 시민권을 보장하는 것에서 발견한다. 그는 캠퍼스 내부의 사회적 권리들을 제도적으로 보장할 수 있는 제도적 장치로서 학생회를 주목한다. 학생회를 학내 구성원들의 권리들을 더 잘 보장할 수 있는 안정적 기구로 운영하자는 것이다. 그리고 이것이 이지원이 말하는 학생사회의 재구성이다.

그가 말한 '학생사회의 재구성'을 대학사회의 수준에서 실제로 성취할 때에만 비로소 학생운동은 단지 시민사회 운동의 하위범주로서가 아니라 그 자체로서 '시민적' 이고 '보편적' 인 정치적 개입으로서 즉각적으로 '재구성' 될 것이다. 이것은 조영일과 마찬가지로 종언의 선언을, 혹은 종언 이후의 사태를 그것의 가장 급진적인 정치적 귀결로 밀고 나간 제스처로 평가받아야 마땅하다. 여기서 우리는 종언에의 선언으로부터 가장 급진적인 '연산' 이 행해졌음을 확인할 수 있다. 우리는 '종언' 이라는 사태를 어떻게 정치적으로 '계산' 하며 재창안할 수 있을까? 이 물음 자체는 곧장 '종언' 이라는 사태가 어떻게 가장 급진적인 정치적 개입의 지평으로서 사고될 수 있느냐는 내기로 연결된다.

상실된 대의의 나르시즘

우리는 정작 이 연산과정에서 몇 가지 문제점을 지적할 수 있다. 중요한 건 그가 현실적으로 존재하는 '학생운동' 에 대해 내린 평가들이 과연 온당한지, 학생운동의 대의가 그렇게 깔끔하게 '끝났다' 라는 말로 정리할 수 있는 것인지에 대한 문제이다.

이에 앞서 이지원의 탁월한 논의에서 탈락된 몇 가지 일견 사소하게 보이는 지점들을 지적하고 싶다. 고려대학교에서 일련의 학생들이 본관건물에서 교직원들과 대치했던 사건에서 촉발된 출교사태[7] (그 때 그러한 대치상태는 '감금' 이라고 묘사되며 공분을 불러일으켰다) 때 그 사건의 최초 국면에서 학생사회로부터 운동가들에 대한 격렬한 저항과 혐오감이 표출되었다는 것을 지적하고 싶다. 이건희 박사학위 수여식 저지 사건 때와 마찬가지로 격렬했던 이 반응은 결국 '학교 이미지 훼손'이라는 동일한 논거를 가지고 있었는데, 이는 학생대중들이 몇몇 학생운동가들에 대해 분명히 상상적으로 경쟁하는 어떤 지점이 있다는 것을 보여준다. 이 짤막한 순간이 드라마틱한 절정으로 치달은 것은 단연 일련의 공대생들이 검은 옷을 입고 학생들이 스승에게 한 패륜적인 짓을 '석고대죄'하는 퍼포먼스에서였다. 이 낯 뜨거운 연극이 보여주는 건 분명 학생운동가들이 가지고 있는 모종의 '정치적 대의'가 대중들의 정서와 경합을 일으키는 측면이 있다는 것이다. 이후의 지루한 법정공방이 지속되면서 출교사태에 관해 학생사회가 되찾은 묘한 '평정'만을 보고서 학생운동에 대한 공중의 반응을 단지 '무관심'만으로 진단할 수는 없다.

무엇보다 학생운동이 일반대중에게 적극적인 거부감을 일으키는 부분이 아무리 퇴행적이라 해도 여전히 이론적으로 분석되어야 한다. '운동가'들에 대한 캠퍼스 내부의 인종주의적 거부감은 (반공정서와 동일하게) 그들이 상실한 정치적 대의에 대한 심리적 보상으로 파악되어야 한다. 따라서 학생운동이 표방하는 대의가 학생사회의 무관심 속에서 상실되었다고 단순하게 말할 수 없다. 대의의 나르시즘적 상실은 그것의 진정한 종언과 다르다. 앞서 공대생의 경우에도 그들

7 출교사태의 귀결에 대해서는 한겨레 신문, 2008. 3. 18, "고려대 '출교사태' 학생 7명 전원 복학" 참조.

에겐 그들만의 '정의감'이 없지 않다. 왜 없겠는가? 이런 상상적 정의감에는 '학교 이미지'라는 상상적 자아이상이 자리 잡고 있다. 어쩌면 이것은 어떤 새로운 추세라기보다는 마치 좌파 정치의 공백이 남겨진 정치적 공간에서 인종주의적 정서가 발흥하는 것과 동일한 맥락에서 이해될 수 있을 것이다.

그런데 이지원은 에티엔 발리바르의 노선을 따르면서 이러한 정치적 '대의'가 그 자체로는 이제 '아무것도 아니'라는 것을 선언하며 그러한 대의로부터 소외되어 있던 제도적 장치(학생회)를 통해 학생사회의 권리영역을 보장하는 것이 가능한 근본적인 정치적 개입이라고 주장한다. 한편으로 이러한 입장은 학생사회에의 참여에 대한 지난날의 열광이 이미 끝났다는 속 편한 단정을 내포한다. 그러나 사실은 학생사회의 '대의'에 대한 열광이 우려스러운 방식으로(학교 이미지에 대한 퇴행적 열광 등등) 재전유되고 있음을 직시해야 한다. 여기서 우리는 **'상실된 대의(*Cause*)의 나르시즘'**이라는 것을 목격하고 있다. 학생운동의 종언은 학생운동의 상실된 대의에 대한 나르시스적 고착이 아닌가? 그러나 이러한 제반사정은 분명 기존의 학생운동이 취하던 정치적 대의를 새로운 수준에서 새롭게 정식화할 것을 요청한다. 그리고 이것이야말로 진정한 '개입'이 아닌가?

잃어버린 대의를 옹호하며

학생운동의 종언은 실질적으로 학생운동이 '끝났다'는 것과 거리가 멀다. 그런 식으로 사태를 정리하는 것이야말로 일종의 정신적인 보상에 지나지 않는다. 한국 문학의 종언이 오히려 문단 문학 작가들의 유명세에 힘입어 지리멸렬하게 지속되는 사태를 아이러니하게 가리키듯, 어쨌든 학생운동의 종언을 통해서도 존속되는 이런저런 학생운동과 학생사회 간의 지리멸렬한 관계가 장기 지속되는 사태를 겨냥해야 하지 않을까? 학생운동의 종언은 오히려 소수의 학생운동가들이 학생대중으로부터 고립된 채 지리한 싸움을 계속할 수밖에 없다는 더 나쁜 상황을 가리킨다. 그리고 **학내의 구조적 모순들이 여전히 잔존하고 있는 상황에서 학생운동가들과 그들이 견지하는 학생운동의 이념은 결코 사라지지 않을 것이다.** 사학들의 비민주적인 대학 소유구조와 자본에 대한 대학의 종속이라는 문제가 여전히 남아 있는 이상 운동은 파편화된 형태로라도 지속될 것이다.

그 이유 때문에라도 학생운동의 대의가 상실되었기 때문에 이러한 공백을 배경삼아 학생회라는 물질적·제도적 영역을 재구성하겠다는 이지원의 발상의 모순적 귀결을 지적해야 한다. 그는 '학생회'가 매년마다 돌아오는 '선거'를 통해 선출되는 사실을 간과했다. 어쨌든 운 좋게 학생회를 점거하더라도 이후에 올 선거에서 다른 운동권 선본과 또는 비운동권 선본과 '경쟁'을 하는 처지에 이르게 될 것이다. '학생운동의 종언' 이라는 것을 단지 현실적으로 존재하는 다양한 학생운동의 이념과 그 분파들을 '없는 셈' 쳐도 된다는 것과 동일하지 않다. 우리는 오히려 어떤 수준에서 학생운동의 영향력과 그것이 표방하는 '대의', 그리고 그것과 다면적으로 경합하는 대중적인 정서와 상상력을 무시할 수 없다는 것이다. 그렇다면 학생사회의 재구성이라는 기획을 사고할 때 우리는 그러한 학생사회에 포함되는 일련의 운동가들과 그들의 현실적 섹트들을 무시할 수 없다. 학생사회에의 새로운 개입의 틀을 짠다고 할 때, 이것은 동시에 현실적으로 존재하는 운동과 운동세력이 표방하는 대의에 근본적인 수준에서 개입하고 재구성하는 활동과 맞물려야 한다. 이것은 어떻게 가능한가?

문학의 사례에서 단서를 얻을 수 있지 않을까? 문학이라는 장을 지탱했던 것은 순문학만의 어떤 문학적 대의라고 할 수 있다. 그러나 '근대 문학의 종언' 이 함축하는 건 그러한 문학적 대의가 소멸하고 대중들에게 무관심 말고는 아무런 반응을 끌어내지 않는다는 게 결코 아니다. 사태를 그런 식으로 본다면 오히려 우리는 역설적이게도 아직도 근대적 형태의 문학(문단 문학)이 여전히 한국 문학의 특권적 심급으로 대중에게 영향력을 행사하는 것을 보게 될 것이다. 근대 문학에서 가능했던 급진적 형태의 문학적 이념이 상실되었다면 오히려 그것은 문단 문학을 경영하는 자본과 문화관료들에게는 좋은 일이다. 바로 그 이유 때문에라도 근대 문학의 종언은 근대 문학의 대의에 대한 고전적 충실성을 새롭게 발명해야 한다는 노선으로 전환되어야 한다. 예컨대 '근대 문학의 종언' 이라는 테제에 충실하기 위해 우리는 문단의 권위를 해체하는 방향으로 나아가야 한다.

그렇게 하기 위해서는 문단보다 더 내실 있는 '문학적 권위'를 재창안하기 위해 작가들의 대안적 어소시에이션을 문단 외부에서 만들어내야 하지 않겠는가? 물론 이것은 그저 감상적인 구호 아래 모인 젊은 작가들이 모였다 흩어지는 실천만으로는 불가능할 것이다. 그들이 모든 걸 포기하는 한에서라도 기존의 근대적 문학 시스템을 완전히 보이콧하는 충실성 속에서야 비로소 조영일이 염두에 두었던 문단문학의 종언이 실제로 일어날 것이다.

역으로 이것은 상실된 문학적 대의를 회복하는 투쟁 속에서만 가능한 일이다. 학생운동에 대해서도 같은 것이 반복되어야 한다! 학생운동이 담지하고 있던 대의 내지는 정의감이 상실되었다면 그러한 정의감을 학생회 재구성을 구실로 선거운동의 수준에서 은밀하게 보상받을 것이 아니라, 보다 공격적인 방식으로 그 대의를 환기하고 고수해야 한다는 것이다. 활동가들은 자신의 대의를 위해 학교당국뿐만 아니라 학생사회의 타성과도 주저 없이 싸울 필요가 있는 것이다.

필자가 마지막으로 강조하고 싶은 것은 다음과 같다. (의외로 들릴지 모르겠지만) 우리는 우리의 시도가 얼마나 흥행할 것인지에 대한 두려움을 과감히 버려야 한다. **처음의 종언선언에서 문단 문학이나 학생운동이 흥행하지 못했다는 것이 위기의 원인으로 파악되었다면, 두 번째 시점에서 우리는 그 위기를 파악하는 원래의 방식 자체와 과감하게 단절해야 한다.** 이것만이 종언선언을 그 선언 내부에서 급진화시킬 수 있는 유일한 지름길이다. 여기서 우리는 라캉의 다음과 같은 명제를 기억해야 한다. 분석가의 피분석자에 대한 개입의 성취여부는 그가 피분석가에게서 얼마나 '사랑받을 만한'지에 달린 게 아니다. 이렇게 본다면 어떤 개입이든 반드시 실패한다. 분석이 성공하는 지름길은 애초에 그 성패의 척도 자체를 바꾸는 데 있다. 분석의 성패여부는 피분석가가 분석가의 제스처에서 자신의 상실된 욕망의 '원인=대의(Cause)'를 재발견하는 데 있다.

Chapter_**3**

기표의 용법

고유명과 정치

아래의 논의는 필자의 군복무 시절 한 인트라넷 인문학 커뮤니티 '책마을'에서 개진했던 이론적 대화에 기초해 있다. 이 때문에 원문의 경어체를 수정하지 않고 그대로 살려둔다.

고유명사란 무엇인가?

L님께서 '고유명사'의 문제를 드디어 언급해 주셨습니다[1960 #, (내글내생각) 고유명사의 언급에 관하여]. 왜 이제서야 그것이 언급되었는가 의문이 들 정도로 그러한 문제제기는 지금 상황에서 적실한 것 같습니다. 책마을에서 칸트, 헤겔, 라캉, 프로이트, 고진, 지젝 등등의 고유명사가 이미 난무한 상황에서 말입니다. 그런데 여기서 L님은 고유명사에 대한 하나의 태도를 보여주셨습니다. "어떤 사상을 자신의 것으로 만들었다고 한다면 고유명사를 사용하지 않고도 충분히 '자신

만의 언어' 로 그것을 표현해낼 수 있다고 봅니다. 그리고 이를 표현하는 데 장황한 설명도 필요하지 않다고 생각하고요." 그런데 L님께서는 '크립키' 의 『이름과 필연』을 인용하면서 칸트와 헤겔 등등의 '고유명사' 를 도입할 때 생기는 혼란을 우려하셨습니다. 이것은 최근에 책마을에서 일련의 저자들을 언급하면서도 그들을 '불성실' 하게 인용하는 세태를 꼬집은 L님의 말씀에 비춰볼 때 이상한 일인데, 왜냐하면 제가 아는 바로는(저는 가라타니 고진의 『트랜스크리틱』을 통해 크립키를 접했습니다) 크립키는 그러한 고유명사가 야기하는 '혼란' 이 언어의 긍정적 조건이라는 가능성을 열어두었기 때문입니다.

가령 '칸트는 말이지' 라는 말에 대해 "그런데 '칸트' 라는 말을 통해 너는 무엇을 뜻(욕망)하는 거지?"라는 질문이 나오고, 거기에 답변이 나오면서 우리는 끊임없이 그것에 대해 말하고 욕망할 수 있게 되는 것입니다. 그런데 칸트라는 고유명을 투명하게 자기화하지 못했다는 이유로 '칸트의 개념에 대해서는 함구해야' 한다면 우리는 단지 칸트에 대해서만이 아니라 어쩌면 다른 모든 화제에 대해서도 영원히 입을 닫고 침묵해야 할 것입니다. 가령 사람들이 방송매체에서 일상적으로 떠들어대는 각종 고유명사들치고 제대로 이해되고 있는 것이 있나요? 혹은 그런 것들을 제대로 이해할 수 없기에 떠들어대는 게 아닐까요?

L님의 입장은 크립키보다는 오히려 '고유명' 이 가지고 있는 어떤 신비를 일반적인 기술을 통해 해소하려는 기획을 추구한 버틀란드 러셀에 더 가깝다고 할 수 있습니다. 러셀은 '고유명' (에베레스트 산)이 지니고 있는 혼란의 가능성을 그런 고유명에 대해 서술하는 '자신

만의 언어', 즉 일반적인 기술(세계에서 가장 높은 봉우리 등등)로 환원시킬 수 있다고 믿은 것이지요. 에베레스트 산이 실제로 의미하는 바가 이게 전부라는 건데요. 이것을 L님의 입장에 대응시켜 본다면 칸트라는 고유명이 가지고 있는 뭔지 모를 독특한 신비감은 칸트의 저작과 생애에 관한 텍스트에 남김 없이 접근하고 그것을 칸트라는 술어적 동일성에 귀속시킬 때(하지만 이것은 제가 봤을 때 일종의 허구로만 존재하는 '조망점'으로 보입니다) 사라지게 된다는 것입니다. 그것을 다시금 일반적인 지식으로 서술할 수 있게 된다는 것입니다.

하지만 크립키는 오히려 러셀에 반하여 고유명은 결코 일반적인 기술을 통해서, 혹은 그것에 대한 나름의 패러프레이징을 통해 해소될 수 없다고 단언합니다. 왜냐하면 에베레스트 산에 대해 이렇게 저렇게 기술해도, 가령 에베레스트 산은 세계에서 가장 높은 산이라고 서술해도 여전히 왜 하필 '이 산'인가라는 의문이 남아 있으며, 그러한 고유명에 대한 지칭 자체가 여전히 신비한 것으로 남아 있는 것이지요. 어쩌면 우리는 이렇게 말할 수 있을 겁니다. 칸트가 '감성의 형식'이나 '오성의 범주' 내지는 '상상력의 도식화 작용' 등등으로 언급한 인식기능의 고유명들은 단지 우리들이 이미 가지고 있는 일상적 용법으로 환원될 수 없다고 말입니다. 말하자면 그러한 칸트의 용어들을 일상적인 수준에서 완전히 자기 나름대로 소화한다고 하더라도 여전히 칸트가 언급한 '오성'이나 '감성'이나 '상상력'이니 하는 말로 지칭한 것들은 여전히 칸트만의 고유한 것으로 남아 있습니다.

저는 이제부터 그러한 제거될 수 없는, 최후까지 해명되더라도 여전히 그것에 저항하며 자신의 비의미를 드러내는 고유명사를 '기표'라고 부를 생각입니다. 물론 이것은 라캉의 '기표'입니다. 라캉은 기표가 확실히 존재하며, 우리에게 지울 수 없는 영향력을 행사한다고 말합니다. 그는 크립키와 동일한 노선을 공유하며 오히려 러셀과 같은 기술환원주의자에 반대되는 것이지요. 기표가 확실히 존재한다는 것은 어떤 정교한 해명으로도 자기화될 수 없는 채 그저 우리의 언어에 주어졌다고밖에 말할 수 없는 고유명들이 존재한다는 이야기입니다. 라캉은 『세미나 11』에서 바로 그러한 고유명들이 있기 때문에 '무의식'이 존재한다고까지 이야기합니다. 언어에 주어진 불투명한 기표들이 존재하지 않는다면 우리는 무의식을 가지지 않을 겁니다. 그러한 기표들은 언젠가 해명되면 그만이니까요. 하지만 우리의 현실은 전혀 그렇지 않습니다.

고유명사에서 기표의 정치학으로

그럼에도 불구하고 저는 마치 비트겐슈타인처럼 이 '기표'가 일상적으로 사용되는 '용법'에 대해 말하고 싶습니다. 잠시 비트겐슈타인에 대해 더 이야기하자면 비트겐슈타인 역시 '기표'를 부정하면서도 러셀과 전혀 다른 방식으로 그것을 부정했다는 것에 주목해야 합니다. 그는 기표들을 각종 기술적 명제들로 해명할 수 있다고 믿었다기보다는 오히려 그것이 어떤 일상적인 용법으로 사용되는지를 직관함으로써 그러한 기표의 불투명성이 해소될 수 있다고 믿었습니다.

그럼에도 불구하고 그는 여전히 기표가 지닌 궁극의 불투명성이 '신비'로 남아 있다는 원칙을 고수했지요. "말할 수 없는 것에 대해 침묵하라"라고 말할 때 우리가 침묵해야 한다는 것은 왜 번거롭게도 이런 저런 칸트니 헤겔이니 하는 고유명들이, 그런 언어적 문턱들이 존재하는지에 대한 근본적인 질문에 관한 것입니다. 그러한 고유명은 우리가 어찌할 수 없는 채로 우리에게 주어진 것이니까요. 이런 점에서 그는 라캉과 놀라울 정도로 가깝게 되지요.

하지만 라캉이 비트겐슈타인과 근본적으로 다른 이유는 그가 '기표의 도입'에 대해 사고했기 때문입니다. 라캉에게 기표란 단지 어떤 신비(비트겐슈타인이 침묵을 통해 매혹될 수밖에 없었던 바로 그 신비)로서 주어진 것이 아니라, 어떤 역동적인 과정에 의해 현실적 장 안으로 도입된 것입니다. 라캉은 왜 어떤 기표가 기표로서 현실의 장에 '도입'되고 다른 것은 여전히 그렇지 않은가에 대해 물었던 것이지요. 이것은 정치적인 문제입니다. 예를 들어 왜 L님은 다른 많은 기표들을 가지고 있으면서도 칸트를 기표로서 인정하지 않을까요? 왜 다른 기표가 지닌 불가해한 권위는 인정하면서 헤겔과 칸트는 책마을이라는 장 안에 기표로서 도입될 수 없는 것일까요? 왜 그들이 언급될 때마다 의혹어린 시선으로 일일이 '신원조회'를 당해야만 하는 것일까요?

다시 기표의 용법으로 돌아가자면 우리는 그 단어를 실제로 사용하는 일군의 사람들을 거론해야 합니다. 영화비평과 정치평론의 영역에서 활동하는 일군의 라캉주의자들을 말씀드리는 건데요. 정치 이야기가 나왔기에 드리는 말씀이지만 오늘날 정치평론에서 '기표'라는 단어가 비로소 도입된 것 같다는 생각입니다. 굽시니스트 님이라는 웹툰 작가가 고 노무현 전 대통령 서거 정국 당시에 히트시킨 일련의 정치평론 만화는 놀랍게도 아직 소수의 라캉주의자들 사이에서만 통용되던 '기표'라는 단어를 대중에게 각인시켰습니다. 가령 과거의 산업화 시대와 반공정서의 '기표'로 통하던 박정희 전 대통령이 있는데, 노무현 전 대통령이 그것에 대한 민주주의와 개혁적 가치의 대항기표로 정립되었다는 겁니다.

이렇듯 만화를 통해 대학원생 논문에나 나올 법한 논점을 재미있게 설명하면서 부지불식간에 대중들에게 '기표'라는 단어에 어떤 기시감을 부여하게 되었지요. 물론 그렇게 되더라도 기표는 여전히 일상적 용법 속에서 '무의식적'인 것으로 남아 있습니다. 왜 그런 말을 쓰는지에 대한 설명을 요구받을 때 딱히 무어라 대답하기 곤란하기 때문입니다. 그럼에도 우리는 '기표'라는 단어 자체가 대중문화나 정치평론의 영역에 어떤 무의식적 간극으로서 도입되었다고 말할 수 있을 것 같습니다.

이렇듯 우리에게 낯선 언어가 무의식적으로 수용되고 그것이 기존 사고지평에 어떤 간극을 도입할 때 진정한 의미에서 '번역'이 이뤄지는 것이라고 생각합니다. 말하자면 우리가 진정으로 기표를 받아들일 때 우리는 그것에 관해 인식론적인 도약을 감행할 수밖에 없다는 것입니다. 가령 헤겔의 즉자-대자라는 개념을 훌륭하게 번역하는 유일한 방법은 그 개념의 불투명성을 한국어 속에서도 오롯이 드러내는 것뿐입니다. 우리말에 충분히 대응되지 않는 개념을 딛고서 사고의 '도약'을 감행할 때 우리는 그 단어가 비로소 기표로서 도래했다고 볼 수 있습니다. 헤겔이 나온 김에 헤겔의 명언을 인용하지 않을 수 없습니다. "고대 이집트인들의 신비는 동시에 고대 이집트인들 자신에게도 신비였다." 이 유머러스한 구절은 즉자-대자라는 개념이 헤겔에게도 동시에 불투명한 무엇이었음을 알려주지요.

본래의 논점으로 돌아가 봅시다. 저는 정치평론의 영역에서 비로소 '기표가' 도입되었다고 말씀드렸습니다. 그럼에도 저는 이 기표를 정치적으로 사고하기 위해 잠시 그것에 대한 라캉주의적 정의는 잊고 그 기표의 '용법'에 대해 따져봐야 할 것 같습니다. 사실 그 기표가 도입된 것은 정치적 인물의 고유성을 드러내기 위한 것이었습니다. 다시 말해 노무현이라는 '고유명'을 우리가 그러한 인물이 지녔던 일반적인 정치적 견해들로 환원시킬 수 없다는 것을 드러내기 위해 기표라는 표현이 사용된 것이지요. 말하자면 누군가 노무현 전 대통령과 완전히 같은 이념을 공유한다손 치더라도 그는 여전히 '그 노무현'이 아닌 것이며, 노무현 그 자신은 그러한 일반적인 정치적 신념과 변별되는 독특한 아우라로 남습니다.

정치란 사전적으로 정의된 일련의 사상적 노선과 주의주장으로 말끔히 구획되어야 한다고 믿으며 인물 중심의 한국 정치지형을 비판하는 저 흔한 계몽주의자들은 정치적 기표가 무엇인지 전혀 모르는 사람들입니다. 노무현이 정치사에서 하나의 '기표'로 도입되었다는 것은 그가 어떤 일반적인 정치적 포지션으로 환원되지 않는다는 의미이지요. 그러기는커녕 그는 기존의 무미건조한 정치적 견해들에 독특한 '맛'을 부여하는 역할을 수행했습니다.

그런데 재미있는 것은 정치평론의 영역에서 굳이 기표라는 표현을 쓸 때 그것은 대개 '인물'의 차원에서만 표상된다는 것입니다. 노무현 전 대통령도 기표이고, 김대중 전 대통령도 기표이며, 다른 사람들도 기표입니다. 하지만 가령 노무현 전 대통령이 '민주주의의 기표'라고 한다면 왜 민주주의 자체는 기표로서 사고되지 않는 것일까요? 가령 '민주주의'라는 것은 노무현이라는 독특한 개인을 일반적으로 기술하는 어떤 것으로 환원됩니다. 그에 반해 노무현은 그러한 속성으로 환원되지 않는 단독적인 개인으로 남죠.

하지만 가령 에베레스트 산이 세계에서 가장 높은 산이라고 환원된다고 할 때 일반적인 것으로 기술된 '세계'와 '산' 그 자체도 여전히 '신비한' 것으로 남을 수 있지 않을까요? 말하자면 고유명을 결정하는 것, 그것은 태도의(정치적인) 문제입니다. 일반명사로 알려지는 것도 다시 '기표'로 도입되어 사고될 수 있는 것이지요. 저는 그것이 철학의 기본 매트릭스라고 생각합니다. 철학을 자기 것으로 소화한다는 것의 진정한 의미는 거기서 사용되는 개념을 일상적 용법이나 술어적 규정으로 환원하지 않고서 하나의 '간극'이자 '긴장'으로서 수용한다는 것입니다.

가령 칸트가 '오성'이나 '감성' 그리고 '상상력'으로 말한 것은 우리 식대로의 표현으로 얼마든지 환언될 수 있습니다. 게다가 칸트가 오성, 감성, 상상력으로 날카롭게 구분한 것 자체도 독일어 안에서 일상적인 용법에서 유래한 것에 불과할 수 있습니다. 칸트의 이러한 용어들은 후대의 헤겔에 의해 일반적인 개념들로 서술된 채 비판당하고 있습니다. 칸트가 행한 범주구분들은 정신사적 발전단계에서 한번쯤 거쳐갈 만한 입장쯤 되는 것으로 격하되지요. 하지만 그럼에도 헤겔은 왜 칸트가 우리가 일상 속에서 아무렇지도 않게 선취하는 인식 활동들을 '오성' 이나 '감성' 등등으로 말하며 그것을 궁극적으로 '상상력' 과 매개시켰는지는 여전히 불투명한 것으로 남습니다. 헤겔의 중립적인 서술 속에서 칸트의 고유한 역사성이 제거되어 있는 것이지요.

기표 도입하기

아무튼 정치평론의 영역에서 기표라는 '용어' 는 대개 정치적 인물을 지칭할 때 사용되는 것입니다. 그런데 거듭 말씀드리는 거지만, 가령 노무현 전 대통령을 민주주의의 기표라고 말할 때 왜 우리는 '민주주의' 그 자체를 기표라고 생각하지 않는 걸까요? 우리는 민주주의에 대해서 얼마나 투명하게 서술할 수 있을까요? 어떤 중립적 술어를 가져와야 그것을 더 잘 규명할 수 있을까요? 그러나 민주주의야말로 지금까지 그 정의와 규정에 있어 가장 첨예한 갈등의 장소였다는 점에서 그것이야말로 궁극의 기표가 아닌가요? '민주주의' 라는 기표에는 해소될 수 없는 불투명성이 있습니다. 그럼에도 불구하고 그것이 여전히 헌법학 개론이나 정치학 수업에 성실히 참여하면, 최장집 교수와 같은 권위자의 설명에 의존하면 더 잘 이해될 수 있다고 믿어지기 때문에 그것은 기표로서 대중정치의 장이나 학술적 장에 전혀 도입된 바가 없지 않을까요?

이런 곤궁은 곧바로 정치적 곤궁으로 이어지는데, 가령 오늘날 사회 불만세력이 현 집권세력더러 '반민주적' 이라고 비난하는 식으로 자신의 불만을 표출하는 방식이 그것입니다. 그것은 '민주주의' 를 전혀 기표로서 생각하지 않고 단지 어떤 자명한 대상으로 이해하는 것이지요. 하지만 민주주의라는 이름 '배후' 에는 이를 일반적으로 서술·설명될 수 있는 것이 아무것도 없다면 어떨까요? 민주주의라는 저 숭고한 대의가 숨기고 있는 건 단지 어떤 궁극의 불가능성뿐이라면? 철수나 영희라는 일상적 이름들조차 궁극적으로 그들 배후에 숨기고 있는 어떤 의미도 없는 것처럼 민주주의도 그러하지 않은가요? 그렇다면 우리는 그것을 그 자체의 고유한 '이름' 으로, '기표' 로 받아들일 수밖에 없지 않을까요?

저는 다시 우회해서 자크 랑시에르의 『무지한 스승』을 거론하고 싶습니다. 그 책의 주인공이자 실존 인물인 조제프 자코토는 '지적 평등' 을 단언한 교육학자(?)로서 유명합니다. 그는 지적 평등을 실천 속에서 증명해 나가는 것이 중요하다고 생각했습니다. 그런 그가 행했던 것은 『텔레마코스의 모험』이라는 당대의 고전 모음집을 글을 전혀 읽을 줄 모르는 무지한 이들에게 던져주고는 몇몇 단어들을 가르쳐 주고서 무작정 '읽게' 하는 것이었습니다. 자코토의 방법은 '칼립소는, 칼립소는 못했다, 칼립소는 하지 못했다' 이런 방식으로 단어 하나하나씩 더듬거리면서 한 발짝씩 '읽어나가게' 하며 다시금 읽은 것을 '설명' 하게 하는 방식이었지요. 그들이 지금까지 배운 건 '지식' 이나 '지혜' 가 아니라 단순히 책에 나온 물질적 '기표' 였기 때문에 그들은 그것을 이용해서 모종의 지적 '도약' 을 감수할 수밖에 없었습니다.

말하자면 그들은 그들이 듣도 보도 못한 한 권의 '책'을 통해 일상적 언어지평에 어떤 지적 긴장감을 가져왔습니다. 스승의 역할은 그러한 '결과'를 끝까지 밀고 나가게 한 것뿐이지요. 그런데 기표 배후에는 아무것도 없기 때문에 그들은 그들이 도입한 기표들의 성좌를 만들어내지 않을 수 없었습니다. 또한 그들이 말하고 쓴 것은 외견상 식자들이 일상적으로 사유하고 기록하던 것과 별 차이가 없었습니다. 여기에 대해 사람들은 단순히 그들이 그 뜻을 전혀 모르면서 단지 그것에 대해 말할 뿐이라고 비난했지요. 마치 칸트에 대해 알음알이를 하는 사람들이 그 뜻을 전혀 모르면서 단지 그것에 대해 멋대로 떠드는 것에 불과하다고 비난하듯이 말입니다. 『텔레마코스의 모험』을 제대로 읽으려면 저자에 대한 권위적 주석들을 인용하고 이들이 쓰여진 이런저런 배경을 이해하는 과정을 거쳐야만 고전의 참뜻을 알 수 있다는 것이지요.

물론 그것은 당연히 중요한 과정입니다. 하지만 이들은 '기표'가 무엇인지를 전혀 이해하지 못하는 사람들입니다. 자코토는 오히려 특권적 지혜를 표상하는 고전의 저자들과 그들의 언어를 '기표'로서 도입하는 것이 급선무라고 생각했던 것입니다. 그리고 그들이 기표인 한 우리는 그러한 기표 앞에서 원칙적으로 '평등'하다는 것이지요. 이것이 자코토가 증명한 '지적 평등'입니다. 우리가 지적으로 불평등한 것은 어떤 멍청이가 칸트도 제대로 읽지 못하기 때문이 아니라, 칸트를 점근선적인 방법으로 접근해야 할 어떤 철학적 물신으로 은밀히 격상시키는 헛똑똑이들이 있기 때문입니다. 그런 헛똑똑이들은 '물신' 을 얻는 대가로 '기표' 를 충직하게 부정하곤 합니다. 그들은 대개 그런 식으로 칸트라는 고유명 배후에 있는 근본적인 원리를 알고 있기 때문에 자신은 굳이 칸트를 호명하지 않아도 된다고 이야기합니다. 그런 식으로 칸트는 '기표' 가 아닌 '물신' 이 되는 것이지요. 원래 물신이라는 건 돌이나 나무를 숭배하는 걸 말하는 게 아니라 돌과 나무 배후에 어떤 근본적인 정신이 서려 있다는 가정을 두고 말하는 거니까요.

이에 반해 자코토는 그들이 행하는 것이 '바보 만들기' 에 불과하다고 일갈합니다. 다시 말해 칸트와 그의 개념들을 진정으로 수용하기 위해서는 그것이 우선 우리의 언어지평 속에서 궁극적으로 물질적인 기표로서 도입되어야 한다는 거죠. 그 기표는 그 배후에 어떤 정신적인 것도 숨기지 않은 순수 물질적인 현존으로 드러나기 때문에 그 기표에 대해 어떤 방법으로 접근하든 우리는 그것 앞에 동등한 입장입니다. 그렇기에 어느 누구도 칸트라는 기표를 그것이 기표로 남아 있는 한 자기 멋대로 '내면화' 할 수 없을 것입니다. 그러한 한에서 칸트는 누군가의 특별한 방법으로 접근할 수 있는 특권적 지식으로 그치지 않고 비로소 만인에게 '공적으로' 열려 있게 되는 것이지요.

이와 비슷한 맥락에서 자코토가 스스로를 '무지한 스승' 으로 자처한 것은 결코 빈말이 아닌데, 그는 네덜란드어를 전혀 모르는 프랑스인이었으면서도 앞서 상기한 방법대로 네덜란드 학생들에게 『텔레마코스의 모험』(이는 네덜란드어와 프랑스어 대역본으로 적혀 있었습니다)을 통해 프랑스어를 가르칠 수 있기 때문입니다. 단지 그는 책을 '기표' 로서 쥐어주고 두 언어를 비교하게 한 것이지요. 그 기표를 주의 깊게 도입한 학생-주체들은 그 기표가 도입한 결과를 끝까지 밀고 나가 결국 프랑스어를 사후적으로 체득하게 된 것입니다. 이렇게 해서 자코토는 스스로를, 그리고 그가 선택한 방법과 교재를 학생들에게 '물신'으로 제시하는 걸 피할 수 있었습니다. 그렇기에 자코토는 궁극적으로 자신의 방법을 '자코토 표' 방법으로 시장에다 내다파는 짓을 하지 않고 자신이 확인한 지적 평등을 공리적인 차원에서 곧바로 보편적인 차원의 '가르침'으로 자리매김한 것입니다.

기표, 그것은 물신에 가장 철저하게 대립되는 반의어입니다. 민주주의에 관련해서도 우리는 그것을 정치적 물신과 대립되는 측면에서 접근해야 할 것입니다.

Chapter_4

주체, 구조 그리고 반복강박

주체성의 이론적 가능성

들어가며

2009년에 필자는 군생활을 같이했던 두 전우(戰友)로부터 놀라운 이론적 마주침을 겪었다. 당시의 '조문희 일병'이 '오학준 병장'과 나눴던 대화의 와중에 조문희가 매우 중요한 이론적 지점을 짚어주었기 때문이다. 그가 자신의 견해를 임의적으로 인용하는 데에 전혀 인색하지 않으리라는 전제 하에 그의 전언을 그대로 인용해 보겠다. 그는 가라타니 고진의 『자본론』 독해와 더불어 여러 철학적 문제를 포괄적인 방식으로 다루는 가운데 다음과 같은 논지를 전개했다.

> 요컨대 우리의 주체성의 계기는 상품-화폐라는 범주에서 노동자가 위치하는 장이 변경될 때 찾아진다고 봐야 하지 않겠습니까? 그곳은 자본이 결코 처리할 수 없는 '타자'로서의 노동자가 소비자로 나타나는 곳입니다. 그런데 타자로서 자신을 도입해내는 주체의 능력이란 단일한 구조의 차원에서는 찾아질

수 없는 그 구조 내의 결여, 그 어긋남이 생산적으로 가능한 순간과 구성을 위해 필연적으로 배제해 버린 차원 간에 필연성이 작동하고 있다는 것을 충실히 인식하는 동시에 지젝이 말하는 '선거'의 순간이나 홍명교 님이 말한 '대중운동'의 시간, 추상적으로는 담론의 질서와 환상 모두에 균열이 발생하는 찰나를 정세적으로 포착하고 개입할 수 있는 능력이라 할 수 있지 않은가요? 그러한 한에서 우리는 '외밀(ex-timate)'하다는 라캉의 개념을 이해할 수 있을 것이고, 또한 그러한 한에서 우리에게는 복수의 장, 정확히 말하자면 구조(장)가 지닌 어찌할 수 없는 타자성을 일으켜 세워 우리의 가로지름이 지닌 보편성을 요청할 수 있게 될 것입니다.

구조와 주체, 필연과 자유, 오래된 두 질문

필자는 이 구절을 읽고 놀라지 않을 수 없었다. 조문희는 이것을 통해 '구조'와 '주체'라는 저 오래된 변증법적 주제를 훌륭한 방식으로 소묘하고 있기 때문이다. 조문희가 복수로서 존재하는 구조적 장으로부터 타자의 범주를 연역해냈듯이, 그리고 동시에 여러 현대 철학의 조류가 가르치듯 다소 추상적인 차원에서 정식화하자면 '구조'는 언제나 복수적인 것이며 그것은 구조 내에서 해소할 수 없는 외부성을 떠안을 수밖에 없다. 라캉의 말대로라면 대타자(구조)의 일관성을 보증하는 '(대)타자의 타자'는 언제나 무의미하고 우연한 요소로서(비트겐슈타인이 '신비'라고 지칭한 바로 그것) 타자적 형태로 출현할 수밖에 없는 것이다. 상징적 구조들은 그러한 '실재적' 요소(타자)를 중심으로 언제나 변동하고 재구성되는 과정을 겪을 운명에 처하게 된다. 표준적인 철학사 입문서에서 이러한 가르침에는 다들 잘 알다시피 '후기 구조주의'라는 레테르가 붙는다.[1]

그러나 이러한 논의는 어쩐지 '구조' 안으로의 밀실공포증적인 상황을 더욱 더 야기할 뿐이라는 우려를 자아내게 한다. 어찌되었든 구조가 아무리 역동적으로 변해갈수록, 제아무리 구조가 그것에 대해 외래적인 타자를 중심으로 복수의 차원으로 분열된다고 하더라도 그 구조는 어쨌든 그 자체로 견고하게 유지될 뿐이니 말이다. 칸트의 말대로 아무리 인과계열을 복잡화하더라도 거기서 '자유'의 계기가 보증될 수 없듯이 오늘날 후기 자본주의 사회에서 흔히 목도되는(이론적 차원과 현실적 차원 양자에서 동시에 목격되는) 구조의 역동성 자체도 주체적인 자율의 계기에 대해 아무것도 가르쳐 주지 못한다. 오히려 구조의 역동성은 주체로서 우리가 얼마나 그 구조 안에 종속되어 있는지를 보여주는 반증이라고도 할 수 있다.

개인적인 소회이지만 바로 이 구조의 역동성에 대한 부적절한 강조를 통해 주체라는 그 윤리적·정치적 책임의 차원을 거세해 버린 철학적인 공모가 있지 않느냐는 의심을 던져보고 싶다. 이른바 알튀세르-스피노자-들뢰즈 커넥션을 상정해 보고 싶은데, 그들은 공통

1 이사다 아키라, 이정우 역, 『구조주의와 포스트구조주의』, 새길, 1995 참조.

적으로 다수의 국면들로 분열되는 역동적 구조를 상정해 두지만 그 안에서 오히려 모든 충실한 주체적인 기획의 요소들은 배제하는 구도를 취한다. 우리는 이들이 설정한 철학적 구도를 극복해야 하며, 동시에 그들이 여전히 부정적인 방식으로나마 주체의 문제를 암묵적으로 다룰 수밖에 없었다고 생각해야 한다. 왜냐하면 구조 내에서 주체가 짊어지는 몫(책임)은 어쨌든 이론적인 차원에서조차 사라지지 않기 때문이다.

오늘날 그들을 전복적으로 독해하는 방식은 바로 이러한 방향, 즉 그들이 어쩔 수 없이 주체의 현실적인 몫을 고려하는 지점을 향한다. 구조냐 구조 외부냐를 선택하길 강요했던 지난날의 구도로는 주체의 자율성 상실이라는 오늘날의 정치적·이론적 곤궁을 더욱 더 가속화할 뿐이다. 특히 들뢰즈가 예컨대『차이와 반복』에서 반복강박이라는 후기 프로이트적 주체를 이론적으로 해명하는 곳에서 그가 이미 주체성으로의 이행과정을 '절반이나마' 다루었다고 봐야만 한다. 들뢰즈는 프로이트로부터 구조가 강박적으로 '반복'된다는 모티프를 배웠다. 그리고 그 반복으로부터 구조와 그것의 타자 양자를 주체화하는 어떤 경로를 찾아냈다. 그것이 바로 새디즘과 매저키즘으로 정리되는 도착증의 경로이다. 지금 우리가 대략적으로 다룰 주제도 바로 들뢰즈가 이미 1960-1970년대에 다루었던 바로 그 '반복강박'과 '주체성' 사이의 관계이다.

타자성과 주체성

우리의 요지는 이렇다. 구조의 타자성(외부)이 있다는 것만으로는 불충분하다. 오히려 진짜 관건은 조문희의 말대로 **이러한 구조의 타자를 '주체화'할 수 있느냐**는 것이다. 다시 말해 구조의 외부만으로는 아직 자유의 계기가 존재하지 않는다는 것이다. 진짜 자유란 무엇이냐는 저 철학적 주제를 여전히 진지하게 생각한다면 우리는 구조의 외부성이 주체적으로 활성화되어야만, 다시 헤겔의 언어로 말해본다면 구조의 외부를 '실체로서만이 아니라 주체로서도' 사고할 때에만 거기에 '자유의 계기'가 발생할 수 있다는 결론으로 나아가야 한다.

가라타니 고진은 동일한 고전적 자유의 문제를 정치경제학의 맥락에서 새롭게 변주한다. 그는 자본의 계열(구조)에서 바로 그 계열이 안고 있는 약한 고리가 상품의 판매-소비 단계에 있음을 지적한다. 다시 말해 자본이 모든 사회적 자산을 이윤화·상품화하는 구조적 법칙으로 관철된다 해도 그러한 구조 내에서 상품이 '팔리지 않는다면', 즉 상품생산의 주체인 노동자들이 자신의 생산물을 되사지 못한다면 그러한 구조는 결국 공황에 부딪히게 된다는 것이다. 조문희의 독해에 따르면 고진은 자본의 구조가 구조로서 확증되는 소비의 단계에서 노동자들이 정치의 주체로 변모할 수 있는 '가능성', 다시 말해 자유의 계기가 잠재해 있다고 이야기한다. 노동자가 자신의 노동력을 파는 단계에서 노동자-주체들은 자본주의적 사회구조의 한 요소를 이루며 그것과 필연적으로 공모할 수밖에 없다. 하지만 노동자가 자신의 생산물을 되살 때 바로 거기서 그들은 구조 안에 있는 동시에 구조 바깥에서 그것을 상대화할 수 있는 자율적 위치에 서게 된다는 것이다. 바로 거기에서 그들은 자신이 배태된 바로 그 구조에 일격을 가할 수 있다.

그러나 고진이 말하고 있는 것은 사실 굉장히 기묘한 '도착적 차원'을 내포하고 있다. 고진의 말대로 자본제 '상품판매의 단계'에서 소비자가 정치적 주체가 된다는 것은 표준적인 소비자 운동처럼 단순히 기업의 건전한(?) 이윤활동을 보조하는 차원에 그치는 게 아니다. 단적으로 말하자면 고진의 요지는 노동자들이 자본제 상품을 '사지 않아야' 비로소 그들이 새로운 차원의 정치적 주체로 변모할 수 있다는 것이다. 그들이 의식의 차원에서 아무리 각성되어도 그들이 자본제 생산-교환 양식 안에 붙잡혀 있을 때 그들은 여전히 주체라고 불릴 수 없다. 그런데 어느 순간 타자성에서 주체성으로의 기묘한 이행이 발생한다. 그리고 이것은 겉보기보다 더 두려운 **자살적인(=매저키즘적인) 차원**을 내포하고 있다.

처음에 개별 주체로서의 노동자들에게 '공황', 즉 '상품이 팔리지 않는 사태'는 두려운 가능성(실업, 비정규직화, 생활고 등등)으로 다가온다. 여기서 노동자들은 구조에게 일격을 가하는 타자성을 일별하는 것에 그친다. 단지 '노동자'라는 사회경제적 포지션만으로는 그들 역시 구조의 입장에서 구조의 외부성을 두려운 시선으로 관조할 수밖에 없는 것이다. 그런데 동일한 공황을 겪는 그들이 **'주체'로 변모하는 지점은 처음에 타자성으로 나타났던 차원과 동일화되는 데 있다.** 그들은 '공황'이라는 자본제 구조의 반복적 위기를 고용안정에 목매는 노동자의 입장에서가 아니라, 그러한 위기를 총체적으로 조망할 수 있는 소비자의 위치에서 바라봄으로써 그들은 '위기여 다시 한 번!'을 외칠 수 있게 된다.

고진의 요점은 단순히 노동자와 대립되는 위치에 서야 한다는 게 아니다. 오히려 소비자의 위치에 서야 단순히 특정한 사회경제적 포지션에 매여 있던 노동자가 기존에 자살적인 차원으로만 보았던 곳에서 스스로를 알아볼 수 있게 된다는 것이다. 다시 헤겔의 말대로라면 노동자는 자살적인 차원으로 보았던 곳에서 진정 '자기 자신으로 복귀'한다. 여기서 노동자는 자본제 상품을 거부함으로써, 즉 협동조합을 통해 경제적으로 자립함으로써 자신에게 불이익으로 돌아올 수밖에 없는 '공황'의 가능성을 비로소 '긍정'하고 나아가 그것을 '의욕'할 수 있다. 이것이 고진이 소비자의 위치에서 발견한 전복적 지점이다.

따지고 보면 지난날의 위대한 혁명적 순간들 역시 노동자들이 자신의 직업적인 정체성에서 탈각된 채 자본제 상품의 유통과정에 타격을 가하는 첨예한 정치적 주체성을 획득했던 과정이 아닌가? 물론 고진은 의식적으로는 이와 같은 도착적인 주체성을 부인한다. 그는 모든 자본제 상품을 거부하자는 제안을 실제로는 내놓지 않는다. 그러나 최소한 이와 비슷한 주체화 경로들을 유추해 볼 수 있다. 만일 출산율 저하가 문제라면 여성들은 이러한 주어진 사회적 사실을 적극적으로 의지함으로써, 다시 말해 의욕적으로 아이를 낳는 것을 거부함으로써 주체가 될 수 있다. 청년실업이 문제라면 청년들은 그러한 현행의 사실을 정반대로 뒤집어 취업시도를 포기하면 된다. 물론 이러한 주체화 과정은 대단히 도착증적이다.

주체의 논리와 반복강박

여기서 우리는 자유의 계열이 어디서부터 시작되는지에 주목해야 한다. 협동조합을 통해 단결한 노동자가 소비자의 위치에서 '공황이여 다시 한 번'을 외치는 지점에서 바로 들뢰즈가 '도착증'이라고 잠정적으로 명명했던 '주체의 논리'가 개시된다고 우리는 감히 말해야 한다. 이러한 '논리'는 마오쩌둥이 제국주의 전쟁의 위협에 대해 화답했던 다음과 같은 테제에서 감동적으로 반복된다. "우리는 전쟁에 반대한다. 그러나 우리는 결코 그것을 두려워하지 않는다. 제1조는 반대하는 것이요, 제2조는 두려워하지 않는 것이다." 여기서 마오쩌둥은 결코 의롭고 동정심 많은 NGO와 구호기구처럼 전쟁을 무슨 수를 써서라도 피해야 하는 '절대악'이라고 말하지 않는다. 심지어 평화주의자인 칸트조차도 그렇게 말하지 않았다.[2)]

2 가령 『칸트의 역사철학』에 수록된 칸트의 후기 논문들을 보면, 칸트는 전쟁을 한편으로는 반인륜적 범죄로 규정하는 동시에 다른 한편으로는 그것이 시민들의 반사회적 사회성을 함양하는 계기로서 긍정하는 모종의 양가적 태도를 내비친다.

칸트와 마오는 오늘날 저 흔한 평화주의자들에 비해 더 정확히 사태의 진상을 간파하고 있다. 요컨대 전쟁이든 경제공황이든 어떤 주체도 그것을 사전에 막을 수 없다. 그것을 사전에 피할 수 있는 자유 따위는 현실적으로 존재하지 않는 가운데 마치 그것이 절대악인 양 묘사하는 것은 그 자체로 허위이다. 후기 구조주의의 가르침대로 그러한 위기(전쟁, 공황)가 반복해서 도래하는 것이 구조의 일부를 이루고 있다면 주체는 구조의 외부(전쟁과 같은 예외상태)에서조차 구조에서 자유로울 수 없다. 즉 전쟁과 공황의 반복강박에서 우리는 자유롭지 못하다. 『영구평화론』에서 칸트 자신도 그것을 인정할 수밖에 없었다. 반복되는 전쟁과 그것의 참상은 점점 인류의 종속적인 처지를 완고하게 증명해내고야 만다.

그런데 어느 순간엔가 칸트는 마오와 유사하게, 매우 공포스럽게도 "전쟁이 반복되면 될수록 오히려 더 좋다"고 말한다. 오히려 그것이 반복될수록 그것이 전쟁 당사자들이 평화협정을 체결할 수밖에 없는 궁지로 몰아갈 것이기 때문이다. 이런 논변은 물론 그 자체로는 도착적인 것에 불과하다. 그러나 거기에는 일말의 진실이 숨어 있다. 칸트는 주체(자유)가 출현하는 지점을 정확하게 짚고 있다. 다시 말해 자본의 반복강박(공황)과 네이션-스테이트의 반복강박(전쟁)으로부터 주체는 결코 자유롭지 않다. 그러나 주체는 강박적으로 회귀하는 바로 그 위기의 지점을 다시 반복하고 되짚어나가며 그것을 '반복해서 의욕' 할 수 있다. 자유는 바로 거기에서 시작된다.

이러한 칸트의 논변은 들뢰즈가 '도착증' 내지는 '사도 매저키즘'을 이론적으로 다룰 때 '죽음충동'의 차원에서 출현하는 주체성의 윤곽을 공유한다. 주체성은 구조의 구성적 예외를 이루는 저 반복 강박적 충동과정 안의 부정적인 차원에서 발견된다. 그러나 이 과정은 물론 주체 자신에게는 그 자체로 인지되지 못한다. 구조의 예외상태를 이루는 위기들은 구조가 그 자신의 결여를 떠안은 채 스스로 반복되어야 하는 곤궁 속에서 강박적으로 회귀한다. 이러한 익명적 과정은 주체성과 하등 아무런 관계가 없다. 하지만 우리는 여기서 변증법적 역전의 논리를 재발견해야만 한다.

이와 관련해 우리는 들뢰즈의 기념비적 저서인 『차이와 반복』의 요지를 다시 한 번 생각해 볼 수 있다. 이 악명 높은 책 제목은 흔히 '차이는 무한히 반복된다' 혹은 '차이는 단일한 척도로 규정될 수 없다' 따위의 반헤겔적 포스트모더니즘의 교설로만 받아들여지고 있다. 하지만 우리는 들뢰즈의 진짜 요지가 '반복(강박) 속에서 차이가 발생한다'는 것이라고 봐야만 한다. 다시 말해 동일한 강박이 항상 제자리로 회귀하는 것만으로는 부족하다. 오히려 그러한 강박은 그 자체가 '반복' 됨으로써 '차이화'(주체화)된다. 반복강박의 반복적 요소가 의지적으로 반복되면서 거기에서 단순히 수동적으로 반복(수동적 종합)되었던 이상의 새로운 주체성(능동적 종합)이 발생한다는 것이다. 이런 의미에서 들뢰즈는 주체 내지는 자유가 어디서 시작되는지를 진지하게 사고한 진정한 칸트주의자이다. 동시에 들뢰즈는 반복강박을 '실체'로서 뿐만 아니라 '주체'로서 사고한 최후의 헤겔주의자가 아닌가?

반복하자면 피할 수 없는 구조의 반복강박(위기)을 자유롭게 '의욕'하는 데에서 주체의 진정한 자유가 출현한다. 주체는 공황을 피할 수는 없지만 그는 마치 그것을 오히려 원했던 것인 양 받아들일 수 있다. 주체는 전쟁을 피할 수 없지만 얼마든지의 희생을 각오하고 싸울 자유가 있다. 고진이 바로 그 지점까지는 나아가지는 않았지만 전쟁과 공황을 불사하는 지점에 서는 한에서 주체는 상황을 돌파할 '혁명성' 을 내포한다.

Chapter_5

칸트의 유물론

칸트 이후 근대의 존재론적 배치

칸트의 근대적 유산 : 칸트와 존재론

우리 눈에 보이는 '현상(現像)'과 그것이 반영하는 본연의 '사물(事物)'(우리의 경험지평에 주어져 있지만 그 자체로 인식할 수 없는 본체)이라는 근대적 구도. 이것은 동시에 칸트의 구도로 잘 알려져 있다. 현상은 물론 너머의 물적(物的) 존재를 '반영'하는 상(像)이지만, 칸트와 더불어 그것이 더 이상 이데아에 대한 '모방'도 아니며 '타락'은 더더욱 아니라는 것이 근대 과학의 도래와 더불어 너무나 자명해졌다. 조금 더 엄밀히 말하자면 칸트 이후의 세대인 우리들은 대개 '현상'으로 인식하는 자연의 질서가 사물에 대한 모종의 '판단'을 통해 형성된 것임을 암묵적으로 이해하고 있다. 말하자면 우리는 현상이 '초월론적으로 구성'된 것이라는 칸트의 테제를 암묵적으로 인정한다. 눈에 보이는 외관들은 그저 눈에 보이는 것이 아니라 정교한 추론과 인식과정이 덧붙여진 '나름의 근거가 있는' 인식론적 산물이라는 것이다. 그런데 현상을 산출하는 인식과정은, 현상에다 사물을 반영하는 과정은 정작 모종의 '블랙박스'로만 이야기될 수 있다. 이것(블랙박스)은 그 자체로 인식할 수 없는 현상의 존재론적 근거(사물)와는 또 다른 차원이다. 그래서 다음과 같은 구도가 성립한다 : 우리는 세계를 인식하는 중심 기제이지만 정작 그 기제가 무엇인지 알 수 없다. 혹은 우리는 우주의 인식론적 중심이지만 자기 자신으로부터 탈중심화되어 있다.

들뢰즈에 따르면 이러한 유니크한(unique) 근대적 구도는 우리 시대 새로운 사유의 분위기를(왜 그는 이를 단순히 '유물론'이라고 용기 있게 말하지 않았을까) 형성하고 있다. 이러한 설명은 '인간'이라는 범주가 경험적·초월론적 쌍으로 분열되어 있다(경험적으로 볼 때 인간은 과학적 프리즘으로 낱낱이 해부될 수 있지만 정작 그 프리즘 자체는 불투명한 것으로 남아 있다)는 푸코의 설명으로 새롭게 보충될 수 있다. 그런데 우리가 통상적으로 푸코-들뢰즈의 언급을 읽을 때 칸트가 최초로 야기하는 사상적 전복(유물론적 전복)은 흔히 간과되곤 한다. 여기서 우리는 오히려 칸트로 다시 돌아가야 하지 않을까? 하이데거가 칸트에 대한 주석에서 이야기하듯이 여기서 칸트를 이해하는 데 있어 관건은 칸트 자신이 '존재론적 심층 대 표층적 외관'이라는 공간적 유비에 의존한 전통적인 서구 형이상학적 구도에 돌이킬 수 없는 변경을 가했다는 사실이다. 그는 심층 대 표층이라는 전통 서구의 형이상학의 위계에 어떤 뒤틀림을 가했다는 것이다.

이러한 전복은 '총체성'이라는 제3의 자질을 덧붙여야만 온전히 이해될 수 있다. 과거의 구도에서 총체성은 심층(이데아)에 귀속되고 표층은 비일관된 분열된 이미지들의 이합집산(시뮬라크르)으로만 여겨졌다. 그런데 칸트와 더불어 이러한 구도가 정반대로 뒤집어졌다. 칸트와 더불어 경험적 외관을 떠받드는 존재론적 근거야말로 '일관된 것'으로 사고할 수 없게 되어 버렸다. 반면에 현상의 질서들이야말로 '사태에 대한' 총체적·인과적 설명수단에 근거한다. 물론 칸트는 완결된 현상적 '총체'란 궁극적으로는 불가능하며 그것을 제한하는 물적 근거가 있다는 것을 부연한다.

하지만 역으로 이 '사물'을 '일관되게 설명'하려는 모든 시도들은 라이프니츠류의 '형이상학'으로 기각된다. 도리어 '총체화'될 수 있고 일관되게 설명 '가능한' 것은 현상의 질서이다. 우리는 오로지 이 질서 안에서만 주관적 관심사들(미적·윤리적·인식적)의 안정된 인식적·실천적 준거점을 발견할 수 있는 것이다. 다르게 말하자면 우주에 총체적 질서를 부여하려는 '초월적 기획'(칸트를 이를 '이념'이라고 부르고 토머스 쿤은 이것을 '패러다임'이라 부른다)은 현상적 질서 외부가 아닌 내부에서 비로소 가능하다는 것이다. 하이데거는 이러한 근대적 뒤틀림을 단순한 사소한 개념들의 자리바꿈으로 보고 그것을 서구 형이상학적 지평에 대한 궁극적인 전복이 아니라고 했지만 사실 진정한 '전복'은 이 자리바꿈 그 자체에 있었다. 하이데거 역시 개념들 자체를 몽땅 뒤집는 것이 진정한 전복이라는 진부한 생각을 따르고 있었던 것이다. 뒤에도 언급하겠지만 이 자그마한 '자리바꿈'이 야기하는 '전복'이야말로 근대적인 유물론의 진정한 차원을 형성하고 있다.

그렇다면 우리는 푸코가 오늘날의 근대적 리얼리티를 지탱한다고 여겼던 '경험적 · 초월론적' 쌍을 보충해야 한다. 진정한 칸트적 구도는 '셋' 으로, '현상(경험적 판단의 내용) – 초월론적 틀(판단의 패러다임) – 물적 근거(사물)' 로 세어져야만 할 것이다. 푸코에 반대하며 우리는 두 쌍을 연결하는 일종의 '탯줄' 로서 마지막의 '사물' 을 누락해서는 안 된다. 흔히 현대 철학적 유행 속에서 마지막 항은 특히나 자주 간과되지만 말이다.

조금 있다가 사물에 관한 논의로 다시 돌아오겠지만, 사물은 언제나 경험적 현상과 초월론적 기획 사이의 '일치' 를 보증하는 하나의 환영적인 단락(short circuit)으로서 기능한다. 칸트적인 배치 안에서 사물은 총체적인 이데아의 이념적 질서가 아니라, 현상과 그것의 논리적 일관성을 지탱하는 환영적인 대상으로 전락하는 것이다. 경험적 현상을 규제하는 배후의 사물을 떠올리는 것이야말로 궁극의 환영이다. 그러나 그것은 또한 불가피한 환영이다. 심지어 칸트는 이러한 환영은 이성적인 구조를 가지고 있다고까지 말한다.

이러한 이상한 '삼항조' 는 돌이킬 수 없는 칸트의 유산이며 업적이다. 이것을 부인한다면 우리는 다시 과거의 신플라톤주의적 패러다임에 대한 향수로 퇴행하거나 혹은 오늘날의 진부한 포스트모더니즘적 통념으로 빠져들게 된다. 혹자는 오히려 이 '셋' 이 오래된 통념을 반영한 것에 불과하다고 말하며 이를 어떻게든 증명하려 할 수 있다. 그러나 이 셋 중 하나를 빠뜨리려는 유혹이야말로 '형이상학적' 이다. 근대에 들어서 발생한 진정한 사상적 '변화' 는 이 셋 중 어느 하나를 임의적으로 간과하는 것[포스트모더니즘은 '사물' 을 부인하며 현상과 이를 구성하는 초월적 틀이 '전부' 라고 말하는 독아론(獨我論)에 빠지며, 신플라톤주의를 계승한 낭만파의 사고에서는 '초월적 관심사' 를 죄악으로 간주하는 이교도적 세계관으로 퇴행한다] 에 있는 게 아니다. 그러한 변화는 이러한 셋의 '위상학적' 관계가, 즉 이들의 위치를 규정하는 이념적 좌표가 근본적으로 '이동' 했다는 것에서 발생한다. 칸트가 야기한 지적 혁명은 바로 이러한 '좌표 이동' 에 있다고 해도 과언이 아니다.

칸트의 유물론

그래서 '현상(現像)' 이란 정확히 무엇을 뜻하는지에 대한 엄밀한 칸트의 사유로 돌아가야 한다. 지젝이 이야기하듯이 이 모든 근대적 혁명은 결국 '현상' 의 위상변화에 반영되기 때문이다. 그렇다면 오늘날의 부적절한 형이상학은 이러한 현상의 위상에 대한 동일한 수의 오해들에 불과하다. 우리는 이제 현상의 질서 속에서 살아가는 인간들이다. 칸트적 '현상' 으로 가득 찬 우주 속에서 살아간다는 것은 무엇을 의미하는가? 현상으로 구성된 우주는 도대체 어떻게 경험되는가?

칸트 이후에 대두된 뚜렷한 변화는 우리가 체험하는 우주가 우리의 일상적 생활감정을 지탱하는 원초적인 모체로서의 위상을 잃고 단순히 현상들이 투사되는 스크린(Screen) 사물로 경험된다는 점이다. 우리가 총체적 레벨에서의 우주를 떠올릴 때 그것은 더 이상 우리가 거주하는 모체로서가 아니라 이런저런 현상들이 투사되는 '공백'

으로서만 경험되는 것이다. 무엇보다 중요한 것은 '사물' 역시도 이러한 '스크린'의 양태로 '현상'의 질서 속에서 출현한다는 점이다. 사물 역시도 엄연히 현상적인 것이다. 가령 오늘날 정치적 주권은 이런저런 부절적한 개별적 인격이 그 때마다 차지하는 '텅 빈 자리'로 나타난다. 물론 권력의 자리를 차지하는 인물들이 사물(주권) 자체는 아니다. 그것은 그 자체로 나타날 수 없으며, 단지 '텅 빈 공백'이라는 특수한 현상으로서만 일관되게 생각될 수 있다는 것이다. 낭만파가 분개하는 것은 바로 이러한 사고방식이며, 이것을 오늘날 우리가 겪는 단절-소외감-방향상실의 원흉으로 파악한다. 그래서 그들은 정치적으로 대개 원파시즘적 성향을 따른다.

정치적인 영역에서 낭만파적 사고는 민주적 권력투쟁 과정을 통해 선출된 리더가 아닌 본연의 리더다운 카리스마적 리더를 찾는 것으로 나타난다. 그러나 이러한 정치적 경향도 근본적으로는 '현상'의 이중적 지위에 대한 반발로서 출현하는 것이다. 그들은 현상이 사물의 외관인 동시에 사물 그 자체를 반영하는 텅 빈 공백이기도 하다는 근대의 존재론적 배치를 받아들이지 못한다. 근대적 리얼리즘의 경우에서도 현상은 단순히 사물을 반영하는 외관인 동시에 '사물 그 자체'의 반영으로 여겨진다. 물론 리얼리즘 회화나 소설의 개별 작품이 다루는 대상은 '사물' 그 자체가 아니다. 그렇다고 그것이 하나의 미메시스(mimesis)인 것도 아니다. 그러한 현상이야말로 현상 그 자체로서 '리얼'한 것이기 때문이다. 이렇듯 고유의 칸트적·근대적 우주 안에서 현상과 사물의 대립은 현상들 간의 간극 내지는 긴장으로 전도된다.

그렇다면 낭만파들의 기본 욕망은 '현상'의 이중성과 현상 자체의 내적 간극을 다시금 현상과 현상 이면에 있는 본연의 원초적 진리 간의 외재적·신화적인 대립으로 되돌리는 것이다. 가령 엘리아데는 근대인들이 경험하는 단순히 눈에 보이는 현상적 질서 이면에는 심층적 '종교적' 사고가 있다고 말한다. 한편으로 눈에 보이는 현상에 대한 근대인들의 계산적이고 이해타산적인 관심사들은 부지불식간에 그러한 일상의 개별자를 '신성한 것'의 '현현(Epipheny)'으로 사고하는 종교적 심성을 전제한다는 것이다. 또한 근대의 무신론적 지평 속에서의 공리주의적 사고 역시 그 이면에서 '성과 속'에 대한 원초적 경계짓기를 반향하고 있다는 식이다.

근대적 사유 속에서조차 여전히 반복되는 신화적·원형적 이미지를 발견했다고 주장하던 칼 융 역시도 오십보백보이다. 그의 원형 이미지는 신플라톤주의에서 말하는 영원한 부동의 일자(一者)와 다를 바 없다. 이런 식의 사고는 근대적인 현상적 차원이 왜 더 이상 신플라톤주의에서 말하는 기만적 외관과 그림자-환상에 불과한 것이 아닌지, 그런만큼이나 현상이 전제하는 물자체가 왜 영원한 천상의 이데아가 아닌지에 대한 요점을 완전히 놓친다. 한낱 상(像)에 불과한 것에 대한 집착이 삶의 본질적인 것을 놓친다면서 개탄하는 자들은 현상을 다시금 원초적인 사물에 대한 기만적 모방과 시뮬라크르로 번역하면서 그들만의 은밀한 신플라톤적 전제로 돌아간다. 이에 반해 기독교라는 종교는 이 '상=표징'에 대한 집착이야말로 '본질적'이라는 사실을 온전히 인정하는 유일하게 '근대적'인 종교이다. 낭만파들은 거의 대부분 기독교의 이러한 근대성에 대해 원한을 갖고 있다.

그들은 기독교 대신 고대 북유럽과 그리스 신화에서 원형을 찾았던 것이다.

그에 반해 칸트의 생각은 초월론적으로 구성된 현상적 질서야말로 확고한 이성적 근거가 있다는 것이다. 그리고 그것을 기초짓는 물적 토대는 현상 외부의 무언가가 아니라 단지 '예외적인 현상'으로서 현상적 질서 내에 재반영된다. 따라서 보편성을 '현실적인 존재로' 혹은 헤겔의 말대로 '대자존재로서' 발견하기 위해서는 그것을 종교적인 무아지경이나 원형에 대한 신비한 직관 속에 찾을 것이 아니라, 도리어 그러한 보편적 이념이 저속한 현상 '한가운데서' 실패하는 지점 속에서 발견해야 한다. 기독교의 '신'이 단순히 인간들 중 한 명으로—그리고 그들 중 가장 비참한 이로—나타남으로써 아브라함의 민족에게 약속한 자신의 언약을 궁극적으로 완수하듯이 말이다.

이렇듯 현상적 차원이 동시에 신적 차원과 인간적 차원으로 이중화된다는 점에서 그것은 궁극적인 총체성으로 완결되지 못한다. 그러나 도리어 현상적 질서 내부의 이러한 긴장이야말로 현상의 일관성을 보증하는 근거가 된다. 이러한 내적 긴장이야말로 현상을 규정하는 보편적 이념(물자체)이 있음을 알려준다. 그런데 이러한 현상/물자체 간의 긴장이 현상적 차원의 내속적 긴장으로 치환되는 과정에서 유물론적 지평이 최초로 개시된다. 우리는 여기서 가장 격렬한 계급투쟁을 통해서만 계급 없는 사회로 고양될 수 있다는 마르크스의 통찰을 떠올려야 한다. 말하자면 마르크스의 유물론을 선취하는 칸트적 유물론이라 불릴 만한 것이 칸트의 철학 한가운데서 출현한다고 말 할 수 있는 것이다. '예외와 법칙'이라는 구도를 통해 이 유물론적 전도의 전모를 고찰할 수 있다. 토마스 아퀴나스를 통해 대변되었던 기존의 서구 전통 신학적 지평에서 현상은 예외로서만 나타나고, 현상의 근거(신)야말로 보편적이라면 칸트에게서 이 구도는 다시 역전된다. 엄밀한 법칙성은 현상의 층위에서만 발견될 수 있으며, 반대로 예지체는 오직 현상의 일관된 질서에 비추어 볼 때 예외적인 것으로 나타난다.

여기에는 현상을 초월자의 타락한 유출물(流出物)로 간주하는 신플라톤적 세계관이 들어설 여지가 없다. 이것은 현상이 일종의 레퍼런스(reference)의 질서라는 사실을 알려준다. 논문의 세계와 마찬가지로 현상들은 서로를 상호 언급하는 내적 연관을 이루는 한에서 자신의 근거를 정초한다. 그러나 이것은 결코 레퍼런스를 넘어선 레퍼런트(사물)를 부정하는 게 아니다. 이런 점에서 현상의 내속적 질서를 드러낸 칸트의 우주는 곧 근대 과학의 우주와 동일하다. 저 유명한 칼 포퍼의 '반증 가능성'을 상기하자. 근대 과학의 우주에서 현상들과 이에 수반되는 가설적 법칙들은 물론 상대적인 것에 불과하며, 반증 가능성에 노출되어 있다. 그러나 칼 포퍼의 요점 중에서 흔히 간과되는 것은 이 반증 가능성이야말로 절대적인 것이 아니라 상대적인 것이라는 사실이다. 단순히 반증 가능성만 놓고 보면 사실 플라톤의 우주도 칼 포퍼의 세계관과 상통하다고 말할 수 있다. '이데아'에 비추어 볼 때 모든 개별 현상 혹은 시뮬라크르들은 절대적으로 반증 가능하다. 사실 이런 식이라면 오늘날 포퍼주의를 자임하는 사람들은 이 면에서는 플라톤주의의 재탕에 불과한 것이다.

결국 근대 과학과 플라톤주의 사이의 진정한 차이는 반증 가능성을 이데아에서 찾는 게 아니라 거꾸로 이데아를 '반증 가능성' 그 자체에서 찾는 사고구도의 전복에서 초래된다. '지적 설계설' 내지는 '과학적 창조론'을 주장하는 보수적 기독교도들이 근대 과학(=진화론)이 상대적이고 유한한 가설에 기초해 있다는 점을 자신의 유리한 논거로 드는 진부한 관행들이 있는데, 이는 앞서의 관점에 비춰볼 때 전적으로 부적절한 것이다. 그들은 근대 과학적 우주(인간)의 유한성은 곧 신플라톤적 우주에서 인간의 유한성과 완전히 다르다는 사실을 놓치고 만다. 이러한 점을 최초로 분명히 한 사람은 칼 포퍼 이전에 칸트 자신의 업적이다. **칸트의 공로는 인간조건의 근본적 유한성에 강조점을 둔 것에만 있는 게 아니라 유한성과 무한성의 좌표를 근본적으로 변경한 것이다.** 칸트 이후 인간의 유한성은 더 이상 절대적인 신, 이데아, 이성 앞에서의 유한성이 아니다. 인간의 유한성은 이제부터 그 자체의 유한성과 내적으로 비견되며, 자기 자신의 유한성 자체가 절대자에 비추어 한정될 수 없게 되는 이상한 비전체(not-all)의 논리를 따르는 내재적 악순환에 사로잡히게 된다.

나는 이러한 새로운 존재론적 배치를 칸트적 유물론이라고 부르고 싶다. 유물론은 물론 우선적으로 '현상들의 우주'이다. 현상 외에는 아무것도 없다. 그러나 유물론과 더불어 출현하는 현상들은 더 이상 절대성에 견줄 때 한낱 존재론적 타락에 불과한 것이 아니라, 언제나 스스로를 현상적 우주 내에서 보편화해야 하는 능동적 위상으로 탈바꿈한다. 그리고 현상을 규정하는 보편성은 현상의 레퍼런스들이 서로를 상호 지시하는 행위에서 발생하는 수행적 차원에 있다. 그것의 수행적 효과는 다름 아닌 현상적 질서의 연쇄 내부로 완결될 수 없는 '너머가 있다'는 암시이자 지시이다. 여기까지는 우리가 흔히 알고 있는 포스트모더니즘적인 탈구축적 유행의 연장으로 보인다. 그러나 여기서 추가되어야 할 결정적인 유물론적 뒤틀림(twist)은 현상이 이러한 '너머'에 대한 지시를 다시금 자기 내부로 끌어들인다는 사실이다. 이것이 사태를 더더욱 포스트모더니즘이라는 단일한 구호 아래 종결지을 수 없는 것으로 만든다. 이러한 현상적 질서 내부의 악순환은 현상들로 하여금 완결된 총체를 이루지 못하고 현상 자체의 내적 긴장(현상이 지시하는 내용과 지시 자체의 수행적 차원 사이의 긴장)을 불러일으킨다. 현상은 이런 악순환을 형성하는 레퍼런스의 체계이며, 그것은 내적으로 완결되는 소쉬르의 구조와 완전히 다르다.

칸트와 과학, 예술 그리고 페미니즘

그런데 오늘날의 유행은 앞서 논의했던 '현상적 우주'를 구출하자는 논의가 아닌가? 이것은 자유주의적 포스트모던 상대주의적 윤리의 지지자들이 흔히 칸트를 써먹는 방식이다. 그들은 한나 아렌트와 같이 주로 칸트의 『판단력 비판』에 주목하여 전적으로 보편화될 수 없는 개별적 판단들로 구성된 현상들의 복수성과 공존 가능성의 원리를 발견하려 한다. 이것은 오늘날 의회 민주주의적인 합의의 원리이기도 하다. 물론 이런 논의는 우선 '현상'을 언어적 구성물(합의)로 간주하려는 시도(카시러가 현상을 구성하는 오성의 범주와 감성의 형식을 '상징형식'으로 독해하며 최초로 감행한 시도)에 의해 정당화되어 왔다. 공통감각(common sense)을 통해 합의 가능한 인식의 범위를 설정하려 한 칸트의 작업 역시 이러한 시도를 뒷받침하는 듯하다. 우리가 경험하는 현상적 질서를 언어적 구성물(합의)로 간주하려는 사고와 현상에 대한 개별적 판단을 어떠한 보편적 이념에 종속시키지 않은 채 그 자체로 구출하려는 시도는 '물자체'를 배제하는 데에서 손을 맞잡는다. 그것은 물(物)이란 존재하지 않는 것처럼 치부하며 칸트가 최초로 드러낸 현상적 질서 한가운데에서의 내적 긴장을 간과한다. 이 긴장이 간과된 지평은 마치 리차드 로티와 같은 자유주의적 아이러니스트에게 일종의 낙원과 같은 것이다. 그들은 '합의'에 의해 구성된 임의적 세계들의 복수적 공존 가능성만이 유일한 시대적 보편성이라고 말한다. 이것은 오늘날 오로지 '자유민주주의'만이 보편적이라는 프랜시스 후쿠야마의 주장과도 일맥상통한다. 그러나 칸트는 매우 분명한 어조로 현상적 질서 내부에서도 여전히 사물에 대한 보편적 이념은 사라지지 않는다고 강조한다.

앞서 보편적 이념의 가능성을 부정하려는 사고방식의 극단은 토머스 쿤의 패러다임 개념에서 정점에 달한다. 이를 인용하자면 과학적 인식마저도 과학자 공동체 내부의 '합의'에 의해 구성된다는 것이다. 이것은 현상적 질서 내부에 예외 내지는 타자란 존재하지 않는다는 것을 암시한다. 모든 것이 합의라는 사고는 역으로 합의될 수 없는 타자를 배제하는 한에서만 가능하다. 모든 것은 '합의'에 불과하다는 것이 흔히 급진적 사고인 양 여겨진다. 이러한 사고방식은 여성의 성적 정체성은 사회적 인식에 의해 변경된다는 페미니즘적 사고와

병행한다. 이들은 섹스/젠더 개념이 다르다고 강조하면서 성적 정체성이 문화적 현상임을 강조한다. 그런데 주디스 버틀러가 주장하는 유물론적 형태의 페미니즘은 모든 것이 합의로는 움직이지 않는다는 상식을 천명하는 것에서 시작한다.

그러나 이것은 '여자는 어쩔 수 없는 여자일 뿐'이라는 가부장적 통념에 대한 굴복이 아니다. 그녀는 섹스나 젠더가 아닌 여성과 퀴어들의 섹슈얼리티(섹스도 젠더도 아닌 제3의 범주)에 대해 주로 이야기하는데, 이것은 사실은 젠더 이론 내부에서 칸트적 현상을 끌고 들어오는 것과 마찬가지이다. 섹슈얼리티로 구성된 성적 현상은 생물학적 섹스(성차를 규정하는 객관적 사물)나 문화적 젠더(여성의 여성다움을 초월론적으로 구성하는 문화적 패러다임)와 전적으로 일치하지는 않는다. 그녀가 전복하고자 했던 것은 남녀의 성차를 객관적으로 규정하는 섹스의 영역이 따로 있고, 문화적인 합의의 산물로서 변경될 수 있는 젠더의 영역이 따로 있다는 식의 통념이다. 문제는 이렇게 손쉽게 해결되지 않는다. 버틀러는 마냥 손쉽게 "모든 것은 문화적이다"라고 말하는 대신 젠더와 섹스의 경계선 자체를 합의하는 것이 여전히 불가능하다는 입장을 내세운다. 그런 점에서 우리는 근대적인 성차의 우주를 살아가고 있는 것이다.

이는 현상과 사물 자체의 경계선은 현상 내부에서 결정되지만 여전히 이러한 경계선의 결정은 결코 임의적이거나 주관적인 것으로만 사고될 수 없다는 칸트적 통찰을 반영한다. 현상과 사물, 그리고 섹슈얼리티와 그것을 규정하는 생물학적 성차 간의 경계는 문화적으로 합의될 수 없다. '합의'될 수 없는 것은 다름 아닌 어디서부터가 섹스(자연)이며 어디서부터 젠더(문화)인가라는 자명한 경계선(섹슈얼리티)이다. 그러나 이 경계선 자체는 여전히 필연적인 상수로서 존재한다. 개별적인 성적 실천(섹슈얼리티의 '현상')들은 다름 아닌 이 경계선을 끊임없이 '연출'하는 '도발'로서 감행되곤 한다. 섹슈얼리티란 다름 아닌 이 타자에 대한 도발적이고 계산된 연출에 의해 지탱되는 수행적 효과이다. 섹슈얼리티는 저 너머의 무관심한 객관적 범주가 아니라 현상 내부에서 끊임없이 재규정되는 성적 투쟁의 장소인 것이다.

그런데 이 성차적(性差的) 우주 속에서 출현하는 '합의 불가능성'(성정치가 출현하는 장소)은 동시에 과학의 영역에도 존재하지 않는가? 앞서 보았듯이 쿤의 패러다임의 개념은 과학적 인식이 합의에 기초해 있다는 사고를 대변한다. 이러한 사고방식은 하나의 패러다임이 다른 패러다임으로 역사적으로 이동하는 과정 자체는 훌륭하게 설명할 수 있지만 이러한 '이동'이 왜 초래되었는지에 대해서는 정작 아무것도 이야기하지 못한다. 그러한 이론은 우리가 운동을 설명할 때 그것을 아리스토텔레스적인 패러다임으로 설명하든 뉴턴적 패러다임으로 설명하든 어쨌든 상황을 유용하게 '설명'할 수 있다는 것을 말해준다. 그러나 그러한 사실은 여전히 '오늘날' 왜 우리가 다시 진지하게 아리스토텔레스적 패러다임으로 소행해서 운동을 설명하는 것이 불가능한지에 대해 결정적인 것을 말하지 못한다. 말하자면 이런 간단한 사고실험만으로도 과학사의 매 결정적 순간마다 존재했던 역사적 이행이 합의(패러다임 이동)에 의해 진행되었던 것만은 아니라는 점을 증명한다. 결정적인 전환의 국면에 과학의 영역에 '무언가가 일어났으며', 합의는 그러한 '사물의 발견' 이후에 들어서는 것이다. 근대 과학의 운동에는 근대적인 성차의 세계와 마찬가지로 합의될 수 없는 물질적 잔여가 존재한다는 것이다.

그런데 이것이 과학의 영역에서 참이라면 예술의 영역에서도 필연적으로 참이다. 예술의 영역에서도 우리는 르네상스 시기의 회화에 구현된 색채의 조화와 원근법적 구도에 매료될 수 있다. 그러나 우리가 다시 그처럼 그리는 것이 기술적으로 가능하더라도 여전히 그와 같은 방식으로 그리는 것은 '불가능하다'는 사실 또한 남는다. 원근법과 회화적 형식으로부터의 현대 미술의 일탈은 단순히 예술가들 사이의 합의에 의해 발생한 것은 아니기 때문이다.

현상이 '사물인 척하는' 기만적 외관에 불과한 게 아니라 사물을 나름의 적법한 근거로 '반영'하는 것이라는(방금 전에 회화의 사례에도 비슷한 논리가 존재함을 보았다) 칸트 고유의 유물론적 테제는 다름 아닌 이런 의미에서(앞서의 회화의 사례, 과학의 사례) 고찰되어야 한다. 이러한 유물론적 통찰은 문학의 영역에서도 유효하지 않은가? 우리가 근대 문학이 야기한 폐해들에 대해 아무리 불만을 가지고 있어도 근대 문학의 바깥으로 곧바로 나아가는 것은 불가능하다. 근대 문학 바깥에는 사실 대중적인 장르 문학이 존재한다. 오늘날의 장르 문학은 물론 예전의 것과 동일한 것은 아니지만 어쨌든 피카레스크나 패관잡기와 같은 형태로 예전부터 있었던 건 사실이다. 문제는 근대 문학이라는 하나의 사건을 통해서 단순히 주관적으로는 극복될 수 없는, 장르적 글쓰기와 다른 형태의 '문학적 태도'가 발생할 수 있었다는 것이다. 이것은 그저 주관적으로 부정될 수 없는 새로운 근대적 시점을 낳았다. 근대 문학은 결코 장르적인 글쓰기로 환원될 수 없는 독특한 문학적 시점을 낳았기 때문이다. 그런 의미에서 근대 문학 이후에도 존속하는 장르 문학은 있을 수 있다. 그러나 그것을 근대 문학의 대안으로 간주하는 것은 착각이다.

시사비평

1. 우리는 좀더 가난해져도 좋다!
2. 레닌주의, 좌파정치의 진정한 교양
3. 신자유주의와 인터넷의 정치적 주체성
4. 그녀가 우리를 불편하게 한 이유
5. 소위 말하는 학벌 드립에 관하여
6. 왜 아직도 김예슬인가?

Chapter_1

우리는 좀더 가난해져도 좋다!

『88만 원 세대』 독서후기

아래의 논의는 필자의 군복무 시절에 참여한 인트라넷 커뮤니티 '책마을'에서 우석훈의 『88만 원 세대』와 관련해 진행되었던 토론에 기초해 있다. 이 때문에 원문의 경어체를 수정하지 않고 그대로 살려둔다. 이 토론은 2009년 하반기에 진행되었으며 세대론에 관한 여러 쟁점들을 포괄했다. 급하게 기록된 원래의 초안을 대폭적으로 수정했다.

세대담론의 함정

그동안 이 커뮤니티에서 숨가쁘게 달려왔던 것 같습니다. 지난 2009년 9월에는 학생운동에 대한 논의들이 나왔고, 김예찬의 공동생활전선에 대한 제안, 그리고 다른 많은 분들도 이 땅에서 젊은이로 살아가는 것의 어려움에 대한 솔직하고 소중한 고백들도 많이 내놓았습니다. 이렇듯 세대담론들이 계속 논의되어 오면서 한편으로는 그것이 생산적인 담론들을 내놓기도 했지만 다른 한편으로 나름의 폐착이 엿보이기도 한 것 같습니다.

저는 지금까지 88만 원 세대로 일컬어지는 것에 수반되는 '자기연민'과 그것과 함께 묶이는 '정신승리법'이 그 폐착의 원인이라고 생각했습니다. 그것은 지금 자신이 겪는 특수한 사회경제적 곤궁을 젊은 시절에 한번쯤 겪는 열병쯤으로 내면화하는 그릇된 관념으로 이어질 뿐만 아니라, 결국 자신이 겪는 특수한 국면의 사회적 모순을 성장의 한 과정으로 '자연화'하고 체념적으로 '탈정치화'하는 현상으로 곧장 이어집니다. 저는 젊은이들의 문화, 의식, 글쓰기 곳곳에서 엿보이는 그러한 관념적 전도과정을 끊임없이 폭로하고자 했으며, 그러한 관념을 그럴 듯하게 치장하는 자의식을 분쇄해야 한다는 강박관념 비슷한 걸 가지고 있었던 것 같습니다. 물론 여기에 대한 제 입장이나 관점이 변한 것은 없습니다.

그런데 저는 무엇을 느끼냐 하면 그런 허위의식을 제아무리 치열하게 폭로하고 싸움을 불사하면서까지 논쟁을 해도 여전히 의외의 장소에서 그것이 은밀히 되살아난다는 불만을 느끼고 있습니다. 저는 어느 순간 젊은이들의 '순수한 열정'이라는 이데올로기적 포장으로 위장된 오도적인 관념들, "우리는 아직 젊잖아요"라고 말하며 고립화 · 파편화 현상을 재촉하는, 말하자면 세대담론의 뒤틀린 '기원'에 대해 망각하고 있었던 게 아닌가 하는 반성에 이르게 되었습니다. 그런데 그 기원을 정작 지금의 논쟁적인 세대담론을 촉발한 『88만 원 세대』라는 책 한 권에서 찾아야 하지 않을까요? 그것은 표면상 "88만

원 세대여 단결하라"고 말하고 있기 때문에 앞서 말했듯 젊은이들의 실질적 연대를 가로막는 각종 관념적 전도현상들, 낭만주의로 포장된 냉소적 자의식의 혐의에서 자유로운 것처럼 보입니다. 그런데 저는 우석훈이 연달아 출간한 『혁명은 이렇게 조용히』를 비롯한 저술과 강연들을 보면서 우석훈야말로 어떤 의미에서 젊은이들의 탈정치화 현상을 부추기는 공범이라는 혐의를 두게 되었습니다. 여기서 여러분들은 제 당혹스러움을 이해하실 겁니다. 지금까지 급진적인 세대담론을 주도했던 바로 그 인물이 우리들이 싸우고자 했던 노선의 적대적 공범자였다니!

『88만 원 세대』 개괄

저는 『88만 원 세대』가 조악하고 학술적으로 빈약한 내용들과 형편 없는 구성으로 쓰여졌다고 누군가 제아무리 비난해도 그것에 나름의 의의와 간과될 수 없는 적실성이 있다고 생각했습니다. 물론 지금도 그 생각에는 변함이 없습니다. 그 적실성이란 무엇일까요? 여기서 마오쩌둥이 정치적 국면을 결정하는 주요 모순은 각 국면을 지배하는 특수한 비주요 모순에 의해서 경험된다고 말했던 것에서 실마리를 찾아볼 수 있을 겁니다. 저자 우석훈이 제대로 본 것은 지금 대한민국의 20대와 사회 초년생들에게 '한국 자본주의 사회의 주요 모순'이란 과거 세대가 경험했던 여타 비주요 모순들, 예컨대 계층갈등이나 지역갈등으로 경험되는 것도 아니고 각종 이념정당 간의 대립으로 경험되는 것도 아닙니다. 억압적인 학벌사회 속에서 살아온 우리들에게 자본주의적 모순은 '세대모순'으로 경험됩니다. 말하자면 우리들에게 가장 크게 경험되는 모순이란 이전에는 아무도 거들떠보지 않았던 토플 책에 그토록 많은 자원을 투자해야 한다는 것, 모두가 외면하는 알바 자리를 어떤 자긍심과 자기 존중 없이 스스로가 떠맡아야 한다는 것, 이게 우리들에게 가장 통렬하게 경험되는 모순의 측면입니다.

이렇게 본다면 누가 전에 말했듯이 386세대조차도 자본주의의 호황국면 속에서 꿀 빤 세대로밖에 보이지 않는 것입니다. 모순을 경험하는 이러한 특수한 감수성에서부터 이미 사회적 연대의 틀이 파괴될 수밖에 없는 원인을 찾을 수 있습니다. 이렇듯 과거 세대들이 공유했던 '진보적 의제'는 우리들의 입장에서 공허한 것으로밖에 비춰지지 않는 것입니다. 여기에 대한민국의 진보적 시민사회 운동에 닥친 위기(운동의 재생산 기반의 파괴)의 진정한 원인이 걸려 있습니다.

하지만 결국은 모순의 특수한 국면에 대한 일상적인 '경험'을 넘어서서 사유해야 하는 게 우리들의 궁극적인 목표가 되어야 하지 않을까요. 말하자면 과거의 386세대들에게도 그들의 단결을 가로막는 사회경제적 곤궁들이 있었을 것입니다. 결국은 세대모순조차도 수많은 자본주의적 모순의 상이한 측면들 중 하나에 불과하다는 '진리'를 철저하게 고수해야 합니다. 그렇기 때문에 우리가 경험하는 모순의 특수한 측면을 궁극적으로 새로운 정치적 틀 속에서 새롭게 재경험해야 할 것입니다. 수많은 사회적 범주들을 분절해내고 동질적인 계급을 분해하며 여러 상상적인 집단의식을 강박적으로 생산해내는 동일한 한 '원인', 즉 자본의 운동을 직시해야 한다는 것이지요. 그런 의미에서 '88만 원 세대'라는 자기 규정은 우리가 지금 필연적으로 통과할 수밖에 없지만 동시에 궁극적으로 그것을 가로지르지 않으면 안 됩니다. 바로 반자본주의 투쟁을 향해서 말입니다.

그런데 우석훈의 책을 보면 88만 원 세대라는 규정과 그것이 지시하는 모순이 여타 자본주의적 모순들과의 총체적 관계 속에서 사고되고 있지 않다는 느낌을 줍니다. 그 책에서 서술된 소위 88만 원 세대의 처지는 매우 동정적으로 서술되어 있고, 왜 유럽의 젊은이들과 달리 우리가 이런 취급을 당해야 하는지에 대한 일종의 공분 같은 것을 불러일으키기도 합니다. 하지만 여기서 주의해야 할 점은 이러한 책을 읽고서 '의식화'된 젊은이들이 도달할 결론이 역으로 이전과 똑같은 손쉬운 탈정치적인 '분노', '실망감', '체념' 등속일지도 모른다는 점입니다. 이러한 (탈)정치적 정서 속에서 아무리 긍정적인 방향으로 정치적 슬로건을 고안하려 해도 가령 낙관적인 의지주의, 낭만적인 정신극복 말고는 딱히 대안이 없습니다. 말하자면 기성세대에 의해 사회경제적으로 배제당하고 있다는 바로 그 인식 자체만으로는 탈정치화된 행동양식과 감수성을 증식시키는 허위의식의 악순환을 멈출 수 없다는 것입니다. 오히려 기존의 악순환을 증폭시킬 따름이지요.

작금의 88만 원 세대에게 경험되는 세대모순의 프레임 자체를 재발명하지 않는다면 그러한 모순은 부지불식간에 '물신화'되며, 결국 넘어설 수 없는 거대한 사회적 장벽과 같은 것으로 인식될 위험이 있다는 것입니다. 사회적 연대를 가로막는 각종 사회모순들, 지역갈등, 노동자 간의 갈등, 학벌갈등 등등은 동일한 '물신화'의 과정들이 아닌가요? 냉정하게 말하자면 세대모순의 프레임만으로 정치적 목표를 정한다면 실질적으로 88만 원 세대에게 주어질 수 있는 선택지란 얼마 없습니다. 그러나 이것은 현실의 구조가 워낙에 견고해서라기보다는 단지 모순을 경험하는 프레임 자체가 잘못되었기에 비롯된 현상입니다.

중요한 건 세대모순만이 현재 대한민국의 사회적 모순의 전부가 아니라는 사실입니다. 기성세대가 자신의 특수한 경기순환의 국면 속에서 누렸던 만큼의 혜택을 신자유주의의 시대를 살아가는 우리가 누리지 못했다는 불만에는 역으로 자본주의적 주요 모순과의 관계를 놓쳐버리고 탈정치화될 위험이 있습니다. 물론 거대자본 '독점'의 폐해를 우리가 인식한다는 것은 중요합니다. 그것이 젊은이들의 기회를 박탈한다는 것도 알아야 하고요. 우리가 체인점을 애용하는 소비 패턴을 하나씩 고쳐가는 것도 필요합니다. 당연히 청소년 노동에 대한 처우개선을 요구해야 합니다. 그러나 여전히 그것보다 더 중요한 것이 남아 있습니다.

자신의 저서에서 우석훈은 세대착취를 막기 위한 방안으로 자기 나름의 '생태경제학'의 관점에서 '제3부문'이라는 대안을 도출해 냅니다. 가령 본문 중에는 나와 있지 않지만 '사회적 일자리 지수'라는 게 있습니다. 그것은 말하자면 자본가들이 주는 일자리를 얻지 않더라도, 관료가 되지 않더라도 얼마만큼의 소득을 보장받을 수 있는지의 여부를 종합적으로 환산한 지수입니다. 말하자면 이러한 지수가 높으면 높을수록 대기업에 취직하지 않더라도 그만큼의 유휴인력이 당장 지역사회 및 공공기관에서 제공하는 일을 하면서 교육, 의료 등 제반 공공 서비스에 대한 권리를 박탈당하지 않고 자신의 기본적인 삶을 영위하기가 그만큼 용이해지는 것입니다.

우리가 공동체를 유지하는 데 필요한 재화와 서비스들이 있기 마련이고, 그것을 모두 자본이 제공해 줄 수는 없습니다. 그러한 것들을 생산해내는 사회적 일자리들이 창출되어야 한다는 것이지요. 그리고 이 제3부문이 '이윤'에서 자유로운 만큼 시장 안에서 나올 수 없는 아이디어와 문화적 창의성이 발휘되는 영역이기도 합니다. 사회를 유지시키는 데 필요한 공공재를 산출하는 그러한 제3부문이 일종의 경제 '생태계'를 형성하면서 자본제 경제 자체에 대한 완충역할을 할 수 있다는 게 우석훈의 생각입니다. 실제로 유럽 각국에서 제3부문이 경제생산성에서 차지하는 비율은 결코 무시할 수 없는 수준입니다. 이것은 제1부문(시장)과 제2부문(국가)과 독립된 영역을 형성하고 있습니다. 이러한 경제 생태계 속에서 사회적 약자인 젊은이들이 학비와 주거비 걱정을 덜고 자신의 독립적인 삶을 계획하고 실현시킬 기회를 얼마든지 보장받을 수 있습니다.

언젠가 어느 분께서 결국 우석훈이 다른 계층에서 빼앗아서 다른 계층에게 나눠주자는 이야기를 한 게 아니냐고 반문했지만 사실은 이는 제2부문(국가)과 제3부문의 차이를 무시하는 오독입니다. 말하자면 제3부문에서는 단지 경제적으로 약탈하고 재분배하는 기능과 다른 교환관계를 전제합니다. 제3부문에서 관건은 공동체를 유지시키는 상호 호혜적인 교환관계를 친족공동체나 가족집단을 넘어서 지역사회와 나아가 국가적 차원에서 유지하는 것입니다. 가령 그러한 교환관계가 실제로 유지되지 않는다면 어떤 사회도 제대로 유지될 수 없습니다.

세대담론의 급진적 재구성 : 연대의 요청으로

그런데 우석훈이 제시하는 대안이 언뜻 매력적으로 보이고 가령 장하준과 같이 국가의 역할을 특권화하는 입장을 넘어서는 것 같아 보이지만, 한편으로는 그러한 제안이 유럽 사회와의 단순한 비교 및 유추를 경유한 것이라 현상과 현상 배후의 원인 간의 관계를 엄밀히 사고하지 못하는 잘못으로 빠져듭니다. 가령 왜 북유럽과 프랑스, 독일과 같은 국가들에서 '제3부문'이라는 영역이 확립되어 있을까요? 그것은 결국 유럽에서 형성되었던 시민계급 간에 공유된 '연대의 원칙'이 역사적 경험 속에 살아 있기 때문입니다. 말하자면 어떤 한계 이상으로는 자본과 시장이 자신의 삶의 영역을 침해할 수 없다는 원칙이 분명히 존재하는 것이지요.

자본을 거치지 않고서도 '평등'과 '우애'의 원칙에 의거해 상호부조하는 시민계급의 연대의식, 이것을 확립한 사회적 합의야말로 그동안 유럽의 제3부문을 키워온 원동력입니다. 이것은 국가가 강제하는 재분배나 계획경제와 전혀 다른 경제부문을 형성해 온 것이지요. 그러나 여기에서도 어떤 한계가 엿보인다고 비판할 수는 있겠지요.

가령 그러한 제3부문은 기껏해야 일국(一國)의 범위를 넘어서지 못한다든지 그것이 기껏해야 자본제의 완충역할에만 그칠 것이다, 국가의 재분배에 의존할 수밖에 없다 등등.

그러나 이보다 더 중요한 것은 이러한 연대에의 역사적 경험이 우리에게는 전무하다는 사실입니다. 말하자면 미시적인 영역에서 집단적 결정을 통해 사회적 의제들을 설정했던 경험이 결여되어 있습니다. 특히나 그러한 경험이 88만 원 세대라고 불리는 특정 계층에게 있어 완전히 상실되었다는 것이지요. 88만 원 세대에 어떤 독자적인 역사적 특수성이 있다면 바로 그런 측면(연대의식의 총체적 상실) 일 것입니다. 이것은 한국만의 독특한 역사적 분절일 것입니다. 대한민국에서는 '텍스트'를 경유한 사회적 · 문화적 단결이 시민계급 간의 횡적 연대보다는 대개 세대 간의 분절을 통해 표출되어 왔습니다. 386세대는 말할 것도 없고 당장 서태지 세대의 문화적 연대의식과 저항의 경험들이 우리의 경험과 호환 불가능하다는 것도 이러한 사태의 징후를 표출합니다.

이것은 한국에서 시민 혹은 계급적 단결의 전통이 그만큼 파편화되어 있고 취약하다는 방증입니다. 그 중에서도 특히 우리들은 시민사회를 분절하는 세대범주들의 가장 약한 고리에 위치해 있습니다. 이러한 상황에서 단지 유럽과 한국의 처지를 현상적인 차원에서 비교하는 것은 당장 또 다른 단결을 불러일으키기보다는 오히려 다른 세대에 대한 분노와 탈정치적 제스처로 이용될 위험이 더 크다고 생각합니다. 이 상황에서 저는 홍명교가 한 이야기를 되새겨보고 싶습니다. 그분은 급진적인 운동이 대중적인 기반을 확보해야 한다는 구호가 아무리 형식논리상으로는 옳다고 하더라도 그것이 맹목적으로 추구될 때 오류에 빠져든다고 단언합니다. 88만 원 세대가 경험하는 현실적인 사회경제적 모순들을 사회적 의제에 포함시키자는 선의의 제안들이 망각하는 것은 오히려 '모순'에 대처하는 첨예한 역사적 경험 그 자체라는 것입니다. 오히려 목표를 다르게 정식화하는 것이 중요합니다. 그것은 역으로 운동이 대중을 '급진화'하는 방향을 목표로 해야 한다는 것입니다. 이 이야기를 88만 원 세대담론에 어떻게 적용할 수 있을까요? 진정한 '급진화'란 무엇일까요?

사실 88만 원 세대담론은, 그리고 그 선두에 있는 우석훈은 은연중에 기존 진보정치의 거대담론을 생활정치의 구체적 영역에서 이뤄지는 요구들(우석훈의 표현대로라면 '당사자 운동')로 변모시킬 것을 주장하고 있습니다. 그러나 저는 이러한 정치적 유혹이 이미 탈정치적 제스처의 맹아를 내포하고 있다는 것을 입증하고 싶습니다. 오히려 생활정치에서 이뤄지는 요구들이 지닌 의제들이 제아무리 급진적이고 단호하게 요구된다고 해도 실질적인 연대경험을 수반하지 않는다면 그것은 공소한 것에 지나지 않게 될 것입니다. '불가능한 것을 요구하라'는 구호들도 그러한 요구가 제기되는 연대의 지평과 함께 사유되지 않으면 안 됩니다. 물론 최저임금 인상이라든지 등록금 인하, 사회적 일자리 창출, 주거권 보장이라든지 하는 의제들을 놓아서는 안 됩니다. 그러한 의제들이야말로 급진운동을 대중화할 수 있는 가장 좋은 기제이지요.

하지만 그 이전에 저는 그러한 요구의 주체들이 대중들 자신이 실질적으로 '급진화'되지 않는다면, 집단적 결정에 기반한 연대의 경험이 싹트지 않는다면 그러한 의제들이 효과를 발휘할 수 없으리라 생각합니다. 그러한 연대의식을 확립하기 위해서는 앞서 말했듯이 우리가 생활수준에서 경험하는 세대모순을 새로운 정치적 틀 속에서 재정식화해야 합니다. 다시 말해 지금 우리에게 상대적으로 '가난하다'는 게 문제라면 오히려 자본가들과 관료들에게, 그리고 우리의 부모들에게 과감하게 '가난해져도 좋다'고 외치는 게 급선무이며, 그것이 더 타격이 클 것입니다. 물론 이 '가난해져도 좋다'는 게 그냥 알바를 뛰면서 그날그날 벌어먹고 살아도 문제 없다거나 혹은 남들이 그렇게 살아도 내 알 바 아니라는 냉소주의와 무관해야겠습니다. 오히려 그것이 진짜 '문제'이며 지금 대한민국의 자본주의적 상황의 첨예한 모순이지만, 그러한 문제에 대처하는 우리가 '연대'하기 위해서라면, 앞으로 달라질 우리 사회를 위해서라면 그 정도는 감수할 수 있다는 것입니다. '급진화'에 대한 사회적 통념을 재정의해 봅시다. 여기서 우리가 유럽의 젊은이들처럼 더 많은 자본의 파이를 나누어 가지겠다고 성급하게 외치기보다는 애초에 그러한 파이를 거부하는 수준으로까지 나아가지 않으면 안 됩니다. 어떤 사회문제에 대해서든 빈정대곤 하는 냉소가들이 진정 두려워하는 건 전자가 아니라 후자의 가능성이겠지요.

오히려 체제의 입장에서는 우리가 겪는 상대적인 가난을 극단적으로 두려워하고 거기에 대해 분노에 찬 언설을 기성세대에게 쏟아내는 게 더 바람직하지 않을까요? 우리가 진정으로 '단결'하기 위해, 그리고 그러한 사회적 단결의 토양을 다음 세대에게 물려주기 위해 가장 먼저 해야 할 일은 바로 그러한 기대들을 철저하게 좌절시키는 것입니다. 사회적 연대의 토양을 확립하기 위해 지금 당장의 자격증과 높은 자리를 포기할 수 있는 우리 세대만의 고유한 '유토피아적' 욕망이 필요하지 않을까요? 저는 이 유토피아적 욕망이 불가능한 욕망이라고 생각하지 않습니다. 가령 자식들을 출세시키기 위해 자기 한 몸을 희생하려는(그뿐만 아니라 사회적 연대의 원칙도 송두리째 희생시킨) 저 중산층 부모들의 퇴행적 욕망조차도 사실은 그러한 유토피아적 욕망에 (왜곡된 방식으로) 가닿아 있습니다. 바로 그 욕망 속에서 우리들이 자라났다는 것을 기억합시다. 우리가 할 일은 단지 그 욕망의 회로를 조금만 바꾸는 것에 불과합니다.

Chapter_2

레닌주의, 좌파정치의 진정한 교양

정치적 폭력과 좌파적 개입

레닌이라는 이름

최근에 '왜 레닌인가?' 라는 질문에 시달릴 수밖에 없었다. 우선 가장 큰 계기는 슬라보예 지젝과 알랭 바디우를 비롯한 논자들이 레닌의 급진적 귀환을 요청하는 논문들을 묶은 『레닌 재장전』이라는 책의 출간과 더불어 한 인터넷 게시판에서 일어났던 '레닌주의' 에 대한 논쟁이었다. 레닌에 대해 '진보적인' 거부감에 현실적으로 부딪히자 거기에 대해 나는 제대로 대처할 수 없었다. 이러한 무력감은 나로 하여금 레닌을 수용하는 영층위(zero degree) 에 대한 관심으로 되돌렸다.

우리 가운데 레닌이 수용되어야만 하는 혹은 수용될 수 있는 '기초' 가 무엇이냐는 질문이 바로 레닌주의의 영도(零度) 에 대한 문제를 관통하고 있다. 지젝은 이 질문을 '어떻게 레닌의 제스처를 반복할 것인가?' 라는 내용으로 요약한 바 있다. 그것은 단지 레닌의 실패한 사회경제적 정책이나 그가 예상하지 못했던 정치적 파국들을 반복하는 것과 무관하다. 그것은 오히려 그 실패 속에서도 여전히 고수되어야 하는, 일견 무의미해 보이는 레닌의 고유한 정치적 억양과 제스처들을 어떻게 현대 정치의 지평 안에서 반복할 수 있느냐는 질문이 되어야 한다. 나는 지젝의 이러한 질문을 다시 패러프레이즈하고 싶다.

'레닌주의의 영도는 무엇인가?' 일견 무의미해 보이는 이러한 질문은 오늘날 더욱 유효한 것이 될 것이다. 왜냐하면 오늘날의 공통 상식에 따르면 정치란 단순히 제스처가 아니라 그것이 제안하는 어젠다와 정책의 내용물이 되어야 하기 때문이다. 그러나 오히려 우리는 바로 그 상식을 깨뜨리는 것을 감수하고서라도 그러한 내용물을 제시하는 정치적 '방식'이 관건이라고 과감하게 제안해야 하지 않을까? 여기서 지난 20세기의 정치적 파국 속에서 잊혀져 버린 레닌주의의 '영도', 그가 정치에 개입했던 고유의 방식과 어조들을 되살려야 하지 않을까?

'왜 꼭 오늘날 레닌이어야만 하는가?' 다시 이 질문으로 돌아가 보자. 이 질문에 대한 두 가지 표준적인 반응들이 존재한다. 우선 첫 번째 것은 좌파 고유의 '윤리'의 문제에 천착하는 사람들이 내비치는 반응들이다. '레닌'이라는 기표가 환기하는 거대한 정치경제적 실패와 '전 인민의 무장화'와 '모든 국가권력을 소비에트로!'라는 두 가지 구호로 요약되는 전체주의적 요소들이 아니더라도, 실패한 과거 혁명의 유산 속에서 더 아름다운 투쟁과 반란의 서사들을 기억해낼 수 있지 않은가? 이것은 '다시 레닌으로!'라는 구호에 대해 기본적으로 좌파와 진보정치의 향방을 진정으로 고민하는 모든 주체들이 자연스레 내비칠 수 있는 반응이다. 가라타니 고진과 같은 비범한 지성을 비롯해서 노엄 촘스키와 같은 자유주의 좌파, 그리고 알렉스 캘리니코프와 같은 급진적 마르크스주의자들 모두가 이러한 '윤리'의 함정에 빠져버린다.

한편으로 레닌의 복권이라는 주제에 대한 또 다른 냉소적인 반응이 있다. 그것은 '레닌'이라는 선정적인 주제에 대한 표면적 논쟁은 지금 여기 진보정치의 향방에 아무런 도움이 되지 않는다는 것이다. 어쩌면 레닌주의라는 기표를 들먹이는 자들은 현실적인 자유민주주의의 가치와 의회민주주의라는 게임의 규칙을 변경할 수 있으리라는 막연한 흥분감을 가지고 지적 장난을 치는 것에 지나지 않을 수 있다. 하지만 현실적으로 세상을 바꿔온 것은 오히려 주어진 게임의 규칙 안에서 대중의 지지를 획득하며 실행되어 온 수많은 구체적이고 개별적인 정책들이다. 첫 번째 입장은 레닌이라는 기표에 '범죄적인 요소'들을, 그리고 두 번째 입장은 레닌주의의 기표를 언급하는 이들에게 '무능력'이라는 딱지를 뒤집어 씌운다.

이것은 오늘날 바디우가 '진리의 정치'라고 명명한 방향을 틀어막는 두 가지 궤변(sophistry), 그러나 실은 동전의 양면을 형성하는 동일한 자유주의적 궤변의 양 갈래에 지나지 않는다. 단적으로 말해 이 궤변은 두 가지 기능에 복무한다. 우선 그들은 명목상으로 레닌이라는 한 역사적 인물에 대해 비판적인 거리두기를 하는 것에 불과하지만, 그들이 실제로 '행하는' 것은 레닌에게 '범죄'와 '무능력'을 전가함으로써 정작 본인들이 바로 그 '레닌'을 자신의 차별성을 드러낼 하나의 '기표'로서 고수하며, 역으로 역사적 인물에 불과한 레닌 그 자신을 은연중에 특권화하고 있는 것이다. 그것은 사실상 자신의 '무능력'을 은폐하는 제스처에 지나지 않는다. 기본적으로 레닌을 명시적인 화두로 끌어들이는 것을 거부하는 두 입장이 공유하고 있는 것은 은연중에 레닌을 특권적인 기표로서 간주하는 것이다. 그러나 그들은 그것을 하면서도 자신이 무엇을 하는지 알지 못한다. 그들이 알지 못하는 것은 레닌이 그들 자신에게도 이미 주요한 '기표'로서 부상했다는 사실이다. 레닌은 단순히 어떤 정책의 선택지를 결정하느냐의 차원 이전에 정세에 대한 다양한 개입의 열정을 환기하는 기표로서 떠다니고 있다.

오늘날 근대 정치의 언저리를 떠도는 유령(기표)은 마르크스가 아니라 레닌이다. 그것은 쟁점에 개입해야 할 좌파의 고유한 방식들을 여러 차원에서 동시에 환기시킨다. 이 텅 빈 이름은 그 자체의 효과를 가진다. 여기에 걸린 것은 레닌이라는 고유명을 우리의 상징적 좌표 안에 받아들일지 말지에 대한 사소한 문제처럼 보이지만, 막상 그것을 받아들인다면 거기서부터 '전 세계적 생태문제에 개입할 수 있는 고유한 레닌주의적 방식은 무엇인가?' 혹은 '재개발에 맞선 도시빈민의 투쟁을 조직할 수 있는 특유의 레닌적 정치란 무엇인가?'라는 거대한 질문의 지평이 '열리게 된다.' 우리가 정작 두려워하는 것은 바로 그 파괴력이 아닌가?

레닌의 이름은 그 자체로 지금 여기의 투쟁을 구조화하고 조직화하는 현실적인 정치적 쟁점을 함축하고 있다. 그러나 혹자들은 여전히 기표로서의 레닌은 불필요하며(이름에 불과하며), 심지어 때에 따라서는 그 이름은 유해하다고까지 말한다. 이 두 입장은 그 자체로 수행적인 모순을 구성한다. 그것이 하찮고 급진적 사고에 별 도움조차 되지 않는, 아무것도 아닌 텅 빈 기표에 지나지 않는다면 왜 여전히 레닌이 정치적으로 올바르지 못했음을 그렇게 강조하는가? 어느 혁명가들이 역사상 그렇게 정치적으로 올바르기만 했던 적이 있었는가? 그것은 레닌의 기표가 오늘날 여전히 새로운 좌파정치의 지평을 개시할 그 무엇(Some-Thing)이라는 사실을 폭로한다. 또한 좌파들에게 그들만의 새로운 보편적인 정치적 공간이 열리는 것을 두려워하는 것은 정작 좌파들 자신이라는 역사적 사실을 상기시킨다. 여기서 우리들이 간과하는 것은 좌파정치의 보편적 기획을 '열리게' 하는 것은 바로 그 기획을 둘러싼 '투쟁'을 통해서라는 사실이다. 보편성은 투쟁을 통해서만 주어진다. 우리는 레닌을 둘러싼 투쟁을, 그리고 레닌이라는 이름에서 시작될 투쟁을 두려워하고 있지 않은가?

질문은 다른 방향에서 제기될 수 있다. 레닌을 받아들이는 것보다 더 시급한 진보정치의 사회적·정치적 현안들이 산적해 있다는 것을 인정한다면 멀리 나아갈 것 없이 지금 당장 우리가 그 현안에 대해 어떤 대안들을 가지고 있는지 질문해야 할 것이다. 앞서 언급된 간단한 두 가지 쟁점(전 세계적 생태문제, 도시빈민 문제)에 대해서 우리들은 첫째에 대해서는 자본의 이윤율을 해치지 않는 범위 안에서 오염배출권에 시장가격을 매기는 것과, 그리고 둘째에 대해서는 이미 합의된 재개발에 대한 폭력적 저항을 금지하는 한에서 재개발 이윤을 공정하게 분배하는 해법들을 가지고 있다. 전자는 이미 기업가들이 주도한 기후변화 협약에 포함되어 있고, 후자는 극우정당들조차 공통적으로 가지고 있는 견해이다. 그렇다면 여기서 더 멀리 나아가지 못하는 현실적인 '무능력'을 누구에게 '전가'해야 하는가? 지금 여기서 레닌이라는 기표를 환기하는 것은 바로 이 무능력의 '책임'을 다른 누가 아닌, 과거의 어떤 실패한 혁명가의 초상이 아닌 바로 우리 자신에게 귀속시켜야 한다는 요청과 맞물린다! 이러한 점에서 레닌이라는 이름을 진지하게 받아들이는 것은 지금 여기의 무능력과 실패에 제대로 대처하기 위한 '영층위'의 행위이다.

레닌주의적 교양을 위하여?

'오늘날 진보적 정치 프로그램의 전망부재에 부딪힌 지금 어떻게 우리의 어젠다에 새로운 보편적인 언어와 호소력을 부여할 것인가?' 이 질문은 레닌을 긍정할 것인가 말 것인가에 대한 문제와 무관한 층위에서 우리 모두가 공유하고 있는 질문이다. 그런데 이러한 질문은 그 자체로 어떠한 포지티브한 실천강령들과 대안을 제출할 것이냐는 문제를 이미 넘어서 있지 않은가? 앞서 말했듯이 오늘날의 위기는 진보정치 자신이 보유하고 있는 실정적인 이론적 처방들(무수한 좌파 정치철학자들, 이론가들)과 실천적 해답들(차베스의 거대한 포퓰리즘적 정의에서부터 쿠바의 지속 가능한 생태적 시도들까지)이 아니라, 자신의 정치적 기획의 보다 근본적인 영층위의 차원을 대면할 것을 강요하고 있다. 일견 '레닌'이라는 그 자체로 '비어 있는 기표(= 이름)'가 상기시키는 두려운 차원은 바로 그것이다. 이것은 그 자체로는 무의미하지만 좌파들이 자신의 메시지를 보편적 차원에서 분절할 때 작동하는 어떤 수행적 제스처를 포함한다.

이 지점을 보다 구체적으로 지칭하기 위해서 우리는 무엇보다 다른 모든 것들 중에서 가장 터부시되는 볼셰비키의 '적색 테러리즘'이라는 요소를 끄집어낼 필요가 있다. '인민에게 빵과 평화를!' 이라는 강령은 오직 그것이 '전 인민의 무장화' 라는 테러리즘적 요소와 결합되었을 때 진실로 제국주의-부르주아의 체제에 자신의 진정한 메시지를 전달할 수 있었다. 오늘날 '헤게모니' 타령을 하는 좌파들은 흔히 '최대강령' 과 '최소강령' 사이에서 어떤 이율배반을 기어코 찾아내곤 하지만, 사실 레닌주의라는 쟁점 속에서 발견되는 이보다 더 흥미로운 문제는 어떠한 포지티브한 프로그램과 그것을 특유의 정치적 억양 속에서 제시하는 영층위의 행위, 즉 '테러리즘의 포퓰리즘적 동원' 이라는 텅 빈 수행적 제스처 사이의 간극이다.

여기서 나는 헤겔의 교양(Bildung)이라는 저 오래된 또 다른 퇴색한 철학적 기표와 대면할 것은 요구하고 싶다. 헤겔의 교양은 칸트의 계몽(Aufkl rung)과 마찬가지로 우리에게 잘 알려지지 않은 불편한 차원을 내포하고 있다고만 말하고 싶다. 헤겔은 김나지움 교장 취임 연설에서 라틴어를 학습하는 효용을 '교양의 도정' 이라는 관점에서 설명한 바 있다. 물론 이미 독일어라는 민족어를 가지고 있던 학생들 입장에서 라틴어 단어를 반복해서 학습하는 무의미한 과정을 겪어나가는 것은 고통스러울 수 있지만, 바로 그러한 무의미한 반복의 부정성 속에서만 비로소 학문의 범주를 능숙하게 사용할 수 있는 계기가 주어진다는 게 헤겔의 요지였다.

교양은 이처럼 자기 포기의 도정이다. 우선 학문을 향한 직접적으로 실용적인(즉자적인) 관심 자체가 포기되어야만 한다. 그러한 자기 포기 속에서 우리가 얻는 것은 대자적으로 실현된 학문 그 자체이다. 이것이 바로 학문(Wissenschaft)의 영층위로서의 '교양'에 접근했던 헤겔의 고유한 관점이다. 이렇듯 헤겔에게 있어 라틴어 그 자체가 철학 내지는 학문 그 자체가 아닌 한에서 비로소 철학자들에게 학문적인 무기가 될 수 있었다면 지금 현재 정치적 지평에 대해 사고하는 우리들은 동일한 방식으로, 그 자체로는 포지티브한 정치적 강령이나 프로그램이 아닌 한에서 좌파들의 정치적 '무기'가 될 수 있는 것이 무엇인지를 사고해야 하지 않을까?

그렇다면 레닌이라는 기표는 오늘날 좌파의 교양으로, 그것도 고유한 헤겔적인 교양으로 받아들여져야 한다. 그리고 그것이 지금 당장의 정치적 프로그램과 정책을 고안하는 데 도움이 되지 않더라도 그것을 받아들이는 걸 감수하는 행위야말로 오늘날 좌파들의 진정한 교양이라고 말할 수 있지 않을까? 오늘날 좌파정치가 자신의 고유한 교양으로서 받아들여야 할 레닌주의적 정치는 무엇인가?

나는 학문적 소양 부족으로 인해 이 쟁점에 대해 직접적으로 파고들 능력이 되지 않기에 한 가지 사례를 통해 우회하고자 한다. 이것은 한 가지 우화에 불과하다. 그러나 이것은 실제적인 쟁점들을 함축하고 있다. 오늘날 한국에서 점증하는 백색 테러리즘에 대해 많은 논자들이 주목하고 있다. 지난날 교수들의 시국선언에서 우익조직이 행패를 부린 사건에서부터 시작해서 점차 수많은 사회경제적 갈등에까지 적극적으로 개입하는 이들의 행보를 보며 많은 이들이 우려를 표명하고 있다. 이러한 현상에 대한 많은 그럴싸한 이론적 분석들이 있을 줄 안다. 그러나 이러한 분석과정 자체를 과감하게 우회해서 이 현상 자체를 지금 현실 좌파들이 가지고 있는 현실적 무능력의 순수한 증거로 받아들일 것을 제안하고 싶다.

오늘날 이론적 당위와 나름의 도덕적 기준으로 무장된 잠재적인 좌파 성향의 청년들과 지식인들이 있을 것이다. 이들은 고 노무현 전 대통령의 서거 이후 '시국선언'이라는 수단을 통해 정세에 개입하고자 하는 욕망을 표출했다. 그런데 정작 이들이 겨냥했던 정부로부터 책임 있는 대답을 받기도 전에 그들의 이론과 도덕의 한계 너머에 있는 타자(극우 성향을 띤 각종 단체의 노인들)와의 조우 속에서 봉변을 당하는 사건[1]은 바로 우리들이 간과하고 있는 지점이 있다는 사실을 희비극적으로 암시한다. 이것은 곧바로 우리에게 결여된 '교양'이 무엇인지를 알려준다.

우리는 이론적인 무기로 무장되기 이전에 보다 철저한 좌파적 개입의 영층위를 횡단할 필요가 있다. 논적들에 대항하기 위한 정교한 논리를 계발하기 이전에 우리는 우선 복근부터 단련해야 할 필요가 있다. 다시 말해 정교한 이론으로 무장하기 이전에 우리는 격투기

1 지난 2009년 노무현 대통령 서거 이후 서울대 교수들이 현 정부의 반민주적 행태를 비판하는 시국선언을 발표하는 자리에 대한민국 어버이 연합회를 비롯한 각종 참전용사 출신의 노인단체들이 기자회견 자리에서 폭력과 폭언을 휘두르는 해프닝이 벌어졌다.

를 연마함으로써 저 노인들에게 교양을 가르칠 필요가 있을지도 모른다. 예컨대 어떤 '진보적인' 교수도 사회 현안에 대해 발언하기 이전에 우선 검술로 단련된 제자들을 기르고 그들로 하여금 사전에 시국선언의 연단을 둘러쌀 준비를 먼저 해야 한다는 생각을 떠올리지 못할 것이다. 그러나 우리는 이와 비슷한 것들을 상상해야만 한다!

레닌주의의 '잘 조직화된 테러리즘'

이러한 우화를 단순히 농담으로 받아들일 수도 있지만 실제로 모든 정치는 자신의 정치적 이념과 메시지, 그리고 정책들 이전에 이 모든 내용물을 떠받치는 자기 고유의 영도의 제스처와 폭력적 행위양식을 가지고 있다. 우리가 단지 오늘날 점증하는 백색 테러의 징후들을 우려하기만 할 때 놓치는 것은, 어떠한 정치이든 자신의 세계관과 논리로 완전히 환원되지 않는 '문답무용(問答無用)'의 차원을 지니고 있다는 사실이다. 연륜 깊은 저 노인들이 바로 그것을 확실히 보여주고 있다. 이것이 단지 과격한 수구적 이념에 고착된 병리적 현상에 지나지 않은 것으로 보이는가? 아니다. 오히려 자유주의적 규범이 철저히 지켜진다고 여겨지는 부르주아 의회제도에서야말로 이와 동일한 것들을 발견할 수 있다.

의회는 사람들이 단순히 생각하듯이 보편성의 자리를 두고 경쟁하는 정치적 담론들의 공론장으로 환원되지 않는다.[2] 다른 한편으로 그것은 적대적인 정치적 담론들이 서로에 대한 위협의 제스처를 상연하는 정치적 공간이기도 하다. 의회 연단에서의 연설이나 의장석에 대해 일상적으로 퍼부어지는 야유와 거친 비난들을 보라. 사람들은 이것을 두고 자유민주주의적 질서가 제대로 작동하지 않다는 징후로 지목하곤 하지만, 사실 이것은 본연의 정치의 영층위(=폭력)를 길들이는 자유민주주의 질서의 고유한 방식이다. 이것을 또한 단적으로 보여주는 것은 의회제도 안에서 적법한 절차로 자리 잡게 된 '필리버스터(합법적 의사진행 방해)'이다.

발터 벤야민은 이것을 두고 부르주아 의회제를 설립한 기원적인 혁명적 폭력이 여전히 음화된 형태로 발현되는 것이라고 말할 것이다. 의회제도의 역사적 기원에는 국왕의 목을 잘랐던 혁명적 공포가 존재하는데, 그것이 오늘날 소심하고 게으른 중년 남성들의 유치하고 도착적인 연극으로 반전되었다는 것이다. 오늘날 우익단체들의 분탕질은 바로 그러한 자유주의적 폭력의 이면을 보여준다. 벤야민은 실제로도 그의 천재적인 정치신학적 논문 「폭력 비판을 위하여」에서 동일한 논지를 피력한 바 있다.[3] 이 지점에서 그는 실로 폭력에 대한

2 의회민주주의를 텅 빈 보편성의 자리를 두고 경쟁하는 정치적 담론들의 경연장으로 보는 시각은 샹탈 무페와 에르네스토 라클라우와 같은 신좌파 사상가들에게 두드러진다.

3 발터 벤야민, 진태원 역, 『법의 힘』, 「폭력 비판을 위하여」, 문학과지성, 2004, p. 153 참조. "어떤 법 제도 안에 잠재적으로 현전하고 있는 폭력에 대한 의식이 사라지면 그 제도는 타락하고 만다. 요즘의 의회들이 이에 대한 실례를 제공해 준다."

레닌주의적 사유를 근본적으로 반복한 탁월한 사상가였다.

소렐의 「폭력론」에서 영감을 얻은 벤야민이 의회주의적 폭력에 맞선 형태의 폭력으로서 '신적 폭력'[4]으로 명명했던 폭력의 범주 역시 의회제의 테두리에 고착된 정치적 폭력의 모든 양상들과 근본적으로 단절하는 고유의 좌파적 폭력의 (재)발명을 요청하고 있는 것이다. 그렇다면 레닌의 모든 결정적인 정치적 개입은 바로 이러한 재발명의 요청에 곧바로 응답하는 차원에 놓여 있는 게 아닌가? 그는 어떻게 현 정세 속에서 적실한 정치적인 메시지를 고안할지 고민했을 뿐만 아니라, 바로 그 메시지를 전달하기 위해 어떻게 새로운 방식으로 폭력을 동원하여 사태에 근본적인 방식으로 개입할 수 있을지를 사고했던 것은 아닌가? 우리는 전자 못지않게 후자야말로 레닌주의적 정치에 있어 중요한 측면을 이루고 있다고 말해야만 한다.

오늘날 좌파들은 어떠한 방식으로 자신의 정적과 논적들에게 '문답무용'의 메시지를 보여줄 수 있을 것인가? 이것이 지금에서야 걸린 좌파정치의 고유한 문제이다. 모든 정치는 그 자신의 정의와 이념 그 자체에 본질적인 폭력적 차원을 지니고 있다. 바로 그것을 새롭게 동원하고 재활성화하는 것이 오늘날 현대 정치가 겪어나가야 할 정치적 행위의 '영도'이자 '교양'이다. 레닌을 수용할 때 유의해야 할 점은 바로 이 점이다. 물론 우리는 다시금 레닌의 개입과 결단의

4 같은 곳, p. 164 참조.

순간들을 이론과 학문의 공적인 논의의 중심에 복권시켜야 한다. 그러나 앞서 말한 점에 주의하지 않는다면 레닌은 다시금 앞으로의 정세에 개입해야 할 묘안들과 지혜를 숨기고 있는 늙은 스승으로 전락하고 말 것이다. 그동안 한국에 수용되었던 수많은 유럽의 저명한 좌파이론가들처럼 말이다. 과거의 혁명가들은 우리에게 대안을 말해주지 않는다. 그러나 수많은 혁명가들이 우리에게 가르쳐 주는 교훈은 근본적으로 자유주의 의회민주주의 안에서 적법화된 폭력의 수많은 양식에 경쟁할 수 있는 가능한 폭력의 발명을 통해서만 착종된 현재 상황을 근본적으로 돌파할 수 있다는 것이다.

이러한 논의는 구체적인 사안 속에서 어떻게 적용될 것인가? 2010년에서야 어렵사리 치러진 용산참사 희생자들의 장례식과 관련한 사태의 미묘한 변화를 생각해 보자. 그들의 장례가 국민장으로 치러지며 그들의 유해가 전태일 열사가 묻힌 묘지와 같은 곳에 안장된다는 소식에 대해 여론의 반응은 냉담했다. 어떻게 경제적 이익을 위해 테러를 일삼았던 이들을 전태일과 같은 숭고한 열사의 반열에 올려놓을 수 있느냐는 것이다. 이와 더불어 장례식 와중에 우익단체들이 기습시위를 벌였다는데, 그들의 위협적이고 반인륜적인 제스처를 논외로 하자면 흥미롭게도 그들의 주장은 "본래 중립적인 사회경제적 갈등이라는 사안을 정치적으로 이용하려는 외부세력을 차단하기 위해서라도 사전에 재개발 이익을 공평하게 분배할 수 있는 제도적 장치를 마련해야 한다는 것"이었다. 여기서 난감한 점은 그들의 주장이 오늘날 이번 사태에 대한 여론의 표준적인 감수성에 부합할 뿐만 아니라, 실제로 용산참사에 '정치적으로 개입한' '외부세력' 자신의 감수성에도 부합한다는 사실이다.

물론 이론적인 차원에서 우리들은 여기에 대해 보다 정교한 방식으로 응수할 수 있다. 우리는 레닌이 파리코뮌과 10월 혁명의 관계에 대해 비평했던 예리한 안목으로 현재의 사태를 간파한 다음 이렇게 말할 수 있다. "사후적으로 체제에 의해 열사로서 미화된 전태일 자신의 최초 투쟁(=파리코뮌)도, 지금 여기의 거리서 스러져 간 용산의 희생자들(=10월 혁명 이후의 내전) 못지않게 그 당시에는 구질구질하고 피비린내나는 것이었다. 전태일의 숭고한 희생은 그 당시 체제의 관점에서 떼법이었지만 오늘날 우리가 기억하는 전태일은 다르다. 우리 역시 언젠가 오늘날 망루의 희생자들을 다르게 기억할 것이다!" 이런 식의 이데올로기적 투쟁은 그 자체로 소중한 실천적 함의를 가질 것이다. 그러나 이것이 오늘날 반복되어야 할 레닌주의적 유산의 전부는 아니다. 정작 용산참사의 희생자들과 헌신적으로 연대한 양심적 시민(그들의 행위는 그 자체로는 분명 고귀하다)들 중 어느 누구도 망루에 올라간 희생자들의 행위를 앞으로 우리가 반복해서 동원해야 할 개입의 방식으로 호명하지 못했다. 여기서 우리는 여전히 장벽에 부딪힐 수밖에 없는 것이다.

레닌을 반복한다는 것은 그의 이론과 실천적 지침을 학습하는 것에만 그치는 것이 아니라, 어떠한 이해의 대변자들도 가지지 못한 채 희생되었던 인민의 폭력적 저항을 자신의 고유한 정치적 유산으로서 긍정하는 것을 의미한다. 우리는 지금의 상황에서 더 나아가 희생자들의 저항이 '영웅적'이었음을, 그리고 그것이 앞으로 무수히 반복될 대중동원의 고유한 양식으로 다시 한 번 호출될 것임을 용기 있게 단언해야 한다. 이것은 유산된 독일혁명의 잔해 위에서 '잘 조직된 테러리즘'을 다시 한 번 좌파정치의 고유한 정치적 개입의 양식(good sense)으로 받아들여야 한다는 발터 벤야민의 동일한 요청을 반향한다.

Chapter_3

신자유주의와 인터넷의 정치적 주체성

20대의 정치적 자기 표상에 관하여

인터넷과 20대의 정치적 주체성

오늘날 블로그 매체와 싸이월드에 글을 올리는 일상적인 행위들을 '주체성'의 문제와 관련지어 생각해 볼 필요가 있다. 나아가 블로깅과 싸이질이 오늘날 20대의 '정치적 주체성'의 한 축을 이룬다는, 예컨대 지난날 촛불시위뿐만 아니라 고 노무현 전 대통령의 서거와 맞물려 그것이 20대의 정치적 개입의 주요한 통로로 기능했다는 사실을 환기하면서 시작해 보자. 이와 관련해서 흥미롭게도 '이글루스'와 '티스토리'('진보넷'도 포함시킬지는 망설여진다)와 같은 블로그스피어 매체와 '트위터'나 '싸이월드'와 같은 인터넷 환경에서 통용되는 정치적 코드들을 짚어볼 필요가 있다.

인터넷상에서 정치의식을 표출하는 가장 주요한 코드는 2000년대 초반부터 한국의 인터넷 환경의 헤게모니를 점하고 있는 '반한나라당 정서'이다. 이것이 항상 정당정치의 현실적인 판세와 일반여론과 일치하지 않는다 하더라도 한나라당과 그 정치적 전신들로 간주되는 세력(족벌언론, 사학집단, 친일파의 후손들)에 대한 인터넷상의 정치적 정념은 대한민국 정세의 주요한 문턱을 이룬다. 여기서 그러한 대중적 정서를 공유하고 있는 386세대와 지금의 20대 간의 세대론적 단절을 지적해 볼 수 있다. 인터넷상에서 공유되는 20대만의 독특한 정치적 코드를 분절해 보자. 이 때 홍세화, 강준만, 진중권과 같이 '절차적 민주주의'와 '정치적 자유주의'를 반MB · 반한나라당 정서의 지적 · 이념적 기반으로 삼는 어떤 방식과 전혀 다른, 특정 세대에 고유한 이데올로기적 생산양식을 판별하는 것이 관건이다.

이를 위해 우리는 블로그나 싸이월드라는 인터넷 매체의 독특성을 먼저 식별해야 한다. 블로그나 트위터 그리고 싸이월드는 1990년대의 가상공간과 매우 다른 방식으로 '개인성' 혹은 '개성'을 생산해내는 주요한 통로를 구성한다. 오늘날 현 정부와 집권여당에 대해 비난하는 자유롭고 자의식이 강한 진보적 20대 개개인이 스스로의 정치성을 표출하는 주요 이데올로기적 수단으로 삼는 것은 더 이상 '정당'이나 '시민단체'가 아니라 바로 '블로그'와 '싸이월드' 혹은 '트위터'이다. 그리고 이들로 하여금 집권정부에 반대하게 하는 이데올로기적 원동력이 과거의 저항운동을 이끌었던 (노무현으로 표상되는) '시민적 · 자유주의적 교양'과 전혀 다른 정치적 · 정서적 '풍경'을 이루고 있다는 사실에 주목해 볼 필요가 있다.

여기서 미셸 푸코의 '개인화'라는 개념[1)]을 끌어들일 필요가 있다. 개인화란 "어떤 개인이 자신의 품격, 느낌, 취미, 라이프스타일 및 믿음을 주장할 때 역으로 그것이 맞물리게 되는 사회적 총체화의 과정"이다. 이에 따라 인터넷상의 블로그 서비스 역시 특정한 개인적 세계관에 하나의 사회적 인터페이스를 제공해 주는 기능을 수행한다고 볼 수 있다. 블로그에 게시되는 bgm, 포토로그, 짤방, 프로필 등은 무엇보다 개인의 존엄, 인격, 품위, 취향, 분위기를 구성한다. 그리고 그의 정치적 신념 역시 통해 블로거 개인의 개인다움을 구성하는 목록들 가운데서만 비로소 사회적으로 '전달 가능한' 것이 된다. 그러한 정치성은 어디까지나 개인의 내면적 풍경의 구성요소로 환원됨으로써만 비로소 사회적으로 소통 가능한 게 되는 것이다.

인터넷을 통해 표출되는 20대의 정치적 주체성은 따라서 결코 개인의 인격과 취향에 우선하지 않는다는 한계를 노정한다. 이러한 일례는 인터넷에서 확산되어 있는 '취존중(취향에의 존중의 준말)'이라는 유행어에서 드러난다. 이러한 용어는 특히나 정치적 논쟁에서 자주 노출되는 경향이 있는데, 그것은 오늘날 20대가 견지하는 반MB · 반한나라당 포지션이 과거 2000년대 초반의 반한나라당 전선과 전혀 상이한 역사적 성격을 지니고 있음을 보여준다. 예컨대 블로그스피어상에서 드러나는 특정 정권에 대한 혐오는 그것이 어디까지나 다면화 · 미시화된 오늘의 취향들을 인정하는 균형 잡힌 태도를 견지하는 한에서만 대중적인 동의를 획득하며, 이러한 상황에서 첨예한 정치적 적대를 다면화된 사회적 갈등 축의 일부로 간주하는 것이 인

1 다음 카페, 〈비평고원〉, "버틀러와 푸코의 통치성" 인용(http://cafe.daum.net/9876/2txf/197).

터넷 내부의 시민적 교양으로 통용된다. 여기서 20대가 공유하는 또 하나의 인터넷 코드는 '우리 안의 이명박(파시즘)' 내지는 '대중독재론'이라는 형태로 재생산되는 이론적으로 혼종적인 대중 이데올로기이다. 미시적인 차원에서의 상상적인 정치적 갈등들은 인정하지만 단일한 정치적 적대의 전선을 부각시키는 시도는 지나치게 파쇼적이라는 식이다. 결국 우리들은 인터넷 속에서 다양한 상상적 집단들 간의 갈등과 경쟁을 볼 수 있지만, 정작 사회 전체를 결정하는 정치적 적대를 진지하게 사고하려는 시도를 찾아보기는 힘들다.

여기서 우리는 프랑스 내부의 반사르코지 노선에 관하여 『누벨옵세르바퇴르』에 수록된 알랭 바디우의 발언으로 돌아가야 한다. 그는 사르코지를 일개 정치인들 중 한 명으로 상대화시키는 경향에 반대하며 프랑스 내의 좌파들이 작금의 국면에서 사르코지를 '적'(=프랑스 자본의 중간 보스)으로 상정해야만 하는 이유를 설명하며 다음과 같이 단언한다.

> 적이라는 범주를 제거할 수는 없습니다. 그럴 수 없죠. 그렇게 해서 적까지 속일 수는 없습니다. 적은 방리유[2]의 젊은이들이 아니라 사르코지와 그의 공범자들입니다.[3]

2 2008년 프랑스 내에서의 차별에 반대하며 무슬림 이주자 청년들이 폭동을 일으킨 장소. 프랑스 내부에서 격렬한 논쟁의 주제가 되었다.

3 다음 카페, 〈비평고원〉, "카뮈의 시대? : 겸손한 반항과 오만을 넘어서" 재인용

그의 발언을 한국 현실정치의 주요 정치인들로 치환해서 말할 수 있을까? 그것은 상당한 용기를 각오해야 가능한 일이다. 오늘날 특정 정치인들에 대한 상상적인 증오와 애정은 있어도 구체적인 정세 속에서 '적'이라는 범주를 이만큼 진지하게 생각하는 경향은 굉장히 희소하다. 결국 오늘날 필요한 것은 바디우의 이러한 단호함이다. 인터넷상의 대중 이데올로기 안에서만 머문다면 오늘날 '적이 누구인지 정세를 결정하는 '주요 모순'이 무엇인지에 대한 첨예한 사유의 지평이 닫히고 만다. 자신의 정치적 지향을 다원적인 욕구들이 공존하는 세계와 등치시키는 오늘날 경향은 '정치'가 '정치적인 것'으로 다변화되었다는 사실을 말해주기는커녕 우리 사회의 주요한 탈정치화의 첩경을 구성한다. 그것은 정치적인 것을 관용·불관용이라는 몰역사적인 풍경으로 환원하는 것의 징후에 불과하다.

따라서 오늘날 블로그들을 수놓는 정치적 풍경을 1990년대에서 출발한 '정치적·시민적 자유주의'와 구별해서 '심미적 자유주의'라고 이름붙이고 싶다. (혹은 정치적 영역에서의 하루키이즘이라고 말하고 싶다.) 나아가 그것은 오늘날 젊은이들이 자신의 정치적 제스처를 오직 인터넷 환경이 제공하는 심미적인 풍경을 통해서만 인지 가능한 것으로 재구성할 수 있다는 현실적 곤궁과 관련을 맺는다. 또한 그와 같은 정치적 주체성은 현실의 시민단체와 정당에 대한 구체적 참여로

(http://cafe.daum.net/9876/2txf/197).

부터 '철회'하는 한에서만 자족적인 정치적 담론을 생산하는 특유의 곤경을 구성한다. 트위터를 항상 달고 사는 노회찬의 생각과 달리 우리들은 젊은이들의 자의식을 구성하는 정치적 풍토 및 환경의 역사적 변화가 결코 '진보적'이라고만 생각할 수 없으며, 역으로 그것이 시민사회의 주요한 이데올로기적 퇴행과 위험할 만큼 근접하다는 사실을 외면해서는 안 된다. 왜냐하면 현실적 권력분배로부터의 '철회'를 통해서만 나타나는 정치적 담론에의 '참여'는 오늘날 의회민주주의에 대한 냉소와 거리두기라는 대중적 정서의 축을 형성하기 때문이다. 그리고 이것은 우리 사회에서 전방위적으로 확산되고 있는 몰정치화의 거대한 알리바이로 복무할 수 있다.

유혈 없는 혁명 혹은 카페인 없는 커피에 대한 탈근대적 환상의 정치적 판본으로서 '정치 없는 정치'에 대한 환상은 사실은 인터넷과 같은 대중적·사회적 인터페이스의 기술적 (불)가능성으로부터 유래한다는 사실을 냉정하게 직시하자. 인터넷 매체와 결부된 젊은이들만의 독특한 (정치적) 감수성이란 허구에 불과하다. 이러한 점에서 우리는 다시 '세대모순'으로 돌아갈 필요가 있다. 우석훈이라는 하찮은 인물보다는 박권일 때문에라도 온전히 재평가받아야 하는 『88만 원 세대』라는 저서는 대한민국 내에서 세대론적 모순이 이미 피할 수 없는 물질적 현실임을 밝히고 있다. 그런 점에서 블로그와 트위터를 통한 정치적 주체성의 발현은, 단지 그 기술적 수단의 독특성 안에서만이 아니라 그러한 수단을 강제하는 사회경제적 제약 안에서 파악되어야 한다.

앞서 말했듯이 인터넷을 통한 20대의 정치적 참여는 역으로 시민단체와 정당정치 안에서 젊은이들의 정치적 지분이 위축되었음을 나타내는 징후이다. 여기에는 확실히 기성세대의 책임이 있다. 그러나 그것이 '전부'는 아니다. 기성정당과 시민단체들이 이러한 인터넷 여론에 대해 대중추수적 관점으로 접근하는 문제는 차치하고서라도, 20대들 자신이 이미 자발적으로 정당 및 시민사회 영역에 진입할 수 있는 통로가 상당히 제약되어 있다는 경제적 현실을 환기할 필요가 있다. 다시 말해 기존정당과 운동단체들이 20대의 자발적 참여를 이끌어낼 만한 자원과 역량에 한계가 있는 현실 속에서 20대의 자족적인 정치적 내면성이 인터넷에서의 자율적인 담론영역을 형성하고 있다는 것이다.

그러나 이것이 20대들이 기성세대로부터 정치적으로나 사회경제적으로 '자립'했다는 것을 의미하지 않는다. 오히려 철저히 현실적으로 기존정당과 시민사회에 의존적인 채로 자의식만 키워왔던 셈이다. 따라서 인터넷의 정치적 가능성을 상찬하는 이들의 호언장담에도 불구하고 이러한 인터넷의 담론공간이 새로운 정치적 돌파구가 될 수 있다는 것은 환상에 지나지 않는다는 사실을 단언할 수밖에 없다. 결국은 그러한 담론공간의 자율성이라는 환상을 분절해낸 사회적·역사적 물화 과정으로 돌아가야 한다. 그리고 진정한 돌파구는 바로 거기서 찾아져야 한다.

신자유주의적 통치성의 두 가지 축 : 자기 계발과 인터넷

여기서 푸코의 '통치성(govermentality)'이라는 개념으로 돌아가야 한다. 통치성이란 "주체를 생산하는 동시에 그 주체가 스스로를 통치하는 데 활용되는 사법적-제도적-윤리적 전략"이며, 그러한 "통치전략을 (주권과 대의정치에 대한 표상과 무관한 차원에서) 통용시키는 일상적 사회적 실천"[4]들이다. 한 마디로 그것은 우리를 지금의 우리로 만든 선출되지 않은 권력이다. 선출된 권력과 주권은 위기에 처하거나 제대로 작동하지 않을 수 있다. 지금의 정권도 마찬가지이다. 그럼에도 여전히 우리를 지배하는 주체화의 양식들은 존속할 것이다. 설사 지금의 정권이 바뀌더라도 말이다. 이것이 오늘날 진보정치와 20대 전체에 걸린 위기의 단면을 이룬다. 여기서 우리의 가설은 인터넷의 기술적 수단을 경유한 20대의 정치적 '주체성'이 그 자체로 오늘날의 신자유주의 통치성에 포섭되어 있다는 보다 비관적인 전망을 향한다.

오늘날 '신자유주의적 통치성'은 통상적으로 '자기 계발'의 문

4 다음 카페, 〈비평고원〉, "버틀러와 푸코의 통치성" 인용(http://cafe.daum.net/9876/2txf/197).

제로서만 사고되고 있다.[5] 여기서 신자유주의적 통치성의 범위를 20대 내지는 세대적으로 분절된 예비노동자들의 인구에 한정하자면 그러한 세대 인구의 경제적 삶, 건강, 습관, 시민윤리를 미시적인 차원에서 관리하는 담론적·제도적·학문적 실천들은 단순히 '자기 계발에의 강박'으로만 귀결되지는 않는다. 오늘날의 '권력'이 사법적·주권적 차원에서 억압과 착취를 강요하는 모습으로 나타나기보다는 일상적 삶의 리듬을 제어하는 '부드러운' 통치의 기술로 다면화되었다고 한다면(그러나 여기에도 일정한 유보조건을 달아야 한다) 오늘날의 사회적 권력은 결코 20대 주체들에게 자기 계발을 '강권'하거나 '명령'하는 형태일 수만은 없다.

이러한 반성을 경유한다면 오늘날 젊은이들이 자기 계발의 노예가 되었다느니, 배금주의와 황금만능주의에 빠진 채 자신의 주체성을 상실했다느니 하는 흔한 비난들이 얼마나 핵심을 한참 비켜갔는지가 금방 드러난다. 나아가 오늘날 386세대들이 흔히 충고하듯 20대의 탈정치화에 대한 처방을 사회적 현안에 대한 학습과 시민적 교양의 함양으로 제시하는 것 역시 마찬가지이다. 20대들이 자신의 시민적 교양을 실천할 수 있는 물질적 기반 자체가 부재한 상황에서 이러한 훈계는 농담에 지나지 않는다. 그리고 아주 단순한 역발상을 행하자면 독서시장과 대학가를 휩쓰는 '자기 계발에의 강박'은 오히려 현

5 서동진, 『자기개발에의 의지』, 돌배게, 2009 참조.

실적으로 20대들이 생각만큼 자기 계발을 '열심히 하지는 않는다'는 사실을 보여준다. 오히려 그러한 자기 계발적 의지에 대한 표명들은 대한민국의 사회경제적 조건을 살아가고 있는 20대들이 스스로의 '주체성'(자존감)을 유지할 수 있는 상상적 차원에 가깝다. 따라서 우리가 문제 삼아야 하는 것은 실제로 행해지는 자기 계발이 아니라 자기 계발에 대한 사회적 환상과 담론들이다. 우리는 이것을 '자기 계발의 담론적 · 나르시즘적 차원'이라고 부르고 싶은데, 우리는 이러한 담론의 원인을 젊은이들이 스스로의 '주체성'을 표상할 수 있는 대안적인 실천적 경로들이 '봉쇄'된 정황에서 찾아야 한다.

젊은이들이 스스로의 주체성을 상상적 · 상징적으로 '호명'하는 다양한 이데올로기적 스펙트럼이 대한민국이라는 정세적 조건 안에서 존재하며, '자기 계발 담론'은 그러한 스펙트럼의 일부에 지나지 않는다. '자기 계발'에 대한 사회적 담론 이면에 있는 가장 근본적인 '불가능성'(정당정치에의 적극적 참여, 시민단체 안에서의 주도적 활동)을 상정한다면 그것 자체를 만악의 원흉 혹은 신자유주의적 통치전략의 최종심급으로만 생각할 수는 없다. 그렇다면 인터넷을 통한 젊은이들의 정치적 결집과 의식화 과정 역시 동일한 사회적 곤궁 안에서 사고되어야 한다.

오늘날 토익 · 토플학원 광고 전단지들로 넘쳐나는 대학가의 한 구석을 정치경제학 학습 동아리와 세미나 홍보 포스터들이 차지하고 있다. 〈자본주의 연구회〉와 거기에서 파생된 수 많은 학습/세미나 단체들과 〈수유연구소〉나 〈다중지성〉 그리고 〈철학 아카데미〉와 같은 대학 외부의 학술단체들은 매년 새내기들의 수강신청을 받고 있다.

그러나 이것 역시 이미 오늘날 대학가의 '풍경'을 이루는 한 요소이다. 말하자면 젊은이들이 자기 계발 과정으로부터 철회해서 스스로의 정치적 주체성을 형성하는 공간은 이미 존재한다. 그러나 자기 계발에 대한 비판적 거리두기가 보증하는 모종의 정치적 의식 역시도 자기 계발 담론이 보증하는 사회적 성공 그 자체만큼이나 담론적인 환상에 불과하다면 어떨까?

말하자면 오늘날 88만 원 세대에게 허용된 정치적 공간 혹은 그들에게 담보된 정치적 주체성은 오직 자족적이고 내면적 풍경으로서만 존재한다. 그것 역시 폭넓은 사회적 연대와 정의에 대한 호소로 확장되기는커녕 신자유주의적 통치성 안에서 강제되는 '개인성'의 범주를, 다시 말해 개인의 고유한 품격과 취향, 그리고 세계관에 대한 주장을 벗어나지 못한다. 따라서 그들에게 자기 계발의 주술로부터 벗어나서 사회적 고민에 투신할 것을 요청하는 것은 근본적인 문제를 전혀 해결하지 못한다. 젊은이들이 현 정부 혹은 특정정당에 대해 거부의 목소리를 내거나 반대할 수 있는 수단들은 '이미' 그리고 '충분히' 존재한다. 그러나 동시에 그러한 목소리들은 오직 개인적인 자존감을 상상적으로 방어하는 차원에서만 머물러 있다.

이러한 근본적인 제약은 오늘날 부르주아 국가기구의 통치전략의 변화(공권력을 이용한 직접적인 국가주의적 테러에서 개별적인 시장주체들의 사회경제적 공포를 관리하는 통치기술로의 이행) 안에서 생성된 새로운 국면으로 볼 수 있다. 그러나 이것이 결코 넘어설 수 없는 운명은 아니다. 오늘날 젊은이들 역시 사회적 문제에 관해 나름의 자의식을 드러낸다. 다만 그것은 그들이 정치적 주체성을 드러낸 현실적 수단을 실제로 보유하고 있는지의 여부와 무관하다. 오히려 그들이 인터넷을 통해 표출되는 젊은이들만의 독특한 정치적 감수성을 그러한 정치적 주체화의 이데올로기적 · 물질적 수단으로부터 박탈되어 있다는 징후로 봐야 한다. 마찬가지로 20대만의 '발칙한 반란'을 주장하는 '88만 원 세대담론' 역시 동일한 징후 안에서 독해되어야 한다.

20대의 새로운 정치적 주체성을 위하여

따라서 문제는 자기 계발과 인터넷을 경유한 정치적 주체성 양자를 우회하는 제3의 '주체화'의 경로를 찾아내는 것이다. 그리고 '정치적 주체성'과 '개인의 심미적 개성' 간의 연결고리를 과감하게 잘라내는 실천들이 20대 내부에서 감행되어야 한다. 이것은 무엇보다 20대가 처한 20대만의 정치적 곤궁(이것은 386세대, 산업화 세대가 가진 정치적 곤궁과 또 다르다)을 돌파하는 하나의 노선이 되어야 한다. 다음 카페 〈비평고원〉의 '아이온' 님의 말을 빌리자면 우리 "시대(세대)의 정치적 · 사회적 · 철학적 과제는 개인을 국가 혹은 사회적 제도로부터 해방시키는 것이 아니라 우리를 국가와 자본과 연관되어 있는 개인화의 유형으로부터 해방시키는 것"[6]에 있다.

푸코가 말년에 권력(통치성)에 대한 분석에서 다시 이에 저항하는 자율적 주체성의 가능성을 모색하는 작업으로 돌아갔듯이 여기서 다시 제기되는 문제는 더 이상 '권력'이 아닌 '주체성'이다. 자기 계발 담론이나 인터넷의 정치적 담론을 우회해서 스스로 정치적 주체로서 자립하고 정치적 시민권을 획득할 수 있는 조건들이 다시 문제가 되는 것이다. 다시 말해 20대에게서 가능한 정치적·저항적 주체화의 가능성을 빼앗아 간 외부의 사회경제적 조건이나 외부의 권력에 책임을 돌리는 게 아니라, 바로 20대 자신의 책임을 호명하는 고유한 방법과 수단들이 모색되어야 한다는 것이다. 이것은 아주 간단히 말해서 기성세대의 경제적·정치적 재생산 구조에서 젊은이들이 '자립' 해야 한다는 것을 의미한다. 가정으로부터의 독립, 학교로부터의 독립, 나아가 관료사회와 대기업 노동시장으로부터의 경제적 독립.

최근 화제가 된 김예슬의 자퇴선언은 이러한 점에서 시사점을 준다. 오늘날 대학생활이 더 넓은 의미에서 '가계활동'의 연장으로 인식되는 상황에서 그녀의 자발적 퇴교는 말하자면 '학교로부터의 가출'을 의미한다. 그녀의 대자보가 의외로 인터넷상에서 인기가 없었던 이유는, 또한 그만큼이나 그녀의 선언이 가치 있었던 것은 그녀의 글이 오늘날 20대가 스스로 자명하게 생각하는 주체성의 양식들을 예기치 못한 반성적인 지점으로 순식간에 데려가 버렸기 때문이다. 그녀는 자신의 선언문에서 대학생들의 '꿈'을 앗아간 '적'으로서 '대학'과 '정부' 그리고 '기업'을 호명했지만 그것이 전부가 아님을 환기시켰던 것이다. 오히려 스스로의 '꿈' 혹은 '주체성'을 앗아간 것

6 다음 카페, 〈비평고원〉, "버틀러와 푸코의 통치성" 인용(http://cafe.daum.net/9876/2txf/197).

은 다름 아닌 비정한 기업과 정부의 탓만 하며 자신의 자족적인 정치적 자의식을 키워왔던 20대 스스로의 타성에 있는 것이다.

『잃어버린 대의를 옹호하며』에서 슬라보예 지젝은 오늘날의 진보적 정치에 걸려 있는 시급한 과제가 단순히 잃어버린 대의를 회복하고 그것을 되찾는 게 아니라, 바로 이 대의의 상실 자체를 문제시하는 것임을 주장한다. 즉 작금의 문제는 우리가 잃어버렸던 (그러나 언젠가 다시 찾을 수 있는) 정치적 대의를 다시 옹호하는 것에 있는 게 아니라 잃어버린 채로, 즉 상실된 채로 존속하는 정치적 대의의 빈 자리를 환기하며 앞으로 나아가는 것에 있다. 그리고 거기에는 주체성의 문제가 걸려 있다. 정치적 대의의 상실은 그 자체로 주체가 욕망할 수 있는 모든 것의 상실 속에 걸려 있기 때문이다.

오늘날 주체가 욕망할 수 있는 대의의 빈 자리를 자기 계발 담론과 인터넷을 경유한 친목공동체가 대체하고 있다. 그렇다면 오늘날의 20대와 젊은 활동가들이 환기할 수 있는 하나의 정치적 대의가 이미 실종된 와중에 우리가 여전히 요청해야 할 것은 바로 이 '잃어버린 대의'를 다시 옹호하는 것이라면 어쩔 텐가? '잃어버린 대의'를 옹호한다는 것은 20대가 각자 삶의 영역 안에 연루된 사회적 실천 속에서 새롭게 욕망하는 법을 상상하는 것에 있다. 이것은 '자립'의 문제와 곧바로 연결되며, 이는 오늘날 20대가 새로운 집단적 실존, 새로운 사회화의 양식, 새로운 관계맺음의 양태, 새로운 노동방식, 새로운 소비패턴들을 상상하는 모든 정치적 과제들에 걸려 있다. 20대들에게 가능한 고유한 정치적 기획은 바로 이렇듯 우리가 이미 스스로 익숙해진 일상의 주체성과 자존감과 인정욕구로부터 단절해 나가는 '실험'

속에서 가능할 것이다.

젊은이들이 주체로서, 사회의 평등한 구성원으로서 인정받을 수 있는 방법들은 사회적으로 한정되어 있다는 것은 누구나 경험적으로 체득하는 사실이다. 심지어 젊은이들이 온전한 주체로 인정받기 위해서는 어떤 사회경제적 한계 내에서 욕망하는 법을 배워야 한다. 그러나 거기에는 어떠한 '주체성'도 불가능하다. 바로 그러한 한계에서 벗어날 때 비로소 주체로서 진정한 '자립'이 가능해진다는 아주 단순한 사실조차 매우 격렬한 싸움을 통해서만 증명 가능한 게 오늘날의 현실이다. 바로 그 싸움을 각오하는 것에서 모든 것이 시작된다. 내일은 우리들이 정치의 주역들이다. 그러나 이 점은 발리바르의 다음과 같은 언급에 따라서만 약속될 수 있을 것이다.

> 내일 이들은 정치의 주역들이다. 이는 이들이 '자기들끼리' 머물러 있지 않고 우리들이 '우리들끼리' 머물러 있지 않는다는 것을 조건으로 해서 그러하다. 민주적인 권리들과 평등을 위한 청년들의 행진, 회의, 시위, 또는 이니셔티브들의 네트워크와 같은 것들이 일어나는 날, 바로 그날 문이 열릴 것이다.[7]

7 에티엔 발리바르, 서관모·최원 역, 『대중들의 공포』, 「또 다른 장면 : 폭력, 경계, 보편성」, 도서출판b, 2005, p. 406 참조.

Chapter_4

그녀가 우리를 불편하게 한 이유

김예슬 대자보에 부쳐

2009년 3월경 고려대 정경관 후문에 걸린 "나는 대학을 포기한다, 아니 거부한다"라는 제목의 대자보가 화제가 된 적이 있었다. 몇 주 동안 정경대 후문 게시판에는 김예슬의 대자보를 지지하는 또 다른 대자보들과 응원글들로 점령되는 유토피아적 순간을 연출했다. 그 상황에서 필자 역시 대자보를 붙였으며, 누군가 떼어가기까지 며칠 동안 게시판 한 구석을 차지하고 있었다.

그녀가 우리를 불편하게 한 이유

김예슬의 대자보가 붙은 지 며칠이 지났다. 단지 며칠 지났을 뿐인데 벌써 많은 학우들이 지지와 응원의 메시지를 보내주었다. 나 역시 그 지지와 응원에 작은 보탬이 되고자 한다. 그러나 동시에 벌써 김예슬 본인에 대한 인터넷상의 근거 없는 비난들과 대자보에 대한 악의적인 훼손들이 나를 부끄럽게 한다. 김예슬 개인의 선택에 대해 각자 의견이 갈리겠지만, 자신의 불편함 감정을 비뚤어진 방식으로밖에 표현하지 못하는 몇몇 학우들에 대해 나는 그들이 고려대라는 이름 자체에 불명예스러운 존재라고 말하겠다. 이런 슬픈 단면들은 우리 학교 학생사회의 공론장이 얼마나 제 기능을 못하고 있는지를 단적으로 드러낸다.

단순히 한 학생의 개인적인 선택에 불과한 것을 굳이 사건화시키는 의도가 무엇이냐는 의문을 제기할 수도 있다. 반대로 그녀가 자신의 선택을 사건화시킴으로써 학생사회 내부에서 묻혀 있던 목소리들을 낼 수 있게 되었다고 말할 수 있다. 그녀의 대자보를 지지할 수 있는 백만 가지 이유들이 있다. 그리고 그것을 거부하는 또 다른 백만 가지 이유들이 있다. 그러나 나는 정확히 전자의 편에서 그녀가 그 어떤 운동가들이나 어떤 식자들도 감히 하지 못한 일을 했다고 '선언' 하겠다. 그리고 바로 이 지점에서 우리는 그녀의 글이 우리에게 불편한 지점을 '직시' 해야 한다. 지금 정대 후문에 서 있는 학우 여러분들 각자의 지지여부를 떠나 그녀의 선언이 우리를 불편하게 했던 것의 정체가 무엇인지를 '정면으로' 바라봐야 한다.

나 역시 그녀의 글이 불편하다. 그러나 그녀가 나를 불편하게 했던 것은 일부가 말하듯 그녀의 글이 단순히 운동권 쇼이기 때문도 아니고, 혹은 하루하루를 치열하게 살아가는 보통 학우들에게 그녀가 가당찮은 우월감을 표했기 때문도 아니다. 이 모든 것들은 아무런 이유조차 되지 못한다. 그녀가 나와 여러분들을 불편하게 했던 것은 우리가 정면으로 응시하길 거부해 왔던 무수한 유령들, 그 책임감들을 환기했기 때문이다. 자퇴선언의 주체로서 그녀는 용기 있는 한 개인이다. 그러나 그 용기 있는 개인을 통해 '말하게' 된 것은 대자보를 쓸 기회가 없었던, 자신을 대변할 변변한 단체 하나 없는 익명의 젊은이들이다. 대한민국이라는 사회경제적 현실 속에서 맨몸으로 세대모순과 정면으로 맞딱뜨려야 하는 익명의 삶들 말이다. 이 '책임감' 앞에서 이제 문제는 더 이상 김예슬이라는 한 학우의 결단이 아니다. 그녀의 앞으로의 삶이 어떻게 되든, 부모 동의서를 구실로 학교가 그녀의 자퇴서를 받아주든 않든 그녀가 글을 통해 드러낸 선언은 이제 그러한 개인적 진로를 '이미' 떠났다. 그리고 이제 학생사회 내부의 논쟁의 장이 비로소 열리게 되었다. 그까짓 악플 몇 개를 단다고, 혹은 대자보 몇 장을 찢는다고 이제 시작된 논쟁의 장이 닫힐 거라 생각한다면 그것은 오산이다.

그녀의 글이 궁극적으로 드러낸 것은 비뚤어진 사회에 대한 투쟁의 의지도, 그녀가 '적'으로 호명한 국가와 기업 그리고 학교당국에 대한 저주도 아니다. 그녀의 글이 정확히 드러낸 것은 '우리' 안의 모순과 간극이다. 운동권이든 아니든 누구나 치솟는 등록금에 대해, 정치인들과 무력한 학생회에 대해 한두 마디쯤은 해보았을 것이다. 그러나 그녀처럼 용기 있게 '스스로'의 책임을 환기하는 사람은 지금껏 없었다. 그녀는 자기 이름 석 자를 걸고 학생사회 내부의 근본적인 무능력에 처음으로 논쟁적인 문제제기를 가했다. 이것은 지금껏 어떤 운동가나 단체도 하지 못했던 일이다. 그들은 기껏해야 학교 혹은 사회에 대한 투쟁만을 이야기했다. 그러나 이제 우리는 학생대중 자신의 위치에 대한 논쟁적인 문제제기 없이는 더 이상 그것을 이야기할 수 없게 되었다. 그러한 논쟁은 학생대중 그 자신의 이름으로 제기되어야 한다. 이제껏 평범한 학부생들이 각자가 자신의 이름을 걸고 학생사회에 치열한 문제제기를 할 수 있게 되었다. 유감스럽게도 그런 방식으로 학생사회에 대한 '개입' 들이 이뤄지고야 말 것이다.

06학번 새내기 때 출교사태를 겪으며 나는 혼자이며 무력하다고 생각했다. 수많은 운동노선과 단체들도 나에게 용기를 주지는 못했다. 그러나 평소의 문제의식들을 속으로만 곱씹던 나와 당신들은 이제 그녀의 글 앞에 용기를 얻었으며, 이제 어느 누구도 혼자가 될 수 없게 되었다. 지금 정대 후문에 서 있는 당신도 예외는 아니다. 언젠가 그녀의 대자보도 텅 빈 자리를 남길 것이다. 그러나 그녀가 학생사회 안에 남겨두고자 했던 그 '빈 자리' 는 앞으로 우리를 정면으로 응시할 것이다. 혹시나 아직도 그녀의 선언에 심리적인 거부감을 느낄 자들을 위해 말하건대 "각자의 전문분야에서, 만일 젊음이 당신을 부른다면 그곳에서도 열심히 사회진출을 위한 준비를 하기 바란다." 이 점에 관해서는 괜한 자격지심을 느낄 이유가 없다. 그러나 그녀가 남긴 동공을 이 학생사회 안에서 그 누구도 결코 피할 수만은 없을 것이다. 그녀는 자퇴를 선언함으로써 학생사회의 적나라한 동공을 드러냈지만, 그리고 그것이 잠깐뿐이나마 우리를 허전하게 만들었지만 그 동공을 각자의 방식으로 채워나갈 주체는 바로 우리 자신이라는 것을 명심하자. 이 때 나는 그녀의 말을 가슴에 묻겠다. "그래, 누가 더 강한지 두고 보자."

Chapter_5

소위 말하는 학벌 드립에 관하여

학벌사회 비판과 정치적 올바름

"김예슬이 떠난 그 학교에 저는 가고 싶습니다"

(http://www.pressian.com/article/article.asp?article_num=60100326125000&section=02)

"왜 김예슬의 대자보에만 주목하나"

(http://www.ohmynews.com/NWS_Web/view/at_pg.aspx?CNTN_CD=A0001350064&PAGE_CD=S0200)

"나는 대학에 진학하지 않은 스물세 살 비정규직 노동자"

(http://www.ohmynews.com/NWS_Web/view/at_pg.aspx?CNTN_CD=A0001347358)

위의 글들은 김예슬의 선언조차 벗어날 수 없는 명문대-비명문대 프레임을 환기시키고 있다. 「나는 대학에 진학하지 않은 스물세 살 비정규직 노동자」라는 글을 기고한 청년 역시 동일한 문제의식을 인상적인 방법으로 환기시키고 있다. 그럼에도 불구하고 나는 이런 문제제기들이 아직은 피상적인 차원을 벗어나지 못하고 있다는 것에 강한 불만을 품고 있다. 예컨대 '그들만의 김예슬 선언, 그들만의 88만원 세대담론'이라는 논의들 역시 이러한 프레임의 한계를 지적하고 있다. 이런 논자들의 관점으로 본다면 김예슬의 선언은 기존의 학벌 기득권에 역설적으로 의존하고 있는 일종의 사회적 '스펙터클'처럼 되어 버린다. 다시 말해 그녀의 선언은 오늘날 사회적 불의에 관한 진리의 '절반'만을 드러냈고, 여전히 거기에는 분석되고 또 비판되어야 할 '징후'들이 함축되어 있다는 것이다.

기본적으로 나는 어떠한 사안에 관해서든지 비판적인 자세를 유지하고 그것을 분석하는 철저함에는 반대하지 않지만 오히려 이러한 특정한 사안에 한정해 보자면, 하필 최근에 이뤄졌던 김예슬의 선언과 그에 결부된 명문대생 내부의 자기비판적 목소리들을 타박하는 것이야말로 '더 징후적'이라고 생각한다. 그런 식의 비판은 실천적으로도 그리고 이론적으로도 '틀렸다.' 왜냐하면 이러한 분석은 '학벌사회'의 기득권이 '왜 나쁜지'에 관한 반성을 결여한 채 단지 겉모습만을 그럴싸한 태도로 비판하는 것에 그치고 말기 때문이다. 그 의도는 선량하지만 실제로 그 비판을 제기한 논자들의 이론적·담론적 책임을 이들에게 묻고만 싶다.

예전에 김상봉 교수 역시 『학벌사회』라는 저서를 통해 이와 비슷한 문제제기를 했던 적이 있었다. 대한민국의 학벌 기득권 구조가 왜 문제인지를 보다 철학적·윤리적 관점에서 분석한 이 저서는 학벌사회가 진짜로 '나쁜' 이유는 그것이 학문적·비판적 영역에서 가능한 진정한 의미에서의 '주체성'을 되려 억압하고 말살하는 사회적 구조로서 존속하기 때문이라고 진단한다. 그는 칸트의 철학으로 돌아가며 진정한 지적·도덕적 주체성(자율성)이란 바로 집단 외부에서 마주치는 '타인'을 '목적으로서' 대우하는 것에서 시작된다는 논의에서 출발한다. 우리가 흔히 전통적인 윤리로 착각하곤 하는 집단주의적 관점은 오히려 오직 타인을, 그리고 타인이 처한 사회적 조건을 수단으로서만 간주하는 이기적 관점에 불과하다. 그 안에 '나-우리'라는 축을 중심으로 한 한 폐쇄적 세계관만이 있을 뿐, 그러한 축 너머의 윤리적 요청을 사고하는 것은 사실상 불가능하다.

오늘날 대학사회가 강요하는 것도 그러한 폐쇄성뿐이다. 오늘날 사회적 문제에 무관심하며 이기주의적이라고 비난받는 학생들 역시 사실은 자신의 학교 이미지에 대해서는 굉장히 전전긍긍해하고 있다. 바로 그런 연유에서 지난 2006년에는 고려대 학생들이 역으로 그들의 권리를 위해 싸워온 출교생들을 비난하기도 했다. 그러나 이러한 멍청한 행동들은 조금도 윤리적이지 않으며, 오히려 그쪽이야말로 '사회적 패륜'에 가깝다. 그리고 그러한 나르시즘적 사고만을 강요하는 오늘날의 패거리 문화를 극복하는 것에 진정한 '자율'이 있다. 김상봉 교수는 자율성을 중심으로 한 칸트적 주체성을 좀더 한국적인 개념으로, 예컨대 단순히 홀로-주체성으로만 아니라 서로-주체성 혹은 공동-주체성이라는 사회적 주체성으로까지 확장시켜 볼 것을 제안한다. 그러나 사실은 칸트와 김상봉 교수가 제기하는 문제의식은 똑같다.

여기서 역사적 사실로 돌아가 보자면 칸트 역시 헤겔과 같이 국가 관료와 사회 리더들을 양성하는 김나지움의 명예로운 '국가교수'의 위치에 있었던 게 아니라, 다소 과장하자면 쾨니히스베르크에 강의했던 '지잡대' 교수였다. 이것은 상당히 흥미로운 사실이다. 하지만 당시에는 이런 프레임 자체가 별 문제가 되지 않았다. 왜냐하면 학문적 이성에 관해 '명문대와 지방대' 혹은 '수도와 지방'을 분류하는 사고방식 자체가 당시로서는 낯선 것이었기 때문이다. 칸트가 그의 철학적 작업을 통해 환기한 지적·도덕적 주체성과 그에 결부된 보편적 책임은 그러한 식의 사회적·제도적 위계를 통해 구별될 수 없다는 견해가 근대 유럽의 계몽적 유산에 힘입어 널리 확산되었기 때문이다.

그러나 오늘날에는 분명 그러한 프레임이 존재하며, 실제로 그러한 프레임에 따라 논자들의 학문적 권위가 더 실리기도 하고 혹은 더 저평가되기도 한다. 김상봉 교수가 전남대가 아니라 서울대에서 수많은 후학들과 연을 맺은 고명한 교수였다면 그의 문제제기가 더욱 힘을 얻었을 것이다. 이것은 단적인 사실이며, 김상봉 교수가 아무리 철학적 진리를 환기하더라도 그러한 사태는 이성적 비판으로 결코 해소될 수 없다. 그럼에도 불구하고 칸트가 사고한 '자유'의 문제와 '주체성'의 문제는 칸트가 살던 시대와 지금 우리나라 정세와의 격차 때문에라도 더욱 더 철저하게 생각되어야 할 필요가 있다. 말하자면 학벌사회에 대한 문제제기는 그 안에서 과연 본연의 학문적·비판적 자유가 특히나 오늘날 전면화된 후기 자본주의 사회 안에서 '자본'에 대한 학문적·사회적 자율성이 가능하겠냐는 가장 근본적이고 철저한 지점으로까지 파고들어야 한다. 이 문제의식을 우회한다면 학벌사회에 대한 자기만족적인 비판은 오히려 학벌사회 그 자체와의 최악의 '공범자'로 드러날 수밖에 없다.

나 역시 오늘날 대한민국 사회에서 명문대-비명문대 프레임을 우회할 수 없다는 것에 동의한다. 그리고 거기에 관한 문제의식들이 지속적으로 제기되어야 한다. 그러나 앞서 말한 것처럼 나는 그것이 진짜로 '나쁜' 이유를 원리적으로 물어야 한다고 생각한다. 그러나 이것은 말처럼 쉬운 일은 아니다. 왜냐하면 여기에는 '평등'이라는 아주 중대한 문제가 걸려 있기 때문이다. 사람들은 대한민국의 학벌 기득권에 대해 말할 때 '평등'의 문제를 아주 자명하게 취급하곤 한다. 예컨대 명문대생이 그럴싸한 대자보 하나 걸으며 사회적 이슈를 창출할 때 지잡대생은 오늘도 잡일을 처리한다는 식의 폭로들은 평등에 관한 매우 손쉬운 단정을 내포하고 있다. 결국 문제는 비명문대생들이 사회적 기득권 외부에 머물러 있다는 식이 되어버린다.

그러나 그게 전부인가? 여기에 사회경제적 불평등을 재생산하는 '아비투스(=문화자본)'에 대한 논의를 끌어들인다면 이야기는 더욱 그럴싸해진다. 그러나 궁극적으로 이것은 진정한 급진적 평등을 향한 투쟁을 우회하는 알리바이 그 이상이 아니다. 평등주의에 관한 급진적인 요구들이 오늘날의 진정한 정치적 문제를 이룬다는 것에 동의한다면 우리는 이 문제를 좀더 생각해 봐야 한다. 예컨대 자크 랑시에르라는 프랑스 철학자는 실질적인 평등이 이런저런 사회경제적 조건 때문에 유예되었다는 식의 문제제기를 통해서는 결코 평등을 주장할 수 없다고 이야기한다. 정치적 주체들 간의 평등은 지금 당장의 진리로서 이미 증명된 것으로 간주되는 한에서만 요구될 수 있다. 랑시에르가 그의 저서에서 역사적 사례를 인용하듯 19세기 프랑스 노동자들이 자신의 평등을 주장했던 것은 사회학적 폭로를 통해 뒷받침되지 않았다. 그들은 '아비투스'에 관한 사회학적 담론도 '피에르 부르디외'도 필요로 하지 않았다. 오히려 그들이 평등의 논거로 든 것은 그들의 평등권을 명시한 '헌법'과 '노동법'이었다. '노동법'을 뒤적이고 큰 뜻을 품었던 전태일 열사가 바로 그러했듯이 그들 역시도 자신이 직면하는 사회경제적 어려움으로부터 저 먼 곳 어딘가에 있을지 모르는 평등주의의 공간을 찾았던 게 아니라, 그들이 지금 여기의 단결을 통해 스스로를 어엿한 주체로서 대우할 것을 요구하는 행위 안에서, 그리고 그것을 뒷받침하는 법적 근거를 통해 스스로가 이미 평등하다는 '증명'을 찾았던 것이다.

> 어디엔가 평등이 있다. 이것은 말해졌고, 씌어졌다. 따라서 이것은 입증될 수 있어야 한다. 하나의 실천은 바로 거기에 바탕을 둘 수 있으며, 이 평등을 입증하는 것을 자기 자신의 과제로 삼을 수 있다.
>
> 어떻게 하나의 문장을 입증할 수 있을까? 그것은 본질적으로 우리가 우리 자신을 만드는 행위를 통해 가능하다. 이 행위들을 하나의 증거로, 하나의 근거 체계로 조직한다.
>
> (중략)
>
> 사회적 평등은 단순한 법-정치적 평등도 아니고 경제적 수준 맞추기도 아니다. 그것은 법-정치적 기입/기록 속에 잠재적인 상태로 있는 평등이 일상생활 속으로 번역되고, 자리 옮기고, 극대화한 것이다. 이 사회적 평등이 평등의 전부는 아니다. 그것은 평등과 불평등의 관계를 살아가는 방식, 그것을 살아가

고 동시에 그것을 긍정적으로 자리 옮기는 방식이다.[1])

이렇듯 자신의 행위 안에서 평등에의 증명을 구성해냈던 프랑스 노동자들의 사례에서, 그리고 이와 비슷한 전태일 열사의 사례에서 나는 다시 '주체성'과 '보편적 책임'의 문제로 돌아가고 싶다. 평등의 문제는 결코 평등한 사회적 재분배의 문제 안으로 해소되지 않으며, 오히려 그러한 사회경제적 문제 틀을 넘어서는 운동 안에서 급진적으로 제기되어야 한다. 본래 대학이라는 학문적 기관 안에서 가능한 주체성은 바로 그 대학 너머에 존재하는 타자들을 '수단이 아닌 목적으로서' 대우할 가능성에 대한 비판적 물음들을 제기하는 것에 있었다.

쾨니히스베르크 안에서 유럽 전체의 정세를 사고했던 칸트의 후기 저술들도 바로 그러한 물음의 연장선상에 있다. 대학 안에서 가능한 (학벌사회를 극복할) 진정한 평등주의적 요구들은 이러한 비판적 물음 안에서 사고되어야 한다. 그런 물음이 가로막힌 상황에서 우리는 '적'을 정확하게 정해야 한다. 김예슬으로부터 모종의 학벌주의적 혐의를 발견하는 시도들은 이러한 점에서 '평등'의 문제와 심지어 학벌사회를 극복할 '주체성'의 문제를 전혀 잡아내지 못한다. 반드시 고려대 경영대를 거부하는 것에서가 아니라 다른 수많은 사례들에서

1 자크 랑시에르, 양창렬 역, 『정치적인 것의 가장자리에서』, 길, 2008, p. 112 참조.

그에 못지않은 용기와 주체성을 발견하는 것도 물론 가능하다. 하지만 그 사실이 그녀가 내렸던 결단의 의의를 반드시 무화시키는 것은 아니다. 오히려 그녀의 용기는 명문대-비명문대 구분을 넘어서 옹호되어야 한다.

그리고 우선은 왜 우리 사회가 명문대-비명문대라는 프레임으로 나뉘었는지를 생각해 봐야 한다. 이것은 현실의 한국 대학들이 유럽의 유서 깊은 대학기관들과 다른 역사적 조건 안에서 출현했다는 사실과 무관하지 않다. 학벌사회를 구성하는 '명문대-비명문대' 라는 프레임은 급속한 산업화 과정에서 대학제도를 서둘러 한국 사회에 '이식' 한 결과로 나왔다. 대학이 만일 학문기관으로서 오랜 역사 동안 자연스레 제 기능에 충실했다면 대학들은 아마도 저마다의 독특한 학풍으로서 평가받되 '명문대-비명문대' 와 같은 위계에 의해 평가받지 않았을 것이다(여기서 사립대의 자율성을 논하는 사학들의 더러운 위선이 드러난다). 외국의 명문대학이라는 것도 사실은 오랜 기간 축적된 학문적 연구와 그것이 지역사회에 기여했던 역사 때문에 자연스레 명성을 얻었던 것이지, 우리의 기준처럼 대작고관과 벼락부자들을 얼마나 배출했느냐에 달려 있는 것은 아니다.

그러나 급속한 산업화 과정에서 우리에게 대학을 평가할 척도는 학문적·윤리적 기준에 있었던 게 아니었다. 우리의 대학현실은 전혀 다르다. 대부분의 대학사회는 주변 지역사회 상권과 복지에 아무런 도움이 되지 않는다. 자본의 이윤에 휘둘리는 학생들의 과소비 패턴도 마찬가지이다. 게다가 본연의 학문연구 대신에 외부 자본을 얼마나 유치하는지로 그 대학의 경쟁력을 판단하는 관성이 자리 잡았다. 대단히 절망스러운 일이다. 그러나 절망하기 이전에 이러한 정황들이 오늘날의 명문대-비명문대 프레임을 결정한 주요한 역사적 원인임을 분명하게 인식해야 한다. 오늘날의 명문대 프레임 이면에 존재하는 사회적 물화과정을 비판하지 않는다면 단지 명문대에 관한 사회적 표상들을 비판하는 것은 공염불에 지나지 않는다. 일례로 '민족은 상상의 공동체'라는 베네딕트 앤더슨의 비판도 세계 자본주의 내에서 지역단위들을 민족국가로 분절해낸 역사적 과정을 생략한다면 아무런 효력을 지니지 못한다. 같은 교훈은 학벌사회 비판에 관해서도 적용될 수 있다.

따라서 오히려 그러한 역사적 현실 때문에라도 현실적·역사적으로 존재해 왔던 대학의 모습과 다른 대학의 '이념'에 관해서 바로 그 대학의 주체인 우리 자신들이 먼저 생각을 해야 한다. 그러한 이념이 지금 당장 한낱 가상에 불과하다고 하더라도 바로 그 이유 때문에 그러한 이념을 지금 당장 현실화시키는 방안들이 우리들 가운데 주체적으로 모색되어야 한다. '게맛살'이라는 닉네임의 필자는 이솔넷(eesoul.net)에서 「두 개의 기원, 그리고 광야」라는 글을 통해 다음과 같이 이야기한다.

> 두 개의 서로 경합하는 (역사적) 기원과 '광야'의 회귀라는 경향성은 종교에서만 발견되는 것이 아니다. 무엇보다 지금은 근대 교육체계의 정점인 대학의 상이한 기원에 대해 지적하려 한다. 대학은 원래 12세기경 교회의 부속기관으로 출발하였으면서도 꾸준히 교권으로부터 독립하려는 세속기관으로 발달하였다. 그러나 대학이 독립을 추구한 것은 교권에 한정되지 않았고, 교권과 경

쟁 중이던 왕권, 시민사회의 성립 이후에는 금권에 대한 자율성에까지 이른다. 외부의 권력에 종속되지 않기 위해 대학은 치열한 알력 사이에서 균형추 역할을 맡아왔고 또한 그럼으로써 고유한 목적성과 입지를 다지게 되었다. 그리고 여기서의 '목적성'이 바로 전인교육과 전문교육, 혹은 그 각각에 대응하여 시민교육과 국민교육이라고 말할 수 있다. 김상봉 교수는 그의 저서 『학벌사회』에서 전인교육은 보편적 인간성의 이상을(즉 근대의 공적 인간상인 '시민'을) 실현하기 위한 교육으로서, 영역의 실례로 철학교육·도덕교육·예술교육·체육교육을 가진다고 설명했다. 그리고 다른 한편인 전문교육은 학생의 개성적 인격실현의 실질적 조건인 직업 소질계발을 목적으로 하는 것이다. 이때 한 개인이 직업활동을 한다는 것은 국부(national wealth)와 국익(national interest)의 문제와 직결되기 때문에 국가의 지속적이고 적극적인 관심과 개입의 대상이 된다. 따라서 전인교육이 시민교육으로 등치될 수 있듯 전문교육은 국민교육과 등치될 수 있는 것이다. 이런 차원에서 생각한다면 교육에 있어서의 시장논리 확대는 국민교육의 측면을 강화시키고 시민교육을 압박한다는 걸 알 수 있다.

이처럼 하나의 기원이 다른 하나의 기원을 구축(驅逐)할 때 광야의 이념이 회귀한다. 더 직접적으로 말해 제도 바깥에서 구축당한 한 기원을 실현하는 운동이 나타난다는 것이다. 오늘날은 지리멸렬해지고 말았지만 전 세계적으로 반전운동이나 독재타도 운동에 대학생들이 적극 가담해 온 역사가 그것을 말해준다. 문제는 그 지리멸렬을 어떻게 뚫고 나갈 것인가 하는 것이었다. 당연한 말이지만 학생 신분은 학적을 유지하는 한에서만 유효하기 때문에 학교 자체가 저항의 대상인 금권이나 정치권력에 포섭당했을 때 학생운동은 힘을 잃게 된다. 학생인 이상 학교에 의해 관리될 수밖에 없는 것이다. 학교가 고압적인 태도를 취하는 이상 학생운동은 결코 '귀엽'거나 '성가신' 것 이상이 될 수 없다.

만약 당신이 대학생이라면 지금의 스펙을 가지고 지금 대한민국의 위계질서에서 어떤 위치를 차지하는지에 대한 그럴싸한 냉소를 던질 것이 아니라, 대학이 학문기관으로서 떠맡을 수 있는 본연의 학문적·비판적 역할을 어떻게 재구성할 수 있는지에 대한 기본적인 고민들을 먼저 해야 한다. 그러한 고민을 위해서는 김예슬이라는 인물이 결국에는 자퇴라는 자신의 선택에서 발견한 '광야'를 우리 스스로가 되찾아야 한다. 결국 명문대 독점 현상은 대학이 학문적·비판적 기능에서 일탈한 채 외부의 자본과 국가의 종속된 위치로, 입시기관으로, 취업알선 시장으로 전락한 결과이다. 그러나 그것이 모든 현상의 '근본원인'인 것만은 아니다. 그러한 사회경제적 물화과정으로 해소될 수 없는 '광야의 이념'이 여전히 남아 있다. 이런 선후관계를 먼저 따져봐야 명문대생이 스스로의 기득권을 포기할 수 있는 방안과 비명문대생들이 자신의 목소리를 낼 수 있는 방안이 한꺼번에 모색될 수 있다고 생각한다. 그런 과정을 생략하고 단순히 학벌기득권에 대한 당위적인 비판만을 내놓는다면 그것은 학생사회에 대한 개입을 포기하는 알리바이로밖에 활용되지 못할 것이다.

Chapter_6

왜 아직도 김예슬인가?

김예슬과 학생운동

"나는 학교를 그만둔다, 아니 거부한다." 지난 3월에 일부 언론과 인터넷을 뜨겁게 달아오르게 만들었던 김예슬 선언의 의의를 수많은 방식들로 논의해 볼 수 있을 것이다. 그러나 우선 그녀의 선언이 나온 곳이 다름 아닌 지리멸렬해진 학생운동과 학내개입의 현장에서 나왔다는 사실에 주목해야 한다. 선언이 나온 직후에 고려대 학생 커뮤니티 '고파스' 등과 같은 인터넷 게시판을 중심으로 몇몇 사람들이 그녀에게 '운동권'이라는 낙인을 찍었다는 사실을 상기하자. 이러한 낙인과 더불어 김예슬 개인에 대한 흑색선전과 터무니없는 소문들이 인터넷에 유포되었다는 사실 역시 말할 것도 없다. 그녀의 자퇴가 운동권이 장기적으로 계획한 음모의 연장선상이라든지, 실제로 자퇴서를 내지 않은 쇼에 불과하다는 이야기들이 있었다.

물론 이러한 소문들은 모두 다 부정확한 것들로 판명이 났다. 일부 악플러들에게는 부끄러운 일이지만 실제로 김예슬은 자퇴서를 제출했고 그것이 수리되었다. 게다가 무엇보다 김예슬이 속한 〈나눔문화〉라는 단체는 정치적 학생운동과는 상당히 거리가 먼 단체였으며,

후일 김예슬 본인이 출판한 저서[1] 역시 그녀가 학생운동과 같은 정치적 개입에 뜻이 없다는 것을 보여주었다. 심지어 박권일은 김예슬의 정치적 모호성을 간파하고 그것을 비판하는 글을 잡지에 기고한 바 있다.[2]

실제로 김예슬은 사회적인 격차를 재생산하고 있는 대학과 국가 그리고 자본에 대해 철저하게 비판적인 입장임에도 불구하고 현실적인 정치적 포지션에서는 상당히 모호한 입장을 고수하고 있다. 게다가 정치적 운동에 대해 거리를 두는 그녀는 현실의 모순 앞에서 개인의 도덕적 내면을 지나치게 강조하는 등 모호한 순결주의와 낭만주의에 빠져 있다는 비판도 가능하다. 나도 냉정하게 평하자면 개인으로서의 김예슬은 오늘날 후기 자본주의의 사회적 국면 속에서 급진적 외관을 두른 채 탈정치화된 무수한 생태주의 공동체주의 노선을 공유하는 잡다한 인물들 중 한 명에 불과하다.

그럼에도 불구하고 우리는 여기서 김예슬 개인의 세계관과 철

1 김예슬, 『김예슬 선언-오늘 나는 대학을 그만둔다, 아니 거부한다』, 느린걸음, 2010 참조.

2 수많은 곳에서 인용되는 김예슬의 다음과 같은 글을 보자. "우리 사회의 진보는 충분히 래디컬하지 않다. 충분히 래디컬하지 못하기 때문에 쓸데없이 과격하고, 위험하게 실용주의적이고, 민망하게 투박하고, 어이없이 분열적이고, 놀랍도록 실적 경쟁에 매달린다." 이 주장에 반박할 수 있는 진보인사가 있을까? 없다. 반박할 수 없는 이유는 저 문장이 타당해서가 아니라 저 말에 별 의미값이 없기 때문이다. 반박할 구체적 사실이 있어야 반박할 게 아닌가. 그저 '옳은 얘기구나' 고개를 끄덕일밖에. 화려한 레토릭으로 비판을 대체하는 전형적인 케이스이다. "김예슬 선언이라는 텅 빈 기표" 참조(출처 : http://xenga.tistory.com).

학으로 환원되지 않는, 그녀가 감행했던 개입 그 자체의 '유물론적 보편성'에 대해서 말해볼 수 있을 것이다. 박권일 역시 김예슬의 선언이 지닌 '유물론적 보편성'을 지적한 바 있다: "어쨌든 김예슬은 자신이 갖고 있는 거의 유일한 기득권을 포기했다. 그 기득권이 어떤 이에게는 학력일 수 있고, 어떤 이에게는 외모일 수 있으며, 또 어떤 이에게는 돈이나 부동산 또는 인맥 같은 사회자본일 수 있겠지만 그것을 포기하는 일은 누구에게나 어려운 일인 것이다. '김예슬 선언'의 유물론적 보편성은 바로 거기서 나온다."[3] 바로 이어 박권일은 김예슬이 자신의 명문대 학력을 트집잡는 비난에 대해 "대학에 가지 못한 분들께 진심으로 사죄한다"고 응답한 행동을 문제 삼으며 이것이 '사회운동가적 태도가 아니라 종교인적인 태도'에 가깝다고 지적한다. 김예슬 개인의 관념론적 태도를 문제 삼은 것이다. 맞는 말이다. 그럼에도 우리는 다시 초점을 돌려 김예슬 개인의 사고방식과 별개로 그녀가 최초에 감행한 자퇴선언을 통해 학생사회에 대해 어떠한 물질적·정치적 개입의 가능성을 보여주었는지에 대해 주목할 필요가 있다.

우리는 김예슬을 둘러싼 무성한 소문과 악담들에서 여전히 징후적인 가능성을 발견할 수 있다. 동시에 우리는 그녀에게 찍힌 운동권의 낙인에서 또 다른 의미심장한 징후를 발견해야 한다. 김예슬 본인은 전혀 운동권이 아니었음에도 불구하고 학우들에게 정확히 운동

3 같은 글 참조.

권과 동일한 모습으로 비춰졌던 것이다. 그녀의 본심이 무엇이든 간에 이는 그녀의 자퇴선언과 대자보가 학생대중에게 결코 정치적으로 중립적인 제스처로 비쳐지지 않았다는 사실을 보여준다.

이러한 사실은 그녀의 선언이 학생사회에 대한 정치적인 개입으로 비춰졌을 뿐만 아니라, 또한 그것이 '실제로도' 정치적 개입 그 자체였음을 보여준다. 기실 그녀는 어느 운동권도 수행하지 못한 새로운 방식으로 학생 개개인의 책임을 환기하며 고려대 학우뿐만 아니라 20대 청년 전체를 정치적 책임의 당사자로서 호명했던 것이다. 그녀의 대자보를 통해 작성된 텍스트가 그러한 사실들을 입증한다 : "나는 대학과 기업과 국가, 그리고 대학에서 답을 찾으라는 그들의 큰 탓을 묻는다. 깊은 분노로. 그러나 동시에 그들의 유지자가 되었던 내 작은 탓을 묻는다. 깊은 슬픔으로. '공부만 잘하면' 모든 것을 용서받고, 경쟁에서 이기는 능력만을 키우며 나를 값비싼 상품으로 가공해 온 내가 체제를 떠받치고 있었음을 고백할 수밖에 없다. 이 시대에 가장 위악한 것 중에 하나가 졸업장 인생인 나, 나 자신임을 고백할 수밖에 없다."[4] 여기서 우리는 그녀의 선언이 단순히 수사에 불과한 게 아니라는 것에 주목해야 한다. 그녀는 오늘날 사회의 구조적 모순을 야기한 학교당국과 기업과 국가의 책임을 이야기했지만, 동시에 그러한 사회경제적 현실을 동어반복적으로 되풀이하는 데서 망각되는 정

4 3월의 어느 날 고려대 정경대 후문에 붙어 있던 대자보 "오늘 나는 대학을 그만둔다, 아니 거부한다" 참조.

치적 주체로서의 20대와 학생대중의 책임을 환기했던 것이다.

실제로 그녀의 선언을 둘러싸고 한 달 남짓 학교 내에서 격렬한 논쟁들이 인터넷과 후속 대자보들을 통해 분출되었다. 이러한 사실이 보여주었듯이 김예슬의 선언은 학생사회 내부에 '정치적 적대'를 불러온 것이다. 이러한 정치적 개입은 전무후무한 것이었다. 지금까지의 운동은 학생대중의 자명한 이해에 기초해서 학교당국과 싸운다는 개념이었다. 그러나 이제는 학생사회 내부의 간극과 모순에 대해서도 이야기할 시점이 도래하게 된 것이다. 이것이 김예슬 선언의 유례없이 독특한 지점이다.

여기서 우리의 문제의식이 시작된다. 우리는 고려대 내부의 운동판(?)에 대한 회고적 시점으로 돌아갈 필요가 있다. 2000년대 어윤대 총장의 취임을 전후해서 고려대학교에서의 학생운동은 대대적인 탄압을 받았다. 삼성 이건희 회장 명예 박사학위 수여 저지운동과 보건대 투표권을 둘러싼 본관점거 사태가 초래했던 결과들이 보여주었듯이 고려대 내부의 학생운동은 학생대중 내부에서의 지지와 재생산의 동력을 잃고 오늘날 유의미한 학내개입의 모습을 거의 보여주지 못하고 있다. 문제는 이러한 현실이 단순히 고려대에만 국한되지 않는다는 것이다. 어느 대학이든 학생자치 이념의 붕괴와 함께 학생운동의 종언이 전면화되고 있다.[5] 최근의 중앙대의 대학 구조조정과 학

5 고대 학생 자치언론 『고대문화』, 2009년 11월호에 게재된 이지원 학우의 「학생운

내언론 탄압 사건이 보여주듯이 이제 학생운동을 통해 학교와 국가자본에 투쟁한다는 것은 요원한 일이 되어버리고 말았다.

여기서 우리는 김예슬 선언이 이러한 학생운동의 공백과 맞물려 터져나왔다는 사실에 주목해야 한다. 그녀의 선언은 단순히 급작스러운 돌출행동이나 개인의 치기어린 모험이 아니다. 오히려 그녀의 선언에는 구조적인 배경이 자리 잡고 있다. 그녀의 선언이 한때나마 폭발적인 관심을 얻었던 것은 바로 학생운동의 종언이라는 현실적 상황과 맞물려 있었기 때문이다. 위험을 무릅쓰고 말하자면 우리의 잠정적 결론은 다음과 같다.

학생운동과 학생자치 운동이 탈정치화되며 점차 학생대중에 대한 포퓰리즘적 단체로 전락해 가고 있을 때 김예슬의 선언은 정확히 '현실의' 학생운동이 보여주지 못한 학생운동의 새로운 이념을 매우 철저한 방식으로 보여주었다는 것이다. 우선 박권일이 지적하듯 사회적 기득권의 포기라는 점에서 그것은 오늘날 사회운동에 있어서도 보편적인 울림을 주었을 뿐만 아니라, 동시에 김예슬 개인의 성향과 무관하게 그녀의 선언 자체가 학생사회 내부에서 첨예한 정치적인 긴장을 불러일으켰던 것이다. 이는 어느 점에서는 학교자본과 국가와 공모한 채 부르주아화 · 동물화되고 있던 학생사회 그 자체의 모순에 대한 각성을 요청한 사건이었던 것이다.

동의 종언 혹은 부활의 모색」 참조.

해서 왜 여전히 김예슬인가? 한창 인터넷의 화제가 되었던 김예슬 선언은 아니나 다를까 이제는 사람들의 뇌리 속에서 잊혀졌지만, 그럼에도 불구하고 김예슬의 선언을 기억해야 하는 이유를 이제는 말할 수 있다. 기존 형태의 학생운동과 그것의 이념은 학생사회의 파편화와 더불어 끝났다. 그럼에도 김예슬이 거부했던 대학은 여전히 학벌구조와 더불어 대한민국의 기득권 체제 전반을 재생산하는 '정치적 장소'로서 기능하고 있다. 그리고 대학을 둘러싼 사회경제적 모순들이 상존한다. 대학이라는 제도적 · 사회적 문턱을 둘러싸고 20대 학생들이 경험하는 교육권, 노동권, 주거권 등등의 사회적 권리들에 관한 모순이 폭발하고 있는 것이다. 이러한 사회적 모순은 명문대 대학생 본인들만의 문제가 아니라 비명문대생, 나아가 대학에 진학하지 않은 젊은이들 모두를 포괄하는 것이다. 여기서 김예슬 선언의 유물론적 보편성이 나온다.

김예슬의 대자보가 징후적인 방식으로 보여주었듯이 학생운동은 끝났지만 그와 같은 개입을 요청하는 사회적 · 물질적 모순은 사라지지 않은 것이다. 이 점에서 단순히 대학을 거부하는 것에만 그치는 김예슬의 노선은 틀렸다. 대학은 여전히 첨예한 정치경제적 현장(site)이기 때문이다. 그러나 오히려 그녀가 대학을 떠남으로써 우리는 그러한 엄연한 물질적 모순들을 뼈저리게 느낄 수 있었다. 그리고 그녀가 떠난 빈 자리에서 우리는 그 동안의 정치적 개입의 공백을 뼈아프게 확인할 수 있었다. 여기서 우리는 지난날 학생운동의 정치적 개입들을 '새롭게 반복할' 당위를 확인하지 않을 수 없다. 지난날의 학생운동보다 더 정치적이고 치열한 20대들의 운동이 요청되는 것이다.

그러한 상황에서 우리는 김예슬의 사건과 맞딱뜨리게 되었다.

■ **저자 약력**

- 고려대 재학 중
- 환상문학 웹진 '거울' 필진으로 참여 중
- 네이버 블로그 '붉은서재' 운영 중
- 군대에서 만난 '동지' 들과 제대 후 함께 고려대 학생자치기구 '생활도서관' 에서 합류하여 그동안 군대에서 꿈꾸기만 했던 기획들을 벌리고 있다.
- 의지할 데 없는 좌파 대학생들 간의 생활공동체, '공동생활전선' 을 결성하여 정치철학 세미나와 학습 그리고 '공동생활' 을 진행 중에 있다.

부르주아를 위한 인문학은 없다

초판1쇄 / 2010년 12월 10일

지은이 **박가분**
펴낸이 **여국동**
펴낸곳 **도서출판 인간사랑**
인 쇄 **백왕인쇄**

출판등록 1983. 1. 26. / 제일 3호

정가 15,000원

ISBN 978-89-7418-014-0 03330

(411-815) 경기도 고양시 일산구 백석동 1178-1
TEL (031)901-8144, 907-2003
FAX (031)905-5815
E-mail igsr@yahoo.co.kr / igsr@naver.com